教育部人文社会科学
重点研究基地

武汉大学社会保障
研究中心

中国社会保障改革与发展报告2016

Reform and Development of Social Security Report 2016

邓大松　刘昌平　等 著

人 民 出 版 社

前　言

社会保障是社会稳定的“安全网”、经济运行的“调节器”，是构建社会主义和谐社会的重要内容，对于调节收入分配、促进社会公平，增加国内需求、拉动经济增长具有十分重要的作用。改革开放以来，中国政府就一直高度重视社会保障制度建设，党的十四届三中全会《中共中央关于建立社会主义市场经济体制若干问题的决定》明确提出“建立多层次的社会保障制度，为城乡居民提供同我国国情相适应的社会保障，促进经济发展和社会稳定”，将社会保障制度作为社会主义市场经济体制的重要支柱；党的十七大明确提出将“建立覆盖城乡居民的社会保障体系”作为构建社会主义和谐社会的主要任务之一，要求到 2020 年基本建立覆盖城乡居民的社会保障体系，使人人享有基本生活保障；党的十八大又进一步提出“要坚持全覆盖、保基本、多层次、可持续方针，以增强公平性、适应流动性、保证可持续性为重点，全面建成覆盖城乡居民的社会保障体系”。

改革开放以来，特别是十四届三中全会以来，中国政府抓住国民经济持续快速健康发展的有利时机，在社会保障制度体系建设上做出了不懈努力，取得了重要进展：明确完善社会保障制度的基本原则、总体目标和主要任务，确立社会统筹与个人账户相结合的基本养老保险和基本医疗保险制度，基本建成了涵盖养老保险、医疗保险、失业保险、工伤保险和生育保险，以及城乡居民最低生活保障制度的社会保障体系；普遍实行个人缴费制度，加大中央和地方财政投入力度，建立全国社会保障基金，初步形成了国家、企业和个人的社会保障资金多渠道筹集机制；扩大社会保险制度的覆盖范围，实现了从国有企业向城镇各种所有制企业、灵活就业人员和个体工商户的延伸；实行原行业统筹下放省级管理，解决条块分割的矛盾，建立了上下贯通、覆盖全国的社会保险社会化管理服务体系。社会保障制度的改革与不断完善，对保障人民群众的基本生活需求和维持社会安定团结，对国有企业改革、经济结构调整的顺利推进，对统筹城乡社会经济发展进程，发挥了十分重要的作用。

中国是世界上最大的发展中国家，人民生活还不富裕，社会主义市场经济体制初步建立，影响发展的体制机制障碍依然存在，经济增长和社会发展面临着许多突出问题。正如党的十七大报告所言："人民生活总体上达到小康水平，同时收入分配差距拉大趋势还未根本扭转，城乡贫困人口和低收入人口还有相当数量，统筹兼顾各方面利益难度加大。"当前，社会保障体系不完善与人民群众日益增长的社会保障需求是构建社会主义和谐社会的突出矛盾之一。

武汉大学社会保障研究中心作为国家"985"工程社会保障研究创新基地和教育部人文社会科学百所重点研究基地之一，长期以来一直致力于社会保障理论与中国社会保障制度研究，承接了包括国家自然科学基金、国家社会科学基金、教育部、各级政府部门，以及国内外相关研究机构和社会组织在内的大量研究任务，近几年取得了一系列研究成果。《中国社会保障改革与发展报告》是由武汉大学社会保障研究中心组织国内社会保障领域诸多知名学者与专家，共同编著的一份重要的年度研究报告，也是教育部哲学社会科学研究报告资助项目"中国社会保障改革与发展报告"（批准号 10JBG009）的重要研究成果，重点关注社会保障理论研究与国际比较研究中的前沿问题、当前中国经济社会发展过程中凸显的社会矛盾和民生问题，以及中国社会保障制度改革过程中的焦点、难点和热点问题。

社会保障是一项复杂的社会系统工程，也是一项正在不断改革和完善的社会经济制度，需要解决的问题和面临的困难太多，《中国社会保障改革与发展报告》不可能穷尽当前社会保障领域的所有方面。因此，我们试图在有限的篇幅和人力条件下,经过编著者的共同努力,将《中国社会保障改革与发展报告》打造成为中国社会保障理论与政策研究的精品与力作。

目　　录

1

中国社会保障制度改革“十二五”回顾与“十三五”展望*

邓大松　孟颖颖　薛惠元

* 感谢尉家旗、段奕秋、李昭威、赵羚雅、赵英丽、陆博文等博士、硕士研究生在资料搜集中所做的工作。本研究同时受到教育部人文社会科学重点研究基地重大项目“中国社会救助制度改革研究”（项目批准号：15JJD630009）、教育部人文社会科学重点研究基地重大项目“中国扶贫战略研究”（项目批准号：16JJD840007）的资助。

1.1　中国社会保障制度改革“十二五”回顾

1.1.1　“十二五”期间中国养老保险制度改革回顾

一、“十二五”期间中国养老保险制度改革历程

“十二五”期间，中国养老保险制度主要做出了以下改革：

2011 年 2 月，人社部等四部委发布《企业年金基金管理办法》（人社部、银监会、证监会、保监会令第 11 号），并于 2011 年 5 月 1 日开始施行，对企业年金基金管理进行了完善，原《企业年金基金管理试行办法》废止。

2011 年 6 月，国务院出台《关于开展城镇居民社会养老保险试点的指导意见》（国发〔2011〕18 号），决定从 2011 年 7 月 1 日起启动城镇居民社会养老保险试点，覆盖对象为年满 16 周岁（不含在校学生）、不符合职工基本养老保险参保条件的城镇非从业居民。该意见出台后，基本养老保险的最后一块短板被补上，基本养老保险实现了制度的全覆盖。

2013 年，财政部、人社部、国家税务总局联合发布《关于企业年金 职业年金个人所得税有关问题的通知》（财税〔2013〕103 号），确立了企业年金、职业年金实行 EET 式的个人所得税递延纳税优惠政策。

2014 年 2 月，国务院出台《关于建立统一的城乡居民基本养老保险制度的意见》（国发〔2014〕8 号），将新型农村社会养老保险和城镇居民社会养老保险两项制度合并实施，在全国范围内建立统一的城乡居民基本养老保险制度。该法规的出台，是全面落实党的十八大、十八届三中全会提出的“整合城乡居民基本养老保险制度”的具体体现，有利于破除养老保险制度的“碎片化”，实现养老保险制度公平。

2014 年 2 月，人社部、财政部出台了《城乡养老保险制度衔接暂行办法》（人社部发〔2014〕17 号），并于 2014 年 7 月 1 日开始施行。该办法的出台化解了城镇职工基本养老保险和城乡居民基本养老保险制度衔接的难题，有利于维护参保人员合法的养老保险权益。

2014 年 8 月国务院印发《关于加快发展现代保险服务业的若干意见》（国发〔2014〕29 号），提出适时开展个人税收递延型商业养老保险试点。为养老保障体系第三支柱的发展创造了条件。

2015 年 1 月，人社部、财政部发布《关于提高城乡居民基本养老保险基础养老金最低标准的通知》（人社部发〔2015〕5 号），从 2014 年 7 月 1 日起，全国城乡居民基本养老保险基础养老金最低标准提高至每人每月 70 元，即在原每人每月 55 元的基础上增加 15 元。这是自 2009 年 10 月新型农村社会养老保险制度开始试点以来，首次上调城乡居民基本养老保险基础养老金最低标准。

2015 年 1 月，人社部、财政部出台《关于 2015 年调整企业退休人员基本养老金的通知》（人社部发〔2015〕6 号），决定 2015 年继续以 10%的幅度上调企业退休人员基本养老金，这是自 2005 年以来连续 11 年以 10%左右的幅度上调企业退休人员基本养老金。

2015 年 1 月，国务院出台《关于机关事业单位工作人员养老保险制度改革的决定》（国发〔2015〕2 号），要求从 2014 年 10 月 1 日起进行机关事业单位养老保险制度改革，机关事业单位实行与企业完全一致的基本养老保险制度，同时建立职业年金制度，养老金制度“双轨制”被打破。

2015 年 3 月，人社部、财政部发布《关于贯彻落实〈国务院关于机关事业单位工作人员养老保险制度改革的决定〉的通知》（人社部发〔2015〕28 号），对改革政策进行了进一步的解释和补充。

2015 年 4 月，《机关事业单位职业年金办法》（国办发〔2015〕18 号）出台，规定从 2014 年 10 月 1 日起实施机关事业单位工作人员职业年金制度。建立职业年金制度是机关事业单位养老保险制度改革顺利进行的重要保障。

2015 年 4 月，人社部出台《关于修改部分规章的决定》，再次对《企业年金基金管理办法》做出修订。

2015年8月，国务院发布《基本养老保险基金投资管理办法》（国发〔2015〕48号），明确表示基本养老保险基金实行中央集中运营、市场化投资运作，由省级政府将各地可投资的基本养老保险基金归集到省级社会保障专户，统一委托给国务院授权的养老基金管理机构进行投资运营。

二、“十二五”期间中国养老保险制度改革的成就

总体来看，“十二五”期间我国养老保险制度取得了显著的成就，主要表现在以下几个方面：

（一）制度建设取得了重大突破，城乡居民基本养老保险制度全面建立

最值得一提的就是城乡居民基本养老保险制度，从2009年9月1日新型农村社会养老保险制度开始试点，到2012年7月1日城乡居民基本养老保险制度全面推开，总共用了不到3年的时间。政府在城乡居民基本养老保险制度的建立和推广中发挥了主导作用，在个人缴费的基础上，政府补两头，既补“出口”又补“入口”。虽然现在养老金水平还较低，但是在一定程度上为广大城乡居民提供了养老保障，特别是对于贫困地区、山区居民的养老保障起到了重要作用。

（二）破除了养老保险制度的“双轨制”，养老保险制度走向更加公平

企业职工与机关事业单位工作人员养老保险制度的“双轨制”曾经是社会保障领域最大的不公平，广受公众的诟病。2015年1月，《国务院关于机关事业单位工作人员养老保险制度改革的决定》（国发〔2015〕2号）出台，养老保险制度“双轨制”终结，机关事业单位工作人员实行与企业职工一样的基本养老保险制度，同时建立职业年金制度，与企业职工参加的企业年金相对应。国发〔2015〕2号文件的出台，标志着机关事业单位工作人员不用缴费就能领取到养老金的时代一去不复返了，养老保险制度在通往公平的道路上迈出了一大步。

（三）基本养老保险制度的参保人数不断增加

表1-1显示，“十二五”期间，城镇职工基本养老保险参保人数从期初的25707.3万人增加到期末的35361万人，年均增长6.6%；城乡居民

基本养老保险参保人数从期初的 10276.8 万人增加到期末的 50472 万人,年均增长 37.5%。截至 2015 年年底,中国基本养老保险参保人数达到 85833 万人,扣除在校学生和学龄前儿童,覆盖率已经达到了 86.0%。企业年金参保人数也从"十二五"期初的 1335 万人,增加到"十二五"期末的 2316 万人,5 年间增加了 73.5%。

表 1-1　2010—2015 年中国基本养老保险参保人数

单位:万人

年份	城镇职工基本养老保险			城乡居民基本养老保险		基本养老保险参保总人数	企业年金参保人数
	参保人数	参保职工	参保离退休人员	参保人数	实际领取待遇人数		
2010	25707.3	19402.3	6305.0	10276.8	2863.0	35984.1	1335.0
2011	28391.3	21565.0	6826.2	33182.0	8760.0	61573.3	1577.0
2012	30426.8	22981.1	7445.7	48369.5	13075.0	78796.3	1847.0
2013	32218.4	24177.3	8041.0	49750.1	13768.0	81968.4	2056.0
2014	34124.4	25531.0	8593.4	50107.5	14313.0	84231.9	2293.0
2015	35361.0	26219.0	9142.0	50472.0	14800.0	85833.0	2316.0

资料来源:《中国统计年鉴 2015》、2010—2015 年《人力资源和社会保障事业发展统计公报》。

(四)养老保险基金积累数额不断增加,基金进行市场化投资运营

表 1-2 显示,"十二五"期间,城镇职工基本养老保险基金收入从期初的 13420 亿元增加到期末的 32195 亿元,5 年间增加了 1.4 倍,年均增长 19.1%;城镇职工基本养老保险基金支出从期初的 10555 亿元增加到期末的 27929 亿元,5 年间增加了 1.6 倍,年均增长 21.5%。可以看出,"十二五"期间城镇职工基本养老保险基金支出的增长速度超过了收入的增长速度。"十二五"期末城镇职工基本养老保险基金累计结余 39937 亿元,是"十二五"期初(15365 亿元)的 2.6 倍。"十二五"期间,城乡居民基本养老保险基金的收入、支出和结存同样有大幅提升,期末分别比期初增加了 5.3 倍、9.6 倍和 9.9 倍。"十二五"期间,企业年金基金累计结余从期初的 2809 亿元增加到 2015 年年底的 9526 亿元,年均增

长27.7%。

另外，值得一提的是，“十二五”期间国务院发布《基本养老保险基金投资管理办法》，规定企业职工、机关事业单位工作人员和城乡居民基本养老保险基金可以进行市场化投资运营，其中“投资股票、股票基金、混合基金、股票型养老金产品的比例，合计不得高于养老基金资产净值的30%”。此后，中国基本养老保险基金投资管理进入了新的时期。

表1-2　2010—2015年中国养老保险基金收支结存情况

单位：亿元

年份	城镇职工基本养老保险			城乡居民基本养老保险			企业年金
	基金收入	基金支出	累计结余	基金收入	基金支出	累计结余	累计结余
2010	13420	10555	15365	453	200	423	2809
2011	16895	12765	19497	1070	588	1199	3570
2012	20001	15562	23941	1829	1150	2302	4821
2013	22680	18470	28269	2052	1348	3006	6035
2014	25310	21755	31800	2310	1571	3845	7689
2015	32195	27929	39937	2855	2117	4592	9526

资料来源：2010—2015年《人力资源和社会保障事业发展统计公报》。

1.1.2　“十二五”期间中国医疗与生育保险制度改革回顾

一、“十二五”期间中国医疗与生育保险制度改革历程

“十二五”期间，中国医疗保险与生育保险制度主要做出了以下改革：

2011年4月，卫生部、民政部、财政部联合出台《关于做好2011年新型农村合作医疗有关工作的通知》（卫农卫发〔2011〕27号），提出2011年要在全国范围内普遍开展新型农村合作医疗（简称“新农合”）门诊统筹。

2011年5月，人社部出台《关于普遍开展城镇居民基本医疗保险门

诊统筹有关问题的意见》（人社部发〔2011〕59 号），要求 2011 年在全国范围内要普遍开展城镇居民基本医疗保险（简称“城镇居民医保”）门诊统筹。

2011 年 5 月，人社部发布《关于进一步推进医疗保险付费方式改革的意见》（人社部发〔2011〕63 号），要求结合基金预算管理加强付费总额控制，建立完善医疗保险费用质量监控标准体系。

2011 年 7 月施行的《中华人民共和国社会保险法》规定，国家应建立和完善城镇居民医疗保险制度，享受最低生活保障的人、丧失劳动能力的残疾人、低收入家庭六十周岁以上的老年人和未成年人等所需个人缴费部分，由政府给予补贴。

2011 年 7 月，人社部发布《关于领取失业保险金人员参加职工基本医疗保险有关问题的通知》（人社部发〔2011〕77 号），对领取失业保险金人员参加城镇职工基本医疗保险（简称“城镇职工医保”）问题做出了规定。

2012 年 4 月，国务院颁布了《女职工劳动保护特别规定》，将女职工的生育产假由此前的 90 天提高到 98 天。

2012 年 4 月，卫生部等 4 部门出台了《关于商业保险机构参与新型农村合作医疗经办服务的指导意见》（卫农卫发〔2012〕27 号），对商业保险机构参与新农合经办服务的基本原则、准入条件、管理机制、运行机制等做出了规定。

2012 年 8 月，国家发改委等六部委发布《关于开展城乡居民大病保险工作的指导意见》（发改社会〔2012〕2605 号），要求在先行试点的基础上，逐步建立城乡居民大病保险制度；大病保险的保障对象为城镇居民医保、新农合的参保人；从城镇居民医保基金、新农合基金中划出一定比例或额度作为大病保险资金，个人无须缴费；报销比例不低于 50%；承办方式为向商业保险机构购买大病保险。

2012 年 11 月，人社部、财政部、卫生部发布《关于开展基本医疗保险付费总额控制的意见》（人社部发〔2012〕70 号），要求在所有统筹地区范围内开展总额控制工作。结合医疗保险基金收支预算管理，合理确定统筹地区总额控制目标，并根据分级医疗服务体系功能划分及基层医疗卫生机构与医院双向转诊要求，将总额控制目标细化分解到各级各类定点医疗机构。

2014年11月，国务院办公厅出台《关于加快发展商业健康保险的若干意见》（国办发〔2014〕50号），要求到2020年，基本建立市场体系完备、产品形态丰富、经营诚信规范的现代商业健康保险服务业。

2014年11月，人社部、财政部、卫计委联合发布《关于进一步做好基本医疗保险异地就医医疗费用结算工作的指导意见》（人社部发〔2014〕93号），提出2014年基本实现市级统筹区内就医直接结算；2015年，基本实现省内异地住院费用直接结算；2016年，全面实现跨省异地安置退休人员住院医疗费用直接结算。

2015年7月，国务院办公厅发布《关于全面实施城乡居民大病保险的意见》（国办发〔2015〕57号），要求2015年年底前，大病保险覆盖所有城镇居民医保、新农合参保人群；到2017年，建立起比较完善的大病保险制度。该文件还对大病保险的基本原则、筹资机制、保障水平、制度衔接、承办服务、监督管理、组织实施等方面做出了规定。

2015年7月，人社部、财政部出台《关于适当降低生育保险费率的通知》（人社部发〔2015〕70号），提出自2015年10月1日起，生育保险基金累计结余超过9个月的统筹地区，应将生育保险基金费率调整到用人单位职工工资总额的0.5%以内。

2015年12月，人社部发布《关于完善基本医疗保险定点医药机构协议管理的指导意见》（人社部发〔2015〕98号），要求明晰社会保险行政部门和经办机构的职能分工，完善医药机构协议管理。

二、“十二五”期间中国医疗与生育保险制度改革的成就

“十二五”期间，中国医疗与生育保险制度改革取得重大成就，包括：覆盖人群不断扩大，待遇水平不断提高，参保人员就医更加便捷，城乡居民大病保险全面建立等。

（一）医疗保险参保人数逐年增加，基本实现全民参保

城镇基本医疗保险参保人数不断增加，由2010年的43263万人增长

到 2015 年的 66582 万人,年平均增长率为 9.0%;新农合制度的覆盖面从 2012 年起就始终在 98%以上,基本上实现了“全覆盖”,但随着城镇居民医保制度的建立和部分城市统一实行城乡居民基本医保制度,参合人数有所减少。截至 2015 年年底,中国三项基本医疗保险参保总人数达到 133582 万人,参保率为 97.2%,基本实现了人群全覆盖。具体见表 1-3。

表 1-3 2010—2015 年中国基本医疗保险参保人数及参保率

年份	参保人数(万人)					新农合参合率(%)	基本医疗保险参保率(%)
	城镇职工医保	城镇居民医保	城镇基本医疗保险	新农合	基本医疗保险		
2010	23735	19528	43263	83600	126863	96.0	94.6
2011	25227	22116	47343	83200	130543	97.5	96.9
2012	26486	27156	53642	80500	134142	98.3	99.1
2013	27443	29629	57072	80200	137272	98.7	100.9
2014	28296	31451	59747	73600	133347	98.9	97.5
2015	28893	37689	66582	67000	133582	98.8	97.2

注:基本医疗保险参保率=基本医疗保险参保人数/年末人口数。2013 年基本医疗保险参保率超过 100%,其原因在于存在重复参保的问题。

资料来源:2010—2015 年《人力资源和社会保障事业发展统计公报》、2010—2015 年《我国卫生和计划生育事业发展统计公报》。

(二)医疗保险基金收入、累计结存、个人账户积累数额不断增加

城镇基本医疗保险基金收入由 2010 年的 4309 亿元增加到 2015 年的 11193 亿元,年平均增长率为 21.0%;城镇基本医疗保险基金支出由 2010 年的 3538 亿元增加到 2015 年的 9312 亿元,年平均增长率为 21.4%;城镇基本医疗统筹基金累计结存由 2010 年的 4015 亿元增加到 2015 年的 8114 亿元,年平均增长率为 14.6%;个人账户积累额度由 2010 年的 1734 亿元增长到 2015 年的 4429 亿元,年均增长幅度为 26.4%。具体见表 1-4。

表 1-4　2010—2015 年中国城镇基本医疗保险基金收支情况

年份	基金收入		基金支出		统筹基金累计结存		个人账户积累	
	总额（亿元）	增长率（%）	总额（亿元）	增长率（%）	总额（亿元）	增长率（%）	总额（亿元）	增长率（%）
2010	4309	—	3538	—	3313	—	1734	—
2011	5539	28. 6	4431	25. 2	4015	21. 2	2165	24. 9
2012	6939	25. 3	5544	25. 1	4947	23. 2	2697	24. 6
2013	8248	18. 9	6801	22. 7	5794	17. 1	3323	23. 2
2014	9687	17. 4	8134	19. 6	6732	16. 2	3913	17. 8
2015	11193	15. 5	9312	14. 5	8114	20. 5	4429	13. 2

资料来源:2010—2015 年《人力资源和社会保障事业发展统计公报》。

新农合当年基金筹资总额从 2010 年的 1308. 3 亿元增加到 2015 年的 3286. 6 亿元,年均增长 20. 2%;新农合人均筹资水平从 2010 年的 156. 6 元增加到 2015 年的 490. 3 元,年均增长 25. 6%;新农合当年基金支出总额从 2010 年的 1187. 8 亿元增加到 2015 年的 2993. 5 亿元,年均增长 20. 3%。具体见表 1-5。

表 1-5　2010—2015 年中国新农合基金收支情况

年份	当年筹资		人均筹资		当年基金支出	
	总额(亿元)	增长率(%)	数额(元)	增长率	总额(亿元)	增长率%
2010	1308. 3	—	156. 6	—	1187. 8	—
2011	2047. 6	56. 5	246. 2	57. 2	1710. 2	44. 0
2012	2484. 7	21. 3	308. 5	25. 3	2408. 0	40. 8
2013	2972. 5	19. 6	370. 6	20. 1	2902. 2	20. 5
2014	3025. 3	1. 8	410. 9	10. 9	2890. 4	-0. 4
2015	3286. 6	8. 6	490. 3	19. 3	2993. 5	3. 6

资料来源:2010—2015 年《我国卫生和计划生育事业发展统计公报》。

(三)医疗保险财政补助标准、个人缴费水平和待遇水平不断提高

“十二五”期间,新农合、城镇居民医保的财政补助标准、个人缴费水

平和待遇水平不断提高。《卫生部、财政部、民政部关于做好2012年新型农村合作医疗工作的通知》(卫农卫发〔2012〕36号),将新农合统筹基金最高支付限额提高到全国农民人均纯收入的8倍以上,且不低于6万元。《国家卫生计生委、财政部关于做好2015年新型农村合作医疗工作的通知》(国卫基层发〔2015〕4号)提出,2015年各级财政对新农合的人均补助标准要达到380元,全国平均个人缴费标准达到每人每年120元左右;政策范围内门诊和住院费用报销比例分别提高到50%和75%左右。

《关于做好2015年城镇居民基本医疗保险工作的通知》(人社部发〔2015〕11号)提出,2015年各级财政对城镇居民医保的补助标准要达到人均380元,居民个人缴费人均不低于120元;实现城镇居民医保政策范围内住院费用报销比例达到75%左右。

(四)建立了城乡居民大病保险制度

2012年8月,国家发改委等六部委发布《关于开展城乡居民大病保险工作的指导意见》(发改社会〔2012〕2605号),要求在先行试点的基础上,逐步建立城乡居民大病保险制度;2015年7月,国务院办公厅发布《关于全面实施城乡居民大病保险的意见》(国办发〔2015〕57号),要求2015年年底前,大病保险覆盖所有城镇居民医保、新农合参保人群。截至“十二五”末,城乡居民大病保险在全国全面建立,较好地解决了城镇居民医保、新农合保障水平较低、参保人员大病负担较重的问题。

(五)生育保险参保人数、基金收支和累计结存逐年提高

中国生育保险参保人数由2010年的12336万人增长到2015年的17771万人,年平均增长率为7.6%;基金收入由2010年的160亿元增加到2015年的502亿元,年平均增长率为25.7%;基金支出由2010年的110亿元增加到2015年的411亿元,年平均增长率为30.2%;生育保险基金累计结存额度由2010年的261亿元增加到2015年的684亿元,年平均增长率为21.3%。具体见表1-6。

表 1-6　2010—2015 年中国生育保险发展情况

年份	参保人数（万人）	增长率（%）	基金收入（亿元）	增长率（%）	基金支出（亿元）	增长率（%）	累计结存（亿元）	增长率（%）
2010	12336	—	160	—	110	—	261	—
2011	13892	12.6	220	37.8	139	26.7	343	31.4
2012	15429	11.1	304	38.2	219	57.6	428	24.8
2013	16392	6.2	368	21.1	283	29.2	515	20.3
2014	17039	3.9	446	21.2	368	30.0	593	15.1
2015	17771	4.3	502	12.6	411	11.7	684	15.3

资料来源：2010—2015 年《人力资源和社会保障事业发展统计公报》。

1.1.3　“十二五”期间中国社会保障基金管理改革回顾

“十二五”期间，中国社会保障基金管理工作取得重大进展，其改革进程和取得的成就如下。

一、出台和修订了一批社会保障基金管理政策法规

2011 年 2 月，人社部、银监会、证监会、保监会联合发布了《企业年金基金管理办法》，原《企业年金基金管理试行办法》（劳动保障部令第 23 号）废止；2015 年 4 月，依据《人力资源社会保障部关于修改部分规章的决定》，人社部对《企业年金基金管理办法》做出了修订。

2015 年 8 月，国务院出台了《基本养老保险基金投资管理办法》（国发〔2015〕48 号），企业职工、机关事业单位工作人员和城乡居民基本养老保险基金开始进行市场化投资运营。

2014 年 11 月，国务院法制办公室发布了《全国社会保障基金条例（征求意见稿）》，向全社会公开征求意见，经过一年多的修改完善，该条例于 2016 年 2 月经国务院常务会议通过，自 2016 年 5 月 1 日起施行。该条例进一步明确了委托人、受托机构、基金投资管理人、托管人、账户管理人等相关主体的权利和义务，以审慎合规和安全流动为原则，规定可以适当拓宽社会保障基金投资范围，注意分散风险，稳定和提高投资收益，实现基金保值增值，从而保障基金的安全，并为经济社会发展助力。

二、全国社会保障基金资产达1.9万亿元，年均投资收益率8.82%

面对复杂的国内外经济和市场形势，全国社会保障基金理事会加强境内外投资运营科学精细管理，努力提高投资收益，切实防范投资风险，经过多年探索实践，形成了包括战略资产配置、年度战术资产配置和季度资产配置执行在内的较为完善的资产配置体系。在基金风险管理方面，围绕基金总体投资目标，针对管理运营各环节可能出现的各类投资风险，通过专门的风险管理手段和方法进行风险的识别、衡量、评估、监测和控制应对，覆盖基金投资管理活动全领域、全过程，建立业务部门、风险管理职能部门、风险管理委员会和投资决策委员会的风险管理责任制度，形成了较为健全的风险管理体系。

截至2015年年末，全国社会保障基金资产总额19138.21亿元，基金负债余额1171.70亿元，基金权益总额为17966.51亿元，包括全国社会保障基金权益15083.42亿元，个人账户基金权益1149.65亿元，广东省委托资金权益1196.49亿元，山东省委托资金权益536.95亿元。表1-7显示，截至2015年年末，全国社会保障基金在投资收益额方面累计达到7907.81亿元，基金自成立以来年均投资收益率达8.82%，远超年均通货膨胀率2.35%，实现了基金的保值增值。其中，2015年基金权益投资收益额达历年最高值2294.61亿元，投资收益率为15.19%。截至2015年年末，财政性拨入全国社会保障基金资金和股份累计7279.38亿元，其中中央财政预算拨款2698.36亿元，国有股减转持资金和股份2563.17亿元，彩票公益金2017.85亿元。[①]

表1-7　2010—2015年全国社会保障基金理事会基金收益情况表

	投资收益额（亿元）	投资收益率（%）	通货膨胀率（%）
2000年	0.17	—	—
2001年	7.42	1.73	0.70

① 数据来源于《2015年度全国社会保障基金理事会基金年度报告》。

续表

	投资收益额（亿元）	投资收益率（%）	通货膨胀率（%）
2002 年	19.77	2.59	-0.80
2003 年	44.71	3.56	1.20
2004 年	36.72	2.61	3.90
2005 年	71.22	4.16	1.80
2006 年	619.79	29.01	1.50
2007 年	1453.50	43.19	4.80
2008 年	-393.72	-6.79	5.90
2009 年	850.43	16.12	-0.70
2010 年	321.22	4.23	3.30
2011 年	74.60	0.86	5.40
2012 年	654.35	7.10	2.60
2013 年	685.87	6.20	2.60
2014 年	1424.60	11.69	2.00
2015 年	2294.61	15.19	1.40
累计投资收益	7907.81	—	—
年平均	—	8.82	2.35

资料来源：投资收益额和投资收益率数据来源于历年《全国社会保障基金理事会基金年度报告》，通货膨胀率数据来源于国家统计局网站。

三、企业年金基金累计结存 9526 亿元，年均投资收益率 8.09%

自 2011 年《企业年金基金管理办法》颁布实施后，中国企业年金基金投资运作取得了较为理想的长期投资收益。截至 2015 年年末，全国有 7.55 万户企业建立了企业年金，参加职工人数为 2316 万人；年末企业年金基金累计结存 9526 亿元；2007—2015 年间，企业年金基金年均投资收益率 8.09%，超过同期年均通货膨胀率（3.03%）5.06 个百分点，其中 2015 年投资收益 753.91 亿元，当年的加权平均收益率为 9.88%。具体见表 1-8。[①]

① 数据来源于《2015 年全国企业年金基金业务数据摘要》。

表 1-8　2007—2015 年全国企业年金基金投资管理情况表

	资产金额（亿元）	当年加权平均收益率(%)	通货膨胀率(%)
2007 年	154.63	41.00	4.80
2008 年	974.90	-1.83	5.90
2009 年	1591.02	7.78	-0.70
2010 年	2452.98	3.41	3.30
2011 年	3325.48	-0.78	5.40
2012 年	4451.62	5.68	2.60
2013 年	5783.60	3.67	2.60
2014 年	7402.86	9.30	2.00
2015 年	9260.30	9.88	1.40
年平均	—	8.09	3.03

注:当年加权平均收益率计算的样本为投资运作满当年的投资组合,计算方法为样本组合收益率的规模加权,以上年末和当年 4 个季度末平均资产规模为权重;组合收益率为单位净值增长率。年平均收益率为 2007 年以来历年收益率的几何平均。

资料来源:《2015 年全国企业年金基金业务数据摘要》以及国家统计局网站。

四、基本养老保险基金累计结存接近 4 万亿元,开始市场化投资运营

2015 年基本养老保险基金收入 32195 亿元,比上年增长 16.6%,基金支出 27929 亿元,比上年增长 19.7%;2015 年年末基本养老保险基金累计结存 39937 亿元。① 为贯彻落实党的十八届三中全会关于“加强社会保险基金投资管理和监督、推进基金市场化、多元化投资运营”的精神,提高基本养老保险基金收益水平,实现基金保值增值的目标,2015 年 8 月,国务院发布了《基本养老保险基金投资管理办法》。该办法颁布后,基本养老保险基金的投资管理突破了以往只能存银行、买国债的严格限制,开始采取全国社会保障基金的信托管理模式,坚持以市场化、多元化、专业化为原则,允许各省、自治区、直辖市将养老基金结余额按照规定预留一定支付费用后,合理划分投资范围,借鉴企业年金基金的投资限制政

① 数据来源于《2015 年度人力资源和社会保障事业发展统计公报》。

策确定具体投资额度，委托给国务院授权的机构在境内进行投资运营。另外，基本养老保险基金可投资国家重大项目和重点企业股权，让广大人民群众能充分分享社会经济发展成果。

1.1.4 “十二五”期间中国社会救助制度改革回顾

社会救助是社会保障体系最基本、最悠久的制度安排，也是免除国民生存危机、维护社会底线公正、促进国家长治久安的国家治理机制。改革开放以后，社会救助进入了不断改革的进程，经过30多年来的变革，随着最低生活保障制度的创新发展，中国社会救助制度规范不断完善，内容不断丰富。目前中国的社会救助制度已经取得了很大的发展，初步形成了新型的社会救助制度体系和社会救助社会协同局面[①]，满足了贫困群体的基本需要，保证了市场经济体制改革的顺利进行，促进了社会公平，维护了社会安定。

中国已经基本建成了社会救助制度体系。社会救助已经成为国家的一项兜底性的保障政策，在整个社会保障体系中扮演着托底的角色。“十二五”期间，中国陆续出台了多项关于社会救助的政策文件，社会救助制度不断走向完善。

一、在法制建设方面

2014年2月，国务院颁布《社会救助暂行办法》（国务院令第649号），并于2014年5月1日起施行，从法律上确立了社会救助的地位作用、基本原则、主体责任、制度安排、基本程序等，既为保障公民基本生活、维护公民基本生存权益提供了法制保障，也为政府各部门依法救助和社会力量有序参与社会救助提供了法规依据，是社会救助事业发展新的里程碑，标志着新形势下社会救助事业迈上了法制化、体系化、规范化统筹发展的新阶段。

二、在最低生活保障方面

2011年5月，民政部等四部委出台了《关于进一步规范城乡居民最

---

① 林闽钢：《中国社会救助体系的整合》，《学海》2010年第4期，第55—59页。

低生活保障标准制定和调整工作的指导意见》(民发〔2011〕80 号),给出了科学确定城乡低保标准制定和调整的三种方法,即基本生活费用支出法、恩格尔系数法、消费支出比例法;2012 年 9 月 1 日,国务院印发了《关于进一步加强和改进最低生活保障工作的意见》(国发〔2012〕45 号),对低保对象的认定条件、低保审核审批程序、申请家庭经济状况核对机制、低保对象动态管理、监管机制、与其他社会救助制度的有效衔接等做了明确的规定;2012 年 9 月 28 日,为贯彻落实国发〔2012〕45 号文件,进一步加强城乡最低生活保障资金管理,财政部、民政部出台了《城乡最低生活保障资金管理办法》(财社〔2012〕171 号)。

三、在医疗救助方面

2013 年 12 月,财政部、民政部印发《城乡医疗救助基金管理办法》(财社〔2013〕217 号),要求规范城乡医疗救助基金的管理和使用;2015 年 4 月,《国务院办公厅转发民政部等部门〈关于进一步完善医疗救助制度全面开展重特大疾病医疗救助工作意见〉的通知》(国办发〔2015〕30 号),要求城市医疗救助制度和农村医疗救助制度于 2015 年年底前合并实施,全面开展重特大疾病医疗救助工作。

四、在住房救助方面

2013 年 12 月,住房城乡建设部、财政部和国家发改委联合印发《关于公共租赁住房和廉租住房并轨运行的通知》(建保发〔2013〕178 号),提出从 2014 年起,各地公共租赁住房和廉租住房将并轨运行,并轨后统称为公共租赁住房;2014 年 11 月,住房城乡建设部、民政部、财政部发布《关于做好住房救助有关工作的通知》(建保〔2014〕160 号),进一步加强对住房救助工作的管理。

五、在临时救助方面

2014 年 10 月,国务院颁布《关于全面建立临时救助制度的通知》(国发〔2014〕47 号),要求 2014 年年底前全面实施临时救助制度。

总体来看,"十二五"期间中国社会救助制度已经实现了整体转型,一个面向全民的、开放性的综合救助体系已经基本形成,既可以合理地针对各种困难,也可以较好地覆盖各类困难人群。由于现在形势发生了很大的变化,单一的社会救助项目已经不能应对各种民生困难的挑战,需要一个涵盖多个项目的综合型社会救助体系才能解决问题。以 2014 年出台的《社会救助暂行办法》为标志,中国已初步形成一个以最低生活保障和特困人员供养为基础,以受灾人员救助、医疗救助、教育救助、住房救助、就业救助、临时救助、司法救助和法律援助为补充的综合性的社会救助制度体系。

目前,中国社会救助制度的覆盖面已初具规模,制度层面已基本实现应救尽救。从表 1-9 中可看出,"十二五"期间,享受低保的城乡居民和享受农村五保供养的农村人员的总数整体呈下降趋势,这说明中国社会救助取得一定效果。截至 2015 年年底,享受最低生活保障的城乡居民约 6605 万人,救济城市"三无"人员 6.8 万人,救助供养农村特困人员约 517 万人,得到灾害救助者约 6000 余万人次,获得直接医疗救助者约 2889 万人次。2015 年全国共帮助 5.7 万户零就业家庭实现每户至少一人就业,各类棚改开工 601 万套。

表 1-9 "十二五"期间全国城乡低保和农村五保供养覆盖人数

单位:万人

指　标	2011 年	2012 年	2013 年	2014 年	2015 年
城乡低保人数	7582.5	7488.0	7452.2	7084.2	6604.7
城市低保人数	2276.8	2143.5	2064.2	1877.0	1701.1
农村低保人数	5305.7	5344.5	5388.0	5207.2	4903.6
农村五保供养人数	551.0	545.6	537.3	529.1	516.7
集中供养人数	184.5	185.3	183.5	174.3	162.3
分散供养人数	366.5	360.3	353.8	354.8	354.4

资料来源:2011—2015 年《社会服务发展统计公报》。

另外,公共投入的力度和惠及民生的广度都达到了前所未有的程度,社会救助项目每年的经费也都基本上纳入了中央和地方财政的财政预算,政府社会救助支出总体上呈增长态势。根据表 1-10 和图 1-1 的数据,"十二五"期间,无论是城乡低保的平均标准还是农村五保供养的平均标准,都有大幅度的提高。2015 年全国城市低保月平均标准为 451. 1 元/人,全国农村低保年平均标准为 3177. 6 元/人,农村五保集中供养年平均标准为 6025. 7 元/人,分散供养年平均标准为 4490. 1 元/人,"十二五"期间分别年均增长 12. 4%、17. 7%、15. 3%、16. 4%①。同时,全国城市低保月人均补助水平和全国农村低保月人均补助水平与 2010 年相比,也有较大幅度的提高。

表 1-10 "十二五"期间全国城乡低保和农村五保供养标准

指　标	2011 年	2012 年	2013 年	2014 年	2015 年
城市低保年平均标准(元/人)	3451. 2	3961. 2	4476	4932	5413. 2
城市低保月人均补助水平(元)	240. 3	239. 1	264	286	316. 6
农村低保年平均标准(元/人)	1718. 4	2067. 8	2434	2777	3177. 6
农村低保月人均补助水平(元)	106. 1	104. 0	116	129	147. 2
农村五保集中供养年平均标准(元/人)	3399. 7	4060. 9	4685	5371	6025. 7
农村五保分散供养年平均标准(元/人)	2470. 5	3008	3499	4006	4490. 1

资料来源:2011—2015 年《社会服务发展统计公报》。

2015 年各级财政用于城乡居民最低生活保障的支出为 1650. 8 亿元,其中用于城市低保资金总额为 719. 3 亿元,用于农村低保资金总额为 931. 5 亿元。2015 年各级财政支出医疗救助资金 298. 5 亿元,用于就业补助的资金 870. 93 亿元,用于自然灾害生活救助资金 195. 52 亿元,用于临时救助资金 108. 51 亿元,用于特困人员供养资金 182. 97 亿元。②

① 该数据为笔者根据 2011—2015 年《社会服务发展统计公报》的数据测算得到。

② 数据来源于《2015 年社会服务发展统计公报》。

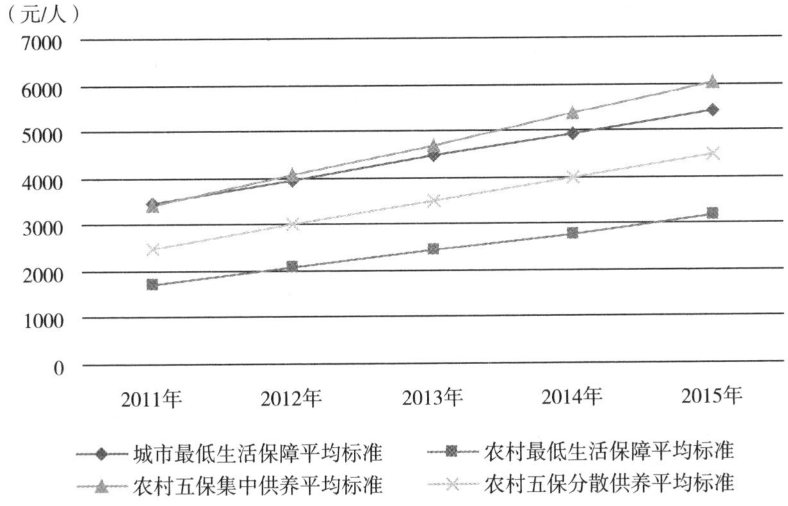

图 1-1 “十二五”期间城乡低保和农村五保年平均标准

1.1.5 “十二五”期间中国医药卫生体制改革回顾

医药卫生事业关系亿万人民的健康，关系千家万户的幸福，是重大民生问题。深化医药卫生体制改革，加快医药卫生事业发展，适应人民群众日益增长的医药卫生需求，是维护人民群众健康福祉的民生工程，也是全面建成小康社会的一项重要任务。

2009 年新医改启动以来，国务院成立由副总理担任组长、20 个部门组成的医改领导小组，坚持把基本医疗卫生制度作为公共产品向全民提供的基本理念，坚持保基本、强基层、建机制的基本原则，不断完善顶层设计，出台了 53 个重大政策文件，涵盖公立医院改革、全民医保体系建设、药品供应保障等多个方面，基本建立了较为完善的制度框架。2009—2011 年，重点推进基本医保制度、国家基本药物制度、基层医疗卫生服务体系建设、基本公共卫生服务逐步均等化和公立医院改革试点。“十二五”期间，深化医改由试点探索、单项突破逐步转向系统配套、全面推进，坚持将公立医院改革作为医改的重中之重，突出问题导向，在关键领域和重点环节取得明显进展和成效。①

一、全民医保制度基本建立

以基本医疗保险为主体的多层次医疗保障体系逐渐健全,保障能力不断提高。一是基本医保扩面提标工作成效显著。职工医保、城乡居民医保参保人数超过 13 亿,参保率稳定在 95%以上。2014 年职工医保、城镇居民医保和新农合政策范围内住院费用支付比例分别达到 80%、70%和 75%,较改革前有明显提高。二是逐步建立重特大疾病保障机制。全面实施城乡居民大病保险,普遍实施职工大额医疗费用补助等职工补充保险,建立疾病应急救助制度,全面开展重特大疾病医疗救助。保基本、防大病、兜底线能力进一步增强。三是积极发展商业健康保险。鼓励商业保险公司开发适应不同层次需要的健康保险产品,鼓励企业和个人通过参加商业保险及多种形式的补充保险解决基本医疗保障之外的需求。

二、基本药物制度不断完善

卫生部、国家发改委等九部委 2009 年 8 月 18 日发布《关于建立国家基本药物制度的实施意见》,标志着我国建立国家基本药物制度工作正式实施。不断完善国家基本药物目录,坚持中西药并重,规范剂型规格。食品药品监管总局和商务部等部门以基本药物为重点,加大生产、流通等环节的监管力度,保证基本药物质量,提升流通效率。目前,国家基本药物共计 520 种,比 2009 年增加 69%。基本药物制度在政府办基层医疗卫生机构全面建立,其他各类医疗机构也都必须按规定使用基本药物,所有零售药店均配备和销售基本药物。基本药物全部纳入基本医疗保障药品目录,报销比例明显高于非基本药物,减轻群众基本用药费用负担。

三、基层医疗卫生服务体系不断健全

公共卫生、农村医疗卫生和城市社区卫生发展加快,基本建成覆盖城乡的基层医疗卫生服务体系,80%的居民 15 分钟能够到达最近的医疗

① 李斌:《国务院关于深化医药卫生体制改革工作进展情况的报告——2015 年 12 月 22 日在第十二届全国人民代表大会常务委员会第十八次会议上》,中国人大网,http://www.npc.gov.cn/npc/xinwen/2015-12/22/content_1955662.htm。

点。实施基层中医药服务能力提升工程，中医药局在基层医疗卫生机构推进建设国医堂、中医馆，方便群众就近享受中医服务。加强全科医生为重点的基层卫生人才队伍培养，启动全科医生特设岗位计划试点，多途径培养全科医生 17.3 万人，招收农村订单定向免费医学生 2.1 万名，基层特别是农村医疗卫生人员队伍建设得到进一步加强。基层医疗服务能力的提高，也有利于推进分级诊疗制度建设。

四、基本公共卫生服务均等化水平逐步提高

城乡居民基本公共卫生服务政府补助标准从 2009 年人均 15 元提高到 2016 年人均 45 元，项目类别增加到 12 大类，基本覆盖了居民生命全过程。实施 7 大类重大公共卫生服务项目，对贫困白内障患者、老年人等人群的重大疾病进行免费干预治疗或给予补助，农村孕产妇住院分娩率达到 99%，免费提供预防艾滋病、梅毒和乙肝母婴传播综合干预服务。重大公共卫生服务项目累计覆盖近 2 亿人，实施效果相当显著。

五、公立医院改革稳步推进

县级公立医院改革全面推开，公立医院改革试点城市扩大到 100 个，4 个省级综合改革试点稳步推进。紧紧围绕破除以药补医、创新体制机制、调动医务人员积极性三个关键环节，落实政府责任，着力建立维护公益性、调动积极性、保障可持续的公立医院运行新机制。推进编制管理制度改革，鼓励各地探索有效的绩效考核办法，建立与岗位职责、工作业绩、实际贡献紧密联系的分配激励机制。完善公立医院药品采购机制，启动专利药品、独家生产药品价格谈判工作。进一步理顺县级公立医院的医疗服务价格，医院收支结构得到优化。

"十二五"期间，医疗保障制度不断完善，从制度设计上实现了社会医疗保险的全民覆盖；医疗卫生资源总量继续增加，服务能力明显提高；随着政府投入的增加和医疗保障水平的提高，个人卫生支出占卫生总费用比重降到 30%以下①；改革红利进一步释放，人民群众健康水平显著提

① 闫龚：《晒晒"十二五"医改成绩单——医改从单项突破转向全面推进》，《健康报》2016 年 3 月 24 日，第 1 版。

高，老百姓有更多的获得感。

1.1.6 “十二五”期间中国农村低保制度和扶贫开发政策改革回顾

农村低保制度和扶贫开发政策的实施，切实缓解了农村的贫困问题，促进了社会公平。然而，随着国家扶贫战略的推进和农村反贫困的深入，独立开展反贫困行动的两项制度的局限性愈益凸显。为进一步完善我国的扶贫战略体系，实现到 2020 年“基本消除绝对贫困现象”的战略目标，我国颁布了一系列促进农村低保制度和扶贫开发政策有效衔接的政策文件，如 2008 年，党的十七届三中全会通过了《中共中央关于推进农村改革发展若干重大问题的决定》，提出要“完善国家扶贫战略和政策体系，坚持开发式扶贫方针，实现农村最低生活保障制度和扶贫开发政策有效衔接”；2009 年，国务院扶贫办、民政部颁布了《关于开展农村最低生活保障制度与扶贫开发政策有效衔接试点工作的通知》，确定湖南、广西、重庆等 11 个试点省（区市），承担全国农村最低生活保障制度和扶贫开发政策有效衔接先行试点的任务；2009 年，国务院扶贫办、民政部、财政部、国家统计局、中国残联颁布了《关于做好农村最低生活保障制度与扶贫开发政策有效衔接试点工作的指导意见》，明确了两项制度有效衔接的总体目标、基本要求和工作步骤；2010 年，国务院扶贫办、民政部、财政部、国家统计局、中国残联颁布了《关于做好农村最低生活保障制度和扶贫开发政策有效衔接扩大试点工作意见的通知》，明确了两项制度有效衔接的目标、基本原则和试点范围，衔接的主要内容为程序衔接、政策衔接、管理衔接，还就标准、对象和保障措施做了规定。

作为农村反贫困的两项基本制度，农村低保制度和扶贫开发政策既有区别又有联系。准确把握两项制度间的区别与联系，才能实现两项制度的有效衔接，加快推进我国农村的脱贫进程，促进社会公平正义。

一、农村低保制度和扶贫开发政策的区别

农村低保制度和扶贫开发政策都是缓解农村贫困的重要手段，但两

者在工作对象、实施主体、性质、目标、政策标准和工作手段等方面存在一定的差异。

第一,工作对象不同。农村低保制度以家庭为单位,对家庭人均纯收入低于当地最低生活保障标准的农村居民进行保障,其贫困主要是由病残、年老体弱、丧失劳动能力和生存条件恶劣等导致的。农村扶贫开发不仅以家庭为单位,还以村、乡(镇)、县为单位,扶贫对象是家庭年人均纯收入低于农村扶贫标准、有劳动能力或劳动意愿的农村居民,其中包括有劳动能力和劳动意愿的农村低保对象。

第二,实施主体不同。我国农村低保制度的实施主体是民政部与各地民政部门,而农村扶贫开发政策的实施主体是国务院扶贫开发领导小组办公室与各地扶贫开发办公室。

第三,性质与目标不同。农村低保制度是一种社会救济制度,旨在将救助范围内的农村贫困居民全部纳入保障范围,以维持其最低生活水平,维护和保障其基本生存权,是“输血式”的扶贫。农村扶贫开发是一种发展能力、扶持生产与开发经济的政策,旨在提高扶贫对象的自我发展能力和贫困区域经济的可持续发展能力,帮助贫困居民摆脱贫困、促进贫困区域经济发展,逐步实现共同富裕,是“造血式”的扶贫。

第四,政策标准不同。我国农村低保标准是由县级以上地方人民政府根据能够维持当地农村居民最基本的生活需要确定,并随着当地经济社会发展水平和物价水平变化而适时调整,经上一级地方人民政府备案后再公布执行。我国农村扶贫标准以国家公布的标准为准,目前我国最新的国家扶贫标准是农民人均年收入 2300 元,各省(区、市)人民政府可根据本地经济发展水平和自身能力制定本地扶贫标准,且国家扶贫标准并不是一成不变的,而是根据物价指数、生活指数等进行动态调整。

第五,工作手段不同。农村低保制度和扶贫开发政策在服务对象、性质、目标等方面的不同,决定了两者必然在工作手段方面存在差异。农村低保制度的工作手段是通过中央和地方政府的财政转移支付,以现金或实物的形式,对农村贫困居民进行生活补助。而扶贫开发的工作手段则是以经济建设为中心，改善生产条件，因地制宜、因村（户）施策，提高农村贫困群体的自我发展能力。概括言之，农村低保制度是“授人以鱼”，而扶贫开发政策则是“授人以渔”。

二、农村低保制度和扶贫开发政策的联系

如上所述，虽然农村低保制度和扶贫开发政策在诸多方面存在差异，但这并不代表两者之间是相互排斥、相互替代的关系，而是相辅相成、相互促进的关系。这表现在：首先，农村低保制度是对扶贫开发政策的有效补充。根据现行政策规定，扶贫对象须同时满足以下两个条件：一是家庭年人均纯收入低于农村扶贫标准；二是有劳动能力或劳动意愿。由此可知，扶贫开发的工作对象具有选择性，只扶助那些“可扶之人”。同时，导致农村居民贫困的原因是多样的、复杂的，其中既有因残疾、疾病、年老体弱等致贫的，又有因居住的自然条件恶劣、偏远高寒、交通不便致贫的，还有因自然灾害致贫的。这三类人群仅依靠其自身力量是很难脱贫的。这时，就需要充分发挥农村低保制度的兜底救助作用，力争做到应保尽保，解决其基本生活问题，降低农村绝对贫困人口数量。农村低保制度对扶贫开发政策的有力补充，减轻了农村扶贫开发的负担，使其得以集中力量发展生产、打赢扶贫开发攻坚战。

其次，扶贫开发政策是对农村低保制度的提升与发展。不论是从内涵来看，还是从性质和目标来看，扶贫开发都是对农村低保制度的进一步提升与发展，如农村低保制度是单纯“输血式”的扶贫，而扶贫开发则是开发“造血式”的扶贫；农村低保制度注重农村贫困居民的生存权，而扶贫开发则注重农村贫困居民的发展权。另外，扶贫开发通过为有劳动能力或有劳动意愿的农村贫困居民提供发展机会，提高其自我发展能力，帮助其稳步脱贫致富，一定程度上降低了农村贫困居民数量，减轻了农村低保的压力和负担。

“十二五”期间，国家紧抓农村低保制度和扶贫开发政策的有效衔接工作，陆续颁布了一些关于两项制度有效衔接的政策文件，具体如表1-11所示。

表 1-11 “十二五”期间颁布的农村低保制度与扶贫开发政策有效衔接的文件

年份	会议或颁布单位	名 称	相关或主要内容
2011	中共中央、国务院	《中国农村扶贫开发纲要(2011—2020)》	坚持开发式扶贫方针,实行扶贫开发和农村最低生活保障制度有效衔接
2012	国务院	《国务院关于进一步加强和改进最低生活保障工作的意见》	完善农村最低生活保障与扶贫开发衔接机制,鼓励就业,加大对有劳动能力最低生活保障对象的就业扶持力度
2015	十二届全国人大四次会议	《中华人民共和国国民经济和社会发展第十三个五年规划纲要》	实行低保政策和扶贫政策衔接,对贫困人口应保尽保

2009 年,我国决定在 11 个省(区市)、20 个县开展农村低保制度和扶贫开发政策有效衔接的试点工作。试点实践证明,中央关于农村低保制度和扶贫开发政策有效衔接的决定是正确的,试点工作取得的积极成效,既受到了农村困难群体的认可和欢迎,也得到了相关部门的肯定和重视。基于此,2010 年,我国又扩大了两项制度有效衔接的试点范围。以第一批试点省为例,河南省两项制度有效衔接试点由 2009 年的 2 个县扩大至 2010 年的 34 个县,甘肃省由 2 个县扩大至 55 个县,青海省由 1 个县扩大至 15 个县,广西壮族自治区由 1 个县扩大至 27 个县。此外,贵州省、云南省、陕西省、山西省等也于 2010 年正式启动两项制度有效衔接试点工作。

1.2 当前中国社会保障制度存在的问题

1.2.1 当前中国养老保险制度存在的问题

随着“十二五”期间城乡居民基本养老保险制度的全面推行,针对农民和城镇未就业人员的养老保险这一最后的“短板”被补上，中国基本养老保险制度实现了制度上的全覆盖。但不可否认的是，中国的养老保险制度还存在着一定的问题，突出表现在以下几个方面。

一、公平性方面存在的问题

（一）距离养老保险全民覆盖的目标还有一定差距

截至2015年年底，中国基本养老保险参保人数达到85833万人，而2015年年底中国16岁及以上的人口数为113296万人[①]，扣除在校学生7684.69万人[②]和尚未被统计到基本养老保险参保人数中来的机关单位工作人员数5804.55万人[③]，约有1.4亿人尚未被纳入到基本养老保险制度中来（实际参保率达到86.0%）。这1.4亿尚未参加基本养老保险的人员主要是农民工、灵活就业人员以及部分农民。

（二）养老保险制度显性双轨制已消除，但隐性双轨制依然存在

为破除养老保险制度双轨制，2015年1月3日，国务院发布了《关于机关事业单位工作人员养老保险制度改革的决定》（国发〔2015〕2号），规定机关事业单位实行与企业相同的基本养老保险制度。但由于国发〔2015〕2号文件强制机关事业单位建立职业年金制度[④]，总的缴费比例为12%（单位8%，个人4%），而企业年金是自愿建立的，2015年参加企业年金的职工仅为2316万人，占城镇职工基本养老保险参保职工的比重仅为8.8%；另外，受企业年金税收优惠比例为9%（企业5%，个人4%）的

---

① 数据来源于《2015年国民经济和社会发展统计公报》。

② 16岁及以上的在校学生主要指的是高中阶段（含中专）的在校学生以及高等教育的在校学生（含本专科生和研究生）。《2015年全国教育事业发展统计公报》的数据显示，2015年我国在校高中阶段在校学生为4037.69万人，高等教育的在校学生为3647万人，二者合计7684.69万人。

③ 《2015年度人力资源和社会保障事业发展统计公报》公布的数据显示，2015年我国公务员人数为716.7万人；《事业单位人事管理条例》颁布后，国务院法制办、中共中央组织部、人力资源社会保障部负责人在答记者问时指出，2014年中国事业编制3153万人，机关事业单位离退休人员与在职人员的比例约为1∶2，据此估算出机关单位工作人员数约为5804.55万人。

④ 国发〔2015〕2号文件规定，“机关事业单位在参加基本养老保险的基础上，应当为其工作人员建立职业年金”。法律上的“应当”就是“必须”，因此，职业年金具有强制性，意味着机关事业单位必须建立。

限制,企业年金的平均缴费比例约为9%。这就意味着机关事业单位养老保险制度改革以后,其养老金水平仍然会大大高于企业,“隐性双轨制”依然存在,造成新的不公平。

（三）城镇职工与城乡居民的基本养老金差距过大,形成新的“双轨制”

2015年全国企业退休人员月平均基本养老金达到了2291元,而2015年全国城乡居民月平均基本养老金仅为121.2元[①],前者是后者的18.9倍。可见,城镇职工与城乡居民基本养老保险的待遇差距过大,形成新的“双轨制”。造成此问题的原因在于:第一,制度模式不同。城镇职工与城乡居民基本养老保险无论是从基金来源、计发办法来看,二者都有较大的不同。城乡居民基本养老保险虽然实行的也是“基础养老金+个人账户”的模式,但其基础养老金仅来源于财政拨款,数额过少(2015年全国基础养老金最低标准仅为70元/人/月),无法与职工基本养老保险中的社会统筹基金相提并论。第二,养老金调整的频率不同。2005—2015年间,企业退休人员基本养老金已经实现了“12连涨”,但自2009年新型农村社会养老保险开始试点至“十二五”末,国家只上调了一次城乡居民基本养老保险基础养老金最低标准,人为地拉大了城镇职工与城乡居民基本养老金水平。

（四）养老保险统筹层次较低,地区之间差异较大

对于城镇职工基本养老保险而言,虽然人社部宣称“全国31个省份和新疆生产建设兵团已建立养老保险省级统筹制度”,但大部分地区仅止于制度或者通过很小比例的调剂金形式部分统筹,只有北京、上海、天津、重庆、陕西、西藏、青海等7个省(自治区、直辖市)实现了养老金省级统收统支,其他基本都是停留在地(市)级或县(市)级统筹阶段。城乡居民基本养老保险除了少数几个省份实现省级统筹之外,大都是地(市)级或县(市)级。统筹层次过低,一方面造成各地养老保险基金收支压力苦

① 全国城乡居民月平均基本养老金=全年城乡居民基本养老保险基金支出÷全年平均实际领取待遇人数÷12。

乐不均，另一方面导致地区之间职工养老保险的缴费比例不统一、居民基础养老金标准不统一、地区养老金水平差距过大等问题，进而拉大了地区收入差距，带来新的收入分配不公平。

二、流动性方面存在的问题

（一）较低的统筹层次限制了参保人员跨地区的自由流动

由于养老保险统筹层次偏低，当参保人员跨统筹地区流动时，需要转移接续养老保险关系，虽然国家已经出台了《城镇企业职工基本养老保险关系转移接续暂行办法》（国办发〔2009〕66号）、《国务院关于建立统一的城乡居民基本养老保险制度的意见》（国发〔2014〕8号）、《国务院关于机关事业单位工作人员养老保险制度改革的决定》（国发〔2015〕2号），分别对城镇职工基本养老保险、城乡居民基本养老保险、机关事业单位基本养老保险参保人员跨统筹地区流动时养老保险关系的转移接续做出了规定，但复杂的养老保险关系转移接续手续往往令参保人员望而却步，在当前法律不允许退保的情况下，养老保险“断保”的现象较为严重。

（二）“碎片化”的养老保险制度限制了劳动者自由流动

当前，中国的基本养老保险制度主要有城镇职工基本养老保险、机关事业单位基本养老保险、城乡居民基本养老保险三种形式，此外，部分地区还有被征地农民基本养老保险。虽然国家已经出台了《城乡养老保险制度衔接暂行办法》（人社部发〔2014〕17号）、《劳动和社会保障部、财政部、人事部、中央机构编制委员会办公室关于职工在机关事业单位与企业之间流动时社会保险关系处理意见的通知》（劳社部发〔2001〕13号）、《国务院关于机关事业单位工作人员养老保险制度改革的决定》（国发〔2015〕2号），但仍然存在很多问题，包括：尚未出台机关事业单位养老保险与城乡居民基本养老保险的制度衔接办法；劳社部发〔2001〕13号文件部分条款已经过时，与当前的实际情况严重不符，亟须修订；参保人员在不同养老保险制度间流动，养老保险关系转移接续手续过于烦琐，参保人员疲于奔波、苦不堪言等问题。

三、可持续性方面存在的问题

(一)经济新常态和人口老龄化的双重背景下,基金支付压力不断增大

养老保险的运行与发展需要持续的财政投入,当前中国经济发展正面临着巨大的下行压力,由过去的中高速增长正向中低速增长转变,并且这一趋势已成为经济新常态。自2014年6月以来,我国PMI指数(采购经理指数)持续下滑,传统制造业发展面临困境,中小企业发展面临困难,这表明企业在为员工缴纳养老保险费方面的压力增大,同时政府也需要通过减税的方式去扶持企业的发展,这就增加了养老保险财政扶持的压力。

截至2015年年底,我国60岁以上人口占全国人口的比重已达16.1%,到“十三五”末我国60岁以上人口占全国总人口的比例将达18%[①],2015年我国人口的总抚养比高达41%,日益严重的老龄化一方面是中国劳动年龄人口的比例逐步缩小,缴费人群逐步减少,另一方面领取养老保险的人数逐步增长,使中国养老保险基金面临巨大的支付压力。

(二)城镇职工和机关事业单位养老保险历史债务沉重,个人账户空账运行

现收现付模式存在隐性债务,即向制度覆盖职工做出的养老金受益承诺。实施统账结合模式后,本该承担兑现养老金承诺的下一代要积累自己的个人账户,不应该再对这笔旧体制下形成的债务负责。养老保险转制是导致“中人”个人账户空账运行的主要原因;此外,社会统筹基金与个人账户基金混账管理也是导致个人账户空账运行的原因,即随着中国老龄化的日趋加重,在社会统筹基金收不抵支且财政又不能完全承担的情况下,政府只好挪用个人账户基金,进而导致个人账户空账运行。在机关事业单位养老保险开始改革后,不仅企业职工基本养老保险,而且机关事业单位养老保险同样也存在着隐性债务和个人账户空账。

① 《2020年中国老年人口将占总人口18%》,财新网,http://china.caixin.com/2011-12-27/100342953.html。

（三）降低养老保险费率与基金的收支平衡存在矛盾

当前，城镇职工基本养老保险的缴费率为28%（企业20%，个人8%），个体工商户和灵活就业人员的缴费率为20%。许多企业尤其是中小微企业以及个体工商户、灵活就业人员、农民工普遍反映养老保险负担过重，难以承受。于是，为了降低企业成本、增强企业活力，2016年4月，人社部、财政部发布了《关于阶段性降低社会保险费率的通知》（人社部发〔2016〕36号），规定："从2016年5月1日起，企业职工基本养老保险单位缴费比例超过20%的省（区、市），将单位缴费比例降至20%；单位缴费比例为20%且2015年底企业职工基本养老保险基金累计结余可支付月数高于9个月的省（区、市），可以阶段性将单位缴费比例降低至19%，降低费率的期限暂按两年执行。具体方案由各省（区、市）确定。"人社部发布的《中国社会保险发展年度报告2015》显示，2015年黑龙江、辽宁、吉林、河北、陕西和青海共六省份的城镇职工基本养老保险基金当期"入不敷出"。可见，一方面城镇职工基本养老保险基金收不抵支，另一方面却在经济下行的压力下降低基本养老保险费率，这本身就是一个矛盾。

（四）连年上调基本养老金与基金的收支平衡存在矛盾

截至"十二五"末，国家已经连续十二年以10%左右的比例上调企业退休人员基本养老金，2015年全国企业退休人员月基本养老金达到了2291元（见表1-12）。2016年4月，经国务院同意，人社部、财政部印发了《关于2016年调整退休人员基本养老金的通知》，要求从2016年1月1日起，为2015年年底前已按规定办理退休手续并按月领取基本养老金的企业和机关事业单位退休人员提高基本养老金水平，总体调整水平为2015年退休人员月人均基本养老金的6.5%左右。至此，企业退休人员基本养老金已经实现了"13连涨"，只不过与经济新常态相对应，调整幅度有所放缓，降至6.5%。养老金的连年上调与当前部分省份城镇职工基本养老金的收不抵支产生矛盾。未来亟须取消行政命令式的基本养老金调整机制，进而建立基本养老金正常调整机制。

表 1-12　2005—2016 年全国企业退休人员月平均养老金

年　份	2005	2006	2007	2008	2009	2010	2011	2012	2013	2014	2015	2016
平均养老金(元)	700	818	925	1100	1225	1362	1511	1721	1893	2082	2291	2440
增幅(%)	8.2	16.9	13.1	18.9	11.4	11.2	10.9	13.9	10.0	10.0	10.0	6.5

资料来源:根据史寒冰《以人为本　跨越发展——社会保障体系建设十年成就综述(下)》(《中国社会保障》2012 年第 12 期)和 2013—2016 年全国养老金调整文件计算得到。

(五)经办服务能力不足

当前,中国社会保险经办服务体系主要存在以下问题:第一,人手紧张,社保经办机构人均负荷比高;第二,经费保障不足,基础设施不够健全;第三,社保经办机构名称不统一,机构亟须整合;第四,信息化建设滞后,没有建立起全国统一的、联网的社会保障管理信息系统;第五,农村的社会保险服务能力尤为不足。

(六)企业年金发展缓慢且不平衡,多支柱养老保险体系尚未建成

目前我国企业年金存在的主要问题是:第一,发展缓慢。截至 2015 年末,全国有 7.55 万户企业建立了企业年金,企业参与企业年金的比例还不足 1%;参加职工人数为 2316 万人,占当年城镇职工基本养老保险参保职工的比例(即覆盖率)仅为 8.8%,与第一支柱 86.0%的覆盖率形成鲜明对比。第二,发展不平衡。目前,中国企业年金主要分布在交通、通讯、能源、金融等垄断行业,大型国有企业占绝对的主导地位,企业年金行业发展不平衡现象比较严重;同时也存在地区发展不平衡,即东部沿海省份企业年金发展明显优于、快于中西部地区。

作为养老保障体系第三支柱的商业养老保险同样发展缓慢。其原因在于:第一,大部分居民对于商业保险依旧缺乏一个基本的认识,认为和把钱存入银行并无太大差别。但是事实上与银行储蓄相比,保险投资方式更具有优良性。第二,国家相关政策的缺失未给商业保险提供良好的发展环境。个人税收递延型商业养老保险尚处于试点阶段。第三,商业保险种类较为陈旧,对普通人没有较大的吸引力。第四,保险公司宣传推销工作不到位,使许多人产生排斥心理。

1.2.2 当前中国医疗与生育保险制度存在的问题

“十二五”期间，中国已基本上实现了全民医保，待遇水平不断提高，就医条件不断改善，公众就医更加便捷，医保经办管理和服务能力进一步提升，但也要看到当前城镇职工医保、城镇居民医保、新农合和生育保险在制度体系建设与管理运行中还存在着诸多问题。

一、城乡居民医保缺乏稳定的筹资增长机制，制度压力凸显

城镇居民医保和新农合均实行定额筹资，即个人和财政均按某个固定金额来缴费。定额缴费计算简单、管理方便，对促进居民积极参保、实现全面覆盖做出了积极贡献。但定额筹资的缺点是没有稳定的增长机制，虽然近年来筹资标准不断增长，但每年的具体筹资标准及增幅都是通过发布筹资政策来明确，也就是由各级政府以行政命令的方式来确定。而城镇职工医保，由于其实行比例费率制，随着工资水平的提高，医保缴费标准同步增长。未来随着人口老龄化程度的加剧、全民参保的实现，新的参保资源提升空间逐渐枯竭，以往通过扩面征缴来稀释制度赡养率和扩大资金池，从而维系制度持续高速发展的做法已经难以为继。城乡居民医保制度启动初期的政策红利和扩充效应锐减，反而将转化为更为长久并日益加剧的负担。从表 1-4 和表 1-5 可以看出，“十二五”期间，城镇基本医疗保险基金收入增长率、新农合基金筹资总额增长率已开始明显下滑，前者已经从 2011 年的 28.6%下降到 2015 年的 12.6%；后者从 2011 年的 56.5%下降到 2015 年的 8.6%。城乡居民医保基金收入增速的放缓，势必会对基金的收支平衡造成压力。

二、城乡居民医保筹资责任失衡，财政补贴比重过大

由于担心影响居民参保意愿，各地通常很少提高居民个人的筹资标准，城乡居民医保筹资的增长主要通过财政补贴的增长来实现，历年人均财政补贴的增幅大大高于人均个人缴费增幅，从而使得人均筹资总额中财政补贴的比重越来越大。2015 年城乡居民医保人均筹资 500 元，其中政府补贴 380 元，个人缴费 120 元，财政补贴与个人缴费比例为 3.2∶1。财政补贴比重过大，不仅带来财政是否可支撑的问题，也使得城乡居民医保有滑向福利制度的危险。

三、医疗保险和生育保险的公平性不足

首先，覆盖面还有欠缺。截至2015年年底，中国基本医疗保险的参保人数虽然已达到133582万人，但除去重复参保的人员，还有一部分群体没有参加基本医疗保险；生育保险的参保对象为职工，农村居民和城镇未就业人员尚未被纳入到生育保险中来。其次，待遇差别仍然较大。由于城乡居民医保起步晚，与城镇职工医保相比，其待遇水平尤其是最高支付限额还有较大的差距；由于各地财政承受能力和基金结余分布不均，且统筹层次仍偏低（基本为市级或县级统筹），医疗保险互济功能发挥不够，导致地区之间医疗保险待遇差别较大。

四、适应流动性不够，导致重复参保和异地就医结算困难

在我国加速城镇化进程中，人口大规模流动的特点突出，特别是跨地区流动就业的农民工多达2.6亿人，而现行医疗保险管理体制和方式对这一特征的适应性不足。首先是医疗保险管理体制不顺。不同部门分别管理城乡医保（城镇基本医疗保险由人力资源和社会保障部门管理，新农合由卫生和计划生育部门管理），造成流动人员重复参保、重复补贴与漏保现象并存。其次是异地就医结算不便。由于各地医保报销水平不同和信息化未联通，使异地稳定居住的退休人员在常住地就医结算难以实施。

五、医疗费用快速增长，制度面临不可持续风险

“十二五”期间，由于医疗费用的快速上涨和医保待遇水平的持续提升，医保基金面临越来越大的支付压力。人社部社会保障研究所相关数据统计显示：城镇职工医保的次均住院费用从2010年8413元增长到2014年的10095元，增长了20.0%；城镇居民医保的次均住院费用从2010年的5468元增长到2014年的6653元，增长了21.7%；城镇职工医保人均住院率从2010年的11.69%上升为2014年的15.4%，增长了31.5%；城镇居民医保人均住院率则从2010年的4.5%上升为2014年的8.9%，增长了近1倍。[①] 住

① 林晓洁：《医保制度："十三五"面临多重挑战》，《中国劳动保障报》2016年4月12日，第003版。

院率快速上升,一方面反映了医保制度不断完善,参保人的医疗需求进一步释放,但是另一方面也提示存在医疗服务滥用的隐患。与此同时,医保基金增长乏力,越来越难以承受快速增长的需求。目前部分地区已经出现当期或累计基金赤字问题。据有关部门统计,2014 年分别有 158 个地区的城镇职工医保和 137 个地区的城镇居民医保基金出现当期赤字,占全国统筹地区总数的 25%;累计收不抵支的地区在 2014 年达到 42 个,这些地区的累计赤字达到 43. 2 亿元,比 2013 年增加了 7. 5 倍。①

1.2.3 当前中国社会保障基金管理存在的问题

一、投资渠道狭窄,收益率不高

目前中国社会保障基金的投资运营方针是安全至上,控制风险,审慎投资,主要选择流动性较好、风险较低、安全性较高的金融产品进行投资。早期的社会保障基金投资范围严格限制于银行存款和国债等具有良好流动性的金融工具,现在随着社会保障基金各项相关政策文件的出台,投资范围有所调整,还包括上市流通的证券投资基金、股票、信用等级在投资级以上的企业债、金融债等有价证券等。基本养老保险基金还可以投资国家重大项目和重点企业股权,但企业年金不能投。总体而言,绝大部分社会保障基金的投资仍以银行存款或国债为主,投资渠道狭窄,且存款和购买国债的实际收益率比较低,每年还不足 2%,导致社会保障基金的投资运营效率较低。

二、社会保障基金面临巨大的贬值风险,风险管理水平低

随着中国投资领域和规模不断扩大,投资风险也越来越复杂,如市场风险、信用风险、流动性风险、操作风险等。尤其是刚刚进入资本市场的规模巨大的基本养老保险基金会面临严峻的基金贬值风险,其风险主要来自于两个结构性风险:一是养老保险基金个人账户面临巨大"空账"不能做实,存在巨大缺口;二是目前中国基本养老保险统筹层次低下,收缴

① 仇雨临:《回顾与展望:构建更加公平可持续的全民医保体系》,《江淮论坛》2016 年第 1 期,第 127—131 页。

的养老保险基金仍然大部分掌控在市级、县级政府等独立的行政单位手中，这种分散管理很难实现集中管理运营，也难以实现统一的市场化投资策略，其制度内部不能相互调剂，对一些基本养老保险基金收不抵支的省份地区，只能通过政府的财政补贴来解决其收支缺口，由此导致财政资金宏观运用低效。基本养老保险基金处于贬值和缩水状态，且基金规模越大，贬值风险越大，保值增值的压力越大。在这种复杂的风险环境中，中国社会保障基金的风险管理体系还不健全，风险管理水平比较低，无法良好地控制风险。

三、社会保障基金管理的法律体系不健全，监督机制不完善

由于立法滞后，中国对于社会保障基金的监管力度比较有限，事实上形成了“松监管，严管制”的局面。[①] 从立法层面来看，中国目前社会保障基金管理的法律体系还不健全。虽然中国先后颁布了《社会保险基金财务制度》《社会保障基金财政专户管理暂行办法》《全国社会保障基金投资管理暂行办法》《全国社会保障基金境外投资管理暂行规定》《企业年金基金管理办法》等社会保障基金管理规章，通过了《社会保险法》《基本养老保险基金投资管理办法》《全国社会保障基金条例》等社会保障基金管理法律法规，但只初步形成了社会保障基金的财务会计制度，社会保障基金的收缴、管理、运营和支付等各个环节缺乏配套的具体条例、办法和政策来指导实际操作，存在缺陷和漏洞。从监管层面来看，中国目前社会保障基金的投资运营管理不够规范，基金监管机制还不完善，导致社会保障基金被挤占、挪用的事件频频发生。另外，专职从事社会保障基金监管工作的人员数量不足，专业技能不强，监督力量薄弱，同时各级行政监管部门并未完全厘清各自的职责，行政管理与业务管理不分，社会保障基金的投资运营管理既要接受上级监管部门的纵向领导，又不可避免地受到地方政府的横向行政干预和影响，这一问题长期存在，亟待解决。[②]

① 刘俊霞：《我国社会保障基金监管模式的选择》，《计划与市场》2001 年第 5 期，第 11—13 页。

② 魏志华、林亚清：《社保基金的投资管理模式及其困境摆脱》，《改革》2014 年第 3 期，第 47—55 页。

1.2.4 当前中国社会救助制度存在的问题

经过“十二五”期间的改革与发展，中国的社会救助事业得到了较大的发展，取得了一定的成就。但是，由于中国的社会救助起步晚，基础薄弱，还存在许多问题没有在理论和政策层面上得到解决，现实操作中也存在一些问题，时而发生引起社会广泛关注的案例。这表明未来在新的经济与社会条件下，中国的社会救助制度远未成熟，制度建构仍旧不健全，面临着许多新的挑战。

一、社会救助立法不完善

社会救助制度确实存在着漏洞，与制度不健全相关的是立法的滞后，迄今为止中国仍未出台《社会救助法》。虽然 2014 年出台了《社会救助暂行办法》，解决了社会救助实践中的一些问题，但是它只是一部临时性的行政规范，规定的内容比较宽泛，标准并不明确，相关的法规条文还是过于简单，无法完整地规范和约束社会救助制度的运行。由于社会救助最初不是在成型的法律或制度之上建立起来的，而是依据政府的政策文件开展试点并逐步推开的。因此，不同地区开展社会救助项目的时间往往并不相同，各地政策，特别是救助对象范围和保障标准也存在明显差异，大都由各地地方政府根据自己的意愿和财政状况确定，缺乏一个法定、科学、具体、统一的明确标准。另外，不同地区政府的责任以及申请人和受助者的权利也不清晰，缺乏刚性保障，难以提供稳定的安全预期，也带来了公众的信任危机。总体上来说，中国社会救助相关立法制度并未成熟定型，社会救助的对象范围和保障标准并不清晰，申请人和受助人的权利以及各级政府的责任尚未明确，亟待进一步的立法完善。

二、社会救助制度层次低

在中国的社会救助领域，需要救助的相对贫困人口规模庞大，而中国的社会救助制度层次低，这就对提高救助水平，扩大救助项目提出了新的要求。目前中国社会救助的目标主要是保障公民的最低生活，在实际操作中大多是对救助对象的货币性补助，即实施的物质性救助。救助的主体比较单一，主要就是政府，第三部门和慈善组织等社会力量参与还不够广泛，这种非多元化主体提供救助的状况，不利于丰富救助方式、扩大救助资金，影响了社会救助的“社会性功能”发挥，导致了低保和专项救助的“单向性”，也就是被救助者只要达到最低生活保障标准，在一般情况下就可以得到救助金。这种单一、被动、消极的“输血型救助”很难从根本上改变贫困者的状况，不利于其积极向上、主动走出困境。社会救助制度应该是一种多面向的制度安排，随着中国相对贫困人口的民生诉求全面升级，只将社会救助的目标定位在保障救助对象的最低物质生活这一目标层次上就明显偏低，轻视了社会服务，忽略了对救助对象的非物质困难的帮助，如心理失衡、社会排斥等带来的困难以及困惑等等，因此缺乏促使救助者“自救”“自助”的机制。

三、社会救助制度“碎片化”

由于社会救助立法的缺失和不完善，陈旧的管理体制和运行机制并未得到根本的改革，导致社会救助制度在实际运行的过程中出现“碎片化”的问题，运行状态并不理想。

（一）中国的社会救助系统政出多头、政策分割

当前中国的社会救助系统呈现出“多龙治水”的局面①：与社会救助相关的民政部门负责城乡低保、医疗救助、受灾人员救助、临时救助、应急救助和社会互助等；还有人社部门、卫计委、住建部门、教育部门等分头管理，实施就业援助、医疗救助、住房救助、教育救助政策；还有工会、残联、慈善机构等组织也运用政府资源实施救助。由于缺乏有力的监管体制，各政府部门从自身职能和利益出发，分别设立救助机构和配备人员，各自颁布政策，筹集和使用资金。这种部门分割、政出多头的体制直接导致了政策分割与资源分割，不仅无法形成统一、协调的一体化社会救助运行机制，影响了制度效能的进一步发挥，而且造成了救助不公与资源低效。虽然《社会救助暂行办法》中提出了要建立由民政部门牵头的协调机制，但单一的协调机制无法消除政策分割的不良后果。

---

① 林闽钢：《中国社会救助体系的整合》，《学海》2010年第4期，第55—59页。

（二）社会救助各项目之间制度分割，与其他社会保障项目之间衔接不清

《社会救助暂行办法》中虽然规定了八项基本救助制度，但是内容略显杂乱，不够完整，逻辑不清晰，既不是按照不同的救助对象来分类，也不是按照救助群体需求的角度来确定。在全国的许多地方，出现了多重救助的简单叠加现象，在一些城市还出现 20 多项救助项目与低保直接挂钩。[①] 这种简单的救助项目对接，既造成了低保制度功能异化，更拉大了低保边缘家庭与低保家庭之间的收入差距，这种不公平也违背了社会救助制度维护底线公平的根本原则。造成社会救助项目叠加的原因是不同的救助制度之间缺乏相互的衔接机制，如低保和医疗救助、医疗救助和临时救助、受灾人员救助和临时救助、政府救助与社会互助、低保与就业援助等相互间存在制度分割，有待进一步整合。

除了社会救助项目之间的制度分割，社会救助与社会保险、社会福利等其他社会保障项目之间的衔接机制也尚未明确。养老保险和社会救助之间、医疗保险和社会救助之间还缺乏明确的衔接机制，例如，居民是否可以同时享受社会保险和社会救助这两项待遇，尚无明确答案。另外，中国的社会救助与社会福利都是由民政部门统筹管理的，在顶层设计和制度实践中有相互交叉的部分，社会福利部分承担着社会救助的职能。例如，社会救助制度和社会福利制度都包含有特困人员供养服务的内容；住房救助和教育救助明显带有社会福利的色彩，尤其是教育救助，在九年制义务教育等制度不断完善的前提下，更多的是一种福利制度，而不是救助制度。社会救助与其他社会保障项目之间缺乏有效衔接，既不利于制度整合，也制约了社会保障制度的顶层设计和统筹发展。

四、社会救助基层管理体制不健全

多年来，中国的社会救助在实践运行中基层管理体制不健全，缺乏专业化的运行机制。一方面，社会救助基层管理机构不健全，缺乏专业化的

① 祝建华、林闽钢：《福利污名的社会建构——以浙江省城市低保家庭调查为例的研究》，《浙江学刊》2010 年第 3 期，第 201—206 页。

经办机构。在实践中，由城镇街道、居民委员会和乡村基层政权直接代办最低生活保障，中小学校则代办教育救助等，这种非专业化的经办机构，不仅导致了运行失序和低效，在执行中也出现了工作偏差甚至关系保、人情保、虚报、冒领救助待遇等现象，但因为管理混乱和监督不善，又难以问责。另一方面，社会救助基层管理服务人员数量不足，专业化水平低，很难适应社会救助管理和服务的需要。根据民政部政策研究中心 2012 年对全国 10 省市社会救助服务人员调查①，基层社会救助管理服务人员普遍年龄偏大，文化程度不高。他们当中只有 14%的人是专职从事社会救助工作，而其他的人都是兼职做社会救助管理，有 31.1%的人身兼四职以上，被调查的社会救助管理服务人员中有 80.7%的人反映其工作压力偏大。这种不健全的基层管理体制会使社会救助的公信力下降，并且会造成很多公共资源的浪费。

1.2.5 当前中国医药卫生体制改革存在的问题

“十三五”时期是我国全面建成小康社会的决胜阶段，也是实现人人享有基本医疗卫生服务的关键时期。随着医改进入深水区和攻坚期，体制机制矛盾更加突出。

一、公立医院管理体制和运行机制不完善，公益性质淡化

公立医院是我国医疗服务体系的主体，是政府履行医疗卫生事业公益性的重要载体，也是深化医药卫生体制改革的重点和难点。真正让老百姓感受到看病方便、便宜，主要依靠公立医院改革。2015 年，国务院发布的两份公立医院改革文件为改革提出了清晰的时间点。《关于全面推开县级公立医院综合改革的实施意见》指出，县级公立医院综合改革以管理体制、运行机制、服务价格调整、人事薪酬、医保支付等为重点，到 2017 年现代医院管理制度基本建立，县城医疗卫生服务体系进一步完善，县级公立医院看大病、解难症水平明显提升，基本实现大病不出县。

① 唐钧：《“十一五”以来社会救助发展的回顾及展望》，《社会科学》2012 年第 6 期，第 65—76 页。

《关于城市公立医院综合改革试点的指导意见》则提出，到2017年城市公立医院综合改革试点全面推开，现代医院管理制度初步建立，医疗服务体系能力明显提升，就医秩序得到改善，城市三级医院普通门诊就诊人次占医疗卫生机构总诊疗人次的比重明显降低，医药费用不合理增长得到有效控制。《中共中央关于制定国民经济和社会发展第十三个五年规划的建议》提出全面推进公立医院综合改革，坚持公益属性，破除逐利机制，建立符合医疗行业特点的人事薪酬制度。国务院医改领导小组副组长李斌在向全国人大常委会做《国务院关于深化医药卫生体制改革工作进展情况的报告》时强调全面深化公立医院改革是近期医改重点任务，要深入推进体制机制改革，加快建立现代医院管理制度，巩固完善县级公立医院综合改革，拓展深化城市公立医院综合改革试点。2016年政府工作报告及《国民经济和社会发展第十三个五年规划纲要》也将全面推进公立医院综合改革，建立现代医院管理制度，建立健全符合医疗行业特点的人事薪酬制度列为重点工作。足见国家对公立医院改革的重视和决心。

公立医院改革进行6年以来，管理体制和运行机制改革虽有所突破，但总体滞后于服务能力提升等措施的推进速度。从管理体制上看，管办分开是公立医院管理体制改革的核心和难点。[①] 地方医改操作性方案中，均把管办分开作为原则性内容，但实际具有操作性的配套改革措施却并不多。各地不同改革模式的区分更多仅限于成立了不同名称的机构，如鞍山、七台河、芜湖、潍坊、鄂州、株洲、遵义等市成立市政府公立医院管理机构，在卫生部门下设执行机构；洛阳市和北京市成立由卫生局管理的公立医院管理机构，对所管医院的人、财、物等实行全面管理；镇江市和宝鸡市直接委托卫生行政部门履行出资人职责；马鞍山市和昆明市成立在卫生行政部门之外的公立医院管理机构，承担市政府办医职能和所属国有资产的管理职能。这些公立医院管理机构成立后对公立医院改革的推

① 赵鲁平、黄毅：《实现公立医院管办分开的可行性与形式》，《中国医院管理》2010年第9期，第8—9页。

进力度并不明显，绝大多数地区政府部门仍沿用传统的计划经济管理模式和手段管理医院，未达到从直接管理公立医院转为行业管理，强化政策法规、行业规划、标准规范的制定和监督指导职责等管办分开的预期效果。

法人治理以权力分工、互相制衡、效率与责任并重为理念，为保障财产所有者利益而在所有者和代理人之间形成的一种契约关系和制度结构。① 部分地区探索建立以董事会、经营层、监事会三者共存并相互制衡的公立医院法人治理结构；探索院长任职资格，并同时加强对院长绩效的考核和管理。但公立医院法人治理结构多流于形式，公立医院所有权、决策权、经营权、监督权没有分离，公立医院无法真正行使经营管理自主权。作为政府委托人来管理公立医院的医院管理者，并未真正履行好监管医务人员工作行为的职能，更多采用的是经济激励手段刺激医务人员工作，加重公立医院的趋利倾向。

公益性体现在人们消费医疗服务时支付的成本是低于市场价格，即西方经济学所言消费者对消费者剩余的感知，这种感知也体现在公益性产出与需求的匹配度上。② 从我国医疗卫生服务体系整体制度设计上来讲，公立医院的功能是以非营利的公益性为基本出发点的，它所提供的服务应该是公共产品。但从运行机制上看，政府对公立医院的补偿和监管责任缺位，尤其是财政补助政策在绝大多数地区未得到全面落实，使公立医院强化公益性职能缺乏经济保障。公立医院通过营利性服务交叉补偿非营利性服务，导致部分公立医院过度追求营利性服务，公益性质淡化。合理调整医疗服务价格的方向虽然已经明确，但受价格管理机制僵化、听证程序复杂等因素影响，绝大多数地方价格调整未到位，取消以药补医难以落实，公立医院公益性质淡化的状况未得到根本改变。③

① 王前强：《公立医院治理法人化刍议》，《中国医院管理》2010年第10期，第4—7页。

② 李蔚：《“十三五”时期中国医药卫生领域面临的问题及治理》，《甘肃社会科学》2015年第6期，第205—208页。

③ 方鹏骞、李璐等：《我国公立医院改革进展、面临的挑战及展望》，《中国医院管理》2012年第1期，第1—5页。

公立医院现有制度及其存在的问题在很大程度上制约着公立医院改革的进度和效果,甚至关系到整个医改的成败。

二、卫生总费用上涨过快,偏离医改初衷

新医改开展以来,全国财政医疗卫生累计支出 4 万亿元,其中中央财政支出累计 1.2 万亿元。[①] 个人卫生支出占比从 2008 年的 40.42% 下降到 2014 年的 31.99%,2015 年初步测算结果显示,个人卫生支出占比下降到 29.97%。[②] 政府支出增加以及医保覆盖率和报销比例不断提升,起到降低个人卫生费用负担的作用。但卫生总费用上涨过快,从 2009 年的 17541.92 亿元增长到了 2014 年的 35312.40 亿元,5 年时间翻了一番多。[③] 究其原因是在建立医保制度的同时,没有设立相应的控制成本机制,致使医院和患者过度使用医保,产生了很多不必要的费用。而这根源在于公立医院改革没有彻底破除逐利机制,反而因政府投入增加,鼓励其发展新技术、新项目等增强了医院创收能力和动机,过度检查、过度治疗、过度用药等问题更加明显,推动卫生费用不断上涨。

三、城乡和区域医疗卫生事业发展不平衡,资源配置不合理

《中共中央国务院关于深化医药卫生体制改革的意见》提出深化医药卫生体制改革的总体目标就是要建立健全覆盖城乡居民的基本医疗卫生制度,为群众提供安全、有效、方便、价廉的医疗卫生服务。2009 年新医改启动以来,党中央、国务院坚持把基本医疗卫生制度作为公共产品向全民提供的基本理念,坚持保基本、强基层、建机制的基本原则。"保基本"即利用适宜设施、适宜技术、适宜人才,优先配备和使用基本药物,以比较低廉的费用保障全体居民都能获得基本医疗卫生服务。"强基层"

① 李斌:《国务院关于深化医药卫生体制改革工作进展情况的报告——2015 年 12 月 22 日在第十二届全国人民代表大会常务委员会第十八次会议上》,中国人大网,http://www.npc.gov.cn/npc/xinwen/2015-12/22/content_1955662.htm。

② 闫羿:《晒晒"十二五"医改成绩单——医改从单项突破转向全面推进》,《健康报》2016 年 3 月 24 日,第 1 版。

③ 数据来源于《中国统计年鉴 2015》。

即引导优质医疗资源向基层倾斜,承担起居民健康“守门人”的职责。“保基本、强基层”是社会公平性的重要体现,完善的基本医疗卫生服务有利于缩小人群健康差距。

近年来,各级政府大力支持基层医疗卫生机构建设,公共卫生、农村医疗卫生和城市社区卫生发展较快,医疗卫生资源总量持续增长。同时,也应该看到当前我国城乡和区域医疗卫生事业发展不平衡,资源配置不合理,“保基本、强基层”的任务落实起来还有难度。

第一,我国长期实行的是“宏观指导,分级管理,地方为主,条块结合”的资源配置管理模式,政府对卫生资源配置的调控有效与否,从根本上取决于政府对卫生资源的管理体制和政府有没有足够的财力维持卫生事业在适宜水平上运行和发展。[①] 近年来,大医院整体发展速度快于基层医疗卫生机构,很大程度上因政府财政卫生支出集中流向大医院,导致一些急需资金的基层医疗卫生机构发展缓慢。

第二,基层医务人员的数量、素质满足不了人民群众的健康需求。绝大多数基层医疗卫生机构中,无学历、低学历、无执业资格的人员相对较多,大专及以上学历、具备执业资格的人员相对较少;无职称的人员较多,中级及以上职称的人员少;整体素质偏低,优秀人才匮乏。预防、保健、康复和疾病的初步诊断等基本医疗卫生服务项目都需要专门培训的全科医生。虽然近几年国家正在努力培训和配备全科医生,但真正意义上的全科医生仍然稀缺,未能充分发挥居民健康“守门人”的作用。另外,工作条件、待遇等因素使许多医学专业大学生和技术骨干不愿到农村和欠发达地区工作,导致卫生人才断层和优秀人才匮乏问题比较突出。

第三,现阶段城市和发达地区公立医院数量、医疗设备、医务人员数量和素质均优于农村和欠发达地区。经过多年努力,城乡和区域卫生资源共享的步伐正在加快,但因条块分割、条条块块、条块结合的体制

---

① 李刚、王俊等:《英国卫生资源配置思想与我国卫生资源配置模式的改革》,《中国卫生资源》1999 年第 4 期,第 43—45 页。

一直没有取得实质性突破,无法从根本上改变城乡区域卫生服务“各自为政”的局面,医疗卫生机构布局不合理、管理不统一的散乱现象仍然存在。① 在现有体制下,城乡区域卫生资源无法实现深度融合与顺利共享,在一定程度上制约了卫生资源的优化配置,影响了医疗卫生服务的供给。

四、药品生产流通秩序不规范,基本药物制度的根基尚不稳固

《国务院关于深化医药卫生体制改革工作进展情况的报告》强调抓住药品生产、销售、采购、配送等关键环节,健全药品供应保障机制。完善药品集中采购,进一步挤压流通领域水分,降低药品虚高价格,开展仿制药质量和疗效一致性评价,健全药品价格形成机制与医保支付标准,不断完善基本药物制度。2016 年政府工作报告提出关注药品安全,深化药品流通和药品医疗器械审评审批制度改革。《国民经济和社会发展第十三个五年规划纲要》也提出完善基本药物制度,深化药品、耗材流通体制改革,健全药品供应保障机制。

目前,我国药品生产领域存在研发创新能力弱、高端药品不足、低端药品过剩、低价药品生产难以为继等问题。药品流通领域存在市场集中度偏低、流通环节过多、层层加价、药品购销中行贿、索贿、回扣不正之风盛行等问题。

基本药物制度是新医改建立的一项全新制度,其目的是保证全体人民群众患常见病时,即使低收入人群也能得到性价比高、安全可靠的药物。目前,国家已经颁布了包含 520 种药物的国家基本药物目录,基本药物已在政府举办的基层医疗机构使用且报销比例高于其他药物。但仅做到这些,不能说明基本药物制度就落到了实处。

首先,基本药物集中招标采购机制不完善。对基本药物实行集中招标采购的初衷,是保障人民群众能够用上安全有效、价格实惠的药品。而各省(区、市)在基本药物集中招标采购中,出于行政绩效的考虑,逐渐将

① 张宗光:《农村卫生资源配置研究的新视角与城乡卫生服务均等化的政策探讨》,《中国卫生经济》2013 年第 10 期,第 35—37 页。

降低招标价格作为唯一或最重要的政策目标，直接表现在各地招标时规定的反映药品质量的经济技术标占比通常较小，而反映药品价格的商务标占比通常较大。低价导向对基本药物供应保障产生极其消极的影响：一方面，过低的价格使中标企业可能无法按合同生产和供应，导致一些常用、廉价药品逐渐退出市场；另一方面，过低的中标价和非常低的配送费率使药品生产企业和配送企业都无法达到盈亏平衡点，无法有效保障对偏远地区和基层医疗机构的药品配送。

其次，保障基本药物有效生产和配送的机制尚未建立。基本药物因价格便宜、利润空间小，只有薄利多销才有收益。企业在没有长期稳定市场的情况下，没有动力生产基本药物，尤其是一些成本高和规模效益小的罕见药物。另外，大多数企业也没有能力对基本药物进行大范围的配送。

最后，基本药物配备使用情况不容乐观。受过去以药养医路径依赖的影响，医院不愿购置廉价的基本药物，导致其配备率较低。在医疗过程中是否使用基本药物，决定权主要在医生。除了基本药物利润空间小之外，对基本药物在降低医疗费用、完善医疗机构合理用药等方面的重要性认识不足，导致医生没有动力使用基本药物。由于药物知识欠缺及合理用药意识匮乏，很多患者视高价药为高效药，主动要求购买价格昂贵药物，导致安全有效、价格实惠的基本药物受到冷落。

1.2.6　当前中国农村低保制度和扶贫开发政策有效衔接存在的问题

自两项制度有效衔接试点工作开展以来，农村贫困问题切实得到缓解，农村贫困人口大幅减少。然而，由于农村贫困问题的复杂性、严峻性和艰巨性，两项制度有效衔接工作仍处于试点探索阶段，在制度实施过程中不可避免地暴露出一些不足。

一、受助对象识别不准，存在瞄准偏差

精准识别并瞄准受助对象是两项制度有效衔接顺利实施的前提和基础，也是推进扶贫工作规范化和科学化的重要保障。然而，目前仍存在一些问题制约了受助对象的瞄准精度，突出表现为以下三个方面。

（一）农村家庭收入准确核算难

农村低保和扶贫开发均以农民家庭人均纯收入为依据认定受助对象。与以工资性收入为主要收入来源的城镇居民相比，农村居民的收入具有来源多样化、难以货币化和缺乏稳定性等特点，为准确核算农村家庭的收入带来很大困难。而且，我国很多农村仍使用“进村上门看房子、进屋看被子（谷子）、吃饭看盘子、穿着看身子（家庭用品）、银行看折子”的土办法，粗略估算农村居民家庭的收入，以此作为是否将其列入保障范围的依据。这些方法虽然操作简便，但缺乏足够的合法性和合理性、随意性较大，从而影响农村家庭收入核算的准确性与真实性。此外，政府与农村家庭之间存在着严重的信息不对称，为了获取低保资源或扶贫资源，部分农村家庭谎报、虚报、漏报、瞒报其家庭收入，因难以掌握农村家庭的真实收入情况，基层政府做出的决策难免失误，从而导致一系列“张冠李戴”现象的出现。

（二）受助对象识别程序不规范

贫困对象瞄准的精度和效率很大程度上取决于识别程序是否规范。一般而言，农村低保和扶贫开发对象的识别过程为：提出申请——收入核查——民主评议——审核审批——民主公示。当前我国贫困对象识别和认定的各个环节均存在不同程度的缺陷，识别程序不规范、不公平、不公正、不公开问题突出。作为贫困对象识别和认定公平、公正、公开的重要环节，民主评议和民主公示被忽略现象仍比较严重。如：有些地方在认定两项制度对象的过程中，既没有广泛征求村民的意见，也没有及时将认定结果张榜公示，群众参与政策执行不到位；有些乡镇基层干部自主操控认定贫困对象，出现“轮流坐庄”“人情保”“关系保”和优亲厚友等现象，“应保未保”“应扶未扶”问题时有发生等。

（三）受助对象识别的缺位与错位并存

农村低保制度和扶贫开发政策有效衔接后的工作对象可以分为三种：低保受助者、扶贫受助者和同时享受低保及扶贫的受助者。同时享受低保及扶贫的受助者既是两项制度的交叉和重叠部分，也是两项制度的盲区。这是因为，民政部门通常只识别和救助符合低保要求的贫困人群，扶贫部门通常只识别和扶持符合扶贫要求的贫困人群，从而忽视了对本该同时享受两项制度贫困人口（如因自然灾害、突遭疾病、子女教育负担等而陷入暂时性贫困的人口）的帮扶。两项制度在对象识别过程中除了缺位现象外，还存在错位现象，有些地方将低保对象认定为扶贫对象，或将扶贫对象认定为低保对象，互相占用对方的资源，制约了资源的高效利用。

二、动态管理体系不完善，受助人口退出难

目前，我国在两项制度的监督与管理方面仍存在诸多弊端，以致无法在动态管理下实现“应保尽保、应扶尽扶、应退尽退”的政策目标，主要表现为以下三个方面。

（一）对受助人口及其家庭的动态监测缺乏

目前，政府工作的重心在于将所有符合条件的农村贫困居民纳入到农村低保制度或扶贫开发政策中来，从而忽略了对两项制度的动态管理。由于缺乏有效的动态监测体系，政府无法及时、准确掌握受助人口及其家庭的经济和就业变化状况，以至于“只进不出”“应进未进”“应出未出”等现象屡有发生，有限的低保资源和扶贫资源未得到合理配置，给两项制度有效衔接工作的顺利开展带来不少困难。

（二）受助人口自愿退出意愿低

受助对象在通过低保制度或扶贫开发政策摆脱贫困后，应主动退出帮扶队列，然而现实情况与之相反，很少有人主动要求退出低保或取消扶贫。这一现象的产生大多与受助对象的思想认识有关：有些受助对象认为“一保定终身”“一扶定终身”，因此在脱贫后仍赖着不退；有些居民认为国家的钱不花白不花，即使不具备成为低保户或扶贫户的条件，也要通过找关系、瞒报收入等不正当手段达到目的；低保和扶贫开发助长了某些受助对象“等、靠、要”的依赖思想和懒惰心理；部分受助对象虽然有劳动能力，但发展意愿不足，不接受扶贫开发培训，通过劳动脱贫的主观愿望不强。

（三）贫困对象“造血”功能不强

我国农村贫困地区大多分布在偏远、交通不便、资源匮乏等地区，欠

发达的经济和薄弱的基础设施建设进一步加剧了其脱贫难度。我国长期存在的城乡二元结构体制导致城乡资源配置严重失衡,各级政府对农村贫困地区的卫生、教育、资金等投入明显不足,制约了贫困对象脱贫能力的发挥。在多种因素的综合影响下,农村贫困对象的"造血"功能不强,短期内无法脱贫。

三、多部门分割管理,资金扶贫作用有限

两项制度有效衔接涉及的部门和资源尚未形成合力,亟待整合,具体表现如下。

(一)部门间缺乏协作与联动

农村低保制度和扶贫开发政策的有效衔接工作是一项系统工程,涉及民政、扶贫、统计、残联等众多部门。在实际工作中,各部门分割管理,缺乏协作与联动,未形成扶贫合力,影响到两项制度的融合发展。具体而言,主要表现为以下两点:其一,因缺乏协作与沟通,民政部门与扶贫部门在识别贫困对象时,将本该同时享受两项制度的贫困人口遗漏掉,未将其纳入政策扶持范围,甚至还将低保对象错认为扶贫对象,将扶贫对象错认为低保对象;其二,全面、准确核算农村家庭收入,需要银行、交通、证券等部门通力合作,然而我国目前还没有就此在法律层面进行明确规定,加之部门间的信息和数据一直难以实现共享,因而民政部门和扶贫部门无法全面客观地掌握农村家庭的经济状况,从而导致贫困对象识别"脱靶"现象的产生。

(二)低保和扶贫资金的作用有限

目前我国的低保和扶贫资金均存在不同程度的问题,致使资金的扶持功能有限,脱贫动力不足。就低保而言,目前我国低保资金的主要来源仍是各级财政,筹资渠道比较单一,资金有限,且农村低保旨在保障农村贫困居民的基本生活,因而其保障水平不高;就扶贫开发而言,扶贫资金分散在财政、扶贫、农业、林业、移民、科技、水利、交通等多个部门,牵头部门不明、主次责任不分,多头管理不仅导致扶贫项目名目繁多,但因资金投入不足而难以持续发展,而且还导致扶贫资金分散,难以形成合力,影响扶贫质量和效益。同时,因制度不健全、监管不到位,低保和扶贫资金

被挤占挪用、虚报冒领、私存私放等问题时有发生，直接损害了贫困对象的切身利益，影响了我国的脱贫攻坚进程。

四、法制建设不足，缺乏统一法律规范

当前，我国关于农村低保制度和扶贫开发政策有效衔接的规范方式主要是行政法规、部门规章和地方性法规，国家层面统一的专门立法尚未出台。如表1-11所示，关于两项制度有效衔接的行政法规和部门规章，大多以“意见”“指导意见”“通知”“决定”等文件形式出现，缺乏权威性和强制性，且可操作性不强。在农村低保制度和扶贫开发有效衔接的国家层面专门立法尚未出台的情况下，湖北省、重庆市、广东省、陕西省、甘肃省、内蒙古自治区、贵州省、云南省等根据本地实际，由本省（直辖市、自治区）人大常委会陆续颁布了农村扶贫开发条例。这些条例不同程度地涉及两项制度有效衔接的内容，但总体来看，这些内容比较分散、不够系统。同时，地方性法规的立法层次偏低，进而导致法律效力不高、执行力度不够，给两项制度有效衔接工作的顺利开展带来诸多不便。

1.3　中国社会保障制度改革“十三五”展望

1.3.1　中国养老保险制度改革“十三五”展望

一、实施全民参保计划，基本实现法定人员全覆盖

2014年12月23日，第十二届全国人大常委会第十二次会议审议了《国务院关于统筹推进城乡社会保障体系建设工作情况的报告》。该报告指出，中国将实施全民参保登记计划，加快实现城乡基本养老保险人员全覆盖。2015年《中共中央关于制定国民经济和社会发展第十三个五年规划建议》指出：“实施全民参保计划，基本实现法定人员全覆盖。”“十三五”期间，应从以下方面进一步完善养老保险制度建设：

（一）全面开展参保登记工作，加强社会保险信息化建设

对法律法规和政策规定范围内所有用人单位和个人进行参加城乡五项基本社会保险的登记。核查对比相关基本信息，建立全面、完整、准确的社会保险业务基础数据库。通过信息比对和数据建设，彻底解决重复参保的问题。社会保险信息化工作要充分运用大数据、云计算、移动互联等新技术，不断加强系统建设，创新服务手段，提高服务水平，推进应保尽保，助力全民参保。

（二）完善制度衔接、养老保险关系转续政策，提高管理服务水平

首先，要落实城镇职工基本养老保险制度、城乡居民基本养老保险、机关事业单位基本养老保险跨地区转移接续政策和城乡养老保险制度衔接政策，出台机关事业单位与城镇职工、城乡居民基本养老保险的制度衔接办法。通过完善制度衔接、养老保险关系转续政策，推进全民参保计划的顺利实施。其次，应当大力提升管理服务水平，理顺管理体制，整合服务资源，优化办理流程，实现对参保人员的全员管理、动态管理、精确管理。

二、坚持精算平衡原则

人社部发布的《中国社会保险发展年度报告2015》显示，2015年黑龙江、辽宁、吉林、河北、陕西和青海六个省份的城镇职工基本养老保险基金当期"入不敷出"，而2014年年底只有河北、黑龙江、宁夏三个省份当期收不抵支。这显示出我国养老保险收支平衡存在巨大风险。面对基金缺口，一些发达国家往往通过参数调整来解燃眉之急，这些措施包括提高缴费率（税率）、降低养老金水平、缩短领取养老金的时间。还有一些国家通过其他筹资渠道向养老保险制度注资，例如日本提高消费税率。我国面临的现实是：一方面，养老保险制度的名义缴费率达28%，已经排在世界前列，完全没有上升的空间；另一方面，2015年城镇职工基本养老保险平均替代率仅为43.5%①，已经低于国际劳工组织倡导的养老金替代率下限（55%），降低养老金同样没有空间。最后，只剩下财政补贴这一

① 平均养老金替代率=平均养老金/在岗职工平均工资。2015年全国企业退休人员月平均养老金为2291元，2015年在岗职工年平均工资为63241元，计算得到2015年平均养老金替代率为43.5%。

条路可走。从全国总量来看，每一年城镇职工基本养老保险制度都得向财政伸手要钱。2011—2015 年《人力资源和社会保障事业发展统计公报》公布的数据显示，各级财政补贴城镇职工基本养老保险基金的数额为：2011 年 2272 亿元，2012 年 2648 亿元，2013 年 3019 亿元，2014 年 3548 亿元，2015 年 4716 亿元（见表 1-13）。“十二五”期间，各级财政给城镇职工基本养老保险的补贴就达到 16203 亿元，占 2015 年年底城镇职工基本养老保险基金累计结余（39937 亿元）的 40.6%。

表 1-13　“十二五”期间各级财政对城镇职工基本养老保险的补贴数额

年　份	2011	2012	2013	2014	2015	合计
补贴数额（亿元）	2272	2648	3019	3548	4716	16203

资料来源：2011—2015 年《人力资源和社会保障事业发展统计公报》。

中共十八届三中、五中全会公报均提出“坚持精算平衡（原则）”，这是对我国养老保险理论的新突破。养老保险精算将人口结构、预期寿命、经济增长、工资增长、劳动力结构、市场利率、金融工具的投资收益率等这些因素统统考虑进来，经过对较长时期数据的模拟和测算，评估当期的缴费率和基金管理方式，为决策提供科学依据。精算不仅是一种工具，更应成为养老保险制度顶层设计的指导思想。在精算公式的一边，我们可以根据历史数据回归和对未来数据的预测，较为合理地设定一些参数值，包括出生率、男女性别比、劳动参与率、人口迁移变化、经济增长率和工资增长率、制度覆盖率等；在公式的另一边，我们同样可以设定一些参数，包括死亡率、退休时预期寿命、消费物价指数等。对于制度而言，精算需要确定的唯一变量是缴费率。当然，这个缴费率可以包含多重因素，既有制度的财务平衡因素，也有公众接受度的社会因素，可能还会包含制度平稳运行的政治因素。

由于城乡居民基本养老保险的基础养老金全部来源于财政拨款，其支付能力完全取决于财政支持能力，因此，其精算平衡主要指的是个人账户基金。当前，城乡居民基本养老保险个人账户存在一些精算不平衡因素，包括个人账户养老金计发系数过小、实际储存额与记账额不一致、提前死亡的个人账户余额允许继承等。未来亟须在精算平衡的原则下，适时调整个人账户养老金计发系数；同时，提高个人账户基金投资收益率，利用实际收益率与记账利率的差额（实际收益率大于记账利率）来弥补由于“个人账户余额允许继承”所带来的个人账户基金缺口。

三、完善筹资机制，分清政府、企业和个人的责任

（一）完善筹资机制

目前，中国企业职工基本养老保险、机关事业单位基本养老保险和城乡居民基本养老保险均确定了个人、单位（或集体）、政府三方负担的筹资机制。已从以下方面进一步完善筹资机制：

首先，要提高我国经济发展水平，增加相关主体的筹资能力。马克思的社会总产品扣除理论表明，扣除的社会产品是用于再分配以实现公共福利，即社会保障基金需要通过国民收入的分配与再分配来建立。可见，想要从根本上解决养老保险制度的财源问题，必须要通过发展经济把社会财富这个蛋糕做大，壮大经济规模。只有经济发展了，财政收入和居民收入才会相应增加，进而保持较强的筹资能力。

其次，探索多元化的筹资模式，确保基本养老保险制度的健康运行。筹资原则方面，基本养老保险制度重在“保基本”，是多层次养老保险体系的最低层，因此，这项制度具有社会保险性质，“强制性”原则应是基本养老保险制度最基本的特征。筹资主体、渠道方面应尽可能地拓宽，发挥市场、政府、非政府组织、个人、集体、企业、慈善家等主体的作用；同时，在做大、做强全国社会保障基金的同时，应适时将其注入基本养老保险基金中，以应对基金入不敷出的风险。

（二）分清政府、企业和个人的责任

在企业职工基本养老保险中，政府、企业和个人之间存在着相互转嫁资金供给责任的问题。这主要表现在以下几个方面：一是在化解隐性债务和转制成本时存在着政府向企业和个人转嫁的问题。突出表现在挪用职工个人账户资金用于当期养老金发放，造成个人账户长期“空账”运行。二是企业和个人在承担资金供给责任时也存在向政府转嫁的问题。

企业向政府转嫁基本养老保险资金供给责任的情况，主要包括不为职工申请办理社会保险登记、拖欠基本养老保险费以及少缴、漏缴基本养老保险费等。三是政府、企业和个人在企业职工基本养老保险制度责任分配中还存在边界模糊的问题。

不管是在企业职工基本养老保险的制度变革，还是在资金供给，抑或是管理监督方面，政府在三方责任主体中都始终处于主导和主动的一方，企业和个人则相对被动。在这种博弈格局下，要想分配好政府、企业和个人的责任，明确政府的责任是关键。(1)在制度改革方面，建议政府应当通过立法的形式推动企业职工基本养老保险业的制度模式、体制机制、政策设计法制化，并监督制度实施。(2)在资金供给方面，一是应当明晰政府对企业职工基本养老保险制度的供款责任并将其比例制度化；二是明确划分中央政府和地方政府对企业职工基本养老保险制度的财政责任；三是妥善处理好企业职工基本养老保险制度的历史责任。(3)在监督管理方面，应着眼于减少管理层级、提高运行效率、加强稽核监察，强化主管部门职责，推行行政问责制。

四、在基础养老金全国统筹和基本养老金合理调整机制建立的基础上适当降低养老保险费率

为落实中共十八届三中、五中全会提出的“(适时)适当降低社会保险费率”的要求，2015 年人社部、财政部先后下发了《关于调整失业保险费率有关问题的通知》(人社部发〔2015〕24 号)、《关于调整工伤保险费率政策的通知》(人社部发〔2015〕71 号)、《关于适当降低生育保险费率的通知》(人社部发〔2015〕70 号)，规定从 2015 年 3 月 1 日起失业保险费率暂由现行条例规定的 3%降至 2%，从 2015 年 10 月 1 日起工伤保险平均费率由 1%降至 0.75%，生育保险费率从不超过 1%降到不超过 0.5%。2016 年人社部、财政部又出台了《关于阶段性降低社会保险费率的通知》(人社部发〔2016〕36 号)，规定从 2016 年 5 月 1 日起，失业保险总费率可以阶段性降至 1%—1.5%；企业职工基本养老保险单位缴费比例超过 20%的省(区、市)，将单位缴费比例降至 20%，单位缴费比例为 20%且 2015 年年底企业职工基本养老保险基金累计结余可支付月数高于 9 个月的省(区、市),可以阶段性将单位缴费比例降低至19%;降低费率的期限暂按两年执行。可见,国家已经降低社会保险费率。降低养老保险费率势必会加剧当前基金的收不抵支,因此,降低养老保险费率应当与基础养老金全国统筹和建立基本养老金合理调整机制相配合。

(一)实现职工基础养老全国统筹

“基础养老金全国统筹”已经明确写入了中共十八届五中全会公报和《人力资源和社会保障事业发展“十三五”规划纲要》。目前要讨论的不是要不要实行全国统筹的问题了,而是如何实行基础养老金的全国统筹。对此,建议从以下方面实施:(1)全国统筹应当坚持公平、互济、责任分担、统账分离、平稳过渡的原则。(2)全国统筹需要明确全国统收统支、中央与地方分担支出责任的财务模式。全国统收统支与中央和地方分担固定比例的养老金支出补贴责任模式,不仅能够创造统一缴费基数、统一费率标准的公平筹资条件,而且亦使中央与地方政府的财政责任在合理分担中得以明确,从而奠定养老保险制度在公平的轨道上实现可持续发展的稳定基石。(3)全国统筹需要完善相关配套措施。首先,要将税务部门和社会保险经办机构二元并存的养老保险征费机构整合成一元化的征缴机构;其次,要建立全国统一的养老保险管理信息系统,为实现全国统筹提供必要的技术支持;最后,政府要同步推行养老保险法制建设,让职工基本养老保险制度运行在法治的轨道上。

(二)建立基本养老金合理调整机制

当前,基本养老金调整机制主要存在以下问题:首先,调整机制没有制度化。调整基本养老金的随意性使得企业退休人员基本养老金的增长缺乏制度保障,导致退休人员的退休待遇出现不合理的差距。其次,调整办法不科学,各地办法不统一。在各地的养老金调整办法中有按退休时间调整的,有按参加工作时间调整的,也有按缴费年限和养老金水平调整的。这就导致同一类型人员各地之间增加养老金差距较大,也形成了省与省之间退休人员的相互攀比。最后,企业和事业机关退休人员养老金调整水平差距大。

针对上述问题:(1)建立制度化的基本养老金正常调整机制。应将调整机制以法律的形式明确固定下来，全国出台统一政策，做到调整范围统一、调整幅度统一、调整办法统一，通过建立制度化的调整机制确保企业退休人员群体共享社会发展成果。(2)建立科学的调待指标体系。科学的调待水平应是通过调整待遇既能抵消物价上涨造成的基本养老金购买力的下降，又能给退休人员带来切实的实惠，共享社会发展成果。(3)建立调待协调联动机制。机关事业单位和企业退休人员基本养老金调整应统筹考虑，“十三五”期间调整幅度应适当向企业退休人员倾斜。在调整机关事业单位和企业退休人员基本养老金的同时，城乡居民基础养老金也应同步调整。(4)建立调待财政支持机制。调整企业退休人员基本养老金，不仅中央财政要给予补助，地方各级财政也应根据财力给予一定的补助。

(三)适当降低养老保险费率

养老保险是社会保险中最重要的制度，降低养老保险费率是一个重大的政策问题，涉及面广，敏感度高，必须十分慎重。当然，也要看到，降低养老保险费率不是简单的降低比例的问题，需要从制度的公平性、可持续性出发，通盘考虑，系统设计。(1)适当降低企业缴费比例。通过科学精算，进一步降低企业缴费比例(2016年基金累计结余可支付月数高于9个月的省份，单位缴费比例已降至19%)；由于个人缴费比例仅为8%，相对于企业缴费比例而言较低，“十三五”期间可暂不降低。(2)要严格养老保险基金征缴和支出管理。在合理确定养老保险缴费率的基础上，要加大征缴力度，按照《社会保险法》的要求，推动用人单位和职工按时足额缴纳养老保险费，努力扩大养老保险覆盖面，规范缴费工资基数和缴费率，增强制度的严肃性、规范性、统一性。[①] (3)尽快实现基础养老金全国统筹和建立基本养老金合理调整机制，避免降低养老保险费率对部分地区养老保险基金的收支平衡产生冲击。(4)加强基本养老保险基金的投资运营，提高基金投资收益率。基金投资收益率提高了，可以避免因为降低费率所带来

① 单大圣:《适时适当降低社会保险费率》,《经济研究参考》2015年第19期,第78—82页。

的职工未来退休待遇的降低，进而为降低养老保险费率创造条件。

五、完善职工养老保险个人账户制度

当前，对于养老保险个人账户做实还是做空的问题，学术界一直存在不同声音。做实养老保险个人账户是指将每一个参保人按照规定比例缴纳的养老保险基金全部计入参保人的个人账户，形成个人缴费的完全积累；做空个人账户即养老保险基金名义账户，指的是非积累的个人账户制度，个人未来的退休收入取决于个人账户的名义积累额，当期缴费不用于积累，而是用于上一代的养老基金支付，属于代际转移支付制度。一种观点认为，个人账户虽然在短期内还难以发挥作用，但从长远的发展来看，它能够分流政府的压力，减轻国家和企业的负担；另一种观点则认为，个人账户的社会保障功能很薄弱，无助于解决人口老龄化危机，甚至扩大了老年人收入差距，也无助于降低企业和个人的缴费率，而且个人账户投资的失败将会导致社会不稳定，个人账户制不太符合中国国情，应当冻结。

笔者倾向于当前不再做实职工养老保险个人账户。因为在做实基本养老保险个人账户过程中还存在许多问题，如转制成本过高；政府责任不明、监督不严；部分省份当期养老保险基金收支存在缺口；有些地区（如辽宁省）在做实个人账户后迫于收支压力又挪用了个人账户基金；经济下行，做实个人账户的财政压力巨大等。因此，“十三五”期间职工基本养老保险的改革方向为：大账户、小统筹、名义账户制。具体看，应将现行的“统账结合”模式改革为“大账户+小统筹”模式，即个人账户规模由现在缴费工资的8%提高至16%，社会统筹规模由现在的20%降为12%。改革后的“大账户”实行名义账户制，即个人账户与现收现付制相结合，但实行比较高的记账利率，且记账利率与缴费年限相挂钩。该模式的优点在于：第一，具有较强的缴费激励效应，有利于鼓励各类人群积极参保、长期参保。第二，可将社会统筹基金和个人账户基金打通使用，避免社会统筹基金收不抵支、财政负担过重问题。第三，化解个人账户难以做实的难题。[①]

① 薛惠元、邓大松：《我国养老保险制度改革的突出问题及对策》，《经济纵横》2015年第5期，第82—88页。

六、健全多缴多得激励机制

城镇职工基本养老金由基础养老金和个人账户养老金组成。职工按本人工资总额的8%缴费，并全部计入个人账户，在退休时可以从个人账户储存额中按规定领取个人账户养老金，月标准为个人账户储存额除以计发月数。退休时的基础养老金月标准以当地上年度在岗职工月平均工资和本人指数化月平均缴费工资的平均值为基数，缴费每满1年发给1%。这些政策规定都有利于职工个人多缴多得。但受养老金连年上调的影响，现实中很难体现出相当于当地收入的这1个百分点。而且即使有，计算起来也非常复杂，老百姓也很难感受到，这导致参保人和未参保人信心不足。

《国务院关于建立统一的城乡居民基本养老保险制度的意见》（国发〔2014〕8号）规定：对选择最低档次标准缴费的，补贴标准不低于每人每年30元；对选择较高档次标准缴费的，适当增加补贴金额；对选择500元及以上档次标准缴费的，补贴标准不低于每人每年60元；对长期缴费的，可适当加发基础养老金。可见，城乡居民基本养老保险制度同样强调多缴多得、长缴多得。但从各地的政策实施情况来看，这种缴费激励机制的作用有限。因为“多缴多得”的政策设计具有累退性：100元缴费档次政府补贴30元，补贴率是30%，但500元缴费档次政府补贴60元，补贴率下降到12%；各地“长缴多补”的政策大都是缴费年限在15年以上的每增加1年月基础养老金加发2—5元，加发的数额较低，对参保人员的吸引力不大。缴费激励机制的不足，导致大多数参保居民选择较低或最低缴费档次，且45岁以下的中青年居民参保积极性不高，这不利于城乡居民基本养老保险保障水平的提高和制度的可持续性。

国家应当采取多种措施大力推进多缴多得的养老保险缴费激励机制：（1）改进企业职工和机关事业单位基本养老保险的计发办法，随着缴费年限的增加，基础养老金的计发比例呈累进制递增。这里可以参考吉林省的做法，“对新达到领取基本养老金条件人员，本人实际缴费年限累计超过20年的，在原计发标准上增加基础养老金计发比例。其中：累计缴费年限21—25年部分，每年增加0.15%；累计缴费年限26—30年部分，每年增加 0.2%；累计缴费年限 31 年及以上部分，每年增加 0.25%”。（2）改进城乡居民基本养老保险“补入口”的方式，政府补贴由定额制改为比例制，缴费越多，补贴越多。（3）城乡居民基本养老保险在加发基础养老金时采取累进制的补助办法。具体可借鉴浙江省的做法：缴费 5 年以下的参保人，其月缴费年限养老金（相当于每月加发的基础养老金）按 1 元/年计发；缴费 6 年以上、10 年以下的参保人，其月缴费年限养老金从第 6 年起按 2 元/年计发；缴费年限 11 年以上、15 年以下的参保人，其月缴费年限养老金从第 11 年起按 3 元/年计发；缴费 16 年及以上的参保人员，其月缴费年限养老金从第 16 年起按 5 元/年计发。（4）改进基本养老保险个人账户记账利率办法，实行缴费年限越长，个人账户记账利率越高的做法，提高职工、机关事业单位、城乡居民长期缴费的积极性。（5）改进基本养老金调整机制，养老金调整水平与缴费年限挂钩，向缴费年限长的参保人员倾斜。具体可以参考吉林省的做法，“缴费年限 25 年（含）以下部分，每满一年，每月增加 3.5 元；缴费年限 26 年至 30 年部分，每满一年，每月增加 4 元：缴费年限 31 年至 35 年部分，每满一年，每月增加 4.5 元；缴费 36 年（包含 36 年）以上部分，每满一年，每月增加 5 元”。

七、出台渐进式延迟退休年龄政策

中国目前退休年龄的一般性规定是男性 60 岁，女干部 55 岁（县处级女干部和具有高级职称的女性专业技术人员 60 岁退休，但可以在年满 55 周岁时自愿退休[①]），女性工人 50 周岁。受劳动力供给减少、养老基金收不抵支、与发达国家相比退休年龄偏低等多种因素的影响，中共十八届三中全会公报提出“研究制定渐进式延迟退休年龄政策”，中共十八届五中全会公报跟进一步提出“出台渐进式延迟退休年龄政策”，从“研究制定”到“出台”显示出了政府延迟退休年龄的决心。《人力资源和社会保障事业发展“十三五”规划纲要》更是给出了延迟退休年龄的时间表，要求“十三五”期间“制定出台渐进式延迟退休年龄方案”。

---

① 详见《中共中央组织部　人力资源社会保障部关于机关事业单位县处级女干部和具有高级职称的女性专业技术人员退休年龄问题的通知》（组通字〔2015〕14 号）。

对于延迟退休年龄方案，建议：(1)考虑到未来中国人口的实际预期寿命及劳动力结构、产业结构等因素，将男女法定退休年龄均延长到65岁，是理想的退休年龄安排。(2)在延长退休年龄时采取渐进式退休方式，坚持“女先男后”“女快男慢”的渐进式方式，用30年左右的时间(2050年左右)完成男女65岁退休的目标。(3)实行弹性退休制。弹性退休给予人们退休年龄更多的选择权，人们能够结合自身及社会经济发展状况做出退休决定。考虑到不同群体进入劳动力市场时间及工作领域的差异，将弹性退休年龄范围定于60—70岁。即虽然法定退休年龄为男女65岁，但其可以在最低退休年龄60岁时退休，由于退休年龄较早，要相应地减发养老金；同时，职工在达到法定退休年龄65岁后还可以继续工作，但最高不超过70岁。(4)加大对老年劳动者的保护力度，提高人们的健康水平。年龄偏大、身体状况欠佳、技能老化及工作能力下降等因素使得老年人就业相对困难，老年劳动者面临高失业风险。为充分保障老人的就业权，我国可以修订《劳动合同法》，规定雇主不得辞退在本单位工作一定年限且有继续工作能力和意愿的未到法定退休年龄的老年劳动者。这对于保护老年人权益，增加老年收入，减轻延退阻力均有重要意义。考虑到我国人口的健康预期寿命较低，在延长退休年龄的背景下，我国应更加重视医疗保健事业的发展，为人民群众健康地工作和生活创造条件。

八、发展职业年金、企业年金

世界银行建议，要维持退休前的生活水平不下降，养老金替代率需不低于70%，国际劳工组织建议养老金替代率最低标准为55%。当前，中国养老保险体系中第一支柱的替代率较低，2015年城镇职工基本养老保险平均替代率仅为43.5%，与世界银行和国际劳工组织要求的标准相去甚远。亟须发挥第二支柱和第三支柱的作用，来提高参保人员的养老金替代率。中共十八届三中、五中全会均提出，要加快发展职业年金、企业年金和商业养老保险。对此，笔者提出以下政策建议：

(一)将职业年金改为自愿参保，将企业年金企业的税收优惠比例提高至8%

由于职业年金具有强制性，使得“隐性双轨制”依然存在。为了降低财政负担,减少转制成本,增加公平性,应将职业年金改为自愿参保,同时由于企业年金企业的税收优惠比例为"职工工资总额的 5%",建议提高至 8%,与职业年金单位的缴费比例相一致,这样会鼓励有能力的企业积极建立企业年金制度。

(二)加强企业年金、职业年金基金的投资运营,完善商业养老保险市场

养老金替代率与个人账户收益率呈正相关,即较高的养老金替代率是以较高的个人账户收益率作为保证的,因此,必须加强企业年金、职业基金的投资运营。在改革之初,为了保证安全性,要严格按照《企业年金基金管理办法》《职业年金基金管理暂行办法》的规定来投资运营。随着年金基金的发展壮大,可以借鉴美国联邦公务员职业年金"节俭储蓄计划"(简称"TSP"),建立一定数量的养老金管理公司,在政府的推动下,投资托管,增强基金的收益性。此外,在企业年金、职业年金运转的良好示范下,还应该不断发展完善我国的商业养老保险市场,为职工退休后年金账户中的资金处置提供一个良好的平台。

(三)将职业年金的固定费率制改为浮动费率制

当前的职业年金缴费率是固定费率制(单位 8%、个人 4%),未来可以参照企业年金的做法,实行在一定范围内的浮动费率制,以满足不同收入群体、不同单位的实际需要。

1.3.2 中国医疗与生育保险制度改革"十三五"展望

一、健全医疗保险稳定可持续筹资和报销比例调整机制

虽然在法律层面上,中国城镇居民医保和新农合(合称城乡居民医保)属于社会保险,但是在实践中,城乡居民医保却采取了一些超出常规的政策措施,如自愿参保缴费、主要依赖财政补贴吸引参保、定额缴费、不顾筹资能力过快提升医疗待遇等。在制度建立之初,这些政策措施虽不符合社会保险原则,但却非常有效地促进了参保扩面、增强了制度吸引力。不过,随着全民医保的实现,特别是在城乡居民医保待遇达到相对较高的水平、基金支出压力越来越大的情况下,应该充分认识到现行筹资政

策的局限，认真考虑将城乡居民医保制度拉回到社会保险的轨道上来。

（一）建立强制性、与各方承受能力相适应、与支出需要相匹配的筹资增长机制

一是强制参保缴费。在早已实现全覆盖、居民普遍受益的情况下，居民的保险意识大大增强，已经基本具备了强制参保缴费、体现社会保险强制性原则的条件。二是建立稳定的筹资增长机制。一方面，按照社会保险缴费的量能原则（根据缴费能力来确定缴费水平），随着居民收入的自然增长，居民个人缴费也应随之相应增长；另一方面，随着物价、收入的增长，医疗费用也会持续增长，本着社会保险的收支平衡原则，城乡居民医保筹资水平也应相应增长。这就需要建立与居民收入挂钩、按比例缴费、与医疗费用增长相匹配的筹资增长机制。三是筹资责任合理分担。逐步改变目前个人与财政筹资责任失衡的局面，逐步增加个人缴费的比重，均衡个人和政府的筹资责任和负担。

（二）调整筹资政策应充分考虑面临的困难和阻力，循序渐进、逐步推进

从少数地方（如江苏、广州）的实践来看，筹资政策调整会面临一定的障碍和阻力。一是保证参保率的压力。按收入的一定比例缴费、增加个人缴费的比重，都要求提高个人缴费，在一定程度上会影响到居民的参保意愿，不利于全民医保的巩固。二是财政的阻力。按收入的一定比例筹资，意味着财政补贴也要按收入的一定比例稳定增长，固化财政补贴的稳定增长，这使得财政部门失去了根据每年实际的财政能力调整财政补贴的主动性，这往往是财政部门所不愿意的。三是基金有结余、医保部门缺乏改革动力。大多数地方医疗保险基金还有一定的结余，在没有基金支付压力的情况下，各地医保部门没有内在动力推进筹资机制改革。因此，调整筹资政策应充分考虑面临的困难和阻力，循序渐进、逐步推进，不可操之过急。

（三）医疗保险报销比例调整应充分考虑到基金平衡和财政的承受能力

近年来，国家连年提高医疗保险的报销比例。2015 年，城乡居民医

保政策范围内门诊和住院费用报销比例分别达到50%和75%左右，城镇职工医保政策范围内住院费用支付比例达到80%左右。未来医保报销比例的提高应充分考虑到医疗保险“以收定支、收支平衡”的基本原则，同时应充分考虑到各级财政的压力，政府不宜为了追求政绩而调整过猛。建议引入保险精算模型，坚持精算平衡原则，依据精算模型适时调整报销比例。当然，在调整报销比例的时候，应当向基层医疗机构、一级和二级医院倾斜。

二、研究实行职工退休人员医保缴费参保政策①

中共十八届五中全会通过的《中共中央关于制定国民经济和社会发展第十三个五年规划的建议》提出，“研究实行职工退休人员医保缴费参保政策”。财政部部长楼继伟在《求是》2016年第1期上发表的《中国经济最大潜力在于改革》一文中再次重申，“研究实行职工医保退休人员缴费政策”。也就是说，目前退休职工医保缴费政策尚处于研究阶段。对于该问题，笔者提出以下几点看法：

第一，研究实行退休职工医保缴费政策的动因，源自部分地区医保基金的收不抵支。而医保基金收不抵支的原因主要在于人口老龄化，即缴费的年轻人呈减少的趋势，而不用缴费却要享受医保待遇的老年人却越来越多。当医保基金收不抵支时，可以有四种方式来实现收支平衡：一是降低医保待遇，二是提高缴费水平，三是增加缴费人数，四是控制不合理的医疗费用支出。社会保障待遇的刚性特征决定了医保待遇只能升不能降；当前我国社会保险缴费率位居世界前列，在给企业减负的大环境下不宜再提高医保缴费率；另外，通过加强医保基金的监管来节省资金也是有限的。因此，国家把目标转向了增加缴费人数，即让退休职工由原来的不缴费变为缴费。

第二，若要实行退休职工医保缴费政策，首要的问题便是修改《社会保险法》。否则，这项政策是违法的。我国《社会保险法》第二十七条明

① 邓大松、薛惠元：《缴费政策应坚持自愿原则》，《社会科学报》2016年2月4日，第004版。

确规定:“参加职工基本医疗保险的个人,达到法定退休年龄时累计缴费达到国家规定年限的,退休后不再缴纳基本医疗保险费,按照国家规定享受基本医疗保险待遇。”

第三,退休职工医保缴费有一定的合理性。其一,职工医保不同于先积累后消费的养老保险。养老保险要经过工作期间数十年(至少15年)的积累,退休后才能领取基本养老金,缴费期间没有任何的养老待遇,它追求的是长期平衡;但职工医保却不同,一般而言,职工在当月参保缴费后,次月就可以享受医保待遇,因为个人的医疗卫生服务需求是随机性的,不可能先积累后消费,它追求的是年度平衡。这意味着由在职职工缴费所形成的医保统筹基金,除了给在职一代提供医疗待遇之外,还肩负着给不缴费的退休一代提供医疗待遇。因此,职工医保参照养老保险实行的“累计缴费达到国家规定年限的,退休后不再缴纳基本医疗保险费”的做法,不利于贯彻社会保险精算平衡原则,同时也不符合权利与义务相对应的原则。其二,当前,我国新农合和城镇居民医保的参保对象都是终身缴费的,不存在“退休后”不缴纳医保费之说。因此,退休职工缴纳医保费也符合公平原则。

第四,退休职工医保缴费应坚持自愿原则,同时政府给予一定的补贴进行积极引导。2015年年底全国企业退休人员平均养老金水平为2250元/月,若以此为基数,按照当前8%的职工医保总费率(单位6%、个人2%)计算,退休人员需要缴纳的平均额度为每人每月180元。总体来看,这一标准对养老金水平原本就不高的职工来说过高,遭到大部分退休职工的反对,并戏称这是“在乞丐嘴里抢食”“鸡脚杆上刮油”。职工在退休之后与原单位的劳动关系解除,原单位不应再继续承担退休职工的医保缴费,为降低退休职工的缴费负担,笔者建议以下两种方案:一是退休职工愿意继续缴纳医保费的,采取“个人缴费+政府补贴”的做法,即在精算的基础上降低退休职工医保的缴费比例,如降至6%左右,退休职工每月仅按照本人养老金的2%缴纳医保费(缴费比例与在职职工相同),同时政府按照当地上年度职工平均养老金的一定比例(如4%左右)给予补贴,个人缴费全部进入个人医保账户,政府补贴的40%左右划入医保个人账户,其余部分进入医保统筹账户;二是退休职工不愿意继续缴费的,只要其累计缴费达到国家规定年限,即可保持其原有的医保待遇不变,但不能享受此后的医保待遇调整(含报销比例、最高支付限额的调整等)。以上两种方案退休职工可以自由选择。由于不论是从政府补贴,还是从保障水平来看,方案一都优于方案二,因此,退休职工还是倾向于选择方案一。

第五,解决医保基金收支不平衡问题不仅要"开源",还要"节流"。当前,医疗费用增长过快,其主要原因在于部分药品价格过高、过度医疗检查、医生开大处方、存在医患合谋现象等,这直接导致医保基金支出增长过快。因此,要真正实现医保基金的收支平衡,还需在"缴费"和"医疗费用控制"两端下功夫。

三、建立起比较完善的城乡居民大病保险制度

2012 年 8 月,国家发改委等部门发布《关于开展城乡居民大病保险工作的指导意见》(发改社会〔2012〕2605 号),城乡居民大病保险开始试点;2015 年 7 月,国务院办公厅发布《关于全面实施城乡居民大病保险的意见》(国办发〔2015〕57 号),要求 2015 年年底前,大病保险覆盖所有城镇居民医保、新农合参保人群,到 2017 年,建立起比较完善的大病保险制度。可见,"十二五"期间城乡居民大病已经全面实施,"十三五"期间应当以完善为主。

当前,城乡居民大病保险在制度建设和具体实施过程中主要存在以下问题:

(1)筹资能力和水平较低,保障能力较弱。大病保险基金依托基本医保基金,没有独立的筹资渠道,筹资水平受基本医保筹资规模、基金有无结余、结余多少的制约。基本医保筹资规模只是根据经济社会发展水平、医疗费用支出情况而扩大,并没有因设立大病保险制度而增加。各地设立大病保险制度后,基本医保基金筹资增长水平基本与往年持平,而且基金分配主要是"保基本",大病保险基金只占医保基金的一小部分,影响了大病保险保障功能的发挥。①

① 田珍都、刘泽升:《我国大病保险制度存在的问题和对策建议》,《行政管理改革》2016 年第 2 期,第 54—58 页。

（2）统筹层次不高，基金抗风险能力不强。基本医疗保险统筹层次不高，直接导致大病保险的统筹层次不高，在市级统筹甚至县级统筹的前提下，很难实现大病保险基金的调剂余缺，加剧了基金收不抵支的风险。

（3）在实施过程中，还存在不愿交给保险公司承办、信息系统不能联网、过度压低保险公司利润等问题。第一，在实施过程中，一些地方和部门还存在认识上的不统一，不愿意交给保险公司承办，部门之间没有形成合力，一定程度上影响了大病保险政策的落实，也影响了人民群众的受益水平。第二，由于部门利益的影响，保险公司大病保险信息系统与医院、医保部门之间信息系统的联网工程举步维艰，保险公司游离于就医过程的核心风险管理流程之外。第三，部分地方政府和部门对大病保险经办模式的理解和认识还不够到位，缺乏与保险公司长期合作共赢的理念，过度压低大病保险的筹资标准，对保险公司承办大病保险的运行成本和利润提出苛刻要求，偏离了大病保险制度确定的“收支平衡、保本微利”的要求，很大程度上影响了大病保险的持续经营。

针对当前大病保险存在的问题，笔者提出以下政策建议：（1）大病保险在当前有限的筹资水平下，应以防止因病致贫、因病返贫为政策目标，侧重低收入人群的重特大疾病保障。（2）尽快落实大病保险信息通报制度，完善重特大疾病医疗救助制度，通过基本医疗保险、大病保险和重特大疾病医疗救助的紧密衔接，真正筑牢医疗保障的底线。（3）各级政府和部分应进一步解放思想，各负其责，协同配合，为保险公司经办大病保险提供良好的合作平台。（4）保险公司也应建立专业、专职的医疗服务巡查队伍，提高承办机构服务能力，丰富服务内容，完善服务体系，发挥专业优势，提供“一站式”服务。

四、改革医保支付方式，发挥医保控费作用

随着全民医保目标的实现，大规模、粗放式的扩面已无空间，医保基金收入增幅大幅下降，但医保基金支出持续增加，因此，医保基金管理需要内涵式建设。在这种背景下，医保付费总额控制应运而生。所谓医保付费总额控制，简称“医保控费”，即指医保经办机构依据历史数据和基金收入状况，确定基金支出总额，同时将指标分解到医保定点医院，在以

收定支、收支平衡、略有结余的原则下,“结余留用、超支分担”,在不增加总体医疗费用的同时,让患者得到更规范、更合理的治疗,利用有限的医疗资源让百姓享受更加优质的医疗服务。

2012 年年底,人社部、财政部、卫生部发布《关于开展基本医疗保险付费总额控制的意见》(人社部发〔2012〕70 号),要求按照“结合基金收支预算管理加强总额控制,并以此为基础,结合门诊统筹的开展探索按人头付费,结合住院、门诊大病的保障探索按病种付费”的改革方向,用两年左右时间在所有统筹地区范围内开展总额控制工作。该意见的下发,宣告了总额控制大幕全面拉开。2014 年 11 月,人社部再次要求在 2015 年内基本完成省内异地就医结算建设,2015 年已成为省级医保控费平台密集落地之年。全国各地陆续开展了总额预付、单病种付费、按人头付费等试点工作,起到了一定控费成效。医保付费总额控制,有利也有弊,弊端是把矛盾推给了医院,医院婉拒、推诿病人现象多有发生。

因此,医保付费总额控制应当采用更科学、更精细化的管理。第一,由于有的医院所收治病人和病种相对稳定,有的不稳定,建议医保对不同医院患者定额应有不同。第二,对医院超支部分,医保经办机构可以加强审查,真正由于过度医疗引起的超支,可以按比例扣回,而属于正当医疗的部分应该正常支付。第三,医保和医院之间应当建立一种谈判机制,通过谈判磋商使医保定额更合理。

五、改进个人账户,开展门诊费用统筹

新农合自建立以来,曾出现过“大病统筹+门诊家庭账户”“住院统筹+门诊统筹”和“大病统筹”三种统筹模式,即有的地区设立了家庭账户(其功能类似于个人账户,只不过其支出对象为全部家庭成员),有的地区没有设立;城镇居民医保自建立开始就没有个人账户;目前,城镇职工医保实行的就是“社会统筹+个人账户”的模式。新农合在试点和建立的过程,部分地区就实行了门诊统筹;2009 年 7 月,人社部、财政部、卫生部发布的《关于开展城镇居民基本医疗保险门诊统筹的指导意见》(人社部发〔2009〕66 号)提出,有条件的地区可逐步开展城镇居民医保门诊统筹工作;《国务院办公厅关于印发医药卫生体制五项重点改革 2011 年度主要工作安排的通知》(国办发〔2011〕8号)提出,“扩大门诊统筹实施范围,普遍开展城镇居民医保、新农合门诊统筹;积极探索职工医保门诊统筹”。《国务院办公厅关于印发深化医药卫生体制改革2012年主要工作安排的通知》(国办发〔2012〕20号)提出,“探索通过个人账户调整等方式逐步建立职工医保门诊统筹”。可见,目前新农合和城镇居民医保都已经普遍开展了门诊统筹,“改进个人账户,开展门诊费用统筹”主要应该指的是城镇职工医保。

(一)城镇职工医保个人账户的利弊

自城镇职工医保制度建立开始,关于保留个人账户还是取消个人账户的争论就没停止过。主张保留个人账户的学者认为,职工医保个人账户有很多的优点,包括:(1)在职工医保制度建立的初期,可以有效地减少改革的阻力;(2)可以强化个人缴费意识,维护个人利益;(3)一定程度上起到了控制医疗费用的作用;(3)有利于资金积累,应对老龄化挑战;(4)按年龄段确定个人账户比例体现了一定的公平性;(5)有利于减轻国家和参保人员的负担;(6)有利于我国社会医疗保险制度的可持续发展。

主张取消个人账户的学者认为,职工医保个人账户有很多弊端,包括:(1)职工医保个人账户无互助共济功能,且分流了有限的保障资金;(2)个人的医疗卫生服务需求是随机性的,不可能先积累后消费,引入积累制不符合医疗需求规律;(3)个人账户只能控制个人不必要的医疗费用支出,无法对供方进行控制,不能有效控制医疗费用上涨;(4)积累作用相对较弱,多数参保人的个人账户没有积累或积累很少,仅靠个人账户无法化解风险;(5)管理成本高,医疗保险基金保值增值难度大;(6)增加了医疗消费中的违规行为及道德风险,出现医保卡变购物卡、门诊挤住院、小病大治等现象。

(二)个人账户向门诊统筹转化是必然趋势

个人账户不具备社会保险互助共济的基本特征,决定了它只是我国医保转轨过程中的一个过渡性的制度安排。从长远来看,随着职工医保制度的逐步完善和成熟,没有互助共济的个人账户终将被具有互助共济功能的门诊统筹所取代。

当前，我国医疗保险制度建设的现实环境已经发生了很大变化，这为调整和改革个人账户、建立门诊统筹创造了有利的基础条件。(1)全民医保已经实现，下一步将转向“人人享有更加充分和完善的医保”，改进个人账户将成为完善医保制度的重要内容之一。(2)医保经办管理服务能力和信息化管理水平大幅提高，使得医保经办机构已初步具备了监督管理复杂门诊医疗服务的能力。(3)城乡居民医保门诊统筹已普遍建立，为职工医保门诊统筹积累了丰富的经验。[①]

（三）改进职工医保个人账户的建议

在逐步弱化个人账户、建立门诊统筹的过程中，个人账户还将存在很长的一段时间。这就需要对现有的个人账户进行一定的改进，以便更好地发挥其积极作用。建议：(1)逐步缩小个人账户，比如降低个人账户的比例。(2)逐步降低直至停止单位缴费划入个人账户，明确个人账户资金的产权属性，使其与社会统筹账户的资金分开运行。(3)提取部分个人账户资金，用于建立门诊统筹。(4)放宽个人账户的使用范围。一是允许用个人账户积累缴纳大额医疗互助的费用以及补充医疗保险、商业健康保险、商业护理保险的保费；二是允许个人账户积累用于支付家庭成员参加城乡居民医保的费用；三是允许个人账户积累部分用于支付本人及其家庭成员需个人支付的医疗费用。(4)加强对个人账户使用的管理监督，减少道德风险和医保基金浪费。

六、实现异地就医住院费用直接结算

（一）异地就医住院费用直接结算的推进思路

《关于进一步做好基本医疗保险异地就医医疗费用结算工作的指导意见》(人社部发〔2014〕93 号)和《国务院办公厅关于印发深化医药卫生体制改革 2016 年重点工作任务的通知》(国办发〔2016〕26 号)已经给出了异地就医住院费用直接结算的推进思路，即 2014 年，基本实现市级统筹区内就医直接结算；2015 年，基本实现省(直辖市、自治区)内异地住院

① 王宗凡:《渐进调整和改革医保个人账户》,《中国社会保障》2015 年第 4 期，第 79—81 页。

费用直接结算;2016 年,全面实现跨省份异地安置退休人员住院医疗费用直接结算;2017 年,基本实现符合转诊规定的异地就医住院费用直接结算。

截至目前,市级统筹区内、省内异地住院费用的直接结算已经基本实现,目前正在推进跨省份异地安置退休人员住院医疗费用直接结算。所谓跨省异地安置退休人员,是指按照户籍政策取得居住地户籍的长期居外退休人员,主要是退休后随子女居住的老人。跨省份异地安置退休人员具有普遍年龄大、医疗负担重、长期不返回参保地等特点,异地就医报销时的"跑腿"和"垫支"问题对他们的影响最大,因此,对异地就医费用直接结算的需求最为迫切。总体来看,全面实现异地就医住院费用的直接结算是"十三五"期间的重要任务。

(二)实现异地就医住院费用直接结算的建议

第一,提高医疗保险的统筹层次。当前异地就医住院费用直接结算困难的主要原因在于统筹层次过低,各地医保政策不统一,医保基金也不能调剂使用。当前已经基本实现了医疗保险的市(地)级统筹,"十三五"期间的目标应为省级统筹,实现全省(直辖市、自治区)范围内医保政策的统一和医保基金的统收统支。在实现了省级统筹以后,远期目标应为医疗保险的全国统筹。

第二,加快国家级异地就医结算系统的建设。以金保工程业务专网为依托,以社会保障卡为载体,进一步完善技术标准,在国家层面搭建好异地就医结算的平台。

第三,进一步巩固和完善省(直辖市、自治区)内异地就医结算系统,并做好与国家级异地就医结算系统的对接。

第四,进一步完善周转金制度、分级诊疗制度,以及加强医疗服务监管等政策。

七、整合城乡居民医保政策和经办管理

中共十八届三中、五中全会中均提出,要整合城乡居民基本医疗保险制度。2016 年 1 月,国务院发布了《国务院关于整合城乡居民基本医疗保险制度的意见》(国发〔2016〕3 号),要求推进城镇居民医保和新农合

制度整合，逐步在全国范围内建立起统一的城乡居民医保制度。可见，整合城乡居民医保制度在“十三五”的开局之年就已经付诸实施，但纵观国发〔2016〕3 号文件，压根就没有提城乡居民医保应该由哪个部门负责经办。对于整合城乡居民医保政策和经办管理，笔者提出以下几点看法：

（一）整合城乡居民医保政策和经办管理具有诸多好处

第一，可以充分体现了制度建设的系统性、整体性和协同性原则，避免制度的“碎片化”，为最终建立城乡一体化的基本医疗保险制度奠定基础。

第二，可以消除分散的管理体制、资源浪费、效率低下、重复参保等弊端，使制度更加完整和高效。目前，新农合由卫生和计划生育部门管理，城镇居民医保由人社部门管理，不仅在政策层面增加了协调成本，而且造成重复建设和社会资源浪费。新农合和城居医保的经办机构各自建立自己的服务队伍、服务系统和服务标准，医疗服务机构也要分别建立一套结算制度、技术标准和网络服务系统与之匹配；如果这两套系统能合起来，则将大大降低制度运行的成本①。

第三，有利于实现城乡公平。城镇居民医保与新农合在筹资方面存在着政策公平、实际不公平的现象：一方面，城镇居民医保与新农合的筹资标准相差不大，但最高支付限额——6 倍的农民人均纯收入与 6 倍的城镇居民人均可支配收入却相差巨大；另一方面，由于农村缺乏优质医疗资源，农民进城看病的费用负担要比城镇居民重得多。通过制度整合，实行“一制多档”（一个制度，多个缴费档次，对应着多个不同的医疗待遇）的方式，破解筹资难题，可实现筹资水平、医保待遇水平、医疗资源和医疗服务的城乡公平。

（二）城乡居民医保的经办管理应统一由人社部门负责

国发〔2016〕3 号文件出台后，城乡居民医保的政策整合已经实现，下一步的任务是如何实现经办管理的整合。对此，笔者的建议是，应统一由

① 何文炯、杨一心、刘晓婷：《整合城乡居民医保制度贵在顺势而为》，《中国社会保险》2009 年第 9 期，第 32—34 页。

人社部门负责城乡居民医保的经办管理。理由如下:第一,新农合是一项社会保险制度,不是一项医疗福利制度,其性质决定了其应由人社部门来管理;第二,人社部门在城镇职工医保和城镇居民医保的管理中积累了丰富的经验,尤其是信息系统建设、12333 社保服务热线建设等方面更加成熟;第三,随着城镇化进程的加快,新农合的参保对象将越来越少,城镇医保的参保对象将会越来越多,因此,将新农合交由人社部门来管理是适应城镇化进程的需要;第四,对于医院和医药的管理而言,人社部门相对于卫生和计划生育部门来说,显然属于外部,或者说相当于"第三方",这将有利于缓解和控制医疗费用不断增长的趋势,有利于监管。

八、鼓励发展补充医疗保险和商业健康保险

(一)鼓励发展补充医疗保险

补充医疗保险是为弥补基本医疗保险的不足,或满足较高的医疗需求而建立的辅助性医疗保障制度。补充医疗保险按其承办机构的不同,可大致分为由政府承办的公务员补充医疗保险(公务员医疗补助)、由企业(或行业)承办的企业补充医疗保险、由工会组织承办的职工互助医疗保险、由保险公司承办的商业补充医疗保险等。

我国补充医疗保险是伴随医药卫生制度改革而产生的。2000 年,国务院印发《关于完善城镇职工社会保障体系试点工作方案的通知》(国发〔2000〕42 号)),确立了我国多层次医疗保障体系框架,进一步明确有条件的企业可以为职工建立补充医疗保险,并给予保费在工资总额 4%以内按成本列支的税收优惠政策,为补充医疗保险提供了发展空间。为进一步鼓励企业为职工建立补充医疗保险,2009 年,财政部、国家税务总局联合发布《关于补充养老保险费、补充医疗保险费有关企业所得税政策问题的通知》(财税〔2009〕27 号),将扣除标准由 4%提高到 5%。

当前补充医疗保险在发展中还存在法律法规不健全,对个人没有税收优惠,不同地区、行业和收入能力的人之间发展不平衡,参与医药卫生服务体系建设能力低下等问题。未来应着重从以下几个方面促进补充医疗保险的发展:

(1)健全法律法规,尽快出台《补充医疗保险办法》。截至目前,只有

三个文件对补充医疗保险做出了专门的规定,分别是:2000年国务院办公厅转发劳动和社会保障部、财政部《关于实行国家公务员医疗补助意见的通知》,2002年财政部、劳动和社会保障部颁布的《关于企业补充医疗保险有关问题的通知》,2009年5月中国保监会发布的《关于保险业深入贯彻医改意见积极参与多层次医疗保障体系建设的意见》。总体来看,基本为部门规章,且以通知、意见的形式发布。法制建设远远落后于补充养老保险实践,建议借鉴企业年金和职业年金发展的经验,尽快出台《补充医疗保险办法》《补充医疗保险基金管理办法》等一系列法规、规章,使得补充医疗保险的发展有法可循。

(2)明确补充医疗保险个人缴费的税收优惠问题。目前,国家已经明确了企业年金、职业年金个人所得税问题,即缴费环节,在不超过本人缴费工资计税基数的4%标准内的部分,暂从个人当期的应纳税所得额中扣除。但尚未出台补充医疗保险的税收优惠政策。建议补充医疗保险借鉴补充养老保险的做法,尽快确定出个人缴费的税收优惠比例,以提高个人参保缴费的积极性。

(3)加强补充医疗保险专业化业务能力建设。一是重视研究补充医疗保险的经营规律、盈利模式和风险管控机制;二要积极配合,逐步建立补充医疗保险疾病发生率等基础数据库,搭建行业数据共享平台;三是根据市场需求,加大产品开发力度,积极提供多样化、个性化的健康保障选择;四是提升补充医疗保险行业的人力资源专业化水平。

(4)探索补充医疗保险参与医药卫生服务体系建设。第一,应该积极探索补充医疗保险与医疗服务提供者合作的模式,增强医疗服务保险和医疗服务提供者的一体化程度。第二,积极探索补充医疗保险开发健康管理市场的途径,通过竞争推动整体医药卫生体制的改进。第三,积极探索补充医疗保险服务外包,实现补充医疗保险提供主体和生产主体的必要分离。①

① 贾洪波、阳义南:《中国补充医疗保险发展:成效、问题与出路》,《中国软科学》2013年第1期,第81—92页。

（二）鼓励发展商业健康保险

从广义上来看，商业健康保险属于补充医疗保险的范畴。加快发展商业健康保险，有利于与基本医疗保险衔接互补、形成合力，夯实多层次医疗保障体系，满足人民群众多样化的健康保障需求。国家早已认识到发展商业健康保险的重要性，并于2014年11月出台了《国务院办公厅关于加快发展商业健康保险的若干意见》（国办发〔2014〕50号），对加快发展商业健康保险的总体要求、扩大商业健康保险供给、推动完善医疗保障服务体系、提升管理和服务水平等方面做出了规定。“十三五”期间，应当全面落实该文件，实现其提出的“到2020年，基本建立市场体系完备、产品形态丰富、经营诚信规范的现代商业健康保险服务业；实现商业健康保险运行机制较为完善、服务能力明显提升、服务领域更加广泛、投保人数大幅增加，商业健康保险赔付支出占卫生总费用的比重显著提高”的目标。

九、鼓励商业保险机构参与医保经办

早在2001年，新农合还处于试点时期，保险业就已经开始参与新农合经办管理。2012年4月，卫生部等四部门联合下发了《关于商业保险机构参与新农合经办服务的指导意见》（卫农卫发〔2012〕27号），对商业保险机构参与新农合经办服务的基本原则、准入条件、管理机制、运行机制等做出了规定。2012年8月，国家发改委等六部委发布的《关于开展城乡居民大病保险工作的指导意见》（发改社会〔2012〕2605号）规定，城乡居民大病保险由商业保险机构负责承办。2014年11月，国务院办公厅发布的《关于加快发展商业健康保险的若干意见》（国办发〔2014〕50号）提出，“全面推进并规范商业保险机构承办城乡居民大病保险”“稳步推进商业保险机构参与各类医疗保险经办服务”。2015年10月，中共十八届五中全会公报明确提出，“鼓励商业保险机构参与医保经办”。2016年1月，国务院发布的《关于整合城乡居民基本医疗保险制度的意见》（国发〔2016〕3号）规定，“鼓励有条件的地区创新经办服务模式，以政府购买服务的方式委托具有资质的商业保险机构等社会力量参与基本医保的经办服务”。可见，国家非常鼓励商业保险机构参与基本医保的经办。

对此,笔者提出以下几点看法:

(一)商业保险机构参与医保经办有优势,同时也有风险

商业保险机构参与基本医保经办服务的优势体现在:(1)有利于强化基本医保经办服务意识,改进经办服务质量,提升经办服务水平。(2)有利于提高商业保险机构开发非基本医疗保险产品的能力,满足城乡居民差异化医疗保障需求,促进多层次医疗保障体系建设。(3)有利于建立统一经办平台。各级政府可以依托保险公司打造统一的医疗保险经办平台,避免重复参保和报销,特别是有效促进跨省份医保结算。

商业保险公司经办医保的风险体现在:(1)公立医院根本不会买保险公司的账,核保会变得困难重重;(2)保险公司很可能为了利润不惜往死里压低医药费,导致群众"大病小治";(3)保险公司业务员的商业贿赂风险也较大;(4)居民个人医疗数据的信息安全也将面临考验;(5)保险公司的业务员在经办基本医疗保险的时候,可能会采取迷惑、哄骗、欺诈等方式,诱导不明真相的群众购买商业健康保险,使得居民分不清自己购买的是国家举办的社会医疗保险,还是保险公司举办的商业健康保险,给政府形象和基本医疗保险造成负面影响。

(二)城镇职工医保不宜由商业保险机构经办

当前,全国大部分地区的城乡居民大病保险已经由商业保险机构承办,部分地区如安徽省、青海省已经发布政策文件,试点商业保险机构经办城乡居民基本医疗保险,尚未发现城镇职工医保交由商业保险机构经办的案例。笔者认为,城镇职工医保不宜交由商业保险机构经办,理由如下:第一,城镇职工医保是强制性参保的,不同于自愿参保的城乡居民医保和扮演着城乡居民医保附加险角色的大病保险;第二,城镇职工医保基金收支规模宏大,并且一直以来都是由社会保险经办机构来负责;第三,若城镇职工医保由商业保险机构经办,将不利于当前在各地推行的"五险合一、一票征缴"的开展,也不利于未来开征社会保险税。

（三）完善商业保险机构参与医保经办的建议①

第一，明确医疗保险委托商业经办的方向和业务范围。首先，应当肯定我国医疗保险业务。其次，要因地制宜地开展委托经办业务，不搞一刀切。最后，要合理界定委托商业保险机构经办的业务范围。

第二，规范委托资质，通过招投标竞争机制确定受托商业经办机构。招标方案应由医保业务部门与政府采购管理部门联合制定，并由政府采购中心向社会公开发布招标公告和招标文件，符合资质条件并有意承保的保险公司进行投标，政府采购中心组织专门的评标委员会进行评标，确定委托管理的保险公司。

第三，明确和妥善处理委托管理的相关事宜。包括明确委托主体、合理界定委托管理的内容和责任范围、加强协议管理、科学确定委托费用、加强委托服务的考核监督等。

十、将生育保险和基本医疗保险合并实施

2015 年 10 月，中共十八届五中全会明确提出“将生育保险和基本医疗保险合并实施”；2016 年 3 月，《国民经济和社会发展第十三个五年规划纲要》再次重申，“将生育保险和基本医疗保险合并实施”；2016 年 4 月，人社部、财政部联合发布的《关于阶段性降低社会保险费率的通知》（人社部发〔2016〕36 号）中提出，“生育保险和基本医疗保险合并实施工作，待国务院制定出台相关规定后统一组织实施”；2016 年 7 月，“将合并实施生育保险和基本医疗保险”写入了《人力资源和社会保障事业发展“十三五”规划纲要》，并要求“完善生育保险政策，实行生育保险与基本医疗保险参保人员登记、缴费、管理、经办、信息系统统一”。可见。“合并实施生育保险和基本医疗保险”是“十三五”期间必须要完成的重要任务。对此，笔者谈以下几点个人看法。

（一）合并实施不是将两个险种合并为一个险种，而是合并经办

生育保险与基本医疗保险合并实施，是“五险一金”进行精简归并的

① 李吏、华迎放：《医保委托商业经办管理问题探析》，《中国劳动》2015 年第 4 期，第 8—12 页。

举措之一。但合并实施并不是说两个险种合并为一个险种，而是合并经办，生育保险还是存在的。换言之，今后生育保险就将成为医疗保险的一个组成部分，医疗保险将成为主险，而生育保险就类似其中的一个强制性附加险。各类人群只要参加了基本医疗保险，就自然而然地获得了生育保障的相关权利。其基本思路是：保留原有生育保险待遇项目，实行两项保险统一的登记、缴费、基金管理、经办和信息系统统一；合并后，生育保险待遇水平不会降低。

（二）合并实施后可以化解生育保险覆盖面小的问题

当前，生育保险的覆盖对象主要是企业职工以及部分机关事业单位工作人员，农民、灵活就业人员和未就业人员没有生育保险，相当部分的机关事业单位职工没有纳入生育保险社会统筹。另外，由于现行生育保险不需要个人缴费，许多企业选择性参保，即只给已婚未生育的女职工参保，而对男职工、未婚以及已婚已育的女职工则选择不投保。结果导致生育保险的参保人数较少、制度公平性不足。生育保险与基本医疗保险合并实施后，就可以让所有参加基本医疗保险的人员都享受到生育保险的待遇，从而可以扩大生育保险的覆盖面，实现生育保险的全覆盖。

（三）合并实施可以提高基金的使用效率，增强医疗资金的支付能力

生育保险虽然筹集的资金不是太大，基金支出量也不是很大，但是大部分地区都存在结余。从全国来看，2015 年生育保险基金累计结存 684 亿元，按照 2015 年生育保险基金支出 411 亿元来计算，足够支付 20 个月。为此，2015 年 7 月，国务院确定生育保险基金累计结余超过 9 个月的统筹地区，应将生育保险基金费率从不超过 1%降至不超过 0.5%。生育保险和基本医疗保险的合并，意味着生育保险和基本医疗保险基金的合并，二者统筹使用，这有利于减少生育保险基金的累计结存，提高基金的使用效率，增强医疗资金的支付能力。

（四）合并实施可以降低管理成本，提高经办效率

生育保险的一项重要待遇是生育医疗费用支付，而实践中有不少医疗费用既可以属于生育医疗费用，也可以属于一般疾病医疗费用，因而生育保险基金与城镇职工基本医保基金在支付范围方面存在界限不清的问

题。因此,合并实施后,可以有效化解生育保险与基本医疗保险有交叉的情况,人社部门经办时就不用再判断是属于生育保险还是医疗保险的范畴,只需正常结算、正常报销即可。这样不仅可以节省管理经费和成本、提高社保经办效率,还可以有效地缓解医院、患者、政府三方的矛盾,促进社会关系的和谐发展。

1.3.3 中国社会保障基金管理改革“十三五”展望

社会保障基金是民生保障的基本“安全网”,是保障社会保障制度平稳、持续发展的经济基础。由于社会保障基金明显的特殊性,对社会保障基金的管理应在审慎合规、安全流动的原则上实现保值增值。考虑到当前中国社会保障基金管理存在的问题,结合中共十八届五中全会公报,“十三五”期间应重点对以下问题做出改革。

一、拓宽社会保险基金投资渠道,提高投资回报率

根据中共十八届五中全会公报的要求,为了实现基金的保值增值,应拓宽社会保险基金的投资渠道,进一步实施多元化投资,以分散风险。社会保险基金的投资渠道应涵盖固定收益类投资(银行存款和债市)、权益类投资(信托投资、资产证券化产品、股票、股权投资等)和实业投资(保障性住房和基础设施建设)[①]。目前,各种投资工具由于流动性、风险等因素的不同,收益也各异。因此,应该深入分析研判经济运行和市场走势,合理编制年度资产配置计划,动态调整资产配置和投资策略,稳步开展各类资产投资。第一,社会保险基金可以选择进入风险较小的一级股票市场,成为上市公司的稳健持股者,或者投资于那些业绩好,流通性好以及发展前景好的蓝筹股,通过长期持有策略获得稳定的股票分红回报。第二,适当降低银行存款和国家债券的投资比重,在保证社会保险基金投资的安全性和流动性基础上,探索性地将债券投资范围扩大到经营业绩和信誉良好的企业债券、金融债券等,另外,还可以尝试涉足新的投资渠

① 沈澈、邓大松:《养老金投资运营风险的识别与对策》,《经济纵横》2014 年第 3 期,第 96—100 页。

道，如特种国债、开放式基金、金融衍生品和新股发行，甚至是海外资本市场，提高基金收益率。第三，鉴于社会保险基金具有长期稳定的特点，可以考虑将社会保险基金投资于水电、能源、铁路、航空、通信等国家垄断性行业和一些基础设施项目，甚至是廉租房建设等带有公益性质的项目。由于实体投资的特点是投资回收期长、回报率高和风险低，这正好与社会保险基金的投资原则相符，因此可成为社会保险基金投资的一个重要选择。[①] 第四，对社会保险基金的投资要采取科学有效的投资组合，合理配置资源，创新结构化基金投资方式，确保投资项目效益。社会保险基金投资要在短期、中期和长期的金融产品中合理配置，以短期金融产品确保基金的流动性，保障当期的养老金发放，以中长期金融产品确保养老金获得稳定投资收益。只有多元化的投资渠道才能实现社会保险基金投资的优势互补，兼顾基金的安全性和收益性。

二、加强风险管理，强化基金风险管控

中国社会保障基金的可持续发展在这个现代化社会变迁和体制转型的高风险时期面临着诸多风险，因而中共十八届五中全会公报提出，要加强对社会保障基金的风险管理。未来社会保障基金的投资渠道将拓宽，面临的风险也更多更复杂，需要及时建立全面的风险管理体系作为社会保障基金取得稳健投资收益的基本保障。在社会保障基金投资运营之初就应建立起风险管理的基本组织架构，强化基金风险管控，提高风险管理水平，以有效进行风险治理。一般而言，比较完善的风险管理体系包括内部风险的治理环节（如风险预防、风险监督、风险报告和风险决策）和外部风险的治理环节（如风险规避、风险分散和外部环境的自我完善）。

具体而言，一方面社会保障基金管理部门要建立风险评估和监测办法及重要部门的风险考核指标体系，确定风险源、风险点、风险级别以及识别风险的标准和危害程度，根据风险的来源、性质、程度，明确责任，区分管理层次，预先制定防范策略，做好投资前的可行性调查和科学分析，

① 魏志华、林亚清：《社保基金的投资管理模式及其困境摆脱》，《改革》2014 年第 3 期，第 47—55 页。

加强资产风险收益特征分析，实施独立风险评估，完善投资风险监测，开展绩效评估。另一方面，社会保障基金管理部门要健全规章制度，严格按照安全性、收益性、流动性的顺序来进行监管，资金要严格按照规定用途使用。建立一套职责分明、规章健全、运作有序、严格有效的内控制度，强化合规运营和合规监管，通过稽核、检查等手段，将风险管理措施落实到每个投资环节和岗位，促进投资运营更加科学规范。还要提高社会保障基金管理机构服务人员的专业素养和职业道德素质，积极培养和引进涉猎财政、经济、管理、金融、证券、保险等多个领域的高素质专业复合型人才为社会保障基金管理机构所用，降低社会保障基金管理的操作风险。

三、健全社会保障基金管理法律体系，完善基金监督机制

首先，完善的法律体系和良好的法律环境是社会保障基金投资运营管理的根本依据，健全的社会保障基金法律法规体系应包括多层次的社会保障立法和外部投资环境立法。社会保障立法包括三个层次：以宪法为根本保障，以社会保险法为基本依据，以社会保险基金法为操作准则。投资环境立法应以民法和经济法为产权保障，以资本市场立法（如投资基金法、投资公司法等）为投资环境保障。养老金法律环境建设的当务之急是进行专门的社会保险基金立法，在立法理念上应坚持“高压性”与“宽容性”并存。“高压性”即基金法对社会保障基金投资渠道的审批、违规操作行为的惩处、纠纷仲裁和国家担保责任等做出严格的法律限制，从根本上杜绝基金的违规挪用等寻租行为，同时将社会保障基金具体的投资渠道从政策层面上升到法律规定层面，充分发挥法律的强制性，避免政策的不确定性风险。“宽容性”即基金法要适当放宽投资渠道限制，对投资方式和投资比例实行审慎监管，为养老金创造在资本市场中获利的机会。[①]

其次，要根据《全国社会保障基金条例》确定的基本原则，进一步加强与相关部门协调沟通，推动修订《全国社会保障基金投资管理暂行办法》《全国社会保障基金境外投资管理暂行规定》等重要规章制度。适时

① 沈澈、邓大松：《养老金投资运营风险的识别与对策》，《经济纵横》2014 年第 3 期，第 96—100 页。

启动修订《全国社会保障基金理事会章程》,提交理事大会审议。

最后,针对社会保障基金监管机制不完善的现状,应该制定专门的《社会保险基金监督管理条例》,进一步规范社会保障基金的征缴、管理、支付、运营等各环节行为。一个政策思路就是建立一个以社会保障部门为核心的专设监管机构,财政、证监、银监等部门辅助监管的全方位监督体系。各部门既相互独立又密切配合,既能充分履行职能又可避免相互推诿责任。同时,社会保障基金管理机构还应建立和完善社会保障基金信息披露制度,定期向社会公布基金的运作情况,提高信息透明度,接受监管机构和广大参保人员的双重监督。这将有助于更好地防范社会保障基金的违法违规行为,降低监管部门的监管成本,保证社会保障基金健康运行。

四、逐步提高国有资本收益上缴公共财政比例,划转部分国有资本充实全国社会保障基金

个人账户"空账"运行是中国基本养老保险筹资模式实际运行中必须解决的一个问题,解决这个问题的关键在于解决转制成本。这个历史遗留的问题应该由政府负责,明确政府在转制成本中的责任。2015 年 9 月,中共中央、国务院印发《关于深化国有企业改革的指导意见》,要求提高国有资本收益上缴公共财政比例,2020 年提高到 30%,划转部分国有资本充实社会保障基金,分红和转让收益用于弥补养老等社会保障资金缺口,这也符合中共十八届五中全会公报的要求。通过划转,可以厘清政府财政、国有资本、劳动者个人的责任边界,这符合中国社会保障制度中"责任多方分担"的原则。国有资产具有良好的盈利能力,划拨国有资本充实社会保障基金,将为社会保障基金提供可靠的资金保障,为降低社会保险费率创造条件,激发微观经济活力。还有利于更妥善地解决社会保障基金的"历史欠账"问题,为维护基金收支可持续平衡创造条件,让社会保障制度改革更加顺畅地运行。

一方面,上缴国有资本收益的覆盖面需进一步扩围。目前,纳入国有资本经营预算实施范围的央企并没有"全覆盖",特别是在金融、铁路、交通等关系到国计民生的领域。这不仅影响国有资本收益上缴的规模,对其他国有企业来说也存在不公平。另一方面,要更加细化和规范国有资本对社会保障基金的注资标准和操作方法。针对如何进一步推进划转部分国有资本充实社会保障基金的问题,有两种方案:一种是划拨国有资本股权,也就是被划拨的国资股权收益注入社会保障基金;另一种是直接按比例上缴国有资本收益来充实社会保障基金。划转的推进与国有企业改革和资本市场改革进程息息相关,无论是划转股权还是上缴收益都需要仔细论证,审慎推行。

1.3.4 中国社会救助制度改革“十三五”展望

一、建立健全社会救助法律体系,规范社会救助制度运行

社会救助关系到公民的基本权利和国家的基本责任,缺乏严格的法律规范,社会救助制度运行就没有权威的依据。因此,应尽快推动专门的《社会救助法》及专项救助法律的出台,这是十分必要且紧迫的任务。一方面,在依法治国全面推进的大背景下,《社会救助法》及相关法律的制定要优化对社会救助制度的顶层设计,对现有社会救助项目进行进一步的整合,明确中央和地方各级政府的职责并合理划分财政负担,对社会救助的实施主体、权责义务、覆盖范围、对象选择、救助标准、救助水平、保障期限等方面进行规范,使救助工作有法可依。只有形成健全的社会救助法律体系,才能从根本上解决其他社会救助制度的问题,使公共资源得到合理配置,发挥出制度的效能,从而保证社会救助公开、公平、公正,进一步提高制度的权威性和公信力;另一方面,要实现新型社会救助体系在社会保障中的可持续发展,还要同时完善相关法规,强调建立社会救助制度的监督机制,包括对社会救助机构及其从业人员的监督、对救助资金与实物管理的监督、对社会救助的公正度进行监督、对社会救助的效益进行监督等等。通过严明法纪与惩罚措施才能确保社会救助制度的依法有序运行,杜绝社会救助实施过程中各种违规违法现象,提供真正稳定的安全预期。

二、确定更加积极的社会救助制度目标

随着人权观念的普及和新型社会救助体系的建立,未来中国社会救助的制度目标不能只局限于单纯的物质救助,必须把“人的发展”“助人自助”作为新型社会救助体系的基本理念,建立更加积极的制度目标,向多元化救助方向发展。在进一步提高经济救助的同时,社会救助的内容还应扩展至发展精神救助、心理救助、能力救助、权利救助等新的救助类型,既从物质层面保证被救助者的基本生活,又从精神、心理层面帮助被救助者形成精神激励和能力培养,也就是要注重“他助”和“自助”的结合,变“输血”为“造血”。尤其是就业救助,与专项救助相比,重点不在于提供物质帮助保障失业者的基本生活,而在于积极促进其就业,为失业者重新就业和积极融入社会提供必要的就业支持和帮助,增加收入,从根本上解决受助者的贫困问题,减少国家负担。正如《中共中央关于制定国民经济和社会发展第十三个五年规划的建议》中强调的:“要加强就业援助,帮助就业困难者就业;开展贫困家庭子女、未升学初高中毕业生、农民工、失业人员和转岗职工、退役军人免费接受职业培训行动。”因此,在社会救助制度的各个环节中都要考虑促进就业、劳动自救因素,发挥社会救助制度助人自助的功能。①

三、促进社会力量等多元主体的参与

随着社会救助层次的提高,需要更专业化和专门化的社会服务来解决民众的实际困难,满足其多样化的需求。但是,当前中国的社会救助主体仍然以政府为唯一主体,一些救助项目造成政府负担较重,无力承担所有的社会服务,所以应该广泛动员和组织第三部门、非政府组织,以及各种基层社区等多元社会力量共同参与开展社会互助和社会服务,建立健全社会服务网络,在社会救助的提供方式上引进专业的社会工作方法,实行经济救助与服务救助相结合,使民间救助成为政府救助的有力补充。中共十八届五中全会公报中也明确提出,“要充分调动市场机制与社会机制的积极性,支持慈善事业发展,广泛动员社会力量开展社会救济和社会互助、志愿服务活动;完善鼓励回馈社会、扶贫济困的税收政策”。从

① 谢增毅:《中国社会救助制度:问题、趋势与立法完善》,《社会科学》2014 年第 12 期,第 91—101 页。

长远来看，未来中国社会救助的发展应该从政府主导向政府、市场、社会多元主体过渡，这不仅是社会救助制度发展的必然结果，也是新型社会救助走向责任共担和社会化的重要标志。① 未来也许可以通过政府购买服务的方式，积极引导民间组织参与发展社会救助事业。同时，在基础社区也可以建立服务专业化、多元化的救助队伍，对被救助对象提供全过程的服务。

四、建立社会救助工作联动机制，做好制度衔接整合工作

中共十八届五中全会公报明确提出，“要统筹救助体系，强化政策衔接，推进制度整合，确保困难群众基本生活”。社会救助工作应该以提高社会救助效率为原则，进一步理顺部门职能，尽快改变政出多门、部门分割的管理格局，实现救助行政工作的有效衔接，形成社会救助工作的联动机制，这有利于调动社会救助各个主管部门的积极性，统筹使用公共资源，解决救助在实施过程中出现的救助遗漏和重复救助问题。各个部门之间应该加强社会救助数据和信息的交流，实现信息资源的有效共享，使覆盖城乡的社会救助制度发挥最大效率。

目前最低生活保障制度承载了过多的救助功能，其他专项救助项目也是简单地叠加在最低生活保障制度之上。针对这种现象，必须将简单叠加在低保之上的其他救助项目剥离出来，让低保制度回归到保障基本生活的初始功能，实行低保政策和扶贫政策衔接，对贫困人口应保尽保。社会救助应改叠加施救为分类施救，也就是从低收入群体的实际困难情况出发，从城乡居民最低生活保障对象中甄别出不同需求的救助对象并划分为不同的类别，按照原因和困难程度的不同提供差异化的保障，做到突出重点、兼顾一般、分类施保。一些在医疗、教育、住房等方面确实存在困难而无法自我解决者，即使不是低保对象，也应当有机会申请相应的救助，如加强对特定人群特殊困难的帮扶，对丧失劳动能力的实施兜底性保障政策，对因病致贫的提供医疗救助保障。普及高中阶段教育，逐步分类

① 周沛、陈静：《新型社会救助体系研究》，《南京大学学报（哲学·人文科学·社会科学版）》2010 年第 4 期，第 141—149 页。

推进中等职业教育免除学杂费,率先对建档立卡的家庭经济困难学生实施普通高中免除学杂费等。同时,在确定救助标准和实施范围方面,要根据每个专项制度的具体情况,确定各自的标准和范围。

社会救助应与社会保险、社会福利等其他社会保障制度联动,协同发展。社会救助制度和其他社会保障制度是相辅相成、相互促进的,社会救助需要与社会保险、社会福利乃至慈善事业、商业保险有机配合,在尊重各自规律和职能的条件下尽可能统筹规划、共同发展。如分别为老年人、残疾人等特殊人群建立相应的福利制度,而不是让其混淆在社会救助甚至最低生活保障制度中。只有厘清了社会救助和其他社会保障制度各自的职能,做好了制度的衔接工作,才有利于社会保障制度发挥最大效能。

五、完善社会救助基层管理体制,实行专业化经办

社会救助需要建立专门的经办机构专司其职,实现社会救助管理一体化,确保制度良性运行。一方面,要取消代办制,对当前分布于各个部门和单位的社会救助工作进行整合,由民政部门主管并监管各地的社会救助实施工作,其他部门负责协作,各省市基层设立专门的社会救助经办机构负责社会救助工作的决策、实施和监管,这有利于减少社会救助领域的资源浪费,并切实维护这一制度的公信力。另一方面,要改善社会救助从业人员的工作环境,吸引更多的劳动者从事社会服务工作,这样既可以解决就业问题,也可以提高社会救助服务水平。同时,要提高社会救助服务人员的专业化服务水平,使其提供更加专业化的社会救助指导和服务。

1.3.5 中国医药卫生体制改革“十三五”展望

一、全面推进公立医院综合改革,建立现代医院管理制度

为民惠民是深化医改的最终目的。医疗卫生事业是公益性事业,具有社会性、群众性和普遍性,无论是深化改革还是推动发展,都要始终坚持为人民健康服务的方向,切实维护人民群众的健康权益。公立医院是政府履行医疗卫生事业公益性的重要载体,政府要切实履行好办医职责,合理确定公立医院功能、数量、规模、结构和布局,建立科学的补偿机制,坚持公立医院面向城乡居民提供基本医疗服务的主导地位。[①]

鼓励各地积极探索政事分开、管办分开的有效形式。各级行政主管部门要创新管理方式，从直接管理公立医院转为行业管理，卫生行政部门主要承担卫生发展规划、资格准入、规范标准、服务监管等行业管理职能，其他有关部门按照各自职能进行管理和提供服务。落实公立医院人事管理、绩效工资内部分配、运营管理等自主权。完善公立医院法人治理结构，建立符合医疗行业特点的人事薪酬制度和科学的医疗绩效评价机制，建立和完善现代医院管理制度。按照“管办分开，政事分开”以及取消医院行政级别的要求，医院医务人员收入不再受事业单位工资管制。同时，医院管理者应逐步实现职业化，专门从事管理医院的工作，不再兼任临床业务工作。规范医院管理者的任职条件，逐步形成一支职业化、专业化的医疗机构管理队伍。院长可由地方公立医院主管部门聘任，实施目标责任制和“年薪制”，其薪酬由政府直接支付，不再从医院收入中提取。院长可以提名医院主要行政管理人员，全面授权院长及管理团队运营管理公立医院。

二、破除公立医院逐利机制，坚持公益属性

一段时期以来，政府补偿机制和监管责任的缺位，导致部分公立医院过度追求营利性服务，公益性质淡化。为了纠正这一偏差，在政府补偿和监管责任同时到位的前提下，还原公立医院所有营利性活动于市场，发挥市场在各种非基本医疗卫生资源配置中的作用，真正实现医疗服务提供的“营利性”和“非营利性”分开的公立医院改革目标，确保公立医院的公益属性。

首先，落实对公立医院基本建设和大型设备购置、重点学科发展、符合国家规定的离退休人员费用和政策性亏损补贴等政府投入政策。中央财政和省级财政给予适当补助。改革财政补助方式，加强预算绩效管理，强化财政补助与医院绩效考核结果挂钩。

---

① 李斌：《国务院关于深化医药卫生体制改革工作进展情况的报告——2015 年 12 月 22 日在第十二届全国人民代表大会常务委员会第十八次会议上》，中国人大网，http://www.npc.gov.cn/npc/xinwen/2015-12/22/content_1955662.htm。

其次，要改革以药补医机制，合理调整医疗服务价格。取消药品加成（中药饮片除外），将公立医院补偿由服务收费、药品加成收入和政府补助三个渠道改为服务收费和政府补助两个渠道。医院由此减少的合理收入，通过调整医疗服务价格、加大政府投入、改革支付方式、降低医院运行成本等，建立科学合理的补偿机制。对医院的药品贮藏、保管、损耗等费用列入医院运行成本予以补偿。采取综合措施切断医院和医务人员与药品间的利益链，完善医药费用管控制度，严格控制医药费用不合理增长。按照总量控制、结构调整的办法，合理调整公立医院收入结构，提高业务收入中技术劳务性收入的比重，降低药品和卫生材料收入的比重，合理调整提升体现医务人员技术劳务价值的医疗服务价格。改革价格形成机制，逐步减少按项目定价的医疗服务项目数量，积极探索按病种、按服务单元定价，逐步理顺不同级别医疗机构、医疗服务项目的比价关系，建立以成本和收入结构变化为基础的价格动态调整机制。

三、多措并举，控制卫生总费用过快增长

医保覆盖面扩大、报销比例提高在起到降低个人卫生费用负担的同时，卫生总费用控制的重要性随之凸现出来。因而，要从宏观上控制卫生总费用上升趋势。第一，将“控成本”列为医改的主要目标。对卫生总费用长期增长趋势做出规划，将次均门诊及住院支出、人均年度医疗负担、个人自付比例等作为地方政府考核指标。第二，明确控制医疗总费用的部门。目前，医疗资金管理分散在卫生、财政、医保等多个部门，亟须建立部门协调机制，或直接明确一个部门统筹管理所有医疗资金，并赋予其控制医疗总费用的责任。第三，对公立医院实行收支预算管理。医保基金、财政投入和业务收入均纳入医院预算，实行“总额预算、包干管理”。对超出预算的公立医院院长进行行政问责。同时，加强对医疗质量的考核监管，避免为控制成本而降低质量。第四，尽快制定“基本医疗服务目录”，覆盖常见病、多发病，完善基本药物制度。对于基本医疗服务和基本药物，实行政府购买服务，减少医院创收动机。[①] 第五，加大医保支付

① 李玲：《新医改的进展评述》，《中国卫生经济》2012 年第 1 期，第 5—9 页。

方式改革力度，发挥医保对医疗服务供需双方的引导作用和对医疗费用的控制作用，公立医院要强化医保基金收支预算，积极推行门诊统筹、总额预付制、按病种付费、按人头付费、按服务单元付费等医保支付方式改革，提高基金使用效率，实现提高医疗服务质量与控制医药费用过快增长的双优结果。

四、优化医疗卫生资源配置，推进医疗人才培养使用制度改革

健康公平是社会主义制度的本质要求，是由卫生事业的公益性所决定的。在深化医改中，要把促进健康公平放到更加突出的位置，使人人分享医改成果。针对我国城乡区域医疗卫生资源配置失衡，流动性和共享性较差的现状，建议优化医疗卫生机构布局，健全上下联动、衔接互补的医疗服务体系。建立城市医院对口支援农村医疗卫生工作，发达地区加强对口支援贫困地区和少数民族地区医疗卫生事业的制度。采取临床服务、人员培训、技术指导、设备支援等方式，帮助其提高医疗水平和服务能力。建立城市医院与社区卫生服务机构的分工协作机制。城市医院通过技术支持、人员培训等方式，带动社区卫生服务持续发展。同时，采取增强服务能力、降低收费标准、提高报销比例等综合措施，引导一般诊疗下沉到基层，逐步实现社区首诊、分级医疗和双向转诊。

此外，在投入和政策上重点向农村、社区、困难地区、中西部地区倾斜，更加注重医疗卫生工作重心下移和资源下沉，着力改变医疗卫生服务资源分布不合理的状况。在促进公平的同时，也要注重效率，将有限的资金投向最重要的领域、最关键的环节、最需要的人群，使有限的投入产生更大的效益。

加快医疗卫生信息系统建设，助推医疗资源的共享和流动。医疗信息化和移动医疗的推广是医疗卫生领域“十三五”规划的核心内容，借助现代信息技术推进医疗卫生资源均衡配置。[①] 要完善以疾病控制网络为主体的公共卫生信息系统，提高预测预警和分析报告能力；要积极推进医

---

① 李蔚：《“十三五”时期中国医药卫生领域面临的问题及治理》，《甘肃社会科学》2015 年第 6 期，第 205—208 页。

疗卫生信息技术标准化,加快研究建立全国统一的电子健康档案、电子病历和医保信息等数据标准体系,提高人口健康管理水平;加强区域医疗卫生信息平台建设,推动医疗卫生信息资源共享、互联互通;要以面向基层、偏远和欠发达地区的远程影像诊断、远程会诊、远程监护指导、远程教育等为主要内容,发展远程医疗,使优质资源更加便捷地服务基层群众。

针对基层医务人员的数量、能力、素质满足不了人民群众健康需求以及医务人员的激励机制不利于"保基本、强基层"的问题,建议推进医疗人才培养使用制度改革。一是建立契合医疗行业特点的人才培养制度,深化医学教育改革,注重临床实践和职业素质教育,大力发展面向农村、社区的高等医学本专科教育,建立规模适宜、综合素质优良、区域分布合理的医疗卫生人才队伍。二是通过基层医生转岗培训、全科医生定向培养等方式,多渠道培养全科医生,并逐步向全科医生规范化培养过度,尽快实现基层医疗卫生机构都有合格的全科医生。三是稳步推动医务人员的合理流动,促进不同医疗机构之间人才的纵向和横向交流,研究探索注册医师多点执业。通过组建医疗联合体、对口支援等方式,鼓励城市二级以上医院医生到基层医疗卫生机构多点执业,或者定期出诊、巡诊,提高基层服务能力,使优质医疗资源服务更多群众。四是加快推进医疗领域收入分配制度改革,逐步建立符合医疗行业特点的薪酬制度,体现多劳多得、优绩优酬,保障广大医务人员合法收入普遍提高。对长期在城乡基层工作的医务人员在职称晋升、业务培训、待遇政策等方面给予适当倾斜,鼓励优秀卫生人才到农村、城市社区和中西部地区服务。

五、鼓励社会力量兴办健康服务业,增加医疗卫生服务供给

持续深化医改,必须正确处理好基本和非基本的关系,充分发挥好政府和市场两个积极性。政府要对群众的基本医疗卫生服务需求努力做到尽力而为、量力而行,实现城乡区域医疗保障水平、医疗卫生资源均衡配置,使保基本与经济社会发展相适应。还要认识到,在社会主义市场经济条件下,人民群众多样化、多层次的医疗卫生需求难以完全由政府直接提供。这就要求在强化政府主导的同时,还要充分发挥各类市场主体和社会组织的作用,鼓励社会力量兴办健康服务业,形成医疗卫生服务多方参

与机制。统筹利用全社会的医疗卫生资源,坚持非营利性医疗机构为主体、营利性医疗机构为补充,公立医疗机构为主导、非公立医疗机构共同发展的办医原则,推进非营利性民营医院和公立医院同等待遇,力争形成高效、多元办医格局,促进有序竞争,提高服务质量,满足群众多层次多样化医疗卫生服务需求。

六、深化药品生产流通体制改革,巩固基本药物制度

(一)完善药品审批制度,鼓励药企自主创新

进一步明确新药定义,完善新药审批标准,切实加快具有核心技术和自主知识产权的新药、首家申报临床研究的新药及首家申报治疗疑难危重疾病的新药、有技术创新且能明显降低仿制药品成本或显著提高仿制药品质量等药品的审批速度,推动医药企业提高自主创新能力,促进医药产业结构优化升级。

(二)加强药品质量安全监管体系建设

增强药品监管机构的独立性,加强药品监管部门之间的权力制衡与相互配合,理清交叉职能。建立全国药品监管信息交换平台,建立跨省份协调管理制度。强化政府监管责任,落实药品生产质量管理规范,严格实施药品经营管理规范。规范临床循证医学的评价标准,适时开展中药和西药疗效的平行评价探索工作,对仿制药全面、有效地开展药物疗效一致性检验,为药品质量安全监管提供科学依据。[①]

(三)提高药品生产流通的市场集中度和现代化水平

建立兼并重组的公共服务平台,促进药品生产流通企业跨地区、跨所有制重组,加快形成一批具有核心技术和自主知识产权产品的药品生产企业和市场竞争力强、网络覆盖范围广的大型药品批发企业、连锁经营零售药店。督促引导药品生产企业按照新版 GMP 标准(药品生产质量管理规范)经营,引导药品生产企业完善现代企业制度,提高生产管理水平。结合新版 GSP(药品经营质量管理规范)认证全面提升药品流通企

① 郭春丽:《中国药品生产流通:体制现状、存在的问题及政策取向》,《经济学家》2013 年第 9 期,第 24—33 页。

业硬软件水平，鼓励企业利用现代科技手段发展物流，促进中国药品流通模式由传统的分级销售向现代化的物流模式转变，提高药品流通现代化水平。

（四）规范基本药物集中招标采购和生产、配送制度

首先，应重新设计经济技术标与商务标，合理提高经济技术标所占权重。尽快建立药品生产企业资质认证、生产规模、药品质量等要素的综合评分指标体系，为经济技术标提供统一客观标准。其次，引入药物经济学相关理论，结合药品生产规模和成本，设置基本药物标底价格，改变现有基本药物集中招标采购低价导向。最后，对药品质量不合格或不能及时生产、配送药品的中标企业进行必要的处罚和整治，甚至取消其今后的竞标资格。

（五）加大对基本药物制度的宣传力度

医生和患者对基本药物制度的认识直接决定该制度能否顺利实施。因此，相关部门应加大对基本药物制度的宣传力度，提高医疗机构和医生对基本药物制度在降低医疗费用、促进合理用药等方面重要性的认识，扭转广大群众“便宜没好货”“基本药物疗效差”等偏见，做到合理用药。

1.3.6 中国农村低保制度和扶贫开发政策有效衔接“十三五”展望

两项制度的有效衔接事关广大贫困群众的切身利益、农村贫困问题的解决与全面建成小康社会，因此，在“十三五”期间，需要多措并举解决两项制度在实践运行中遇到的问题，扎实做好两项制度的有效衔接工作。

一、建立完善家庭经济状况核查机制，精准识别受助对象

核查农村居民家庭经济状况是认定农村低保和扶贫开发对象的必经程序和主要依据，也是实现两项制度有效衔接的重要基础。很多农村地区采用直观生活形态观察的方式来核算家庭经济状况，这种方式随意性较大、准确性较低、法定效力不足，给两项制度的有效衔接带来了诸多阻碍。

为了准确核算低保申请家庭的经济状况，防止人情保、关系保、骗保、

漏保等问题的出现，民政部于2009年在全国试点建立低保申请家庭经济状况核对机制。截至目前，我国大部分地区已建立该机制。该机制在解决家庭收入核算难、救助对象认定难等方面发挥了重要作用。有鉴于此，我们可以借助该机制在全国推广建立的契机，借鉴该机制的先进做法和成功经验，逐步建立健全“政府主导、民政和扶贫牵头、部门协作、民众参与”的受助对象识别机制。

第一，建立核对机构。这是由农村家庭收入核算难、核算专业性要求高决定的。核对机构的建立、工作人员的编制与工作经费的划拨，需遵循合理、合规、实用、适度的原则，在满足核对工作要求的同时，避免浪费资源。

第二，确定核查项目。将家庭收入和家庭财产作为核对农村居民家庭经济状况的主要指标。结合农村经济特点，简化优化农村家庭收入核算指标，将那些普遍涉及、针对性强、简便易行、基本能反映农村家庭收入的项目纳入核算指标体系，如受雇及劳动所得收入、农林牧渔等收入、财产租赁（转让、变卖）收入、转移净收入等。对农村家庭财产的核查既要有的放矢，又要全面，有的放矢是指选择能真正反映农村家庭收入状况的财产指标，全面是指不将维持日常基本生活或生产经营的财产算入财产核算结果，还应综合考虑农村家庭维持基本生活的刚性支出，且不能狭隘地仅将财产核查结果作为认定受助对象的唯一依据。

第三，量化核算指标。将农村家庭不同类型的收入量化，用数据来反映其家庭经济状况，简单明了、易于操作。同时，量化农村家庭经济状况时，需注意以下三点：一是核算指标与农村家庭收入来源的特点相适应，且简便易行；二是收入核查指标宜粗不宜细，不能盲目追求量化的收入核算指标；三是应在县（区）范围内推行统一的经济状况核查标准，保证同一地区同一境况受助者获得同等待遇的机会，确保农村低保和扶贫开发的公平性。①

① 江治强：《完善农村低保家庭经济状况核查机制的思路和对策》，民政部网站，http://sw.mca.gov.cn/article/yw/shjz/llyj/201412/201412007480939.shtml，2014-12-23。

第四，搭建核对平台。加快推进农村居民家庭经济状况核对平台的建设，建立跨部门、多层次、信息共享的核对信息平台，真实、准确、完整地将贫困对象的家庭成员、家庭收入、家庭财产等信息录入数据管理系统。在核查农村家庭相关信息的过程中，各级统计、卫生、教育、房产等部门应在其职责范围内，向民政部门与扶贫办提供贫困家庭的相关信息，协助与配合其做好贫困家庭经济状况核对及认定工作。经过信息采集和核查比对之后，还要安排工作人员通过入户调查、信函求证、走访群众等社会调查方式，提高数据的准确性和全面性，为准确认定受助对象提供可靠依据。

第五，完善核对机制。有效杜绝农村低保和扶贫开发在对象识别环节的弊端，需要不断完善农村居民家庭经济状况核对机制，让核查成为常态。为此，要加快家庭诚信体系建设，让贫困对象家庭签署家庭经济状况核对授权和诚信承诺书，将隐瞒收入、虚报财产、提供虚假信息等的贫困对象录入诚信体系黑名单。同时，将关于农村贫困对象家庭成员、家庭收入和家庭财产等核查信息集于一表，按照“谁受理、谁核查、谁负责”的原则追责，确保核查结果的真实性，防止漏报、瞒报、错报等情况的发生。另外，拓展核对平台功能，设立服务咨询和投诉举报热线，广泛倾听意见建议，主动接受社会监督，及时调查和反馈社会各界所提出的问题。

另外，在认定受助对象的过程中，必须严格操作程序，确保受助对象识别的公开公平公正，避免暗箱操作。成立由村党委人员、村委人员、民政联络员、村民代表构成的评议小组，并将评议结果张榜公示，认真听取村民反映的问题，重新核查、评议村民有异议的对象。

二、加强动态管理，严格考核与退出机制

贫困是一个动态的、不断发展的概念，其定义、成因、标准等处在不断变化之中。同理，受助对象也是一个动态概念，理应有进有出。然而现实中，“只进不出”“应进未进”“应出未出”等现象屡屡出现，给两项制度的有效衔接工作带来诸多不便。因此，严格考核与退出机制、加强两项制度的动态管理很有必要。

对受助对象进行定期核查，加强动态管理。在将农村低保与扶贫对象全部纳入农村家庭经济状况核对数据系统的基础上，依托核对机构工作人员、民主评议小组等，对接受救助和扶持的对象进行定期核查，及时掌握受助对象的家庭经济变化情况，为数据库的更新、救助标准与扶持措施的调整提供依据。同时，及时进行民主评议和公示核查结果，自觉接受群众监督，清退不符合条件的人员。

关于受助对象的退出，主要存在两种情况：一是虽然受助对象在低保或扶贫开发的帮助下摆脱了贫困、走出了困境，但他们不愿退出低保或扶贫队列；二是部分对象有脱贫的意愿，但因自身“造血”功能薄弱，长期无法脱贫。针对前者，民政部门和扶贫开发部门应深入农村、深入群众，借助电视、广播、网络、宣传栏、宣传册、板报等多种媒介，以农民群众喜闻乐见、易于接受的宣传方式，将两项制度有效衔接的相关内容宣传到位，提高群众的知晓率与参与度；同时，在受助对象间大力倡导自强自立、积极向上的奋斗精神，从思想上扭转他们对低保和扶贫的错误认识，帮助其发现自身优势，充分发挥个人主观能动性，逐渐消除其对低保和扶贫的依赖心理，增强其主动退出意愿。针对后者，需要充分发挥政府、财政部门、金融机构等多方主体的作用，如政府应加大对农村贫困地区医疗、教育、养老等的政策倾斜力度，保障贫困对象的基本权利，为其脱贫提供基本保障；充分发挥财政资金的引导作用，加强贫困地区基础设施建设，改善贫困地区生产生活条件；因地制宜发展特色农业、生态农业、乡村旅游业、农产品加工业等，用产业发展带动贫困对象脱贫；基于贫困对象自身实际、自身需求与市场需求，对其进行针对性强和实用性强的培训，提高其市场竞争能力和脱贫能力；金融机构可加大对农村贫困地区的信贷扶持力度，鼓励、支持和引导有创业需求和创业能力的贫困对象通过自主创业脱贫。

此外，由于发展基础较差、收入不稳定，贫困对象脱贫后再返贫的几率较高，因此应采取保障渐退制度，允许受助对象在收入高于保障线的一段时间内继续享受低保或扶贫开发政策，收入稳定后再退出低保或扶贫救助，确保受助对象稳步脱贫。①

① 杜毅：《农村低保和扶贫对象动态管理机制研究》，《西部论坛》2015年第4期，第21—30页。

三、强化部门协作联动，加强两项制度资金管理

两项制度的有效衔接涉及诸多部门，仅凭农村低保或扶贫开发的力量，难以打赢脱贫攻坚战和如期完成脱贫攻坚任务。对此，必须加强部门间的协作与联动，充分整合资源，提高整体效能。在贫困对象识别环节，各相关部门要协助配合民政部门和扶贫部门，帮助其准确掌握农村家庭的经济状况，为两项制度有效衔接工作的有序开展创造良好的开端；在贫困对象认定环节，民政部门和扶贫部门要加强沟通协作，确保贫困对象不缺位、不错位，实现应保尽保、应扶尽扶。同时，建立并强化两部门间的定期沟通协调机制，及时掌握两项制度有效衔接工作动态，研究解决实际工作开展中出现的难点、疑点问题，进一步形成工作合力、提高工作效率。另外，在充分做好两项制度有效衔接的同时，还要加强两部门与其他涉农经济部门如农业、林业、水利、教育、卫生等的沟通协调，引导涉农经济部门的项目、资金、技术等向农村贫困对象倾斜，加大整合各类扶贫资源，提高脱贫效益和攻坚成效。

资金是农村低保制度和扶贫开发政策顺利实施的物质基础和可靠保障。针对两项制度在资金方面存在的问题，现提出以下三点思考。第一，政府加大对农村低保和扶贫开发的资金投入力度，扩大资金规模；同时，拓宽资金来源渠道，坚持在政府主导的前提下，搭建社会参与平台，积极动员、引导和鼓励社会力量参与到农村脱贫工作中来，为农村脱贫出资出力出智。第二，进一步完善低保和扶贫资金管理制度，专人、专账、专户管理两项制度资金，向社会公开两项制度资金的计划分配方案和使用情况；财政和扶贫部门要建立两项制度资金的跟踪问效、检查考核机制，对两项制度资金的筹措、分配、拨付和使用等各个环节进行全程监管，保障两项制度资金的安全、规范和有效；并严格落实责任追究制，严肃查处因挪用挤占、虚报冒领、截留克扣等造成的资金浪费及资金流失问题，确保两项制度资金安全完整，最大限度发挥其在脱贫攻坚中的支持作用。第三，加强扶贫部门与农业、林业、移民、科技、水利、交通等多个部门的沟通与协调，有机整合不同部门中涉及扶贫且具有相同建设内容的项目资金，将分散的扶贫资金聚集起来，全力促进优势扶贫项目发展，防止因资金分散、

项目繁杂重复等导致的资金低效浪费现象。

四、加强法制建设，制定统一的法律规范

健全完善的法律规范是保障农村低保制度和扶贫开发政策有效衔接的重要外部力量。《中国农村扶贫开发纲要（2011—2020）》也提出：“加强法制化建设，加快扶贫立法，使扶贫工作尽快走上法制化轨道。”根据我国两项制度有效衔接的立法现状，结合我国农村反贫困的现实情况和未来发展趋势，必须要提高立法层次，从国家高度确定两项制度有效衔接的法律地位，明确规定民政部门和扶贫部门在家庭收入核查中的职责权限，确定银行、交通、电力等部门在家庭收入核查中的配合协助责任，明确各级主管部门的责任、行为及法律后果等。同时，由于我国幅员辽阔，各地贫困情况复杂多样，需要在国家层面法律法规的指导下，制定并不断完善与各地实际情况相适宜的、详细具体的和可操作性强的法规、实施细则等，使两项制度的有效衔接有法可依、有章可循。

2

经济新常态和社会治理体系现代化背景下我国社会救助改革研究

李 鹏 张奇林

2.1 研究背景

2.1.1 经济新常态及其影响

经济新常态是指我国经济从改革开放以来的高速增长转为中高速增长,产业结构由中低端向中高端转型升级,由粗放型向集约型发展方式转变,由过去依靠资源消耗转为依靠劳动力素质、技术进步来推动。这既是我国宏观经济政策主动而为,也是我国经济、政治、文化、社会发展的必然诉求,遵循了经济社会发展的一般规律,反映了我国社会经济发展阶段的历史变迁,深刻影响并促使我国经济社会领域政策转变和调整。社会救助制度作为政府一项重要的民生兜底政策,一定程度上体现政府的道义和责任,与宏观经济形势和国家经济社会政策密不可分,因此,经济新常态对我国社会救助制度改革发展会产生一系列深刻而长远的影响,具体表现在以下几个方面:

一、对社会救助资金筹集和管理的影响

目前我国社会救助资金基本上由财政负担,其中主要由中央财政负担,在经济增速调整以及供给侧改革的背景下,以税收为主要来源的财政收入规模增长以及支出规模结构将会随之优化调整,而随着我国扶贫攻坚政策不断深入,对贫困人口的救助资源安排也将会持续加大投入,同时由于产业结构转型升级、人口老龄化发展等因素导致社会临时救助、长期救助群体相对增多,因此社会救助资金需要相对稳定的筹措来源。另一方面,对社会救助资金管理使用效率提出了更高要求,应最大限度地发挥出资金救助效应,精准帮扶真正急需资金的困难群体,扩大资金使用效益。

二、对社会救助制度体系的再造与优化

目前我国实行的是以城乡最低生活保障制度为核心,专项救助为主要内容,临时救助为补充的社会救助制度体系,城乡最低生活保障制度在维持城乡困难居民最低生活方面起到了十分重要的作用。但随着城乡基本养老保险体系全面覆盖,特别是带有财政补助性质城乡养老金逐年提高,对城乡困难居民经济条件改善起到积极作用,而医疗费用支出已经成为家庭主要支出,确保起点公平的教育救助以及城镇化进程带来新市民以及中低收入群体的基本住房需求,司法公平以及维权意识增强带来的司法救助需求也日益增多。同时,社会风险和不确定因素交织使得社会成员陷入不可预见性、短期性困难概率增大,临时救助需要增多的情境。因此,社会救助制度体系和保障重点、救助项目需要再造和优化。

三、救助目标由收入扶持转为扶持发展并重

在经济新常态背景下,资源富有效率的集约利用成为其基本特征和必然要求。社会救助作为再分配领域的一项基本民生支出,其首要之义是保证社会困难群体最低限度的生活所需,在我国现阶段国情下社会救助不具有普惠性,带有泛福利化色彩的意义,而单一收入扶持仅解决救助对象眼前所需,缺乏相应配套的能力救济、市场参与、社会再融入等长效发展机制,容易造成救助依赖、贫困家庭代际转移等负面倾向。即在保障困难群体最低生活所需的同时,可给予与其自身条件相适应的能力投资,重视人力资本和社会资本投资,提高具有针对性的培训和市场信息服务,帮助救助对象实现自立和发展。

2.1.2 社会治理体系现代化的内涵及要求

党的十八届三中全会提出推进国家治理体系和治理能力现代化,从治理目标来看,实现国家治理体系现代化,即要具有规范化、法治化、民主化、效率化以及协调性,由政府一元单向的管理,向政府、市场、社会和民众多元交互共治转变。强调纵横交叉协作,形成政府间、部门间、公私间的跨界协作制度体系,突出强调社会公共事务的多方合作治理,改变过去社会管理中政府一家独揽,市场、社会、民众的力量比较薄弱,社会资源配置效率低下的局面。明确政府与市场、政府与社会权力的边界范围,通过优化政府职能配置,再造简化流程推动政府职能向创造良好发展环境、提供优质公共服务、维护社会公平正义转变。社会救助作为社会治理体系中一项具有基础性、战略性的社会政策,在社会治理体系中具有十分重要的地位和作用,社会治理体系现代化为社会救助制度改革发展明确了方向和要求。

2.1.3 社会救助制度改革的基础与条件

经过改革开放近40年的快速发展,我国的经济实力和综合国力显著提升,社会主义市场经济制度日益成熟和完善,为社会救助再分配提供了较好的物质基础和经济条件;党和政府对民生问题的一贯关注和日益重视,以及各项政策支持为社会救助制度改革提供了良好的外部环境;同时经济社会环境的调整和变迁,例如经济新常态、人口老龄化进程等可能带来潜在的社会风险也倒逼社会救助制度不断地完善,及时地适应我国经济社会的新特点和新变化。

表2-1 2016年政府工作报告关于社会救助的内容摘要

城乡低保	医疗救助	教育救助	住房救助	司法救助	临时救助
城乡低保人均补助标准分别提高5%和8%	中央财政安排城乡医疗救助补助资金160亿元,增长9.6%	公共教育投入要加大向中西部和边远、贫困地区的倾斜力度	推进城镇保障性安居工程建设,继续推进贫困农户危房改造	启动实施“七五”普法规划,做好法律援助和社区矫正工作	落实临时救助、特困人员救助供养等制度,合理确定救助供养标准,完善工作机制

2.2 研究综述

2.2.1 国内研究综述

社会救助是由政府承担责任,为城乡贫困家庭提供物质帮助,使得这些家庭能够抵御生存危机,从而维持他们基本生活的一种社会保障制度。当前,我国已经建立了以最低生活保障、农村五保供养为核心,以医疗救助、住房救助、教育救助等专项救助为辅助,以临时救助为补充的覆盖城乡的新型社会救助体系。[①] 作为社会保障子系统之一,也是民生最后一道安全墙和防护网,改革开放以来,我国社会救助制度有了很大发展,目前已初步建立了综合性的社会救助体系,在整个社会保障体系中发挥了重要作用,但随着社会救助体系日益庞大,制度建构不足的问题日益显现。[②] 总体上,我国社会救助主要救助制度并未定型,社会救助的对象范围和待遇标准并不清晰,申请人和受助人的权利以及各级政府责任尚未明确。[③] 我国的社会救助长期以来主要是依靠政府政策的推动逐步推开的,主要是通过中央的有关文件试点并逐步推开,各地政策特别是救助标准和范围存在明显差异,不同地区政府的责任以及申请人和受助者的权利也不清晰。《社会救助暂行办法》将低保标准的确定、公布机构提升为省、自治区、直辖市或者设区的市级人民政府,但因时间较短,其如何实施仍有待评估。社会救助制度本身存在缺陷,加上在实际操作中这些缺陷没有得到理性的预防和弥补,甚至有时被有意无意地扩大,因而就有可能在社会上造成不良的后果和影响。[④]

我国近年虽城乡社会救助一体化建设成绩斐然,但仍存在一些突出问题,如法制体系不健全、运行机制滞后、资金保障措施不足、城乡联动机制缺失等。[⑤] 地区之间不平等也是困扰我国救助体系的大问题,社会救助在"标准"和"补差"等方面的地区差异成为实现各地公共服务均等化

① 刘喜堂:《建国 60 年来我国社会救助的发展历程与制度变迁》,《华中师范大学学报(人文社会科学版)》2010 年第 4 期,第 19—26 页。

② 关信平:《完善我国综合性社会救助体系的基本原则和主要议题》,《中国人民大学学报》2010 年第 5 期,第 15—22 页。

③ 谢增毅:《中国社会救助制度:问题、趋势与立法完善》,《社会科学》2014 年第 12 期,第 91—101 页。

④ 唐钧:《"十一五"以来社会救助的回顾与展望》,《社会科学》2012 年第 6 期,第 65—76 页。

⑤ 蒋悟真、杨博文:《我国社会救助城乡一体化保障机制探究》,《江西财经大学学报》2016 年第 5 期,第 92—97 页。

的重大障碍。对广东省有关县市的实证研究表明,受地方财力以及政策偏好影响,地方政府可以在将救助标准提高的情况下,同时高估低收入家庭的人均收入水平,从而降低补差。①

社会保障被列为反贫困的重要目标,也被列为反贫困的重要路径,在中国减贫发展进程中的嵌入程度逐渐加深,扶贫与低保等其他社会保障制度进行衔接十分必要,需要构建起多领域、多主体的反贫困协作治理框架。② 当前我国的低保标准既是低保对象的资格标准,也是低保待遇给付的标准,事实上是整个社会救助制度的入门标准,在整个社会救助体系的运行中发挥着基础性作用。但当前我国城乡低保标准偏低,还存在标准单一和不均衡的问题,以及在具体执行中存在的各种问题,这些问题在很大程度上影响着社会救助体系的反贫困功能。③ 我国社会救助运行机制承担着社会救助的识别、帮扶和管理功能,在整个社会救助发展中起着关键作用,如何优化社会救助资源配置成为经济新常态下社会救助发展的当务之急。以精准救助视角审视当前社会救助运行机制,制约其功能实现的障碍主要包括精准识别障碍、精准帮扶障碍和精准管理障碍,需要改进和优化社会救助的识别机制、帮扶机制和管理机制。④

社会救助的内涵和外延发生深刻变化。随着我国经济发展和国家精准扶贫政策的实施,我国的绝对贫困人口逐年减少,相对贫困人口和因疾病等突发情况陷入贫困的比例增加,社会救助的对象更加动态化,不确定性和临时性救助增加,对救助对象识别带来新的难度,医疗、教育、住房等专项救助将是今后社会救助的重要内容。经济新常态变化影响着社会救助需求和供给两个方面,面向城乡低保边缘等中低收入群体的临时救助

---

① 郑新业、张莉:《社会救助支付水平的决定因素:来自中国的证据》,《管理世界》2009 年第 2 期,第 49—57、74 页。

② 左停、赵梦媛、金菁:《路径、机理与创新:社会保障促进精准扶贫的政策分析》,《华中农业大学学报(社会科学版)》2018 年第 1 期,第 1—12 页。

③ 关信平:《我国低保标准的意义及当前低保标准存在的问题分析》,《江苏社会科学》2016 年第 3 期,第 64—71 页。

④ 孙远太:《社会救助运行机制的功能障碍与改进路径》,《中国行政管理》2016 年第 10 期,第 40—44 页。

需要不断健全完善。[①] 另外,由于人口结构老龄化以及家庭结构小型化、家庭居住分散化、空巢家庭增多等情况,低收入家庭的各种生活服务需求增多,物质救助难以维持低收入群体基本生活需求。需要社会救助方式更加多元,功能更加复合。同时,"互联网+"时代到来,以及国家实施一系列创业优惠政策,个人参与市场,追求发展的途径更广,应对社会救助中具有一定基础条件的救助对象和边缘群体创业、就业再就业提供相关支持,支持他们实现个人发展。因此,社会救助功能体系构建和救助项目应进行梳理和优化。有学者将社会救助分为生活救助、专项救助、临时救助三大主要类型,认为社会救助是一个开放包容的体系,随着救助方式和手段的发展,救助的内容也不断丰富。[②]

纵观国内学者近年来对社会救助的研究,主要集中在社会救助的理念提升、制度体系构建和区域统筹以及政策实施效果评估等方面,提出了一系列理论探索和实践创新的意见和建议,本报告在此研究基础上,结合经济新常态和社会治理体系现代化的背景和基本要求,从宏观和整体上对我国社会救助发展情况进行阐述,并对"十三五"期间我国社会救助改革发展提出若干建议。

2.2.2 国外研究现状

社会救助是一项古老的、基础性的社会保障制度。国外关于社会救助的研究成果较多。Hagenbuch 认为社会政策是为了保障社会全体成员能达到某一起码的标准和获得一定的机会。社会救助政府责任划分方面,国外学者都认为社会救助职能应该由中央政府承担[③],然而实际上,

---

① 姬升峰:《中国社会救助制度发展研究》,《社会福利(理论版)》2012 年第 3 期,第 52—59 页。

② 谢增毅:《中国社会救助制度:问题、趋势与立法完善》,《社会科学》2014 年第 12 期,第 91—101 页。

③ Oates, W., *Fiscal Federlism*, New York, Harcourt Brace Jovanovic; Orr, L.L., "Income Transfer as a Public Good: An Application to AFDC", *American Economic Review*, 1976, Vol.66, pp.359-371; Ladd, H.F. and F.C.Doolittle., "Which Level of Government Should Assist the Poor?", 1982, Vol.35.No.3, pp.323-336; Brown, Charles C., and Oates, Wallace E., "Assistance to the Poor in a Federal System", *Journal of Public Economics*, 1987, Vol.32.No.3, pp.307-330.

大多数国家的社会救助都是以地方政府为主体①。而地方政府为了避免成为吸引穷人的"福利磁场",会竞相降低救助水平,使其低于最优水平。② 国外社会救助基本格局是中央政府负责制定政策,地方政府负责实施,中央政府和地方政府共同负担社会救助经费,具体分担比例并不相同。有学者研究认为最优的社会救助管理与支出分担模式,要依据国家的具体情况而定,地区收入差距大的国家,更适合实行一个中央筹资和由国家统一制定救助资格的体系,以保障地区平等。

关于社会救助与效率,国外已有很多学者根据各国的实证研究证明了社会救助的扶贫效果,更有进一步研究表明社会救助不仅缓解了救助对象的经济困难,对其子女未来的发展也起到了积极作用③。但随着西方世界福利病的出现,自西方 20 世纪 80 年代福利改革号角吹响以来,与低收入家庭有关的社会救助政策与措施成为学术界研究的重点,更多的学者将注意力转移到社会救助对保障对象工作积极性的挫伤问题上,社会救助的负面影响受到西方学者的普遍关注,政府尝试通过储蓄、强制工作与资产形成等措施进而产生自立的正向福利效果。因此当前西方学者将研究的重点放在了对社会救助的效率问题上,尤其对退出社会救助的人员特点、社会经济条件、制度条件等方面做了详细研究。④ 近年来西方国家的社会救助无论从救助水平还是覆盖范围上来看,发展都不太理想。⑤

国外关于社会救助研究主要集中在对福利国家的反思和改革上,经

---

① Lindert, P. H., *Growing Public : Social Spending and Economic Growth since the Eighteenth Century*, New York: Cambridge: Cambridge Press, 2004, pp.20-21.

② Allard, Scott W., "Welfare Reform in the United States: A Race to the Bottom?", Pubius, 1998, Vol.28, No.3, pp.45-65.

③ Gassman-Pines, Anna, Hill, Zoelene., "How Social Safety Net Programs Affect Family Economic Well-Being, Family Functioning, and Children's Development", *Child Development Perspectives*, 2013, Vol.7, No.3, pp.172-181.

④ 王笃强:《贫困单亲妇女就业阻碍的产生机制:生命历程、角色与生存心态的诠释模型》,《中国社会工作研究》2015 年第 1 期,第 1—40 页。

⑤ Kenneth Nelson, "Social Assistance and Minimum Income Benefits in Old and New EU Democracies", *International Journal of Social Welfare*, 2010, Vol.19, pp.367-378.

济增长放缓以及人口老龄化等导致政府入不敷出，而福利畸形以及制度本身效率缺陷也影响家庭和社会的进取心，甚至导致道德滑坡、家庭责任感缺失、弱化经济竞争力和市场效率。我国目前社会救助改革的重要出发点就是在加大对社会困难群体救助力度的同时，应竭力避免陷入中等收入陷阱和贫困陷阱，坚持社会救助扶贫兜底以及尊重和发挥市场机制并重。

2.3 当前中国社会救助制度改革发展情况与制约因素

2.3.1 当前我国社会救助制度改革发展情况

“十二五”期间我国社会救助事业发展呈现良好态势，取得了显著成绩，基本建立起覆盖城乡、项目齐全、运行有序的社会救助制度体系，形成以中央财政投入为基本保障、地方管理为主的制度实施体系，较好地实现扶危济贫、筑牢民生最后一道防线的功能，基本实现救助对象及时、有效救助，有力地保障和改善了社会困难群体最低生活，维护了社会公平正义。同时社会救助事业科学化、规范化、协同化不断得到加强，多部门联动协作机制以及社会救助信息化机制已经初步形成并不断深入推进。

一、建立起较为完善的制度体系

“十二五”期间我国社会救助制度建设取得了丰硕成果，初步搭建起以《社会救助暂行办法》为核心的社会救助政策制度体系，形成有章可循、有据可依的工作格局，有力地指导和推动社会救助规范高效运行，为社会救助制度统筹和规范管理创造积极条件，积极响应国家扶贫攻坚战略，建立重特大疾病医疗救助制度、困难残疾人生活补贴和重度残疾人护理补贴制度，特困人员救助供养等制度，对社会救助重点对象从制度层面加大救助力度，将救助项目从最低生活维持延伸至保障最低生存发展需要。

二、救助水平不断提升

“十二五”期间我国社会救助保障水平逐年提高，低保标准和人均补助水平逐年提高，中央加大社会救助财政转移支付力度，地方已经探索建立以物价变动相关联的救助标准动态调整机制，采取收入补助和实物救济相结合，有效地解决了困难家庭的最低生活所需，医疗救助、临时救助等全面推行和“救急难”政策试点，积极防范困难家庭因病因突发事故陷入窘境，较好地实现了社会救助作为最后一道“安全阀”的稳定功能。

表 2-2　2012—2016 年城市低保给付水平

年份	低保平均标准（元/月）	人均补助水平（元/月）	保障人数（人）
2012	330	239	2144
2013	373	264	2064
2014	411	286	1877
2015	451	317	1701
2016	495	387	1480

表 2-3　2012—2016 年农村低保给付水平

年份	年平均标准（元）	人均月补助水平（元）	保障人数（人）
2012	2067.8	104	5345
2013	2434	116	5388
2014	2777	129	5207
2015	3178	147	4904
2016	3744	184	4587

资料来源：根据历年民政部统计公报整理计算而来。

三、建立起较为稳定的筹资体系

“十二五”期间我国社会救助已基本形成以中央财政专项转移支付为主，地方财政配套为辅、慈善捐赠等社会资金为补充的筹资体系，特别是中央财政支持力度从绝对金额和资金占比两个维度来看，均成逐年提高的态势，作为一项再分配政策，稳定、可持续且有保障的资金来源无疑对于社会救助发展具有极大的推动作用。在经济新常态和供给侧结构性改革背景下，政府对于社会救助等民生支出的承诺也在一定程度上稳定了社会救助筹资预期，使得本不具备支出刚性的社会救助在政府民生政策引导和财力支持下获得稳定可持续发展。

四、多方协调联动机制日益完善

社会救助制度作为一项民生兜底的综合性社会政策，其涵盖的项目和内容广布民生各个领域，涉及政府财政、社会保障等多部门，是一项较为复杂的系统工作，因此多方协调联动机制对于社会救助制度高效健康运转就显得尤为重要。“十二五”期间，以国家民政部牵头，多部委联动协调的社会救助工作机制已经建立，特别是在政策协同拟订、信息与资源平台共享、综合一体化救助等方面取得了实效。

五、信息技术运用趋于加强

社会救助信息充分及时掌握对于政策制定与调整、政策实施效果评估特别是对于我国以地方管理为主的社会救助管理模式具有十分重要的意义，目前民政部已经建立低收入家庭认定指导中心，借助信息化手段利用大数据来帮助社会救助精准实施，以便于制定更加科学、更具针对性的政策，同时信息共享、平台互联也有助于形成“一门办理，协同受理”机制，提高社会救助经办效率。特别是在低保家庭经济状况核查中基于多部门信息综合分析有助于全面掌握申请家庭基本收入财产情况，提高精准救助水平。另外在社会救助申请、资格审查、公示、动态跟踪管理、救助效果评估等工作流程中借助“互联网+”等信息化手段可以大大提高行政办事效率，节约行政管理费用，保障公众知情权，提高救助参与意识。

2.3.2 制约我国社会救助效果的难点问题

一、社会救助制度体系需要优化完善

（一）加强系统救助和差别救助

目前我国社会救助仍然属于维持型政策，即主要是提供困难家庭最

低生存需要，维持其生存和家庭延续，但对于救助对象发展需要和社会融入的相关制度仍然建构不足。根据民政部的统计数据，在城市居民最低生活保障对象中，有劳动能力人口和老年人口合计占全部低保对象的比重达到36%，其中老年人口占比逐年增加，有劳动能力人口虽然有所减少，但比重仍高达20%。[①] 如果仅仅对具有完全或一定劳动能力的救助对象简单地进行收入补助，一方面使得救助对象家庭责任感下降，容易形成得过且过的消极依赖心理，长期脱离社会而引起社会代沟导致社会排斥，对家庭未成年子女成长教育也会产生消极示范作用；另一方面也客观上造成人力资源浪费，对劳动力市场形成一定的"挤出效应"，不利于市场充分竞争和资源优化配置，也容易挫伤救助标准边缘群体工作积极性，影响制度公平性。

（二）城乡统筹和制度衔接需要加快

我国的社会救助长期以来主要是依靠政府政策和通知文件逐步推开，制度设计一开始也是由各地先行先试，摸索出较为成熟的经验和做法再审慎推广，强调地方管理主体责任并给予较大自由裁量权。制度统筹层次低，管理成本高，各地由于经济发展水平各异以及政府决策偏好等因素，导致政策特别是救助标准和范围存在差异，不同地区救助项目、资格认定、救助对象范围、管理水平等也千差万别，地区公平性问题突出。同时由于地方裁量权过大，信息不对称导致外部监管滞后，为腐败提供寻租空间，制度碎片化、封闭性、衔接问题突出。另外，社会救助制度衔接需要更加有序高效，城乡之间、区域之间救助信息应实现互享互通。伴随着城乡一体化进程加速，城乡户籍制度改革实施和城乡公共服务均等化发展，社会救助作为一项准公共产品的外部溢出效应可以为城乡统筹发展提供良好土壤和外部环境。此外，社会救助与社会保险、国家扶贫战略、社会慈善、社会组织管理等制度衔接也日益重要，诸如重特大病医疗救助与大病保险、社会救助中慈善力量和社会组织介入等。

---

① 王延中、龙玉其：《统筹发展中国社会救助制度的思考与建议》，民政部社会救助司，2016年1月8日。

二、社会救助理念需要转变

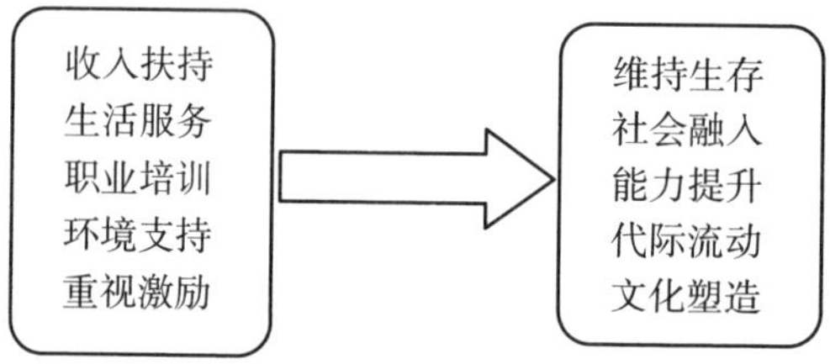

图 2-1　发展型社会救助理念

我国社会救助事业历史久远,但基于社会主义市场经济体制基础的现代社会救助发展历程并不长,社会救助理念受传统文化影响较深,对社会救助作为基本权利的认识尚不够深刻和全面。伴随着我国社会主义市场经济制度深化改革和逐步完善,作为与之相适应的社会政策之一的社会救助制度也应逐步调整和完善。市场在资源配置中发挥决定性作用,社会救助也应为市场有序高效运转提供支持,创造良好环境,同时探索与市场有机结合和良性互动的途径,从而提高社会救助市场融入和实施效率。社会救助过去以单一收入扶持"输血式"救助为主,缺乏与市场互动,救助权利与自助义务不对等,容易形成救助依赖等较为被动片面的理念,需要向更为积极、强调权利义务对等、市场互动和社会融入的发展型救助理念转变。

三、社会救助法制保障需要加强

我国宪法规定中华人民共和国公民在年老、疾病或者丧失劳动能力的情况下,有从国家和社会获得物质帮助的权利。这是我国政府实行社会救助的法理基础,但长期以来社会救助一开始不是建立在成型的制度或法律之上,国家和政府在社会救助中的法律义务和责任尚未定型。目前我国尚未出台《社会救助法》,社会救助主要依靠政府管理和偏好约束,稳定性和可预期性较差,不利于社会救助长远科学发展。因此建议尽快出台《社会救助法》,整合现有制度,优化管理体制,明确救助对象、内容、方式、标准以及申请、审核、调整和监管程序,明确合理划分中央和地方的财政负担。[①] 社会救助作为最具基础意义，体现民生兜底的制度安排，承担着缓解甚至消除城乡居民生存窘境的道义责任，决定着社会的底线公正，尤其需要尽快步入法制化轨道，法制保障应该逐步成为社会救助的基石，依法依规救助应该成为基本遵循。我国目前的社会救助仍然以行政规章条例甚至通知办法等进行管理和约束，社会救助法虽已列入立法规划多年，但仍未出台，缺少法律硬约束容易导致在实践中责任主体不够清晰，区域发展不均衡、公平性较差，经办人员寻租成本较低容易滋生腐败等问题，特别在一些地方诸如"关系保""人情保"等违规现象多发，对社会救助效果公平性、精准性、有效性产生影响。

四、社会化救助亟待制度完善

(一)救助资金来源渠道有限

目前我国社会救助资金来源主要有财政拨款、彩票公益金以及利息收入、慈善捐赠等，实际运行中基本由中央和地方财政共担，社会资本和民间力量所占比例极少，由于社会救助不具有强制性和支出刚性，且我国预算管理目前仍属于"软约束"，因此单一的财政投入特别是地方财政配套资金易受当地财力以及经济社会发展政策影响，特别是中西部地区存在救助需求与地方财政实力严重不匹配，资金来源单一的问题更为突出，影响社会救助覆盖面和救助水平及救助质量，不利于社会救助长期可持续发展。同时，由于财政拨款资金有一定政策滞后性，资金往往不能及时到位，影响贫困地区社会救助实施时效。

(二)救助经办人员与实际需求不匹配

(1)来源渠道单一

我国目前社会救助经办人员主要属于财政拨款的事业单位人员，人员招录严格受到政府编制调控，同时也与地方财政支持密切相关。但实践中存在地方救助事务较多而相应财政支持有限，即需求与资源供给不

---

① 林嘉、陈文涛:《论社会救助法的价值功能及其制度构建》,《江西社会科学》2013 年第 2 期,第 135—141 页。

匹配的矛盾，同时，行政审批流程程序较多，流程较长，存在较长等待期和滞后性。看上去属于人力资源配置问题，但在本质上涉及政府规模与行政干预度量问题。在经济新常态和供给侧改革背景下，简政放权减少对市场的微观干预，降低企业税负等负担，提高财政资金使用效率等成为政府宏观经济政策目标，因此过多依赖财政供给，单一人员进入通道难以适应社会救助公平可持续发展的要求。此外，政府机关更多具有规范性、程序刚性特征，社会救助本身需要体现对救助对象的人文关怀和尊重，由于每个救助对象的背景情况不同，需要具体的分析和对待，而基层救助人员由于编制数量不够，工作任务重，身兼多职的情况比较突出，尤其在面对基层多样化、复杂化并处于动态变动的救助需求时，制度精准实施和规范操作就显得较为吃力。有关学者调查表明，低保经办人员的知识储备和专业能力不足是低保实施目标过程产生问题的关键。实践中很多经办人员专业背景与社会救助不相关，也缺乏政策宣贯、流程执行等方面专业培训。

（2）知识能力结构不够完善

社会救助表面上看按照一定程序进行确定目标、救助实施、评估反馈等工作，程序化、规范化等“硬约束”使得工作人员有章可循，工作灵活性和自主性相对较低，但实际上工作人员的综合素质和知识结构以及对社会救助认知深度都对救助工作实际效果产生影响。社会救助涉及心理学、伦理学、行为学等多种知识，专业救助也需要护理、康复以及就业培训等实用技能，需要对人类需求的多样性和多面性保持“敏锐”的触觉，需要接受更多教育和训练，尤其是社会科学各门科目的培训。目前我国社会救助经办人员专业素质亟待提升，服务和人文关怀意识相对淡薄，行政机关的流程体系和工作文化一定程度上会给救助人员的心理带来一些焦虑和压力。

（三）社会组织参与亟待加强

《社会救助暂行办法》已经明确规定，国家鼓励单位和个人等社会力量通过捐赠、设立帮扶项目、创办服务机构、提供志愿服务等方式，参与社会救助。未来需要大力培育社会救助的民间资源，增强社会救助的“社会性”,实现社会救助的专业化。政府在社会救助中始终具有核心和基础地位,主要在战略规划、制度建设、财政支持、人才培养、统筹协调等方面发挥主导作用。但是政府主导并不意味着政府需要一味地大包大揽,这不符合社会救助历史经验和发展规律,也不利于制度更加公平可持续发展。可通过政府购买服务,市场和社会适度介入的方式来实现救助,特别是在资源筹集与服务购买方面需要充分利用市场机制和社会资源。从国际经验看,社会救助逐步向“国家+市场”责任和“国家+市场+社会”责任过渡是发达国家社会福利改革的主流趋势,我国社会救助的发展需要在强调充分发挥政府主导作用的同时,建立责任共担、信息共享、资源共筹机制,应该积极运用市场和社会的力量,充分调动多方积极性。由于社会救助服务的综合性和专业性,特别是在救助理念更为积极主动、救助措施更加综合全面的发展趋势下,需要具有专业素养和人文关怀的社会人士和专业人才参与。因此资源有效整合利用,搭建救助社会化合作平台,实现政府与社会、组织与个人良性互动,对于社会救助可持续发展意义重大。特别是基于社会组织和社区为依托开展的志愿服务、社区服务,可为不同人员提供不同类型的社会救助服务,从而构建起社会救助的基层服务网络。

四、信息化技术和共享机制需要完善

如果有各种必需的数据,许多政策问题都能得到解决,如果没有可靠的信息采集,就不可能制定有效的政策。特别对于社会救助以地方属地管理来讲,中央政府需要地方充足而准确的各种信息反馈以便制定决策。经过多年发展,我国社会救助制度日益完善和精细,由国家民政部门主导建设的社会救助数据信息库日趋规范,在国家大数据战略背景下,各部门协调配合的信息共享机制和软件平台正稳步推进,部门协调机制、社会救助家庭经济状况核对机制、“一门受理、协同办理”机制、主动发现机制、“救急难”工作机制等陆续建立。但实践中,如低保家庭财产收入核定、医疗救助即时报销、教育和住房等专项救助资格认定方面,信息化技术和信息共享机制仍有广阔提升发展空间。

2.4 国外社会救助发展主要趋势与我国的地方实践

2.4.1 国外社会救助发展主要趋势

社会救助作为一项主要的民生政策，体现政府民生兜底和保障公民基本生存权、发展权的道义和责任，采取比较方法进行分析，能更好地区分社会救助制度选择和优先次序的特性，即在经济社会选择和变迁中，在个体自由与集体责任矛盾中确立价值观念，从而建立适宜的可持续的社会救助政策体系，并随着经济社会水平和结构变迁而适时调整。即使国外社会救助发展历史较长，体系相对比较成熟，其制度理念、给付项目和水平也仍处于动态完善和调整之中。因此，笔者认为，基于我国国情和制度不同，在介绍和借鉴国外社会救助制度时，不能简单地对其照搬，更有意义地是结合自身经济社会发展阶段，从制度历史变迁演变的动态过程中挖掘和分析其背后的演变逻辑，梳理和总结其推动因素、成功的经验及存在的问题与启示。本报告分别选取美国以及德国作为国际比较研究范本，主要是基于这两个国家社会救助具有不同福利理念和制度模式，具有较强代表性，其社会救助历史变迁和制度改革对我国社会救助发展具有较强启发意义。

一、典型国家社会救助简要历史变迁

每个理论的出现都有其社会经济发展的背景，每个国家的政策框架都是与其社会经济和政治结构分不开的。卢梭说过，假如我们想要建立一种持久的制度的话，就千万不要梦想使它成为永恒。研究制度，必须明白在此制度之背后实有一套思想与一套理论之存在。因此，理解一种政策理论，需要把它置于其赖以产生的这种土壤之中，才可以得到合适的解读。然而，我们发现，现在所借鉴的东西经常是零散的、分割的。尤其是

在政策制定的实践中，经常可以看到借以作为依据的理论很多只是理论框架的骨头，缺少了把一个丰满的、有其历史、现实和制度背景的理论经过认真解析而后再引入进来的过程。因此，本小节在介绍国外社会救助制度时，努力避免单一静态、表征化的制度条文介绍，不仅关注相关国家当前的制度内容是什么，更加关注其制度演变历史和背后的支撑逻辑，重点分析政策发展调适的深层次原因。既聚焦于制度政策的具体指向与调整变动，更从国家上层建筑的宏观层面探究支配力量，同时从中观角度的结构视角分析与政策变迁紧密相连的经济、人口、社会以及文化等因素。社会救助等社会政策，是一国政治经济文化社会等综合能力反映与特征表现的一面"镜子"，我国和其他国家有着相对类似的扶危济困等理念初衷，也在发展过程中面临人口老龄化、经济社会转型等挑战，但决定我国社会救助等社会政策发展的除了遵循一般性的规律外，其赖以存在和发展的"土壤"的特殊性也不容忽视，中国国情是推动社会救助等社会政策发展改革的根本力量。

尽管在市场化条件下国外社会救助发展历史相对较长，在贫困治理、老龄化应对等方面积累了许多经验，但在我国社会主义市场经济条件下，兜底保障视阈下的社会救助体现出中国特色社会主义社会和谐的本质属性，西方国家仅将社会救助作为缓和阶级矛盾、调和社会对立的手段工具，导致西方国家社会救助政策从长远来看缺乏一种导向坚定具有稳定预期的顶层设计，不同执政理念的政党更迭上台容易使得社会救助理念发生迥异变化，进而影响和干涉到具体政策设计和救助水平。中国社会救助政策具有一致性和延续性，按照维护社会公平、促进社会和谐的一贯理念和价值目标，既体现出与一定时期经济社会发展水平相适应，又根据经济社会发展进程适时提高社会救助供给水平，让弱势群体和困难社会成员共享经济社会发展成果。社会救助政策设计理念优于制度，制度优于技术，执行何种价值理念对于社会救助发展至关重要。西方国家与中国在社会救助理念认识上的根本性差异，包括社会救助在国家治理体系中的地位和作用差异，要求在借鉴和分析国外社会救助政策时，与中国社会救助理念与发展阶段相结合，辩证分析近年来西方国家在社会救助领域中的调整和改革。

（一）美国

作为经济高度发达的国家之一，美国一直秉行自由竞争理念，强调个人奋斗，国家在社会救助方面一直以补缺者的角色出现，需要进行收入和资产调查，社会救助主要是针对丧失或无劳动能力的老年人、盲人、贫困儿童家庭、残疾人，救助项目包括补充安全所得、失依儿童的家庭补助、医疗补助、一般救助、食物补助方案以及住宅补助。社会救助资金主要由联邦政府提供，但各州也拥有较大的自由裁量权，因为各州经济发展水平和财力不均衡导致地方补助差异较大。从 20 世纪 90 年代开始，强制工作和资产形成基本成为美国社会救助工作的价值取向，以期望在根本上一改过往以收入、消费作为救助界定的政策方案，转为通过储蓄、资产积累，进而产生自立正向激励的社会救助制度。

（二）德国

德国 1961 年颁布实施的《联邦社会救助法》明确社会救助的首要任务是确保受助者享有符合人类尊严的生活，社会救助项目包括社会救济、住房津贴、青年津贴、儿童津贴等，救助内容考虑每个救助对象个体需要，既提供必要的生活支持，还为救助对象参与文化生活防止社会排斥提供帮助，社会救助责任主要由地方政府承担，地方财政成为救助主要资金来源。在 20 世纪六七十年代，由于当时德国经济运行良好，陷入贫困需要接受救助的对象也较少，侧重强调受助者的权利，救助待遇水平有了显著提升；而到 20 世纪 80 年代之后，由于经济增长陷入停滞，救助对象增加，社会救助支出快速增长，制度可持续性日益受到挑战，因此，开始强调救助的权利义务对等，强化机制，鼓励具有一定劳动能力的救助对象重新参与市场获得自立。

二、国际社会救助发展趋势及启示

在全球经济一体化进程加速和国际交往日益密切的背景下，基于经济合作和政治交往的社会政策交流借鉴也愈加频繁，各国在应对全球经济增长放缓而影响财政收入和国民就业等民生问题时，均采取一揽子相应措施以应对社会福利刚性带来的福利支出增加、福利依赖现象以及国际竞争力下降、家庭责任感弱化等问题。虽然各国经济社会制度以及人口、社会文化等国情存在差异,但是无论是传统普惠型制度性福利国家还是补缺型福利国家,社会救助都以立法作为救助基础和保障,都不约而同地坚持社会救助水平与经济社会发展水平相适应,坚持政府举办和家庭、社会组织参与相结合,坚持社会救助与个人自救相促进,重视救助对象市场和社会网络再融入,从单一单向的收入补助和生活救济理念转向投资人力资本、鼓励自立为主的发展型救助。我国目前处于全面建成小康社会攻坚期,在经济新常态和供给侧结构性改革背景下,全面实现国家脱贫目标,加大对社会困难群体的救助帮扶力度是政府民生政策重点,实现应助尽助,提高救助水平,实现制度更加公平可持续发展是社会救助首要目标,在制度改革和顶层设计过程中,既关注对困难群体眼下紧急之需的照顾,也需形成合理责任分担、多种主体有效参与的长效机制。

2.4.2 我国社会救助制度地方实践与启示

我国目前的社会救助采取的是中央和地方分层管理模式,兼有中央统一管理和地方实践特色相结合,中央负责宏观管理和政策指导以及财政支持,地方结合当地实际制定具体的救助标准和实施经办流程,具有较强自主性和灵活性。由于我国经济社会文化区域发展不平衡,因此各地社会救助标准、资格认定以及救助项目、救助水平也呈现出地方特色,表现出差异化、多层次的发展水平。在2016年民政部主持召开的全国社会救助工作会议上,云南等六省份做了社会救助工作经验介绍,本报告在此选取云南省、浙江省等作为地方经验研究范本,对其社会救助的地方特色和实践探索进行梳理和分析。

一、地方实践

(一)云南省

云南省作为西部经济社会发展较为落后的民族地区,由于经济基础以及地理环境等因素影响,贫困地区和贫困人口较多,农村低保对象和城乡低保对象总数分别居全国第一位和第二位,因此地方社会救助任务相对艰巨。在长期实践中云南社会救助制度得到不断创新和发展,在经济发展水平和人均可支配收入均处于全国下游的情况下,“十二五”期间云南省级财政社会救助资金投入年均增长 24.8%,城乡低保人均补助水平年均增长 15%;在全国较早出台了地方社会救助办法,明确各项救助资格条件和救助流程,构筑起项目完备、流程清晰的社会救助体系,基本建成“8+1”新型社会救助体系;同时健全行政管理网络,建立起省市两级居民家庭经济状况核对中心,在全省所有乡镇(街道)设立社会救助“一门受理”窗口,建立起“一门受理,协同办理”机制;还成立了民政、财政、人社、住建、教育等部门组成的社会救助联席会议机制;特别是出台临时救助的具体措施放宽救助门槛,明确不受地域限制可就近申请,打破长期以户籍或常住地作为社会救助门槛;将农村五保供养和城市“三无”人员救助整合为城乡统筹的特困人员供养制度,在推进社会救助城乡统筹方面取得突破。

(二)浙江省

作为我国东部沿海省份,浙江经济发达,地方财政实力以及人均可支配收入均处于全国前列,社会救助具备较强地方财力支持。而且城乡经济社会文化以及生活水平标准差异较小,城镇化水平较高,社会救助城乡统筹条件相对比较成熟。早在 2003 年浙江省就明确建立城乡一体化、组织网络化、管理社会化、保障法制化与经济发展水平相适应的覆盖城乡的新型社会救助体系,在全国率先建立统筹城乡的,适度普惠型的社会福利体系。2014 年浙江率先出台全国首个综合性社会救助地方法规,首次明确城乡低保边缘家庭概念并将其纳入专项救助和临时救助范围;建立福利依赖预防机制,强调就业救助,通过补贴、职业介绍帮助救助对象自身重新自立;强化社区服务功能,积极支持社会力量参与社会救助。

(三)武汉市

“结构—功能”分析方法最初由社会学家默顿倡导,很快就受到社会科学研究者的广泛欢迎。它结合了结构分析和功能分析,“关系重于部分”是其核心预设,专注于阐明社会现象对不同结构背景的结果,寻找社会现象来自结构背景的决定因素,提倡进行更多经验的、中层的以及结构化的动态分析。“结构—功能”分析方法中的结构,既包括微观上的人际结构,也包括中观群体或组织结构以及宏观社会制度结构。在分析路径上,通过结构约束来限定功能选择的变化范围,在功能分析和结构分析之间起着沟通作用。社会救助机制涉及三层结构:一是与政治社会系统之间的关系,包括领导意志、经验偏好以及对规则制度的尊重,侧重于从社会系统心理机制和政治维度考察对机制的约束;二是社会救助机制内部各环节模块之间的相互制约关系,比如执行不力或者监督体系不够完善、风险治理和应急能力不足等;三是社会救助机制内部的约束,相关流程节点和绩效评价缺乏紧密协同和高度一致等。默顿将"功能"清晰界定为可观察的客观后果,而不是目的、动机、目标等主观意向。同时将"功能"划分为"潜功能"与"显功能",前者指非预期的客观后果,后者指预期的客观后果。功能有时并不完全一致,既有助于社会救助机制的调整和适应,也可能起着反向作用,减弱系统的调整与适应。

这里采用"结构—功能"方法对湖北省武汉市的社会救助运行机制进行分析。2014 年国务院颁布实施《社会救助暂行办法》,为社会救助制度规范化、执行标准化提供了统一规则和基本遵循。作为国家层面专门的社会救助行政法规,发挥着对地方包括机制在内的社会救助实践的结构约束作用。在科层制的政府运行模式结构下,自上而下的纵向政策执行落实具有良好的适应机制和反应效率,距离《社会救助暂行办法》正式出台不到两个月的时间,武汉市制定了最低生活保障审核审批实施办法,对城乡低保的申请、审核以及审批流程进行针对性、详尽化的规范,为地方低保救助的机制确立了统一的规则结构,为社会救助机制执行约束和治理绩效考核提供了统一参照和合法性基础,既体现地方政府对于社会救助的积极关注,也体现出政府治理的规则意识,有效地避免和克服了基层社会救助执行中的主观化经验倾向和缺乏有效约束过于强调权变的随意做法,从政治和制度结构层面保障了社会救助机制的"显功能"发挥。而且在统一规则指导约束下,武汉市的社会救助机制不断完善和精细化,进一步规范了审核审批程序,对灵活就业人员收入认定等执行中的技术难点出台了明确的流程办法。通过规则前置和流程清晰化、执行过程的标准化,增强了政策执行的透明度和公信力,充分维护了申请家庭在审核过程中的主体地位和权利保障，有效避免了因制度规则饱和度和质量不高，造成执行过程中出现矛盾摩擦以及因执行不当通过社会扩散机制造成公共舆论等情况。

2015 年武汉市密集出台了旨在强化社会救助规范执行的程序性文件，体现出当地相关职能部门贯彻中央和上级决策部署的行动效率和业务能力，为社会救助机制嵌入更加清晰的规则结构，同时纳入到更富效率的行政治理体系，从根本上为提高社会救助效果提供了结构保护和执行保障。当地民政部门与银行主管单位联合制定了关于落实家计调查对家庭金融资产查询和相关工作机制对接协调的操作性办法，增强社会救助机制的技术治理能力，有利于破解实践中长期困扰经办人员的信息不对称难题。当地把建立长效机制作为规范社会救助机制、提高治理水平和实施效果的关键，着重增强治理结构的开放性和协同性，除了加强政府部门间的协作治理外，武汉市还鼓励支持专业化的社会组织参与社会救助，明确以项目申报形式申请财政资金支持，社会救助机制不断通过强化制度配置、体系优化等一揽子方案设计，兜底保障目标的"显功能"得到了充分释放发挥。在经济社会发展的结构性因素推动下，社会救助标准、救助项目以及救助水平不断提升。对提高救助效果所可能产生的福利依赖、隐私保护问题等"潜功能"进行有效制度干预和执行关注，通过长效机制建立和监督机制完善，提高对社会救助实施情况的检查频次和覆盖面，比如《武汉市民政局关于开展社会救助工作专项检查的通知》明确把公开公示以及信息核对是否规范作为重点督查内容，有效地制约和监督因执行不规范造成偏差或其他消极作用的"潜功能"，实现机制运行的"总功能的净均衡"。

武汉市出台的《武汉市低收入家庭认定实施办法》是对过去强调以家庭收入作为社会救助主要依据的制度性突破，是多维贫困理念运用的地方实践创新。该办法确立了综合全面认定原则，认定时既考虑共同生活的家庭成员人均收入和家庭财产状况，同时兼顾家庭刚性支出。根据家庭突发重特大疾病、患慢性疾病需要长期服药或长期门诊治疗等发生的刚性支出数额，以及家中有残疾、婴幼儿、未成年人或正接受高中及以下教育的学生、高龄老人等,设定不同的支出系数,在家庭收入中进行适当核减。计算公式为:家庭实际月可支配收入=家庭初始月可支配收入—城乡最低生活保障标准×支出系数。该办法突出强化社会救助的兜底保障功能,提升制度对贫困风险的及早预防和综合治理能力。对家庭收入虽超过最低生活保障救助的规定标准,但事实上滑入贫困的风险很高,同时又具有一定自立能力和发展潜力的低收入边缘贫困家庭来说,通过考虑其生存和发展必需的刚性支出,针对性予以提前干预和及时救助,能够促进和维护制度的兜底保障功能。

此外,该办法也体现了多维贫困理念下的问题治理导向,把相关问题作为贫困风险预判和提前介入的突破口,比如提高单亲家庭和高龄老人的支出系数,体现出了对家庭代际贫困传递和老年贫困的风险预防意识。同时考虑初、高中阶段的在校生的教育等刚性支出设置支出系数,体现了制度的发展型理念对边缘贫困家庭未来发展的支持与保护。而且该办法明确作为医疗救助、临时救助等社会救助项目依据,通过根据家庭多维贫困形态和生存发展需要设置不同的支出系数,并在家庭收入核算时对家庭收入进行核减,可以将处于最低生活保障救助标准线附近的低收入家庭纳入专项社会救助范围,从而有利于扩大制度的覆盖面和福祉效应。通过扩大专项社会救助的覆盖面,可以将以最低生活保障对象为依据的"福利捆绑"效应进行转移和稀释,降低最低生活保障救助的压力和技术负担,弱化社会救助中的"福利诱导"效应,使得不符合最低生活保障救助条件同时面临贫困风险和家庭生产发展支出负担重的家庭和个人,通过低收入家庭认定进入相应保护体系获取针对性救助,有利于降低最低生活保障救助的偏差。在多维度贫困理念指导下针对不同社会救助项目塑造多维度、差异化的标准体系,根据贫困风险提前干预和综合治理需要,不断提高对贫困边缘群体的福祉供给和社会保护力度,可以提高不同项目的实施效果,从而提升社会救助制度的整体实践成效。

二、比较与启示

各地社会救助制度改革与实践经验都是在认真落实和执行国家政策基础上,结合本地实际进行积极地探索和创新,取得了良好成效。总体上呈现以下特点:完善的制度体系和工作方案,都结合实际率先制定了地方社会救助法规办法,以规章制度统筹引领社会救助各项工作;城乡统筹取得突破,打破城乡之间社会救助相互隔离的壁垒,促进社会公平,降低制度成本;管理理念和方式方法比较高效便捷,一体化、网格化、信息化程度高。

(一)社会救助机制的针对性主要取决于风险分析质量

社会救助在运行层面本质上是进行贫困风险治理,兜底保障首要之义在于兜住贫困风险之底,托起社会居民基本生活之底,而实现这一目标,机制远不止对眼下已存在的贫困问题进行识别救助,更需要从贫困理论演化和救助实践发展,以及政府未来对于贫困的治理目标等宏观背景和结构化角度出发,提升对多维贫困的实践把握和综合治理,加强对贫困风险的及时预判和上游干预,增强机制的预见性和可持续性。社会救助功能从保障收入贫困家庭或个人的基本生活转变为重视反贫困导向和综合治理诉求的兜底保障,决定其角色转变和功能复合绩效的一个关键则是对贫困风险的全面分析和系统应对。这不仅要求对已发生的贫困进行有效救助,还需要对可能陷入贫困的脆弱性群体进行及早干预,体现社会救助成效的指标除了救助标准和救助水平外,也可以将贫困发生率、低收入群体发展支持等风险治理指标纳入进来。在农村精准扶贫、精准脱贫的战略行动中,集中体现了多维贫困理论导向和实践运用,具有突出的贫困风险综合治理特征。加强农村社会救助与精准脱贫的制度衔接,可以把贫困风险作为农村社会救助的主要治理对象,一方面可以逐步完善和提高农村社会救助水平,另一方面强化对贫困风险治理的制度供给和资源投入。从城乡社会救助体系统筹角度出发,同时农村精准扶贫战略推进也在理论层面尝试构建具有中国特色的多维贫困理论,对中国社会救助理念和制度发展带来重要影响,结合国家治理能力和经济社会条件等结构化因素,未来中国社会救助可能将更多地体现对贫困风险的综合性、全周期治理导向。

(二)社会救助机制的适用性主要取决于治理参与主体的合作程度

社会救助机制重在执行,提高执行力的关键在于社会救助机制具有良好的适应性。影响效率的重要基础和关键因素包括技术治理实现程度以及治理资源的配置效率与供给质量，由于社会救助的公平效率要求与执行情境的复杂性相互交织，要求由单一部门、单向的科层制治理模式转变为合作协同治理模式，需要治理参与主体保持良好的沟通合作与信息共享。作为一项公共领域的社会政策，不同于市场领域各方主体的自发性适应和竞争性调整，保证社会救助机制的适应性，需要有十分健全的治理架构和明确的治理责任。职能部门横向沟通协作既需要上级政府的统筹推动，激励相关职能部门更加积极有效参与，还需要付出相应沟通协商等交易成本来平衡各方的利益关切，达成统一行动和一致性目标。社会救助机制治理过程不仅需要政府和职能部门间的权责划分和合作协同，同时也需要社会成员、公共组织以及救助对象的充分参与。在社会救助实践中，地方知识、风俗习惯等一般性情境可以更为直接、便利地识别贫困，进而弥补因刚性规则缺乏落地条件而带来执行困难，其出发点是在尊重制度规则的同时，利用普遍认可的价值理念来协同进行治理。

2.5　中国社会救助制度改革的机遇、挑战与优化路径

2.5.1　中国社会救助制度改革的机遇与挑战

一、社会救助制度改革的机遇

中共十八届五中全会提出了“创新、协调、绿色、开放、共享”五大发展理念，2016 年政府工作报告坚持民生兜底责任，持续改善和提高低收入困难群体生活水平的一贯决心，明确财政收入增长虽放缓，但该给群众办的实事一件也不能少，提出城乡低保人均补助标准分别提高 5% 和 8%，特别是农村低保补助标准增长高于 2016 年经济增长 6.5%—7% 的预期目标。同时政府工作报告提出加快健全城乡社会救助体系，使困难

群众遇急有助、遇困有帮。因此,从政府政策关注和资源投入力度来看,我国的社会救助制度改革面临极其难得的发展机遇,也必将推动我国社会救助事业不断迈向更加科学化、规范化、可持续,具有市场参与和更具人文关怀的宽阔道路。

二、社会救助制度改革面临的挑战

(一)公平与效率如何权衡

公平与效率无论是在经济学、社会学等领域都是较为古老而永恒的话题。工业化、城镇化等现代化进程在以市场效率为主要驱动力的情况下取得了迅猛突破和发展,伴随而来的工业灾害、失业、疾病等社会风险,贫富悬殊、社会文化价值滑坡等社会矛盾,依靠市场不能自动解决,而政府被期待介入市场运作,以保障个人的生命、经济与社会安全,维护公民生存、发展、获得尊重的基本权利。但具有平等的生存、发展权利并不意味着绝对的公平,并不说明此类产品都属于公共品无须个人努力和付费,也并不能否定市场机制作用,在实现公平的过程中市场作用也应当得到充分积极的发挥,效率也应该成为社会救助制度改革的重要原则,即在守住社会底线公平的基础上,充分运用市场效率机制优化社会救助制度,促进社会救助人员的市场参与和充分自由发展,从而建立更加公平、更有效率、可持续的社会救助制度。从社会救助角度阐述公平与效率,公平首先包括权利公平,即保障每位公民的生存权以满足其最低生活所需,起点公平即保障公民基本发展权利,过程公平即要依法依规。效率也包括两个层面的内涵,一方面是制度设计要体现激励机制,体现维护生存和促进再生产的双重功能;另一方面是制度运行要提高行政管理和实施效率,降低成本。从整个社会救助的运作流程讲,应从制度体系构建、制度实施与评估、制度可持续运行保障机制三个方面构建社会救助制度体系,从救助对象精准识别、救助体系整合优化、及时动态管理、救助对象能力的发展促进四个维度规范社会救助运行体系。

(二)如何更好实现规范化,杜绝寻租行为

目前我国社会救助实行属地管理原则,即由地方政府具体负责社会救助政策具体经办实施,中央政府主要负责战略政策制定、宏观指导以及

财政支持，这也是国际通行做法，从根本上也是因为社会救助具有准公共品的属性。这一定程度上提高了地方参与社会救助积极性，避免政府逆向选择而影响国家救助政策实施，也有利于降低行政管理成本，但缺乏有效激励约束手段以及信息不对称，使得地方自由裁量权过大而容易产生寻租腐败空间。虽然各地持续加大对低保等社会救助工作的检查整顿力度，不少地方仍然存在“人情保”“关系保”等违规现象，导致“错保”“漏保”等问题，影响社会救助扶危济贫的民生兜底作用实施效果。

（三）如何尊重效率，实现与市场有效互动

中共十八届三中全会审议通过的《中共中央关于全面深化改革若干重大问题的决定》指出市场在资源配置中发挥决定性作用和政府更好地发挥作用。在经济新常态和供给侧结构性改革背景下，如何赋予市场主体更多活力实现经济发展目标是当前宏观经济政策关注的重点，政府更准确的功能定位和更好的作用发挥也是社会主义市场机制科学运行的基础，社会救助作为一项国民收入再分配政策，体现政府道义和责任，为在市场中处于不利地位而无法获得最低生存需求的家庭和个人提供支持以维持其生存，从而有利于社会稳定为市场机制运行创造良好社会环境。但社会救助基于国家财政支持，其筹资和支出水平和结构都会对市场产生影响，因此社会救助制度设计以实现社会公平兼顾效率为目标，市场效率机制应充分参与，比如对社会救助对象精确识别，更好地完善动态管理和适时退出机制以降低支出成本和避免福利依赖；对救助对象人力资源再开发，帮助其重新进入劳动力市场实现自助自救；社会救助流程再造，政府购买服务不再大包大揽，提高行政效率等。

（四）制度如何更加可持续

从上文分析得出，当前社会救助制度日益受到经济政治社会文化变迁所带来的冲击和挑战，制度可持续问题较为突出。特别是在筹资体系、管理体系方面尚存在诸多问题，面临诸多挑战。

（1）筹资体系如何更多元且具保障。目前我国社会救助资金来源主要是财政转移支付，与国外财政投入、慈善捐赠等多元化筹资渠道相比，虽然财政投入体现了社会救助的国家责任，具有较高稳定性、可靠性等特点,但在目前预算"软约束"和地方裁量权较大的背景下,不同程度存在财政投入与救助需求不匹配、地区差异不合理以及资金投入绩效低等问题。因此,建立多元、规范的筹资渠道以及完善配套监管措施对社会救助可持续发展至关重要,在未来社会救助发展中,应坚持财权和事权相匹配,救助需求与救助资金等资源相匹配,特别是应该明确中央在社会救助中的地位和角色,并以法律法规使其制度化。

(2)管理体系如何更加精细高效。在向综合型、发展型社会救助转变的过程中,形成政府、家庭、市场、社会组织多方参与的大救助格局,社会救助管理体系精细高效至关重要,管理技术手段、人员综合素质相比以往有更高要求。从国际上看,社会救助行政管理体系基本可分为中央集权和分权两种类型,我国实行的是分层管理体系,即中央和地方共同参与管理,中央以政策制定和资金支持为主,地方则负责实施细则、标准和资格认定、日常管理等工作。地方承担社会救助主要实施责任,因为救助对象规模与经济社会发展水平呈负相关,因此地方具体操作容易出现救助资源短缺的局面,比如经办人员少、身兼多职工作压力大,社会组织力量薄弱、信息闭塞等问题,容易使政策执行力度和效果打折扣。

2.5.2 未来我国社会救助体系优化路径

"十三五"是我国全面建成小康社会的关键时期,中央也提出了贫困人口实现全面脱贫、精准扶贫等一系列民生政策目标和要求,因此,对社会救助改革和发展来说面临前所未有的发展机遇,同时也提出了更高的工作标准和要求。

一、基本定位

20 世纪 90 年代以来,我国的社会救助制度总体上处于不断完善发展的进程之中,社会救助对民生兜底功能,对保障因残疾、疾病、灾难及其他原因未能维持最低生存需要的人员提供生活生存所需。政府对社会救助的财政支出呈逐年上升趋势,城乡低保标准和人均救助水平也逐年提高,这是由我国经济保持高速增长的物质基础所决定的,也是国家让所有社会成员共享经济社会发展成果的政策引领的。但需要看到,我国仍然处于社会主义初级阶段，避免陷入福利国家或者中等收入陷阱，社会救助的规模和水平也应该与我国经济社会发展水平相适应，这是社会救助制度改革的基本定位和出发点。随着我国步入经济新常态，经济增长由高速增长转为中高速增长，经济产业结构转型升级以及经济增长方式转为依靠劳动者素质、技术推动集约型增长，同时人口老龄化引起的劳动力减少等因素，都促使社会救助制度更多地从生活收入扶持转为能力救济和发展扶持。同时，社会救助应当应该强调“自助”与“他助”的结合，其中“自助”是基础，需要考虑个人的劳动能力，要求有劳动能力的人承担相应的劳动义务，主动通过就业获得收入来维持个人和家庭生活，而不是依赖于国家或社会，需要完善社会救助与就业援助协调配合，建立完善的“自助”激励机制和动态管理约束机制。

社会救济事业的改革必须针对根本的问题——工作角色所受到的侵蚀，缺乏精确目标标准机制和未经家计调查的救济金动摇了他们争取社会地位的基础，容易产生福利依赖，不愿或者缺乏基本能力参与市场和经济活动，甚至出现救助家庭依赖和贫困代际转移，也会减弱对家庭的责任感。因此，在经济新常态和供给侧改革的背景下，应更加突出社会救济维护工作的功能，将提供最低生活保障与参与市场活动结合在一起，突出救助者能力救济。因此，笔者认为应在社区或者社会化组织中建立支持救助者生活发展的网络，隔断救助消极作用的传递网。社会救助制度价值取向应从关注救助者的现状直接给予一定物质补助转为关注救助者接受救助的原因，即不再简单关注救助对象的收入扶持以维持最低生活所需，更要从接受救助的根源上分析原因，从发展救助者能力的角度实现救助者自由发展和社会参与价值，由被动救助转为积极追求自身发展，不仅体现社会救助维护生存功能，更要帮助具有一定条件的救助者实现自立。

扶贫攻坚是当前政府一项重大战略任务，打赢扶贫攻坚战，保障广大人民群众共享改革发展成果既是我国社会主义国家本质属性所决定的，也是2020年全面建成小康社会的国家战略所需。因此，社会救助制度改革目标应突出和明确反贫困导向，将社会救助各方资源努力调动到消除和及时发现规避社会成员陷入贫困，改变过去维持低收入家庭的最低生活生存所需,事后补救单一“输血”的传统社会救助模式,应关注救助对象贫困原因分类施助,“造血”和“输血”相结合,避免救助依赖,形成救助事前预防介入和事后补救相结合,强化社会救助主动发现机制,更加重视专项救助在提高救助者自身发展能力、维护起点公平和权利公平中的作用,积极探索救急救难以避免社会成员陷入贫困中的临时救助制度。

二、完善社会救助体系主要措施

(一)推动社会救助立法

无论是国外社会救助发展经验还是国内地方实践,立法规范都是社会救助主体履行权利义务的根本保障,是推动社会救助更加公平可持续发展的关键所在。社会保障领域相关的社会保险法和慈善法等已经出台,社会救助作为社会保障体系中重要组成部分,目前尚未明确立法与其兜底作用和民生保护功能不尽相符,不利于社会救助资源整合和城乡区域统筹。城乡一体化社会救助保障机制的建构和完善应立足于我国转型期的社会现实,正视城乡之间发展不平衡的因素,建构一套价值理性与形式理性相统一的制度保障体系,结合社会救助运行实际,对具体的社会救助实践活动进行归纳、总结和升华,推动社会救助立法。

(二)规范社会救助分层管理

社会救助分层管理有利于发挥中央和地方各自优势,调动各方积极性,符合我国现阶段社会救助基本情况,当前改革的重点在于形成更加公平有序的分层管理格局,社会救助标准和资格认定应当在充分考虑地区差异的情况下逐步由省级提升到由中央统筹管理,建立社会救助财政资金管理办法,依据地方经济实力、救助对象规模等情况形成中央投入和地方资金配套比例方案,可以建立社会救助专项基金或者信托基金,形成资金“蓄水池”,并出台相应管理办法审慎监管和使用。依托“互联网+”和国家大数据战略,进一步完善开发国家社会救助综合信息网络,通过部门间信息互联互通提高利用大数据分析制定政策的能力和水平。加强对地方社会救助管理的引导和监督,将督查督办和绩效评估相结合,提高对社会救助违法违规的处罚力度,维护制度实施公平公正。

(三)全面推行社会化管理

社会化管理是社会救助应有之义,是制度可持续发展的必由之路。学术界对于政府购买服务的内涵已经形成了较为一致的认识,政府购买服务是指政府将其职能范围内的一部分公共服务,以出资购买的方式转移给社会,形成一种"政府承担、定向委托、合同管理、评估兑现"的新型公共服务提供方式(赵立波,2009)。政府购买服务在转变政府职能、提高服务质量、节省行政成本方面具有优越性,成为公共部门改革中有效的政策工具与制度安排,受到世界各国政府关注。2012 年第十三次全国民政会议要求,政府的事务性管理工作,适合由市场和社会提供的公共服务,可以用适当的方式交给社会组织、社区、中介机构等基层组织承担,降低服务成本,提高服务质量和效率。2013 年国务院发布《国务院办公厅关于政府向社会力量购买服务的指导意见》,要求在公共服务领域更多地利用社会力量,加大政府购买服务力度。2015 年财政部、民政部和工商总局共同出台《政府购买服务管理办法(暂行)》,进一步细化和规范了政府购买服务的内容、方式和程序。推行社会化管理,需要充分发挥社会组织作用,积极推动公共服务提供方式创新。加大政府购买服务力度,规范政府购买服务程序和完善绩效考评体系,广泛吸引社会力量参与。可以建立政府、社会组织、救助对象等多方参与的参谋咨询机构参与到社会救助政策制定中来,同时引入专业化的第三方评估机构,对政策实施效果和技术问题进行评估和优化。通过向专业心理援助、能力提升等市场主体或社团组织以契约方式购买服务或提供服务补偿为救助对象提供专业化、个体化的救助帮扶。

(四)加快制度城乡统筹

近些年来社会救助的城乡统筹发展已经取得了积极进展,随着户籍制度改革的深入,将更加促进社会救助的城乡统筹发展。调整目前以户籍作为享受社会救助待遇的"一刀切"做法,建立以户籍、居住证制度和居住(流动)时间作为享受社会救助待遇的门槛。同时应当设立适当的条件,将社会救助资格的获得与流动时间的长短直接挂钩,避免地区间"福利移民"和"福利竞争",引导人口合理有序流动。首先需要建立全国统一的社会救助制度体系，社会救助标准和资格认定在充分考虑地区差异的前提下由中央统一制定，增强社会救助的统一性与公平性。另外建立区域协调和信息互联共享机制，加强地区之间的社会救助合作。

（五）建设综合支持网络

社会救助是一项复杂的系统工程，救助对象救助需求因自身教育背景、身体状况、生活经历不同而具有多层次、差异化的特征。从生存救助型向发展型社会救助转变，社会救助内容和项目也应随着调整，既需要收入补助和医疗救助、临时救助以维持生存，也需要构建救助对象生存和发展的环境，因此需要借调资源创建社会救助综合支持网络，涵盖就业援助、邻里关怀、社区帮扶、组织参与、发展支持等多项内容。比如对于具备完全或一定劳动能力的人，应该通过劳动、就业来维持个人和家庭的生存，通过职业介绍和培训、教育救助等方式帮助其实现就业，或者让救助对象通过公益劳动、志愿服务的形式履行劳动义务。可以以社区（村）为主体，社会组织积极参与，民政部门牵头协调，为社会救助对象提供子女教育支持、技能培训、心理调适、集体活动参与等帮扶活动，促进救助对象积极融入，避免救助依赖和贫困代际传递。

（六）完善技术治理方法

（1）加强大数据运用。信息技术蓬勃发展和广泛应用已经深度融入到经济社会发展的方方面面。社会救助瞄准产生偏差的根本矛盾即执行简约性要求与社会现实复杂性的矛盾，依托大数据信息和高效先进的集成处理平台，能够很大程度上解决这一矛盾从而推动瞄准机制发展完善。一方面是海量数据不断地生成，为瞄准和决策提供了前所未有的数据信息来源，另一方面是数据信息处理平台和集成系统得到了快速普及和深入发展，推动政府职能转变和服务能力提升。

（2）比对信息平台互联互通。完善社会救助机制重在实现全面的数据信息的共建共享。社会救助家庭经济状况信息核对平台在提高救助精度，降低因信息不对称带来的救助偏差方面发挥着显著作用。同时也可以避免人为操作带来的误差以及人情干扰、精英俘获等问题，促进救助过程公平公正。以兜底为目标的社会救助，家庭经济状况比对平台除了实现判断是否具有救助资格的功能外，还需要采集困难家庭更系统、更全面、周期更长的信息数据，以便对每户家庭进行针对性评估，不仅确保救助对象识别精准，而且能够为救助对象脱贫发展提供完整数据信息，实现精准帮扶。建立适应于更高要求、更多需要的家庭经济状况信息比对系统，依赖于信息技术发展和公民个人信息系统完善，从技术角度看，比对系统更像是一个数据集成和分析评估系统，为贫困家庭“画像”出具家庭情况评估报告，从而为制定兜底和反贫困措施提供精准依据。

3

基本养老保险制度中国化改革

卢海元

3.1 基本养老保险制度中国化改革构想

3.1.1 基本养老保险制度中国化改革构想

一、新的实践缺乏新的理论创新与总结，没有从最深层次的逻辑上厘清制度设计中存在的偏差和错误

我国基本养老保险制度变革进入了又一个改革的十字路口，必须选择正确的改革方向，必须有科学和正确的理论指导。

中国特色的基础养老金与个人账户相结合的新型养老保险制度，是世界上全新的制度模式。该制度模式诞生时，人们是无法从外来的和旧模式中的概念理解和解释它的。为此，中国特色新型养老保险制度需要尽快地进行理论创新和总结，把自己成功的经验理论化、中国化、现代化。这种理论创新不仅要跳出西方的话语体系，也要有别于中国传统的政治话语定义和描述，达到在国内外具有凝聚力、吸引力和说服力的效果。

马克思主义能够被中国接受并中国化的成功经验很大程度上在于马克思主义中的“公平”思想与传统中国社会“公”的思想相兼容。在养老保险制度中国化的过程中，多缴多得与保基本天生是相互矛盾、相互制约的。社会保险因多缴多得异化为收入决定能否参保，是这个逻辑的自然结果。保基本的重要条件是基础养老金占主体地位，养老保险制度的公平和可持续是建立在这个制度基础上的，参保人对基本养老保险制度的信任是因为基础养老金代表着“公道”。参保人的权益由什么样的制度框架来保护？制度是由资本主导，还是由劳动主导？如果这样的问题长期被忽视，在理论上缺乏深层次讨论和反思，就会出现退保潮和1亿多人依然游离在基本养老保险制度之外并存的现象。退保潮和20%多的人

游离在社会保险制度之外，并不说明老百姓不需要这样的福利体系，而只能说明老百姓对基本养老保险制度缺乏应有的认同、信心，或者是缺乏参保的能力而望洋兴叹，只能说明这样的制度不完全适应参保人的需求，不适应中国特色社会主义的本质要求，应该对其进行变革。

在我国基本养老保险制度实践的过程中，制度设计存在冲突的逻辑并没有阻止基本养老保险制度覆盖面的扩大，并没有改变时代发展的大趋势。通过“十四连调”事实上又建立了一个全新的基础养老金制度。可以说，通过“十四连调”建立具有基础养老金功能的制度是做对了，但是由于没有及时进行理论总结和创新，坚持社会统筹与个人账户相结合的制度模式仍值得商榷。如果没有正确的理论总结和理论指导，改革就难以走出困局，就可能越改越错，就可能加剧制度的不可持续性。社会主义制度的优越性在养老保险领域也得不到充分体现。

建立激励参保人的机制是必要的，但是现行多缴多得的激励政策不仅动用的是国有资产和公共资源，而且补贴的是高收入者和富人，补贴对象也出现了严重的错位。因此，改革的方向应该是把基础养老金与缴费激励机制分开，割断两者之间的联系，改变激励的方式方法，用个人账户递延缴税的机制替代现行的激励机制。因为，制度设计一方面既要考虑缴费和参保覆盖面问题，另一方面更要考虑公平正义问题。所以，政府用多缴多得的方式激励参保并不错，关键是最后的成本由谁付更公平合理？如果只能由基于税收的财政补贴方式来付，最后还得由纳税人来付，而且受益人和付成本的人必然不完全对应。结果往往是，保基本受益的是穷人，多缴多得受益的恰恰是富人或者是高收入者。因此，政府实施的这种收入分配转移支付的逻辑和功能本身就存在问题，应该及时改革。

二、政府的有限责任和市场的决定性作用没有合理的定位，没有厘清政府有限责任与公平正义之间的关系

基本养老保险制度的核心是人、主体是人，这点毫无疑问。但是，是以政府的视角还是以福利的视角看待“以人为核心的基本养老保险制度”“城乡居民同等国民待遇化”，却会导向完全不同的政策及结果。这种情况下，既不要求政府完全回到守夜人角色，也不应要求政府扮演完全

承担无限责任的角色。加快政府在社会保险等方面的职责回归，当然是必要的。如果政府只承担基本养老保险的有限责任，最重要的途径只能是政府以基础养老金的方式承担“保基本”的责任，而要把保障水平选择的自由和权利还给个人，发挥市场在个人账户建立过程中的决定性作用，而不是过度强调政府的福利保障，或者秉持计划经济思维，将个人账户的建立也由政府主导。显然，完善个人账户的改革，核心是要实施“去计划性”的改革。

中国城镇职工基本养老保险制度演变至今，确实已经面临非常矛盾的境地。养老保险应该是一个具有非常强的公共服务性质的制度安排，不是说有钱人就可以参保，没钱人就不能参保，但是过去十几年的发展思路来看，尽管有养老金“十四连调”和财政的巨额补贴，城镇职工基本养老保险制度的基础还要靠市场机制来运作。公务员和事业单位虽然不包括在内，但是大部分职工和城乡居民只能依靠市场机制这一条道路。按照城镇职工社会平均工资设计的缴费和待遇标准，根据统计学规律，必然会将70%以上的职工和城乡居民排斥在制度之外。显然，这些规定又带有明显的计划经济色彩性质。

在我国，包括专家在内，对中国城镇职工基本养老保险的制度基础是完全市场经济的特征，以及运行的内在逻辑并没有深刻的认识。这是因为他们被西方社会保险的理论和实践束缚得太久，对一百多年前诞生的制度缺乏与时俱进、改革创新的勇气，甚至缺乏质疑的勇气。很多人认为凡是缴费和待遇不能完全对等的情况，都是不符合社会保险原则的，不符合经济学规律，是福利倾向，应该一律革除。这种逻辑背后的假设是，缴不起社会保险费的你倒霉，谁让你是穷人。让低收入的城乡居民享受国民待遇的基础养老金，就被痛批是非市场政策。这些人的万能护身符就是市场经济，似乎市场经济就是万能的。市场经济确实是一个好的设计，但它的功能是有边界和前提的。它的边界是制度在财富配置过程中不能产生社会保障资源分配的严重不公。丛林法则也是有限度的，它的前提是公正与自律。但是，反观中国城镇职工基本养老保险制度是什么样的状态呢？缴费标准涨易降难，没有任何向下调整的机制，一旦出现向下调整，制度的可持续性就会受到更严峻的挑战。这样的缴费机制是市场经济吗？市场依靠什么样的机制来实现制度的平衡和收入再分配的功能呢？

待遇标准只涨不跌的神话，创造了中国城镇职工基本养老保险待遇标准持续提高 14 年的现象。为了维持这种待遇调整机制，我们千方百计地扩大覆盖面，延缓城乡居民基本养老保险待遇提高的幅度。为了维持这种扩大覆盖面的局面，我们将企业、政府牢牢绑在缴费和待遇持续提高循环的圈子里。结局是我们的企业经营成本大幅度上升，企业的竞争能力被透支，我们的生产成本大幅度上升，我们的生产比较优势逐步丧失，中国经济的根基逐步被侵蚀。

待遇标准年年涨对于参保人来说就是好事吗？除了一些有特别能力的参保人，大部分的参保人已经发现，养老金缴费和待遇涨到这个节骨点上，部分职工缴费已经有些无能为力了，中断缴费的人数就必然大幅度上升，参保也越来越难，制度已经失去了调节恢复和自我平衡的能力，直到制度不可持续不可遏制的“铁律”出现，即任谁想保都不保不住的时候，制度可能崩溃。这种崩溃损失的不仅是参保一族，经济社会的稳定同样不能幸免。这已不是“制度和技术”的问题了。

三、没有形成基本养老保险制度的核心价值观

目前，在弘扬社会主义核心价值观的大背景下，社会各界更加关注基本养老保险制度的核心价值观、社会保险理论、制度运行的体制机制等深层次问题。制度并轨和制度公平一再成为舆论焦点，道出了人们对制度价值观的态度和实现制度更公平的期望更为强烈；对 2013 年 3800 万人断保的热烈讨论，折射出人们对制度能转移、可持续的期望与焦灼；构建中国特色新型养老保险制度核心价值观，体现了对人人享有社会保障的幸福感、让制度更公平可持续的理想和追求。无论个人收入多少，都期望把市场和福利供给隔离开来，互不影响，基本生活和长远生计始终能够得到保障。公平普惠是社会进步的基本方向，是公民权利的体现，更是社会主义制度的本质属性。如果能用社会保障税收统筹支付，制度会更公平，更能体现社会主义的本质要求。如果基本养老保险制度想要获得更大的力量，它就必须得到全体人民的支持，需要真正赢得人心。

习近平新时代中国特色社会主义思想为深化社会改革提供了很好的社会环境，明确了改革的基本方向。社会压力给予了中国特色新型养老保险制度体系构建一种巨大的推动力，思想上应该更自觉地追求公平正义。公平普惠的中国特色新型养老保险制度不仅可以保障和改善劳动者的生活水平，同时在经济、社会和政治方面也可以稳固中国特色社会主义制度，可以进一步满足坚持和发展中国特色社会主义的需求。因此，实行回归中国特色社会主义道路的基本养老保险制度改革，矫正前进方向，明确制度定位，必须坚定不移地走出道路迷茫，坚持和发展中国特色新型养老保险制度。

四、理论存在脱离实际的现象

首先是脱离生活实际。科学的理论是日用不觉的理念。生活是最大的学问，所有的学问道理都蕴含在普通生活中。看似复杂的社会保险原理其实就在生活之中，也建立在生活上面。我们不能观察鲜活的生活，或者将社会生活与所谓的社会保险概念对立起来，是因为我们被强加的概念束缚住了，缺乏理论自信，存在一定的教条主义倾向。现行的社会保险的许多概念和原则过于复杂，如精算平衡原则。一旦我们从西方社会保险教科书的概念中跳出来谈社会保险，用中国化的“保基本”概念和原则来替代，就会感到很接地气，理论、政策、制度更明确具体、更现实可行。

其次是脱离中国实际。惟有用扎根于本土的鲜活的概念和理论才能将自己的政策、制度、理论讲生动。习近平总书记 2014 年 3 月在兰考考察时引用焦裕禄的名言“吃别人嚼过的馍没味道”，我们研究和探索中国社会保险制度发展道路，也要有这种中国化的精神。基本养老保险制度的中国化是一场“灵魂深处的革命”。西方的社会保险理论往往脱离了中国实际，缺乏大国应有的差异化管理理念，制度缺乏应有的弹性和适应性。由于西方社会保险理论和实践诞生在工业化的大背景下，导致“养老保险制度”这种世上最复杂的制度，实践中缴费和享受待遇却像工厂工人对待机器那样机械的、套餐式的、对号入座式的按规定进行。试想，即使是同一人，不分年轻、年老，不分人群就业收入多少，不分经济起伏，不分地区差异等各种具体情况，只要在同一国家，上至教授下至职工，都是大同小异的一种政策标准，这能科学吗？一切科学都必须以尊重事实为基础，只见树木，不见森林的理论是片面的、不切实际的！在信息化时代，实行差异化管理就更有技术保障了。

五、理论基本丧失了服务实践的能力

最突出的表现是在社会保险的核心概念——养老金替代率——上。养老金持续上调未必会带来保障水平的相应提高，养老金替代率持续下降并突破国际上公认的贫困线，既可能会影响政府的公信力和政府的形象，又难以维护参保人的权益。数据显示，我国城镇职工养老保险替代率由2002年的72.9%下降到2005年的57.7%，此后一直下降，2011年为50.3%，2013年下降到47%左右。而根据世界银行的建议，要维持退休前的生活水平不下降，养老金替代率需不低于70%，国际劳工组织建议养老金替代率最低标准为55%。有专家认为，近年来，我国企业在岗职工货币工资平均年增长率在15%左右，但养老金基本维持在10%的增长水平。两者之间每年相差5个百分点的涨幅，逐年累积后数值相差越来越悬殊，导致养老金替代率持续下降。而与城镇职工基本养老保险的替代率相比，城乡居民养老保险更加捉襟见肘。根据人社部的统计，2013年城乡居民基本养老金月人均只有81元。这样一个被舆论视作近似社会救助的保险制度，也同样面临养老金替代率下降的情况。有统计数据显示，2009年新型农村社会养老保险制度建立的时候，养老金占当时农村居民纯收入的14.5%，五年之后是8.3%。因此，养老金替代率这样的概念也需要与时俱进。

六、理论创新不到位

对于财政补贴不断增加和替代率持续下降的矛盾，我国城镇职工基本养老保险制度的历史起点与大多数国家有重大而明显的差别，传统的社会保险理论已经无法解释中国社会保险实践，必须创建中国特色的新型养老保险理论，即必须实现“小保障理论”向“大保障理论”的跨越。

30多年来，我国没有严格意义上的中国化的养老保险理论，政策制度基本是围绕扩面、保发放进行，理论处于引进消化阶段，理论的中国化更没有被提上议事日程。我国实施的是传统意义上的社会保险基本制度模式，最重要的是强调权利和义务对应、公平和效率统一，个人享受的权利和所尽的义务是直接挂钩的。相应采取的是社会保险费的方式筹集资金。显然，上述理论可以概括为权利和义务对等的“小保障理论”。

中国化的中国特色“大保障理论”强调的不仅是大国社会保障制度建设的独特道路，而且也是基于公共财政而建立的更公平普惠、与习近平新时代中国特色社会主义思想相适应的新型养老保险制度。建立这样具有普惠性制度的国家一般实行社会保障税，是一种非保险性质的、普惠性的、由公共财政完全承担的制度模式。我国为什么要实现制度的转型，尽快将缴费制改为社会保险税，这是由我国社会主义基本制度更自觉追求公平正义的属性所决定的。实行社会保险费改税，需要具备很多条件，要确定纳税人的范围，要确定纳税的基数，要有统一的税率等。在我国社会保险发展的起步阶段，要做这些有一定难度，但随着我国经济的迅速发展和公共财政制度的建立，上述条件已逐渐具备。因此，制度转型的条件正在成熟，构建中国特色新型养老保险理论的条件也正在成熟。

养老保险理论中国化核心是要构建中国特色新型养老保险制度的核心价值观。人需要信仰驱动，社会需要共识引领，发展需要价值导航。构建中国特色新型养老保险制度核心价值观，正对应了时代要求，符合让市场发挥决定性作用的要求，可谓大势所趋、正当其时。这是党的十八大以来，养老保险制度顶层设计引发热议、产生认同、赢得共鸣的原因所在。

历史证明，一个制度，难以实现全覆盖固然可怕，但更可怕的是制度缺乏正确的理论指导，偏离了正确的方向，落后于时代的要求，难以满足参保人对社会保险的基本需求，导致制度不公平、不能全覆盖、不能转移、不可持续。制度缺乏核心价值观，制度难以实现全覆盖，制度难以统一，再多的政策制度，也难以实现公平；制度缺乏核心价值观，制度缺乏弹性，保险待遇难以转移，再高的保障水平，也难以满足需求；制度缺乏核心价值观，没有了明确准则，缺乏激励和约束，必然会冲破制度可持续的底线。制度缺乏灵魂，必然迷失改革的目标和方向。中国的改革，无所谓最佳时点、最优方案，任何时候任何方式进行整体或局部的改革，都是早比晚好，果断比犹豫好。真正的改革必然逐步触及灵魂问题，必然要求实现理论的中国化。

3.1.2 基本养老保险制度中国化改革的必要性

按照实现养老保险治理体系和治理能力现代化的改革总要求，为贯彻落实党的十九大精神，必须全力推进养老保险理论和制度中国化、现代化改革，全面建成更公平可持续的中国特色新型养老保险制度。发展和完善中国特色社会主义制度，推动养老保险理论和制度中国化、现代化的必要性、紧迫性，主要体现在以下几个方面。

一、高举习近平中国特色社会主义思想伟大旗帜的要求

中国共产党成立 90 多年来的事实雄辩地证明，要发展中国、稳定中国，要全面建成小康社会、加快推进社会主义现代化，要实现中华民族伟大复兴，必须坚定不移坚持和发展中国特色社会主义。坚定不移高举中国特色社会主义伟大旗帜，坚持和拓展中国特色社会主义道路，坚持和丰富中国特色社会主义理论体系，坚持和完善中国特色社会主义制度，要求坚定不移高举中国特色新型养老保险制度伟大旗帜，坚持和拓展中国特色新型养老保险制度道路，坚持和丰富中国特色新型养老保险理论体系，坚持和完善中国特色新型养老保险制度，实现养老保险制度的中国化，使中国特色新型养老保险制度更加成熟更加定型。在当代中国，坚持和发展中国特色新型养老保险制度，就是坚持和发展中国特色社会主义，就是真正坚持社会主义。

二、发展和完善中国特色社会主义理论体系的要求

我们党在领导中国革命、建设、改革的长期实践中，不断推进马克思主义中国化，实现了两次历史性飞跃。第一次飞跃发生在新民主主义革命时期，形成了被实践证明了的关于中国革命和建设的正确的理论原则和经验总结——毛泽东思想。第二次飞跃发生在党的十一届三中全会以后，形成了被实践证明了的关于在中国建设、巩固、发展社会主义的正确的理论原则和经验总结，这就是包括邓小平理论、“三个代表”重要思想、科学发展观、习近平中国特色社会主义思想在内的中国特色社会主义理论体系。

发展和完善中国特色新型养老保险理论体系是发展和完善中国特色社会主义理论体系的要求，是养老保险理论中国化的历史飞跃。养老保险理论中国化要按照党的十九大的要求，全面把握习近平新时代中国特色社会主义思想的科学内涵，牢牢把握解放思想、实事求是、与时俱进、求真务实这一科学发展观最鲜明的精神实质，把科学发展观贯彻到中国特色新型养老保险制度建设全过程、体现到制度建设的各个环节，构建与中国特色社会主义理想信念相适应的养老保险制度的核心价值观和中国特色新型养老保险理论。在当代中国，坚持中国特色新型养老保险理论，就是坚持中国特色社会主义理论，就是真正坚持马克思主义。

三、全面建成小康社会、着力保障和改善民生的要求

加强社会建设，破解老有所养的发展难题，更好地顺应人民意愿的新要求，必须全面建成中国特色新型养老保险制度，使发展成果更多、更公平地惠及全体人民。我们党领导人民全面建设小康社会、进行改革开放和社会主义现代化建设的根本目的，就是要通过发展社会生产力，不断提高人民物质文化生活水平，促进人的全面发展。检验我们养老保险工作的成效，最终都要看人民是否真正实现了老有所养，人民老年生活是否真正得到了改善，这是坚持立党为公、执政为民的本质要求，是党和人民事业不断发展的重要保证。我们要坚持党的群众路线，坚持人民主体地位，时刻把群众老有所养放在心上，及时准确了解群众在养老方面的所思、所盼、所忧、所急，把养老保险工作做实、做深、做细、做透。切实把人民养老保险权益维护好、实现好、发展好，把好事办好、实事办实，让群众时刻感受到党和政府的关怀。

四、深化改革开放的要求

改革开放是党在新的历史条件下领导人民进行的新的伟大革命，是决定当代中国命运的关键抉择。我国过去40年的快速发展靠的是改革开放，我国未来发展也必须坚定不移依靠改革开放。只有改革开放才能发展中国、发展社会主义、发展马克思主义。中国特色社会主义在改革开放中产生，也必将在改革开放中发展壮大。坚定不移推进改革开放，要按照“新的伟大革命”的要求，不断在养老保险制度建设和创新方面迈出新步伐，必须推进养老保险制度的革命性变革。坚持中国特色社会主义的崇高信仰始终是养老保险制度革命性变革必须坚持的基本方向。社会主义制度的本质属性对养老保险制度中国化变革提出的要求有三：一是应具备保障基本生活的功能，确保养老无忧；二是应具备全覆盖的功能，确保人人享有社会保障；三是应具备增强公平性、适应流动性、保证可持续性的功能，确保制度更公平可持续。

对养老保险理论和制度进行中国化改革，是根据党的基本理论、基本路线、基本纲领、基本经验，深刻总结我国养老保险制度特别是中国特色新型养老保险制度实践提出的，是最本质的东西，体现了新时期养老保险制度建设规律的新要求，表明我们对养老保险制度建设规律的认识达到了新水平。

养老保险理论和制度的中国化，是坚持和发展中国特色新型养老保险理论和制度的必由之路，必须始终把改革创新精神贯彻到养老保险制度的各个环节，不断推进中国特色新型养老保险理论和制度的自我完善和发展。

公平正义是中国特色社会主义的内在要求，也是中国特色新型养老保险制度的内在要求。中国特色新型养老保险制度是对保障社会公平正义具有重大作用的制度，是建立社会公平保障体系的重要组成部分。共同富裕是中国特色社会主义的根本原则，中国特色新型养老保险制度是使发展成果更多、更公平地惠及全体人民的基础性制度，是实现共同富裕的制度保障。社会和谐是社会主义的本质属性，中国特色新型养老保险制度是团结一切可以团结的力量、最大限度增加和谐因素、增强社会创造力、确保人民安居乐业、社会安定有序、国家长治久安的有效制度保障。养老保险制度中国化、现代化改革必须体现上述要求。抓住了这些基本要求，就能更好地凝聚力量，攻坚克难，继续推动养老保险制度的科学发展，促进社会和谐，继续改善人民生活、增进人民福祉，完成时代赋予的光荣而艰巨的任务。

基本养老保险制度的中国化、现代化改革是一场全面、深刻、前无古人的社会革命。衡量改革成败，关键看养老保险制度中国化、现代化改革能否解决我国基本养老保险制度面临的上述历史性课题，实现人人享有基本养老保险的政策目标。

3.1.3 基本养老保险制度中国化改革的条件正在成熟

一、基本养老保险制度的中国化已由试点转入定型的崭新阶段

2009 年，国务院决定启动新型农村社会养老保险（简称“新农保”）试点，2011 年又启动了城镇居民社会养老保险（简称“城居保”）试点。2012 年全国所有地区全面开展了新农保和城居保试点，基本实现了两项制度的全覆盖。截至 2016 年 12 月底，全国城乡居民参保人数达到 5.1 亿人。其中，领取养老金的老年居民达到 1.56 亿人。从 2009 年到 2016 年，中央财政支付城乡居民基础养老金补助已经上升到 2200 多亿元，使亿万城乡老年居民直接受益，惠及数亿城乡家庭，对于保障和改善民生、减轻老年贫困、扩大内需、促进社会和谐稳定都发挥了积极作用。

新农保和城居保是与社会主义制度相适应的中国特色新型养老保险制度。制度试点的基本原则是“保基本、广覆盖、有弹性、能转移、可持续”。“保基本”是制度中国化的重大创新，“有弹性”是制度最大的中国特色，“能转移”是制度适应市场经济的内在功能，“可持续”是制度实现革命性变革的结果。基础养老金与个人账户相结合的中国特色新型养老保险制度，在不到 3 年时间就基本实现了城乡居民社会养老保险制度全覆盖，比原来预期的 10 年左右时间大大提前。这填补了农村居民和城镇非就业居民养老保险长期以来的制度空白，人人享有养老保险成为现实。这是我国社会保障事业发展的重要里程碑。

2014 年初国务院决定建立全国统一的城乡居民基本养老保险制度，不仅标志着基础养老金与个人账户相结合的中国特色新型养老保险制度模式再次得到了国务院的确认，而且从根本上改变了我国以城镇职工基本养老保险为主的制度格局和改革的基本取向，养老保险制度的改革和养老保险制度的中国化已由试点转入定型的崭新阶段。城乡居民基本养老保险制度的全覆盖赢得了人民群众的衷心拥护，在全面建成中国特色新型养老保险道路的征程上具有里程碑意义。

现在，国内外越来越多的人开始认同城乡居民基本养老保险的制度优势和制度的中国特色，开始认同中国特色新型养老保险制度所走出的农村包围城市的独特道路。这条道路，是在总结国外和我国改革开放30多年养老保险制度实践经验教训的基础上探索出来的，具有深厚历史渊源和广泛现实基础。这条道路，适合中国国情、符合中国特点、顺应时代发展要求，是创造人民美好生活、实现中华民族伟大复兴中国梦的必由之路。

我们说中国特色新型养老保险制度农村包围城市的道路走得对、行得通，不是哪个人的主观判断，而是实践做出的有力回答，是历史和国际对比得出的深刻结论。城乡居民基本养老保险制度在短短几年的时间内参保人数就超过城镇职工基本养老保险制度，就成为世界上最大的养老保险计划，对中国特色新型养老保险制度走出的中国道路做出了最生动的诠释。

在城乡居民基本养老保险制度建立的过程中，许多国家起点比中国高、资源比中国丰富、外部环境比中国好，但无论是覆盖人数，还是覆盖速度，中国特色新型养老保险制度都创造了世界奇迹。大多数发达国家的养老保险制度已经陷入困境，要么降低待遇，要么延迟退休年龄；有的国家照搬他国制度，结果水土不服、“南橘北枳”。与之形成鲜明对比的是，我们没有走城镇职工基本养老保险制度的老路，而是走出了中国特色新型养老保险制度的新路。在这条道路上，我们只用了几年的时间走完了发达国家上百年走过的发展历程，实现了从无到有再到保障水平逐步提高的历史性跨越，中国交出了出色答卷，为实现人人享有社会保障奠定了坚实的制度保障。

二、中国特色新型养老保险制度正由建立转入全面建成的崭新阶段

这个新阶段的主要任务是把改革贯穿于基本养老保险制度的各个环节，积极稳妥地从广度和深度上推进基本养老保险制度的中国化、公平化、市场化、城镇化、可持续化、现代化改革，促进整合面向不同群体的制度按照全面建成中国特色新型养老保险制度的要求，加快建成全国统一、

城乡统一、更加公平可持续的制度。

当前我国全面建成中国特色新型养老保险制度的政治、经济、社会条件正在成熟。基本养老保险制度实现全覆盖后，改革的主要任务也应由建立中国特色新型养老保险制度转入全面建成中国特色新型养老保险制度的崭新阶段。

我国老龄化进程的加速、经济社会的快速转型、制度的内生缺陷，特别是弘扬社会主义核心价值观活动的广泛开展，必然会加速中国特色新型养老保险制度全国统一、城乡统一的进程。

当前，应把握好顶层设计的历史性机遇，加快建成全国统一、城乡统一的中国特色新型养老保险制度。

三、中国特色新型养老保险制度和理论中国化的条件基本具备

一是环境条件更成熟。目前，全国上下正在深入学习、领会习近平新时代中国特色社会主义思想、培育和践行社会主义核心价值观活动，这为养老保险制度和理论中国化营造了良好的环境条件。同时，也对养老保险制度和理论中国化提出了更紧迫的要求。

二是理论基础和思想指南更坚实。养老保险制度和理论中国化，是保持民族精神独立性的重要支撑，是理论自信的重要表现，是理论独立的必然要求。坚守和自觉践行基本养老保险制度的核心价值观，来自于马克思主义的正确指引，来自于中华优秀传统文化的丰厚滋养，来自于中国特色社会主义的成功实践，来自于对人类文明优秀成果的吸收借鉴。

三是实践成效越来越明显。养老保险制度和理论中国化可以更好地弘扬社会主义核心价值观，充分展现核心价值观的道义力量、真理力量，强化核心价值观的导向作用、引领作用，更好地凝聚实现中国梦的强大力量。与此同时，仅仅靠政策创新的不断积累，靠理论和方法的引进消化吸收，并没有也难以撬动体制机制的实质性改革。只有下决心进行革命性的变革，才是正确的改革逻辑。城乡居民基本养老保险制度的成功实践，不仅形成了中国特色新型养老保险制度的核心价值观，而且为体制机制的改革拓展了空间。

四是改变理论落后于实践的愿望越来越强烈。过去的几十年是我国经济社会飞速发展的几十年。在这几十年中,实践的快速发展变化往往使理论难以有效解释实践,并在大多数情况下是落后于实践的。况且,在基本养老保险制度方面,我国就从来没有建立起自己的理论体系,甚至少有人去试图建立中国自己的理论。基本养老保险制度的中国化是来自实践,来自对中国老有所养重大理论和实践问题的破解。成熟的理论一定是来自成功的实践。我国城乡居民基本养老保险制度取得的巨大成功,已经积累了丰富的经验;我国城镇职工养老保险制度同样取得了巨大的进展,但也同样积累了深刻的教训。但是,我们总结不够,思考不够。我们成功的实践还没有上升为成熟的理论。随着人口结构和经济社会发展进入一个新的发展阶段,新增劳动力开始减少,主要靠扩大覆盖面维系基本养老保险制度的收支平衡已经难以为继,如何把握经济和工作规律,加强理论研究和理论指导越来越紧迫和重要。中国需要真正诞生于中国伟大实践中的中国化理论。

五是对弘扬历史文化越来越重视。五千年厚重历史文化是我们民族的根和魂。中华文化的历史渊源、独特创造和思想精髓涵养了社会主义核心价值观,也是中国化基本养老保险制度和理论得以落地生根的社会基础,是推动社会主义核心价值观建设取得新的更大成效的思想基础。

四、顶层设计为全面建成中国特色新型养老保险制度提供了改革新契机

任何革命都始于首先从心理上改变美好生活的理念。公平正义成为推动基本养老保险制度变革的新理念。没有理念的变化就没有政策和制度的改变,整个社会就会失去变革的源泉。

目前,我国养老领域有太多似是而非,甚至是误导性的概念和理念,从理论到实践,从政策到制度,均处于严重的亚健康状况。这些问题经过30多年的实践,已经逐步被人们体会到、认识到,越来越多的人认识到我国基本养老保险制度目前面临的问题不是靠小改小革所能够解决的,必须按照中国化、现代化的要求,做真正高瞻远瞩的革命性变革。

基本养老保险制度的变革同样源自理念的变革,对公平正义的追求,是选择一个由资本主导、为富人提供周到服务的制度体系,还是选择一个

专注于为全民生产和公平提供使用价值的公平正义的制度体系？在中国特色社会主义根本制度条件下，作为基本制度的基本养老保险制度的变革只能选择坚持和发展社会主义根本制度的大方向，只能坚持和发展中国特色新型养老保险制度。

推进基本养老保险制度中国化、现代化，就是要以顶层设计为契机，全面建成中国特色新型养老保险制度。

改革开放以来，我国社会主义建设取得重大进展，成功开辟和坚持了中国特色社会主义发展道路。当前，改革开放进入新的历史时期，深化改革的任务已经摆在面前。中国是否应当坚持走自己的发展道路？中国基本养老保险制度改革应当走怎样的道路？30 多年来，每当改革开放进入新时期，遇到新情况新问题，道路的问题就会被重新提出，站在不同立场的人就会对中国未来的道路做出各种猜想，发出各种预测，甚至开出各种“药方”。中国特色社会主义发展道路是在改革开放的实践中成功开辟出来的，也是在不断回答各种疑问的过程中坚持下来的，我们无疑要在坚持这条道路的基础上，走中国化的基本养老保险制度改革道路。

首先，要始终坚持完善和发展中国特色新型养老保险制度。基本养老保险制度改革要改什么和怎样改，都是由这个基本遵循决定的。党的十八届三中全会提出的全面深化改革总目标，是两句话组成的一个整体。“完善和发展中国特色社会主义制度”，规定了根本方向。“推进国家治理体系和治理能力现代化”，规定了在根本方向指引下的鲜明指向。基本养老保险制度的顶层设计和改革必须有道路意识，必须坚持社会主义改革的方向。

回应公平正义的呼声，通过改革回归社会主义养老保险制度的正确方向，是与时俱进的时代要求。我们要坚定不移走中国特色社会主义发展道路，继续推进全面建成中国特色新型养老保险制度的改革。

其次，全面建成中国特色新型养老保险制度改革必须从中国国情出发。习近平总书记强调：“设计和发展国家政治制度，必须注重历史和现实、理论和实践、形式和内容有机统一。要坚持从国情出发、从实际出发，既要把握长期形成的历史传承，又要把握走过的发展道路、积累的政治经验、形成的政治原则，还要把握现实要求、着眼解决现实问题，不能割断历史。”这就告诉我们，必须从中国的历史、文化和社会条件出发，探索中国化的基本养老保险制度现代化道路。从别人的历史出发书写不出自己的历史，从别人的文化出发提炼不出自己的理想，从别人的社会出发开辟不出自己的道路。别国的养老保险制度发展道路，即使是成功的道路，也只是形成于他们的历史、文化和社会条件下的道路，不是为我们量身订做的。别国的发展经验可以学习，但别国的养老保险制度却不能简单照搬，否则便可能水土不服，产生南橘北枳的结果。

全面建成中国特色新型养老保险制度改革绝不照搬照套西方的养老保险制度模式。西方国家是通过资本主义生产方式及其政治制度率先实现现代化的，因此就有人错误地认为，西方的养老保险发展道路是“普适”的现代化道路。实际上，实现基本养老保险制度的中国化和现代化，可以有多种道路选择和制度选择。习近平总书记指出，“对待西方经济学、政治学等方面的理论著作和资本主义经济发展的经验，要注意分析、研究并借鉴其中于我们有益的成分，但决不能离开中国具体实际而盲目照搬照套”“只有扎根本国土壤、汲取充沛养分的制度，才最可靠、也最管用”。

西方的养老保险制度积累了上百年的发展经验，不同国家的制度模式往往有不同的特点，但它是西方历史、文化、社会发展的产物，我们决不能盲目照搬照套西方的理论和发展经验。实际上，西方养老保险制度不公平、不可持续等问题是十分明显的。西方国家的三权分立、多党制和两院制，已将政党之间的政治角逐变成了党派间的利益博弈，最终将政治权力的竞争变成了利益集团间的利益争斗。在西方国家的立宪民主制下，权力的相互制约已经异化为党派间的彼此扯皮和相互掣肘，已经深深影响养老保险制度的发展和演变。其中，养老保险的保障水平往往只能提高，严重影响了养老保险制度的公平与可持续。

习近平总书记指出：“改革是循序渐进的工作，既要敢于突破，又要一步一个脚印、稳扎稳打向前走，确保实现改革的目标任务。”一方面，改革要积极推进。改革不能停顿，停顿就等于止步不前，就等于放弃发展，就等于放弃未来。进行养老保险制度改革,必须破除妨碍改革发展的思维定势,不能走停滞僵化的老路。看准了的问题就不能犹豫,该改的就要坚定不移地改。另一方面,改革要从实际出发稳妥推进。怎样才是从实际出发?首先要看现阶段必须解决哪些问题。如果有失公平正义的因素不能得到有效的改革,如果一些与实现国家治理体系和治理能力现代化相悖的体制性弊端不革除,基本养老保险制度改革就无法突破、就无法进行下去。必须下决心通过基本养老保险制度的顶层设计和改革破除体制障碍,革除这些弊端。同时要看现阶段能够解决哪些问题。如果一些问题的改革条件尚不成熟,那么就应分阶段进行改革,或者等时机合适条件成熟后去改,以减少改革的阻力,降低改革的成本和风险。只要我们方向正确、科学统筹、步伐稳健,不为错误思潮所迷惑,不为错误倾向所误导,就能够坚定不移地走好中国特色新型养老保险发展道路。

走中国特色新型养老保险发展道路,关键是必须确立公平正义的社会主义核心价值观,改变资本主导养老保险制度的逻辑,确立公平主导基本养老保险制度的改革逻辑,扭转资本逻辑主导的进一步扩大不公平的趋势,消除基本养老保险制度蕴含着的系统风险,实现正本清源。

五、开创独具特色和优势的基础养老金与个人账户相结合的制度具有世界意义

道路和制度紧密相连,道路的成功离不开制度的保障。中国选择自己独具特色的新型养老保险制度,是总结国内外养老保险制度建设经验教训的结果,是在探索中坚持和发展中国特色社会主义道路的结果,是坚持和构建中国特色新型养老保险制度和理论体系的结果。与其他国家养老保险制度相比,我们这套制度在许多方面都具有显著优势,体现了一种独具特色和优势的制度文化。

(一)中国特色社会主义道路,规定了我们必须把全体人民共建共享作为基本养老保险制度改革和创新的出发点和落脚点

中国特色新型养老保险制度建设这条道路是人民的选择、人民的创造,是中国共产党领导人民干出来、走出来的。可以说,我们在认识和实

践上的突破和创新，制度建设中每一种新技术、新方法的产生和应用，制度建设中每一条重要经验的创造和积累，无不来自人民群众的实践和智慧。基础养老金制度的探索与创新，汇聚了城乡居民对建立更牢靠养老保险制度的深层呼唤。个人账户的建立，反映了人民对幸福生活的追求。正是因为我们党尊重人民主体地位、尊重群众首创精神，得以让人人享有社会保障成为现实。

人民对美好生活的向往，就是我们的奋斗目标。中国人民热爱生活、富有梦想，期盼有更牢靠的养老保险，追求过上有尊严的幸福生活。经过几十年的努力，老有所养这一朴实的梦想已经逐步成真，并正在向更高的保障水平迈进。我们对民生投入的决心之大、力度之大，在世界范围内都是少有的。保障民生没有终点，只有接连不断的新起点。以基础养老金的方式确保让人人享有社会保障，使发展成果更多更公平地惠及全体人民。不仅在中国，在人类的历史上，以前从未有过如此之多的人口、以如此之快的速度、以如此公平的程度过上这样水准的生活。

道路好不好，走在这条路上的人最有发言权。从中国城乡居民人人享有社会保障的巨大变化中、从老有所养充满希望的憧憬中，切身感受到中国特色新型养老保险制度道路的正确性。短短 3—5 年，跨越上百年，也说明城乡居民发自内心地拥护这条道路。有人形象地说，城乡居民养老保险制度改革试点以来，试点地区参保率超过 80%就达到了许多发达国家的高峰，100%的参保率是大多数国家难以实现的。这种高参保率彰显了中国特色新型养老保险制度的魅力，从一个侧面反映了人们对国家未来的信心，对制度的认同。有了亿万人民对中国特色新型养老保险制度和道路的坚定信心，我们更加有理由、有底气继续走好这条道路，并不断拓展延伸。

道路问题最根本，事关国运兴衰和人民福祉。我们要不断加深对中国特色新型养老保险制度的思想认同、理论认同、情感认同，不断增强道路自信、理论自信、制度自信，始终保持战略定力，不为任何风险所惧，不为任何干扰所惑。我们坚信，中国特色新型养老保险制度的道路必将越走越宽广，人人享有社会保障的千年梦想一定能够实现！

(二)科学高效的决策能力和超强的执行力

中国共产党的领导和社会主义制度决定了我国具有科学高效的决策能力和超强的执行力。这种决策能力和执行效率,既是衡量中国特色新型养老保险制度优劣的重要尺度,也道出了中国特色新型养老保险制度的一个突出的体制优势。我国城乡居民养老保险制度,能够着眼人民整体利益和国家长远发展,科学及时决策、高效有力执行,把持续性与公平性有效地结合起来。城乡居民基本养老保险制度的制定,经过了各方面的磋商和咨询,几上几下、上下结合,最后形成共识、做出决定。新型农村社会养老保险制度试点是在基层经办服务队伍和能力基本没有建立的情况下启动的。但是,我国集中力量办大事、解难事的强大执行力,使城乡居民基本养老保险制度从试点到几亿人参保,只用了不到 3 年的时间。一次性覆盖几亿城乡居民,不仅展示了决策的气魄,更展示了决策的科学性;不仅证明了制度设计的科学性,也证明了制度的生命力!

(三)保基本和保幸福"两只手"协同发力

我国实行的是社会主义市场经济体制,其显著特点就是既注重发挥市场作用,又注重发挥政府作用,使"看不见的手"与"看得见的手"都用好。这一制度安排,既遵循市场经济的一般规律,又弥补市场调节的盲目性、自发性和滞后性等缺陷,把市场作用和政府作用很好地结合起来。按照这种制度建设思路,我们推出了基础养老金与个人账户相结合的新型养老保险制度,并拿出了令世人惊叹的"成绩单"。而世界上一些国家,脱离本国实际套用新自由主义开出的药方,实行养老金待遇指数化发放,完全放任的自由化和市场化,结果跌入了制度和经济均不可持续的"陷阱"难以自拔。根据实践拓展和认识深化,我国实施的是完全符合"使市场在资源配置中起决定性作用和更好发挥政府作用"精神的新型养老保险制度,对市场在个人账户社会保障资源优化配置和政府在确定基础养老金标准中的关系做出了新的科学定位,将制度的稳定性与制度的弹性有机结合起来了;既可以保证参保人的基本生活,又能够充分发挥个人在社会保障资源配置中的积极性和主动性,提高个人账户缴费标准,保证幸福的生活。这必将推动我国基本养老保险制度改革不断深化,把新型养老保险制度的优势进一步发挥出来。实践证明，中国的新型养老保险制度具有巨大优势和活力，丰富和发展了养老保险制度的相关理论和实践。

（四）中国特色新型养老保险制度的核心价值观凝聚了最持久、最深层的中国精神

中华文化是我们民族的“根”和“魂”，也是中国特色新型养老保险道路和制度生于斯、长于斯的深厚土壤。中华民族5000多年创造的灿烂文化，蕴含着宝贵的思想资源和崇高的价值追求，蕴藏着解决基本养老保险制度面临难题的重要启示，比如“大同”“小康”的美好理想，“不患寡而患不均”“量入为出”的理念，均潜移默化地影响着中国人的思想方式和行为方式。

在基本养老保险制度改革实践中，我们同样需要坚守中华文化立场，传承中华文化基因，推动中华文化创造性转化、创新性发展，形成当代中国文化，为开创和发展中国特色新型养老保险制度和道路提供丰厚滋养。

价值理念是制度和发展道路的内核。解读中国制度和道路，不能忽略价值维度。对于一个民族、一个国家来说，最持久、最深层的力量是全社会共同认可的核心价值观。我们倡导保基本、全覆盖、有弹性、能转移、可持续的基本养老保险制度的核心价值观，深刻回答了要建设什么样的制度的重大问题，是中国特色新型养老保险制度和道路在精神和价值层面的集中表达。这一核心价值观，传承着中华优秀传统文化的价值内核，体现中国特色新型养老保险制度的本质属性、发展要求和奋斗目标。坚持和拓展中国特色新型养老保险道路，要进一步增强价值观自信，决不能盲目地成为西方价值观念的附和者，决不能丧失自己的精神独立性。中国特色新型养老保险道路的形成和发展，不仅意味着制度的完善，也体现为精神的充盈、文化的振兴。

上述这些独具特色和显著优势的制度及文化，是具有世界意义的突破性的创新，完全有成为世界上养老保险制度未来之星的可能！世界上最大的养老保险计划为我国养老保险制度成功奠定了坚实的理论和实践基础，我们不应该丧失争夺制度优越性话语权的勇气，不应该盲目地做西方社会保险理论和实践的信徒！我们应该承担起自己的历史责任，建立

自己在养老保险制度领域的话语权，让中国特色新型养老保险制度影响世界、走向世界！

3.2 基本养老保险制度中国化改革构想

3.2.1 基本养老保险制度中国化的改革取向与原则

当前，新一轮改革大潮已经势起，基本养老保险制度的改革已经到了“最后一公里”。

本轮改革的驱动逻辑究竟是什么？笔者认为此轮改革的主逻辑有三：一是政治逻辑。习近平新时代中国特色社会主义对公平正义的自觉追求提供了改革催化剂。二是经济逻辑。老龄化背景下经济发展速度、企业和个人缴费能力、财政支撑能力下降增强了改革的紧迫感。三是现代化逻辑。国家治理体系和治理能力现代化提供了改革的目标、提升了改革要求。

未来国家治理体系和治理能力现代化的思路决定基本养老保险制度改革的出路。现代国家治理体系改革超预期，是制度更公平可持续的根基。过去，我国基本养老保险制度改革没有放在国家治理体系和治理能力现代化的战略高度来进行，没有明确中国化、现代化的改革方向。

基本养老保险制度的革命性变革，应明确以下取向和原则：

一、中国化改革

按照党的十八届三中全会“坚定走中国特色社会主义道路，始终确保改革正确方向；坚持解放思想、实事求是、与时俱进、求真务实，一切从实际出发，总结国内成功做法，借鉴国外有益经验，勇于推进理论和实践创新”的精神，我们要始终把握改革的总目标和社会主义核心价值观，推进基本养老保险制度改革要有利于完善和发展中国特色社会主义制度，以促进基本养老保险制度更公平可持续为目标，推进基本养老保险制度的中国化。即基本养老保险制度改革必须从社会主义初级阶段和中国国情出发，按照全面建成中国特色新型养老保险制度的方向，既要加快建立全国统一、城乡统一、公平普惠的基础养老金，又要保持制度的弹性，适应不同地区、不同行业、不同群体、不同个人的特点，把握大国社会保障制度建设的规律。

只有坚持和发展中国特色社会主义制度，我们才会形成一整套更加成熟更加定型的中国特色新型养老保险制度。这是完善和发展中国特色社会主义制度的必然要求，是实现中国特色社会主义的应有之义和独特创造。我们要更好地发挥中国特色社会主义制度的优越性，必须从养老保险领域推进国家治理体系和治理能力现代化。要把中国特色新型养老保险制度的优势转化为管理国家的效能，提高党科学执政、民主执政、依法执政水平。

中国特色新型养老保险制度应体现社会主义基本制度的根本性质和基本特征，反映社会主义基本制度的丰富内涵和实践要求，是社会主义基本制度的价值表达。社会主义制度的优越性突出表现在价值观的进步，更关注公平正义和共同富裕。公平正义和共同富裕是社会主义制度的本质规定。社会主义制度的本质规定应贯穿到政治、经济、社会的每一个领域，特别是民生领域。这就要靠通过不断改革创新，使中国特色新型养老保险制度在解放和发展社会生产力、解放和增强社会活力、促进人的全面发展上更有效率，体现中国特色社会主义更高的精神与道德境界，更能激发全体人民的积极性、主动性、创造性，更能展现中国特色社会主义的共同理想和核心价值观，更能为社会发展提供有利条件，更能在竞争中赢得比较优势，把中国特色社会主义制度的优越性充分体现出来。

二、公平化改革

促进社会公平正义是社会主义社会最核心的价值追求，也是改革的目标和改革的条件。按照“实现发展成果更多更公平惠及全体人民，必须加快社会事业改革，解决好人民最关心最直接最现实的利益问题，努力为社会提供多样化服务，更好满足人民需求”“紧紧围绕更好保障和改善民生、促进社会公平正义深化社会体制改革，改革收入分配制度，促进共同富裕，推进社会领域制度创新，推进基本公共服务均等化，加快形成科学有效的社会治理体制，确保社会既充满活力又和谐有序”的精神，深刻把握以促进社会公平正义、增进人民福祉为出发点和落脚点这一全面深化改革的根本目的，将导致基本养老保险制度不公平的每一个环节、每一个因素作为深化改革的目标，努力消除城乡、地区、行业、身份、性别等一切影响社会保险权益平等的制度障碍和制度歧视，加快推进在更大范围体现养老保险制度的公平性，研究提出基础养老金全国统筹方案，推进机关事业单位养老保险制度改革，着力解决“双轨制”“待遇差”问题；整合城镇居民养老保险制度和新型农村社会养老保险制度，建立统一的城乡居民基本养老保险制度。大力推进基本公共服务均等化，健全公共管理和服务体系，为广大人民群众提供优质高效的社会保障服务，真正建立与中国特色社会主义制度相适应的公平普惠的中国特色新型养老保险制度，切实消除制度歧视，实现制度面前人人平等。

三、市场化改革

按照“发挥经济体制改革牵引作用”“使市场在资源配置中起决定性作用，更好发挥政府作用”“必须积极稳妥从广度和深度上推进市场化改革，大幅度减少政府对资源的直接配置，推动资源配置依据市场规则、市场价格、市场竞争实现效益最大化和效率最优化”的精神，一是要自觉地坚持社会保险资源配置的市场化方向，推进市场在养老保险资源优化配置中发挥决定性作用，健全符合市场规律反映社会保险资源市场供求的保障水平决定和正常增长机制。二是要理清政府和市场的边界，找准市场功能和政府行为的最佳结合点，明确政府和个人的保障责任，保持制度的弹性，满足不同群体和个人对保障的不同需求，同时，健全社会保障财政投入制度，完善社会保障预算制度。三是要加强社会保险基金投资管理和监督，推进基金市场化、多元化投资运营。制定实施免税、延期征税等优惠政策，加快发展企业年金、职业年金、商业保险，构建多层次社会保障体系。四是要改革机关事业单位养老保险制度，建立全国统一的基础养老金，为机关事业单位人员的流动和融入市场经济创造条件，从基本养老保险制度上实现与市场经济的接轨。五是提高低收入者的保障水平，更好地实现基本养老保险制度的“兜底”功能，为市场化改革提供制度保障。六是加大政府购买公共服务的力度，实行精细化、精准化管理，提高信息化程度，适应移动互联网的发展趋势。

四、城镇化改革

按照“稳步推进城镇基本公共服务常住人口全覆盖，把进城落户农民完全纳入城镇住房和社会保障体系，在农村参加的养老保险和医疗保险规范接入城镇社保体系”的精神，一是要按照能转移的要求，加快建立全国统一、城乡统一的基础养老金，促进劳动力的流动和优化配置，为城镇化提供制度保障，完善城镇化机制。二是在全国统一、城乡统一的基础养老金制度建立前，要加快制定城镇职工养老保险制度和城乡居民养老保险制度之间有利于城镇化的衔接政策。

五、可持续性改革

按照“建立更加公平可持续的社会保障制度。坚持社会统筹和个人账户相结合的基本养老保险制度，完善个人账户制度，健全多缴多得激励机制，确保参保人权益，实现基础养老金全国统筹，坚持精算平衡原则。推进机关事业单位养老保险制度改革。整合城乡居民基本养老保险制度。建立健全合理兼顾各类人员的社会保障待遇确定和正常调整机制。完善社会保险关系转移接续政策，扩大参保缴费覆盖面，适时适当降低社会保险费率。研究制定渐进式延迟退休年龄政策。加快健全社会保障管理体制和经办服务体系”“划转部分国有资本充实社会保障基金。完善国有资本经营预算制度，提高国有资本收益上缴公共财政比例，2020年提到30%，更多用于保障和改善民生”等要求，将保障水平决定和正常增长机制中导致制度不可持续的每一个因素、每一个环节作为改革的目标，对影响养老保险制度不可持续的运行逻辑进行重新设计，促进制度的可持续。与此同时，积极推进适时启动机关事业单位养老保险制度改革，制定基础养老金全国统筹实施方案，研究渐进式延迟退休年龄政策。落实税收优惠等支持政策，大力发展企业年金、职业年金等多层次养老保险。从长远看，对养老保险制度进行可持续性改革，也是适应老龄化发展趋势的必然选择。

六、治理体系和治理能力现代化改革

虽然我国养老保险工作的信息化取得了长足的进展，但是按照治理体系和治理能力现代化的要求，基本养老保险制度还应进行革命性的变革。要完成这种变革，更多的是需要有自我革命的精神。

（一）要坚持公平普惠的理念和保基本的制度模式

我国基本养老保险制度相对还是管得太多，制度本身被赋予太多的历史任务，受短期政治经济目的影响较大。如各地政府都想用养老保险制度来调结构，解决当地企业改革难、国有企业解困、刺激消费，适当提高退休比较早和高技术职称人员养老金等问题，政府要处理的历史遗留问题太多了，政策制度也因此而难以统一、难以规范，并逐渐远离公平。

城乡居民基本养老保险制度成功实现全覆盖后，普惠的基础养老金成为我们国家社会保险，特别是养老保险制度改革取向的可能性大为增加。普惠制就是让所有的人在丧失劳动能力后能够及时地、有尊严地以公平的方式获得保险的服务。与此同时，普惠的基础养老金也为养老保险治理体系和治理能力现代化奠定了强大的制度基础。

只有走出认识误区，逐步剥离附着在基本养老保险制度上的其他功能，养老保险制度才能回归本性，才会有中国特色养老保险制度的春天，基本养老保险制度才能实现现代化。为此，我们要坚守“保基本，守底线”的原则，按照“政府承担保基本的责任，个人分担保幸福的责任”的理念，对基本养老保险制度进行改革。如果将个人的责任与政府的责任直接挂钩，就不会有健康的保险制度，极可能引发不公平、不可持续问题。如果个人不愿意为自己的幸福承担责任的话，就不会有社会保险资源的优化配置。

基本养老保险制度改革需要有自我革命的精神，勇敢面对事情的真相，采取行动改正缺点。通过坚持公认的社会主义公平普惠的理念，纠偏资本主导的功利思想和制度模式。

（二）要坚持做实做大个人账户的方向

在老龄化越来越严重的背景下，任何说要坚持社会统筹与个人账户相结合、放弃做实个人账户的说法和做法，都值得商榷。放弃个人账户，如果不是对操作层面投资保值增值的畏惧，如果不是缺乏社会保险不言而喻的常识性共识，就是别有用心。

养老保险制度的目标是什么？能否实现惠民生、促发展应该是检验养老保险制度的重要目标。

事实最重要，目前城镇职工基本养老保险制度已经失去了部分参保人和基层的信任。如果长期不做实个人账户，甚至公开放弃个人账户，我国养老保险制度可能迅速因误解、误导而失去参保人的信任，并迅速走向崩溃。

坚持个人账户设计理念的原始动力是，在不根本改变现行制度结构与规则的前提下，通过个人账户递延税收政策，既实现个人账户社会保障资源的市场化配置，又可以实现社会保险治理体系和治理能力的现代化。

《国务院关于加快发展现代保险服务业的若干意见》（“新国十条”）明确提出，在完善现代保险服务业发展的支持政策下，要研究完善加快现代保险服务业发展的税收政策。其中涉及包括完善健康保险有关税收政策、适时开展个人税收递延型商业养老保险试点、落实和完善企业为职工支付的补充养老保险费和补充医疗保险费有关企业所得税政策等多个方面。个人税收递延养老保险是由保险公司承办的一种商业养老年金的保险。社会公众投保这个保险可以享受一定程度上的个人税收延迟缴纳的优惠。

开展个税递延养老保险试点工作的好处非常多。首先，通过延迟纳税的激励政策，可以鼓励社会公众积累几倍甚至十几倍的养老金，这样不仅有利于促进保障体系的建设，而且可以大大减轻财政负担。其次，有利于提高养老保障制度的弹性，满足人民群众个性化的保障需求。在我国快速老龄化的背景下，财政又不是很充裕，社会保险只能是保基本，提高保障制度的弹性，满足不同的保障需求的职责可以更多地放给市场，以发挥市场配置社会保障资源的决定性作用，起到更好的效果。

我们完全可以把个人账户建设成为社会保障体系的重要支柱，成为家庭和个人保障计划的主要提供者。这样的政策要落实到位的话，抓好个人税收递延型养老保险的试点是很重要的措施，也是非常有效的措施。

在英、美等发达国家，对个人养老保险实行税收优惠是比较普遍的做法，其意在于鼓励公民主动购买养老险，以增强公民自我养老的经济能力。

目前我国已经在商业保险、企业年金中开展了个人税收递延保险的尝试，在个税递延的制度安排、产品设计、流程等相关方面做了大量研究，应该说有一定的技术储备。如果将其应用到社会保险是现实可行的！

（三）保持制度的弹性

国家治理体系和治理能力现代化一定要突破传统的计划经济思维，坚持市场配置社会保障资源的思路，通过保持制度的弹性，实现资源的优化和精准配置。

现行养老保险制度不合理的原因中，最值得探究的是，制度模式实际上依然沿袭了中国过去奉行的“计划经济”思路。无论是社会统筹，还是个人账户，政府仍起主导作用，其实无非是继续坚持了换汤不换药的“计划”治理思路。

一切“计划”思路无非出于同一个信念，那就是政府一家做主，而不是让市场主体自主，可以保证更高水准的整体合理性，所谓“协调发展”。可是无论是缴费基数、缴费标准的差异，还是个人账户标准的统一；无论是地区差异，还是群体差异，都证明讲“计划”的政府，最后带来的结果很可能却是计划外的不公平、不可持续，最需要保障的群体得不到保障，高收入群体却利用公共资源获得过度保障。

说得大一点儿，所有相信政府可以实现最高合理性的人士，都是对人类理性的过度迷信者，总认为一小拨精英的思考能最好的实现合理的治理效果。哲学家早就证明，以人类理性之有限，与其将决定权交给一部分人——纵然他们够得上“精英”的称呼，也不如让所有个人自主决策，然后通过相互竞争，实现社会保障资源最有效的配置。同时，这也是因为在一定程度上存在对西方社会保障理论和实践的盲目崇拜，导致存在一定的教条主义。

说得小一点儿,所有迷信计划的人士同时也是相信政府能够完全出于公心,将长远的公共福祉用计划的方式落实下来,而不会像市场主体那样每人只从私利出发,不关心公共利益。可政府本身就是一个利益群体,各个部门也是大小不等的利益群体,所以政府决策同普通市场主体基于私利做出的决策,很多时候没有本质上的差别。在短期任期制的刺激下,官员要么抓紧出政绩,然后升迁,要么乏善可陈,眼睁睁看着面临的问题无所作为,得过且过。

在这样的背景下,社会保障需求的差异,依靠不完善的和有缺陷的政府或者"计划",资源难免错配。在制度设计上应该通过保持制度的弹性,一方面,让个人根据自己的需求决定个人账户的大小、决定个人账户在不同生命周期建立的时间、决定在不同收入水平配置的高低;另一方面,无论是中央政府,还是地方政府,可以按照以收定支的原则,确定基础养老金的高低,待遇调整的时间和频率。总之,让市场在社会保障资源配置中发挥决定性的作用,让市场去弥补和纠错,让市场实现社会保障资源的优化和精准配置。这应该是社会保险治理体系和治理能力现代化的目标,也是衡量社会保险治理体系和能力现代化的核心标准。

(四)提高信息化程度

在信息化程度越来越高的背景下,实现社会保障资源的优化和精准配置是可能的。相应的,制度也应该与时俱进地实现弹性化的改革。利用互联网特别是移动互联网技术实现经办管理的便捷和精细化管理,更没有技术障碍。总之,信息化为社会保险治理体系和治理能力现代化提供了强有力的技术保障。

3.2.2 全面建成中国特色新型养老保险制度的基本构想

全面建成中国特色新型养老保险制度,必须以中国特色的"大保障理论"为指导,围绕增强制度的道路自信、理论自信、制度自信和文化自信,实现制度的道路独立、理论独立、制度独立和文化独立。为此,应从以下几方面推进制度的革命性变革,实现制度的中国化和现代化。

一、坚持制度的中国特色社会主义方向，增强中国特色新型养老保险制度的道路自信

建立中国特色新型养老保险制度既是完善社会主义制度的根本要求，是社会主义制度的重要组成部分，也是做好保障和改善民生工作应有的大思路。

从城乡居民基本养老保险制度的成功实践看，中国特色新型养老保险制度的“中国特色”主要体现在：“保基本”是由中国还处于社会主义初级阶段的基本国情决定的，“全覆盖”是由社会主义的基本性质决定的，“有弹性、能转移、可持续”是中国特色的制度创新。新型则主要体现在：“保基本”“有弹性”和“能转移”。制度的灵魂是“人人公平享有基本生活保障”。这也是中国特色新型养老保险制度与之前养老保险制度相互区别的主要特征。但是，“中国特色”相对“新型”对制度转型和定型是更具有决定性作用的因素，而社会主义制度对公平正义更自觉的追求是制度最本质的规定，是最能动的、主观的政治，最终会决定制度转型和定型的方向。全心全意为人民服务则决定了制度的灵魂必须是“人人公平享有基本养老保障”。

二、构建中国特色新型养老保险制度的核心价值观，增强制度的理论自信

中国特色新型养老保险制度，不仅要在覆盖面和覆盖速度上创造世界奇迹，也要在价值观上树立标杆。社会进步需要一个道德的罗盘。养老保险制度改革同样需要一个道德罗盘。今天，在全面深化养老保险制度改革的进程中，确立什么样的价值观，才能引领思潮、凝聚共识、攻坚克难？在全面建成中国特色新型养老保险制度的伟大实践中，弘扬什么样的价值观，才能使中国特色新型养老保险制度在理论、道路和制度上更加自信？才能实现道路、制度和理论的独立？

按照社会主义核心价值观的基本要求，中国特色新型养老保险制度应创造性地重点培育和弘扬以“保基本、全覆盖、有弹性、能转移、可持续”为基本内容的核心价值观。中国特色新型养老保险制度的核心价值观概括了制度建设核心价值观的价值目标、价值取向和价值准则。核心

价值观应分三个层次:保基本、全覆盖是制度层面的价值目标;有弹性、能转移,是制度层面的价值取向;可持续是制度层面的价值准则。

城镇职工养老保险制度建立以来,一直在努力的目标就是在寻求制度的价值内核。在这样的意义上,中国特色新型养老保险制度核心价值观也是制度的灵魂。从知与行的角度,让中国特色新型养老保险制度核心价值观内化为社会群体和个人的意识,外化为群体和个人的行为规范,才能不断形成更加广泛的价值认同,夯实制度的思想基础、群众基础和实践基础。实现制度的统一首先必须有一个全社会多数人认可和遵守的核心价值观,这是建构真正统一制度的思想前提。只有这样,才是一个有灵魂的制度,才是一个可以圆梦的制度。

一个国家的制度体系与价值体系有着非常紧密的内在联系。核心价值体系是一个社会意识形态的主体和灵魂,制度体系是国家机器有序运行的制度载体和保障,核心价值体系对制度体系具有引领和决定作用。可以说,有什么样的价值体系就有什么样的制度体系,制度体系对价值体系具有承载、保证和弘扬作用。一个国家只有根据本国国情和历史传承来选择和坚持制度体系和价值体系,并使制度体系与价值体系高度一致、相互匹配、相得益彰,才能保证国家长治久安、人民幸福安康。因此,推动中国特色新型养老保险制度更加成熟更加定型,必须与培育和弘扬中国特色新型养老保险制度的核心价值体系、核心价值观贯通起来思考,统筹起来把握,加快构建充分反映中国特色、民族特性、时代特征的价值体系。要坚持用中国特色新型养老保险制度核心价值体系和核心价值观指导、规范养老保险制度体系的价值取向,推进养老保险制度体系的系统化、科学化、规范化,为坚持和发展中国特色新型养老保险制度、实现中华民族伟大复兴的中国梦,提供更加坚实的制度保障。

三、对基本养老保险制度进行革命性变革,增强基本养老保险的制度自信

习近平总书记强调,推动中国特色社会主义制度更加成熟更加定型,为党和国家事业发展、为人民幸福安康、为社会和谐稳定、为国家长治久安提供一整套更完备、更稳定、更管用的制度体系,是摆在我们面前的一

项重大历史任务。这一重要论述,既阐明了全面深化改革总目标的重要任务,又明确了深化基本养老保险制度改革、完善中国特色新型养老保险制度的根本目的。

基础养老金与个人账户相结合的基本养老保险制度具有鲜明的中国特色。基础养老金制度追求的公平不是结果平等,而是起点平等;起点平等是制度平等,而不是能力平等。建立基础养老金制度就是追求制度的平等。这样的制度才能真正推动中国特色新型养老保险制度更加成熟更加定型,才能要进一步革除城镇职工基本养老保险制度存在的体制机制弊端,完善制度体系,坚定制度自信。

现在,国际上越来越多的人开始认同我们的制度优势。我们坚定中国特色新型养老保险制度自信,在基本养老保险制度改革上坚定不移走自己的路,是以历史和实践的检验为深厚基础的。

坚定制度自信,加强制度建设,完善制度体系,要求我们一定要有战略定力和政治定力,善于明辨大是大非,不断增强政治敏锐性和政治鉴别力,绝不照搬西方养老保险制度模式,绝不接受任何外国颐指气使的说教。应当看到,中国特色新型养老保险制度还存在许多亟待改进的地方,还没有达到更加成熟更加定型的要求,一些具体的体制机制和制度还有不少漏洞和薄弱环节,一些长期解决不了的问题与此有直接关系,有些方面甚至成为制约发展和稳定的重要因素。比如,经办管理服务能力不足,信息化程度不高以及利益固化现象等,都有体制机制方面的原因。同时要看到,我们的体制机制改进和创新的空间是巨大的。坚定制度自信与制度创新不是矛盾的,而是有机统一的。我们要在坚持根本制度、基本制度的基础上,不断通过改革创新推进中国特色新型养老保险制度体系的完善和发展,防止裹足不前、故步自封。

保障人们的基本生活和长远生计并非只有一种模式,而是具有多样性。基本养老保险制度是历史的、具体的,一个国家或民族要根据经济社会发展面临的主要任务和社会条件选择适合自己的制度形式。一个国家基本养老保险制度发展道路的选择,是由这个国家的社会历史条件、政治经济状况、民族文化传统、外部国际环境以及最广大人民的根本利益追求等共同作用的结果。中国特色新型养老保险制度,是我们坚持把马克思主义基本原理同中国具体实际和时代特征相结合,在坚持和发展中国特色新型养老保险的实践中形成的符合中国国情的制度。这个制度,深深地扎根于中国社会的土壤之中。“适合的才是最好的”,在制度模式选择上搞“拉郎配”只会祸国殃民。中国选择了中国特色新型养老保险制度,这为中国自立自强、发展进步确立了根本立足点。我们一定要珍惜这个来之不易的制度,坚持我们的制度特色,确保这个制度适应和推动中国的发展进步。当然,坚持中国特色新型养老保险制度,并不是要与世隔绝、傲然孑立,它与借鉴吸收其他国家社会保险有益成果是有机统一的。我们要把坚持中国特色新型养老保险制度作为实现养老保险治理体系和治理能力现代化的根本,以海纳百川的气度广泛吸收借鉴其他国家一切优秀文明成果,实现制度体系的自我改进和自我完善,推进养老保险制度的革命性变革。

当前我国基本养老保险制度的革命性变革的主要内容包括五个方面:一是应推进社会统筹与个人账户相结合的制度模式向基础养老金与个人账户相结合的制度模式转型。二是应完成由需求约束型的运行机制向供给约束型的运行机制的革命性变革。三是应按照实施全国统一、城乡统一的基础养老金的要求,建立与普惠型制度模式相适应的社会保险税征缴管理体制。四是应建立具有高度弹性的制度模式,以满足增强公平性、适应流动性、保证可持续性的制度要求。五是应建立中国特色的社会保险基金投资运营制度,制定投资试点的路线图和具体方案,健全通过投资分享经济发展成果的机制。

一个国家实行什么样的养老保险制度,选择什么样的筹资模式,要从自己的国情出发。基础养老金不仅可以提高养老保险制度建设的科学化水平,而且可以保持养老保险制度的先进性,为人民利益的实现和国家长治久安奠定坚实的制度基础。基础养老金制度是中国特色新型养老保险制度的最根本的制度,也是我们的制度优势。建设中国特色新型养老保险制度要不断完善养老保险治理体系,推进养老保险治理体系和治理能力现代化、法制化、规范化。总之,基础养老金制度是我国养老保险制度区别于西方养老保险制度的本质特征，是坚持中国特色社会主义道路的“定海神针”。我们必须积极稳妥地推进养老保险制度革命性变革，确保改革的每个步骤各项措施，都有利于实现人人公平享有社会保障与保障基本生活的有机统一。

四、运用中国特色新型养老保险的“大保障理论”，指导基本养老保险制度的革命性变革

理论是行动的先导。运用中国特色新型养老保险理论指导制度转型与定型，最关键的是要实现制度理念、制度模式和运行体制机制的革新、转变和中国化。

中国特色新型养老保险制度理论的中国化，首先是要明确制度定位与社会主义基本制度相适应，核心是要按照更公平可持续的社会主义核心价值观和发挥市场在社会保险资源配置中起决定性作用的要求，从养老保险的基本概念、基本理论、基本原则、制度模式、运行机制和科学方法等方面对制度进行革命性变革。改革最重要的中国特色应体现社会主义制度底线思维、博爱思想，明确政府和市场的社会保险责任，增强制度的公平性、弹性、能转移和可持续性，真正实现养老保险制度的中国化和现代化，确保人人都可以基于国民待遇获得公平公正的基本保障。

中国特色新型养老保险制度理论创新的核心是要根据中国特色社会主义制度的本质要求、中国处于社会主义初级阶段的特点、经济发展规律和国内外社会保险制度变革的趋势，构建中国特色的“大保障理论”。

该理论指导实践的主要成就是已经把产生于欧洲的社会保险理论，创造性地运用到中国这个农民占人口大多数的经济文化落后的东方大国，紧密结合中国实际，并汲取中华文明之精华，首先创建中国特色的新型农村社会养老保险制度和城镇居民养老保险制度，优先将低收入群体和老少边穷地区纳入了社会养老保险制度，初步解决了老有所养的千年期盼，推进了社会养老保险制度的中国化。这个理论生长在中国这片土地上并已深深扎根在这片土地上。该制度是在总结国内外社会保

险制度建设历史经验的基础上,完全根据中国的实际情况设计的,它具有革命性、彻底性、深刻性、进步性、严密性、科学性、透明性、渐进性、实践性、可行性等特点,充分体现了其改善民生、适应中国地区差异大的功能。

4

中国长期护理保险模式选择研究

——基于保险基金动态均衡模型测算

殷　俊　李晓鹤

4.1 引　言

低生育率和人均预期寿命的延长，引起人口结构和家庭结构的转变，因年老、疾病造成身体机能障碍和精神障碍的概率上升，长期护理风险从家庭风险演变成为社会风险。中国的老龄失能人口目前呈现出人口基数大、增长速度快、高龄化、男女性别失衡、城乡差异明显的特征，沿袭传统的、以家庭养老为基础的长期护理方式，已经不能够抵御潜在的长期护理风险。面对长期护理的巨大压力，建立长期护理保险，实行政府、社会、家庭和个人风险共担机制，对失能老人提供医疗社会服务和康复治疗、协助其完成基本生活起居、提供感情支持等政策倾斜成为明显趋势，在发展中不断得到完善。目前，除了保险公司自负盈亏的商业保险，我国的长期护理保险试点模式主要有两种：政府补贴下的长期护理保险商业运行模式、长期护理社会保险模式。不同的制度模式选择，意味着不同的福利取向和发展目标，以及政府和个人在长期护理成本中的责任分担，长期护理保险模式选择十分重要。

本章主要从长期护理保险基金动态收支平衡的角度，通过比较不同保险模式下个人和政府需要负担的长期护理成本压力以及再分配效应，分析不同保险模式的可持续性和可负担性，为中国长期护理保险模式的选择提供借鉴意义。基于模型的测算结果，商业保险模式和社会保险模式相比，个人和政府的负担水平较高，并不适合在中国全面推行。由于长期护理风险的不可确定性，即使选择社会保险模式，在财政能力和护理资源十分有限的现实情况下，需要坚持“底线公平”福利原则，以满足中低收入者的基本长期护理需求为制度建设目标，政府在市场发展中承担适度监管的责任，扶持长期护理服务业的发展，摆脱长期护理服务资源供给的有价无市困境。在长期护理服务产业发展基础上，扩大制度覆盖面，明确界定受益条件和给付水平，强调责任分担，以分散长期护理风险。

4.2 文献回顾

长期护理保险始于20世纪70年代，首先在美国以商业保险产品的形式出现。1986年，以色列开始实施《护理保险法》，成为世界上第一个将长期护理保险纳入到社会保障体系中的国家。之后，为应对人口老龄化背景下的老年护理危机，德国、日本、奥地利、荷兰和韩国等国纷纷实施了长期护理社会保险。由于长期护理保险的形式和内容多样，引发了学术界对长期护理保险发展模式的争议与讨论。

基于美国在商业保险中的先行经验，较多的学者对长期护理的商业保险模式进行研究，解释了商业保险在长期护理风险分担方面的局限性。在商业保险模式下，自由市场竞争中的信息不对称问题、逆向选择和道德风险难以规避，由此引发了长期护理保险定价困难，保单定价高于精算定价水平①。Meier曾指出，当被保人失能概率不确定时，由于逆向选择和道德风险，人们通常会推迟购买长期护理保险的时间，这样使得商业长期护理保险的赔付率提高，精算风险增大，保险公司不得不提高保费，推行只针对中高收入阶层的保单，因此美国长期护理保险的市场份额有限，中低收入者缺乏购买长期护理保险的能力和意愿②，这也间接反映出商业保险在维持社会公平方面的局限性。实证研究证实个人短视行为、风险

① Brown, J.R., Finkelstein, A., "The Private Market for Long-Term Care Insurance in the United States: A Review of the Evidence", *Journal of Risk & Insurance*, 2009, 76(1), pp.5-29.

② Meier, V., "Long-Term Care Insurance and Life Insurance Demand", *Geneva Papers on Risk & Insurance Theory*, 1998, 23(1), pp.49-61.

意识的缺乏以及有限理性也在一定程度上阻碍了商业保险市场的扩大[①]。另外,由于家庭结构、公共长期护理供给影响个人的护理供给选择,继而会影响长期护理保险的发展[②]。还有一些学者从代际关系的视角,解释了长期护理商业保险在大多数发达国家不能取得成功的原因:由于代际间的道德风险,父母希望子女承担长期护理责任,以获得感情支持,不愿意购买商业保险[③]。此外,Campbell、Ikegam 和 Gibson 通过制度国别比较指出,和德国、日本相比,美国的长期护理商业保险体系是无效的[④]。

实证研究中,来自公共部门财政、社会保险和非正式护理对长期护理商业保险的挤出效应,引发了广泛的、持久的讨论和争议,观点尚未达成一致。Pauly 认为在以家计调查为基础的公共保险制度下,老年人不购买长期护理保险成为理性选择[⑤]。对美国长期护理保险的相关实证分析支持了他的观点,Sloan 和 Norton 实证分析结果显示出医疗救助(Medicaid)和长期护理商业保险之间存在明显的负相关关系[⑥]。Brown 和 Finkelstein 的相关研究结果表明[⑦],在其他护理支持的替代作用下,购买长期护理保险成为非理性行为,当医疗救助覆盖长期护理保单的大部分赔付项目时,医疗救助对长期护理保单产生了隐性税收效应,从而明显挤出个人的长期护理保险需求。同样地,非正式的家庭护理中,当子女承担父母的护理

① Costa-Font, J., Font-Vilalta, M., "Risk Perceptions, Myopia and the Willingness to Pay for Long Term Care Insurance in Catalonia", *Applied Economics Letters*, 2009, 16(13), pp.1301-1305.

② Finkelstein, A., Mcgarry, K., "Multiple Dimensions of Private Information: Evidence from the Long-Term Care Insurance Market", *American Economic Review*, 2006, 96(4), pp.938-958.

③ Zweifel, Peter, Struwe, "Long-Term Care Insurance in a Two-Generation Model", *Journal of Risk & Insurance*, 1998, 65(1), p.13.

④ Campbell, J.C., Ikegami, N., Gibson, M.J., "Lessons from Public Long-term Care Insurance in Germany and Japan",《台湾健康照顾研究学刊》, 2012, 29(13) pp.1-22。

⑤ Pauly, M.V., "The Rational Non-purchase of Long-Term Care Insurance", *Journal of Political Economy*, 1990, 98(1) pp.153-168.

⑥ Sloan, F.A., Norton, E.C., "Adverse Selection, Bequests, Crowding Out, and Private Demand for Insurance: Evidence from the Long-term Care Insurance Market", *Journal of Risk & Uncertainty*, 1997, 15(3), pp.201-219.

⑦ Brown, J.R., Finkelstein A., "Why is the Market for Long-term Care Insurance So Small?", Trans-Atlantic Public Economics Seminar, 2007, pp.1967-1991.

责任时，长期护理保险的代际道德风险产生，父母缺乏购买长期护理保险的动力，非正式护理对长期护理保险需求产生了挤出效应①。然而，代际道德风险并不一定产生，当父母出于减轻子女负担而购买长期护理保单时，长期护理保险和非正式护理之间则可能存在补充关系，挤出效应并不明显，一部分实证分析证实了此假设②。相比以上实证分析结果，Costa-Font 和 Courbage 在借鉴他人实证研究方法的基础上，提出包括商业保险、社会保险、家庭等护理供给主体在内的个人长期护理选择理论模型，使用欧洲长期护理需求的大数据对长期护理的挤出效应进行了综合实证分析，非正式护理为外生因素时，社会保险和非正式护理都可能对长期护理保单产生挤出效应，但是当社会保险覆盖非正式护理服务，非正式护理成为社会保险的内生因素时，挤出效应可能不明显。也就是说，若个人无特殊偏好，非正式护理会对商业保险产生明显的挤出效应，但是社会保险的挤出效应可能不明显③。

一些学者主张实行社会保险模式，将长期护理项目从医疗保险中抽离出来，单独建立长期护理社会保险。一方面，社会保险模式能够保证长期护理保险的覆盖面，在政府财政可负担范围内有效分散护理风险④；另一方面，社会保险的强制性，能够有效规避长期护理商业保险中的逆向选择和道德风险⑤，在商业保险中个人行为所导致的健康投资的无效性可以通过公共长期护理保险改进⑥。此外，实证分析证实了长期护理社会保险模式的有效性，德国强制的长期护理社会保险依托于德国完善的医

① Zweifel, Peter, Struwe, "Long-Term Care Insurance in a Two-Generation Model", *Journal of Risk & Insurance*, 1998, 65(1), p.13.

② Courbage, C., Roudaut N., "Empirical Evidence on Long-term Care Insurance Purchase in France", *Geneva Papers on Risk & Insurance Issues & Practice*, 2008, 33(4), pp.645-658.

③ Costa-Font, J., Courbage C., "Crowding Out of Long-Term Care Insurance: Evidence from European Expectations Data", *Health Economics*, 2015, 24(S1), pp.74-88.

④ Finkelstein, A., Mcgarry K., "Multiple Dimensions of Private Information: Evidence from the Long-Term Care Insurance Market", *American Economic Review*, 2006, 96(4), pp.938-958.

⑤ Theobald, H., "Combining Welfare Mix and New Public Management: the Case of Long-term Care Insurance in Germany", *International Journal of Social Welfare*, 2012, 21(S1), pp.61-74.

⑥ Miyazawa, K., Moudoukoutas, P., Yagi T., "Is Public Long - Term Care Insurance Necessary?", *Journal of Risk & Insurance*, 2000, 67(2), pp.249-264.

疗保险体系，运营有效减轻家庭负担，也缓解了地方政府的财政压力①。

对于商业保险模式的批判和社会保险模式的推崇，并不意味着社会保险模式当下成为大部分国家建立和完善长期护理制度的首选。一国的长期护理制度选择根植于本国的福利制度，其发展具有一定的路径依赖。受自由主义福利观的影响，美国和英国并不具备选择社会保险模式的现实土壤，尽管商业保险颇受诟病，美国政府依然选择通过政策倾斜，扶助长期护理商业保险的发展②；相比之下，英国受自身福利制度的制约，更倾向于建立公共财政负担的、普惠性的长期护理制度③。同样的，社会民主主义福利观和混合福利观影响的大部分北欧和中欧国家，在开源节流的政策改革基础上，也继续坚持普惠的长期护理制度④。抛开福利制度的路径依赖，一些学者基于实证分析对长期护理保险筹资可持续性表示质疑：德国从 1995 年建立长期护理保险至今，鉴于基金支出压力，已经两次提高缴费费率⑤，而以税收为主要来源的日本长期护理保险制度，在保险支出快速增长后，于 2006 年调整了制度目标⑥。

国内对长期护理保险制度的讨论，建立在长期护理保险的可行性分析基础上，一些学者支持在中国建立长期护理保险，另外一些学者则对长期护理保险在中国的发展前景表示出担忧。在老龄化压力、生活方式改

---

① Sato, E., "After the Launch of Long-Term Care Insurance in Germany: Analyzing the Transition of LTCI from 1999 to 2005 by State", *Journal of Public Health*, 2009, 17(6), pp.409-415.

② Randby, S., "Who Pays for Long-Term Cares", *Fairfield County Business Journal*, 2007, 5(1), pp.12-25.

③ Liu, C., Eom, K., Matchar, D.B., et al., "Community-Based Long-Term Care Services: If We Build It, Will They Come?", *Journal of Aging & Health*, 2015, 28(2), pp.5-47.

④ Meagher, G., Szebehely, M., "Long-Term Care in Sweden: Trends, Actors, and Consequences", 2013, pp.55-78; Courbage, C., Plisson M., "Financing Long-Term Care in France", *Financing Long-Term Care in Europe*, Palgrave Macmillan UK, 2012, pp.86-92.

⑤ Arntz, M., Thomsen, S.L., "Are Personal Budgets a Financially Sound Reform Option for the German Long-Term Care Insurance?", *Jahrbücher Für Nationalökonomie Und Statistik*, 2010, 230(4), pp.378-402.

⑥ Mitchell, O.S., Piggott, J., Shimizutani S., "An Empirical Analysis of Patterns in the Japanese Long-Term Care Insurance System", *Geneva Papers on Risk & Insurance Issues & Practice*, 2008, 33(4), pp.694-709.

变、医疗费用激增的背景下,居民支付保费能力增强,我国应实行城市居家护理保险和农村老年护理救助制度[①],并从制度创新的四类支持性要素:价值支持、意识形态的支持、成本支持与路径支持几个角度探讨了我国实行上述护理制度的可行性[②]。相比之下,陈许亚和宋健等学者则坚持认为,虽然日本的护理保险在缓解老人日常照料困难方面提供了参考,但是考虑到目前中国城市独生子女的居住方式、社会保障制度的不完善和护理保险中的缴费、不同地区经济发展的不平衡等问题,目前在中国城市独生子女家庭中普遍推行护理保险还存在一定困难[③]。

由此,采取何种形式来建立中国长期护理保险,学者争议已久。早期研究主张坚持当下商业护理保险单行模式,由于我国经济发展水平较低以及城乡和地区差异较大决定了在我国建立统一的长期护理社会保险制度不可行,我国应该采用商业护理保险,采取服务给付机制,划分服务内容的等级和保障方式[④],在营造适合护理保险发展的环境和促进商业护理保险行业发展策略方面提出建议[⑤]。相比之下,另外一些学者考虑到商业保险的覆盖面问题,对单行的商业保险模式持反对态度,认为大部分人购买商业护理保险承受能力有限,商业保险无法真正解决老年人的护理问题,建议建立政府主导型长期护理保险,将长期护理保险纳入到社会医疗保险体系。蒋虹提出:我国的国情决定了我国发展长期护理保险应该从商业保险逐渐过渡到社会保险,待条件成熟时,应将长期护理保险纳入到社会保险的范畴内,应建立国家、企业、个人三方共同负担保费的“三位一体”机制,政府给予税收方面的优惠减免,承担低收入人口的全

① 王丽:《银色拐杖——中国需要护理保险》,《中国保险》2003 年第 12 期,第 54—55 页;王岩梅、石磊:《我国实行长期护理保险的可行性分析》,《中华护理杂志》2007 年第 10 期,第 926—928 页。

② 王杰、戴卫东:《长期护理保险在中国的选择——基于制度经济学的分析》,《人口与发展》2007 年第 4 期,第 75—80 页。

③ 陈许亚、宋健:《日本护理保险制度对中国城市独生子女家庭养老的启示》,《人口与社会》2008 年第 4 期,第 53—55 页。

④ 杨红燕:《老龄化趋势下的护理保险制度》,《医院管理论坛》2004 年第 3 期,第 19—21 页。

⑤ 夏秀梅:《我国开展商业性长期护理保险研究》,博士学位论文,郑州大学,2006 年,第 12—27 页。

部长期护理费用。同时，要建立完善的配套护理体系，为客户提供优质的护理服务和护理信息①。除此之外，一些学者建议建立多层次的长期护理保险制度，主张长期护理保险制度可以效仿我国养老保险发展模式，在政府层面上建立基本老年长期护理保险，在市场上建立商业老年长期护理保险，将社会型和商业型两种模式相互融合、相互补充，从而建立多层次、广覆盖、满足不同需求的老年长期护理保险体系②。制度建设可以分为三步走：商业长期护理保险的模式先行，时机成熟时，推出由国家、企业、个人共同参与的社会基本长期护理保险，将社会基本长期护理保险和商业长期护理保险相结合，采取商业长期护理保险作为补充保险的模式。在此基础上，最终实行政府强制的全民长期护理保险模式③。

在长期护理保险相关文献的梳理过程中可以看出，相比国外长期护理保险的相关研究，国内研究尚处于萌芽阶段，以定性研究为主，主要提出中国建立长期护理保险制度的基本框架构想，但是分析仅限于理论层面，缺乏精算分析基础，说服力不强，这给我们深化长期护理保险相关研究提供了思路。因此，本章基于长期护理保险的不同发展模式，建立相应的精算模型，从定量的角度分析了中国建立不同的长期护理保险制度模式的成本，通过对长期护理保险需求人数测算、需求费用测算和政府、个人承担能力测算，提出适应中国实际情况的长期护理保险模式。

4.3　模型原理与基本假设

长期护理社会保险模式和商业保险模式究竟孰优孰劣，理论界尚未

① 蒋虹：《我国长期护理保险的发展模式选择》，《西南金融》2007 年第 1 期，第 61—62 页。

② 韩振燕、梁誉：《关于构建我国老年长期护理保险制度的研究——必要性、经验、效应、设想》，《东南大学学报（哲学社会科学版）》2012 年第 3 期，第 38—42 页。

③ 荆涛：《长期护理保险：中国未来极富竞争力的险种》，硕士学位论文，对外经济贸易大学，2006 年，第 16—32 页。

达成共识，在此影响下，我国政府财政支持下的长期护理保险试点和实践中，出现了两种保险模式：一种是以商业保险精算为基础，政府补贴和个人缴费为主，由商业保险承保并运行管理的商业保险模式，主要在北京海淀区试行；另外一种是按照现收现付的原则，由政府、企业和个人三方缴费，在代际和群体之间风险共担的社会保险模式，主要在山东青岛等地区试点。这两种模式虽然都强调了政府财政支出在长期护理保险中的责任，但是由于基本运行原则的不同，在政策目标、运行机制和成本方面，两种保险模式存在明显差异。

政府补贴的商业保险模式，利用商业保险公司的保险风险管理经验，实现长期护理基金的保值增值，降低管理成本，政府承担监管职责，分担一部分长期护理缴费，并对低收入者实行缴费减免。在这种制度模式下，长期护理基金基于商业保险的定价原理，采取年度固定缴费的方式，将被保人划分为不同的年龄段，不同年龄段之间缴费标准不同，年轻人的缴费压力较小，随着年龄的提高，逐渐提高缴费标准，以此激励年轻人参与长期护理保险，分散基金的支出压力。长期护理基金的支出风险基于年龄段人群的赔付概率，实现年龄段内人群一生缴费和赔付支出的平衡。这种运行模式下，长期护理保险基金面临贬值的风险，因此通过制度设计保证长期护理基金的投资收益率非常重要。此外，此种模式采用商业保险公司承保，并进行投资和运营管理，能够根据风险变化，科学调整缴费水平，实现长期护理基金投资运行的市场化操作，降低制度的运行成本，保证基金的收益率，并通过政府的财政补贴降低个人支出压力，又能降低制度的运行成本，理论上是一种可行的模式。

依据长期护理商业保险的基本运行原则，本章建立政府补贴的商业保险模式下的长期护理保险定价模型，从制度成本和支出的角度，测算商业保险运行模式下，政府和个人在长期护理成本中的责任分担。模型对政府补贴部分进行了简化，主要测算缴费群体一生的基金收支平衡以及政府对这部分群体的缴费补贴。由此，将参保人按照初始参保年龄，以 5 周岁为间隔分为 j 个年龄段，n 为每个年龄段的缴费年龄上限，参保人在第 j 年龄段的 i 周岁参保，满 60 周岁有资格领取长期护理保险，m 为参保最高年龄，ω 为生存的极限年龄，在此设定为 100 周岁。L_i^k 为第 k 年的幸存参保人数，等于 k-1 年的参保幸存人数与生存概率 S_i 的乘积。CM_j 为初始参保年龄位于 j 年龄段参保人的固定年缴费额，AW^k 为第 k 年政府财政补贴额，r 为基金投资年收益率。SL_i^T 为 i 周岁 j 年龄段第 k 年的老年人幸存者，等于 k-1 年的老年人幸存人数与生存概率 s_i 的乘积。p_i 为 i 周岁老年人的失能概率，B_{t_0} 为护理保险初始年度的给付额，g 为护理保险的指数化水平。按照护理服务机构的不同，赔付支出分为两部分，机构护理支出和以家庭为基础的护理支出。这样，设定 HC^{k_0} 为以家庭护理的人均护理年度支出初始值，β 为以家庭为基础的护理支出占总护理支出的比例。同样的，设定 HC^{k_0} 为机构护理的人均护理年度支出初始值，则 β 为机构护理支出占总护理支出的比例。由此得到政府补贴下商业保险模式的基金平衡公式：

$$\sum_{j=1}^{8}\left(\sum_{i}^{n}L_i^k CM_j+AW^k\right)(1+r)^{m-i}=\sum_{j=1}^{10}\sum_{i}^{\omega}SL_i^k p_i B_{t_0}(1+g)^{\omega-i} \quad (4.1)$$

其中，$L_i=L_{i-1}S_i SL_i=SL_{i-1}S_i B_{t_0}=\beta IC_{t_0}+(1-\beta)HC_{t_0}$ (4.2)

在商业保险承保并管理的长期护理保险模式中，即使商业保险公司秉承基金收支平衡的原则对长期护理保险进行定价，但是由于城乡收入、长期护理支出成本以及老年人失能概率差别的长期客观存在，长期护理保险基金的未来支出风险具有较高的不确定性，要求承保保险公司实现城乡长期护理风险共担的管理目标，在操作过程中并不现实。这样，农村长期护理商业保险的费用厘定要和城市长期护理商业保险的费用厘定区别开来，以上基金平衡公式可以分化为：

$$\left(\sum_{j=1}^{8}\sum_{i}^{n}L_{i_{city}}^k CM_{j_{city}}+AW_{city}^k\right)(1+r)^{m-i}=\sum_{j=1}^{10}\sum_{i=60}^{\omega}SL_{i_{city}}^T p_{i_{city}} B_{t_{city}}(1+g)^{\omega-i} \quad (4.3)$$

$$\left(\sum_{j=1}^{8}\sum_{i}^{n}L_{i_{rural}}^k CM_{j_{rural}}+AW_{rural}^k\right)(1+r)^{m-i}=\sum_{j=1}^{10}\sum_{i}^{\omega}SL_{i_{rural}}^T p_{i_{rural}} B_{t_{rural}}(1+g)^{\omega-i} \quad (4.4)$$

相比政府补贴下的商业保险模式，长期护理社会保险模式建立在多方筹资的基础上，个人缴费按照收入或工资的一定比例缴费，为了防范未来长期护理支出的风险，基金在现收现付的精算原则基础上，能够实现一定时期内的动态均衡，即一定时期内的基金缴费等于贴现后的基金支出。

这样,在测算期内,起初由于赔付率较低的年度盈余可以进入资本市场进行适度投资,实现基金的保值增值,降低和防范基金的支出压力。社会保险模式坚持权利与义务对等原则,只有缴费者才能在年老时享受基金的赔付,基金并不负担个人长期护理支出的全部费用,以控制基金的赔付水平,防止过度福利。这种运行原则兼顾了受益面扩大和风险社会分担双重目标,主要满足个人长期护理的基本需求。

根据长期护理保险的运行原则和基金缴费的方式,设 i 为初始缴费年龄,j 为领取长期护理保险年龄,T 为享受基金给付的极限年龄,m 为缴费最高年龄。基金测算的初始年份为 k_0,终止年份为 t。L_i^k 为第 k 年 i 年龄的应参保人数,W^k 为第 k 年标准人纳入缴费的年平均收入或平均工资水平,C^k 为第 k 年缴费率,r 为基金年度收益率。长期护理社会保险采取强制缴费的方式,由于社保费用征收中存在缴费人数少于应缴费人数、贫困或失业现象的客观存在,设 α 为长期护理保险基金的覆盖率。当年满六十周岁长期护理风险发生,个人可以享受基金的赔付,按照服务机构的不同,赔付支出分为两部分,机构护理支出和以家庭为基础的护理支出。这样,设定 RL_j^k 为第 k 年 j 年龄的人口总量,θ_j 为 j 年龄保险受益者占所在年龄人口总量的比例。p_j 为 j 年龄的失能概率,HC^{k_0} 为家庭护理的人均护理年度支出初始值,β 为以家庭为基础的护理支出占总护理支出的比例。同样的,设定 IC^{k_0} 为机构护理的人均护理年度支出初始值,则 $1-\beta$ 为机构护理支出占总护理支出的比例。当个人和企业不能承担长期护理支出成本时,政府对长期护理社会保险进行补贴,设定 AW^k 为第 k 年国家对长期护理基金的补贴标准,另外,国家根据工资、收入和物价变动等情况,实施调整长期护理的给付水平,调整幅度为工资年增长率的一定比例,设定 g 为长期护理保险指数化水平。由此,依据基金在测算期内实现收支动态平衡的思路,建立长期护理基金平衡模型:

$$(\alpha\sum_i^m L_i^k W^k C^k + AW^k)(1+r)^{t-k} = \beta\sum_j^T \theta_i RL_j^k p_j HC^{k_0}(1+g)^{k-k_0} + (1-\beta)\sum_j^T \theta_i RL_j^k p_j IC^{k_0}(1+g)^{k-k_0} \tag{4.5}$$

和政府补贴下的商业保险模式相比,社会保险模式基于现收现付的运行原则,能实现代际之间的风险共担,在城乡统一的社会保险体系思想影响下,设立长期护理社会保险,实现城市和农村长期护理风险共担成为一种可能,借助医疗保险的大数法则,减轻农村居民由于失能概率较高所带来的护理负担,从山东青岛的目前实践经验来看,统一的长期护理保险模式也具有一定的现实可行性。但是在精算的过程中,由于城乡收入、长期护理支出成本以及城乡老年人失能概率的差别,以上公式中一些变量需要进一步分化,以提高模型预测的准确度:

$$\sum_{i}^{m} L_i^k W^k = \sum_{i}^{m} L_{i_{city}}^k W_{city}^k + \sum_{i}^{m} L_{i_{rural}}^k W_{rural}^k \tag{4.6}$$

$$\sum_{j}^{T} RL_j^k p_j HC^{k_0} = \sum_{j}^{T} RL_{j_{city}}^k p_{j_{city}} HC_{city}^{k_0} + \sum_{j}^{T} RL_{j_{rural}}^k p_{j\ rual} HC_{rural}^{k_0} \tag{4.7}$$

$$\sum_{j}^{T} RL_j^k p_j IC^{k_0} = \sum_{j}^{T} RL_{j_{city}}^k p_{j_{city}} IC_{city}^{k_0} + \sum_{j}^{T} RL_{j_{rural}}^k p_{j\ rual} IC_{rural}^{k_0} \tag{4.8}$$

由于保险模式运行原理的差异,不同的模式选择不仅意味着不同的福利价值取向和发展目标,而且意味着长期护理成本责任分担、公平性以及风险抵御能力的差别。本章主要从可负担、可持续性的角度,分析在长期护理基金动态收支平衡下,两种保险模式的风险承担能力,对比分析两种模式下个人和政府需要负担的长期护理成本压力,从而为中国长期护理保险模式的选择提供研究依据。这样,在建立政府补贴下的商业保险定价模型和社会保险基金动态平衡模型的条件下,首先需要统一精算模型的基本假设前提,以进行模型结果的对比分析。参考现行养老保险和医疗保险的运行状况和发展趋势,依据现有的数据统计资料,确定模型的基本假设前提:

第一,模型假定参加长期护理保险的人群为"标准人",18 周岁参加工作,接受长期护理保险的强制缴费,工作满一年后,20 周岁开始有资格开始缴纳长期护理保险,按照初始缴费年龄所处的年龄段,确定年缴费额,年满 60 周岁开始有资格享受长期护理社会保险赔付。长期护理风险发生后,个人享受机构护理和以家庭为基础的护理。

第二,模型假定 2020 年全国开始着手建立长期护理保险,在缴费期间,保险公司或政府可以对基金进行适度投资;在给付期内,国家根据物价水平和经济发展水平等因素每年调整长期护理给付标准。商业保险模式下,长期护理保险基金在一代人之间实现生命周期内的收支平衡,即对于处于某一年龄段的"标准人",其缴纳的保险费用,等于这些人年老可能支付的长期护理费用。相比之下,社会保险模式下,长期护理保险基金实现测算期内的基金动态均衡,考虑到人口预测模型的准确程度,在这里将测算期设定为 40 年。

第三,人口变动主要受出生率、死亡率和迁移率的影响,不考虑跨国跨境人口迁移因素,预测期内人口不受自然灾害等经济、政治重大变动的影响,城镇化影响人口的迁移速度和规模,人口迁移是从农村到城镇的单向迁移行为。

4.4 模型参数设定

4.4.1 参保人数和受益人数测算

根据模型的假设前提,20 周岁及以上适龄人口强制参保,60 周岁以后失能人口得到基金给付。模型需要预测期内 20 周岁及以上分年龄的人口数量和制度参保率,从而估算基金的参保人数和受益人数。分年龄的人口数据估算可以借助 Leslie 人口模型完成,因为 Leslie 模型具有年龄结构的离散分析优势,预测中短期人口的结果较为精确,能够呈现年龄别人口的变动趋势。由于城乡收入差距客观长期存在,城乡缴费方式不同,则要区分城镇人口和农村人口,必须对 Leslie 模型进行改进,将迁移率向量引入人口模型,分别测算城镇和农村分年龄的人口数量。其测算过程以第六次人口普查数据为基础数据,借助 Matlab 软件编程运算完成,对 2020 年至 2060 年的应参保人数和受益人数进行预测。其人口矩阵建模如下:

假定年龄别生育率、男女比率和死亡率保持一个相对稳定的水平,将女性人口分为 0—99 周岁、100 周岁及以上 101 个阶段,设定人口预测期

为 n 年,$x_k^i(i=0,1,\dots,100)$ 为第 k 年 i 年龄段女性数量,$k=0,1,\dots,n$,女性初始人口向量 $X_0=(x_0^0,x_0^1,\dots,x_0^{99},x_0^{100})^T$。那么经过 k 年后,女性人口向量 $X_k=(x_k^0,x_k^1,\dots,x_k^{99},x_k^{100})^T$。设定 b_k^i 为第 k 年 i 年龄女性的生育率,d_k^i 为第 k 年 i 年龄女性的死亡率,s_k^i 为第 k 年 i 年龄女性的生存率,则 $s_k^i=1-d_k^i$,w_k 为第 k 年出生人口中女性新生儿所占比例,则第 $k+1$ 年第 0 年龄组的女性人数为:$x_{k+1}^0=\sum_{i0}^{100}b_k^i w_k x_k^i$,第 $k+1$ 年第 $i+1$ 年龄组女性人口是从第 k 年第 i 年龄组生存下来的人数:$x_{k+1}^{i+1}=s_k^i x_k^i$。构造 Leslie 矩阵①:

$$L=\begin{pmatrix} wb_0 & wb_1 & \dots & wb_{99} & wb_{100} \\ s_0 & 0 & \dots & \dots & 0 \\ 0 & s_1 & 0 & \dots & 0 \\ \dots & \dots & 0 & 0 & \dots \\ 0 & \dots & 0 & s_{99} & 0 \end{pmatrix},\text{则 } X_{k+1}=LX_k$$

通过递推求出 Leslie 矩阵模型的公式:$X_k=L^kX_0$,依据 L 矩阵和 X_0 求出第 k 年女性人口的数量,根据男女性别比得出人口总量和年龄别人口数量。由于需要城乡缴费水平的对比分析,对原模型进一步改进,首先建立农村女性人口的 Leslie 模型,然后设定农村年龄别女性人口留存率 $st_i=1-im_i$,im_i 为农村年龄别女性人口迁移率。农村人口的女性年龄别人口迁移率运用 2010 年人口普查统计资料中的农村户口登记地在外乡镇的分年龄、分性别的登记人口剔除市区内人户分离登记人口估算。设农村人口女性年龄别留存率 $ST=\begin{pmatrix} st_0 & 0 & \dots & 0 \\ 0 & st_1 & 0 & \dots \\ \dots & & \dots & 0 \\ 0 & \dots & 0 & st_{100} \end{pmatrix}$,则农村年龄别女性留存人口向量 $X_k=L^kST^kX_0$,从而测算出农村女性年龄别留存人口和男性年龄别留存人口。然后,根据农村年龄别留存人口和全国人口总量预

① 赵丽棉、黄基廷:《基于 Leslie 模型的中国人口发展预测与分析》,《数学的实践与认识》2010 年第 23 期,第 101—106 页。

测数据,可以得出城镇人口总量和年龄别人口数量。

长期护理保险缴费建立在工作和劳务的基础上,其制度覆盖率受劳动参与率、就业率和遵缴率的影响,参保人数可以通过年龄别人口乘以劳动参与率、就业率和遵缴率估算。其中,年龄别人口可以通过上述改进的 Leslie 人口模型求得,设定年龄别劳动参与率、就业率和遵缴率在短期内不会发生重大变动,依据第六次人口普查关于城镇、农村就业状况的分年龄统计,确定分年龄城镇和农村的劳动参与率和就业率。遵缴率则参照基本养老保险的遵缴率确定。目前,基本养老保险的遵缴率在 0.865—0.9 之间,随着基本养老保险制度的发展完善,遵缴率水平势必会得到提升,依据此,设定长期护理保险遵缴率为 0.9。由此,计算出 2020 年的初始参保人数和每年参保人数。

表 4-1 2020 年长期护理保险的初始参保人数

单位:万人

年龄	城镇初始参保人数			农村初始参保人口		
	年龄别人口	制度覆盖率	城镇参保人数	年龄别人口	制度覆盖率	农村参保人数
20	750.56	0.40	296.71	588.99	0.63	368.73
21	738.69	0.46	340.11	548.58	0.69	378.57
22	833.35	0.56	465.19	590.32	0.74	434.15
23	846.62	0.65	554.41	565.80	0.77	433.85
24	911.38	0.71	643.69	565.81	0.79	444.24
25	1113.04	0.73	814.87	582.71	0.80	464.04
26	1266.14	0.75	946.02	528.22	0.81	425.36
27	1459.91	0.76	1102.93	549.61	0.81	446.40
28	1462.21	0.76	1112.45	553.68	0.82	452.58
29	1539.08	0.77	1177.64	575.20	0.82	472.93
30	2047.20	0.77	1569.42	750.16	0.83	619.01
31	1964.79	0.77	1509.96	721.88	0.83	598.94
32	1790.74	0.77	1376.08	682.41	0.83	567.52
33	1874.85	0.77	1440.94	736.24	0.83	614.45

续表

年龄	城镇初始参保人数			农村初始参保人口		
	年龄别人口	制度覆盖率	城镇参保人数	年龄别人口	制度覆盖率	农村参保人数
34	1666.50	0.77	1281.91	649.34	0.84	543.38
35	1460.08	0.77	1122.35	566.70	0.84	475.30
36	1449.70	0.77	1113.55	548.44	0.84	460.91
37	1449.20	0.77	1113.67	523.53	0.84	440.51
38	1664.36	0.77	1278.97	588.15	0.84	495.99
39	1442.30	0.77	1108.97	529.18	0.84	447.03
40	1373.16	0.77	1052.54	520.83	0.84	439.64
41	1435.28	0.76	1096.24	535.59	0.84	452.28
42	1398.78	0.76	1067.33	538.84	0.84	454.87
43	1286.49	0.76	978.78	507.77	0.84	428.08
44	1442.51	0.76	1090.39	605.15	0.84	509.60
45	1463.86	0.74	1087.75	638.63	0.84	535.46
46	1544.74	0.73	1123.97	712.68	0.83	595.07
47	1606.15	0.71	1147.26	765.83	0.83	637.13
48	1620.49	0.70	1137.18	810.05	0.83	671.08
49	1599.53	0.67	1068.52	829.43	0.82	681.57
50	1738.03	0.59	1025.18	964.60	0.81	780.34
51	1567.25	0.56	885.31	920.40	0.80	740.22
52	1654.79	0.55	903.22	1034.04	0.80	827.83
53	1247.99	0.53	662.65	869.63	0.80	692.70
54	1367.77	0.51	696.95	968.33	0.79	764.26
55	1369.19	0.46	628.95	964.67	0.78	751.41
56	1336.80	0.43	568.18	933.32	0.77	716.28
57	1525.00	0.40	613.06	1054.71	0.76	796.83
58	1095.00	0.38	414.68	833.89	0.74	617.89
59	625.73	0.35	216.41	462.56	0.72	332.45

资料来源:根据 Leslie 人口模型测算的年龄别人口数据、参保人数的参数设定所得。

表 4-2 长期护理保险预测期内参保人数和受益人数估算

年份	参保人数（万人）			受益人数（万人）（基本需求给付）			受益人数（万人）（适度保障给付）		
	城镇	农村	合计	城镇	农村	合计	城镇	农村	合计
2021	38143	21342	59485	576	800	1377	1818	2956	4774
2022	38223	20421	58644	608	816	1424	1917	3011	4927
2023	38107	19396	57503	645	835	1481	2037	3086	5123
2024	38050	18522	56573	682	852	1534	2152	3146	5298
2025	37952	17671	55623	719	869	1588	2270	3205	5475
2026	37845	16869	54713	758	885	1643	2392	3262	5654
2027	37768	16157	53925	796	899	1695	2510	3304	5814
2028	37540	15390	52930	839	915	1754	2647	3359	6006
2029	37334	14724	52058	882	929	1812	2784	3402	6186
2030	37013	14027	51040	929	944	1873	2931	3445	6376
2031	36703	13387	50090	975	956	1931	3076	3476	6552
2032	36374	12787	49161	1023	967	1989	3224	3500	6723
2033	36040	12233	48273	1071	976	2046	3372	3514	6886
2034	35709	11720	47429	1118	983	2101	3520	3521	7041
2035	35386	11260	46645	1166	988	2154	3665	3515	7180
2036	35033	10828	45861	1213	991	2204	3808	3499	7308
2037	34704	10454	45158	1258	991	2249	3943	3471	7413
2038	34309	10073	44382	1304	989	2293	4079	3437	7516
2039	33869	9703	43572	1350	986	2336	4217	3398	7614
2040	33430	9352	42782	1396	981	2378	4351	3352	7703
2041	32959	9006	41965	1442	974	2416	4484	3299	7784
2042	32386	8645	41031	1490	966	2456	4626	3245	7871
2043	31863	8321	40183	1534	955	2489	4753	3180	7933
2044	31312	7997	39309	1577	942	2520	4874	3112	7986
2045	30740	7681	38421	1620	928	2548	4994	3039	8033
2046	30094	7351	37445	1663	913	2575	5116	2966	8082
2047	29372	7012	36384	1707	896	2603	5244	2893	8136

续表

年份	参保人数(万人)			受益人数(万人)(基本需求给付)			受益人数(万人)(适度保障给付)		
	城镇	农村	合计	城镇	农村	合计	城镇	农村	合计
2048	28682	6707	35389	1749	878	2627	5363	2814	8177
2049	27940	6409	34349	1791	859	2650	5484	2734	8218
2050	27180	6120	33300	1833	839	2672	5607	2654	8261
2051	26625	5896	32521	1867	816	2683	5702	2565	8267
2052	26101	5690	31790	1898	792	2691	5787	2475	8261
2053	25577	5494	31071	1926	767	2693	5864	2382	8246
2054	25113	5311	30424	1948	740	2689	5926	2287	8214
2055	24684	5124	29807	1966	713	2680	5976	2193	8169
2056	24315	4948	29263	1980	686	2666	6008	2097	8105
2057	23962	4780	28741	1991	658	2648	6026	2002	8028
2058	23600	4613	28213	1998	630	2628	6036	1909	7945
2059	23270	4463	27733	2004	603	2607	6035	1818	7853
2060	22926	4313	27238	2009	576	2585	6030	1730	7760

资料来源:根据 Leslie 人口模型测算的年龄别人口数据、参保人数和受益人数的参数设定所得。

按照缴费人数占年龄别人口比重和老年人失能概率,可以确定受益人数。目前,对老年失能概率的宏观测算数据有两种来源:第六次人口普查和城乡老年人口状况追踪调查,两种统计方法的数据统计结果相差较大。由于第六次人口普查数据中对生活不能自理的概念界定模糊,统计数据与现有实证分析的出入过大,因此舍弃第六次人口普查的统计数据。相比之下,城乡老年人口状况追踪调查抽样科学,合理界定了失能人口的定义,问卷设计基于基本日常生活活动(ADL)和工具性日常生活活动(IADL),与现有实证分析的结果基本一致,数据的可信度较高,故采用中国老龄科学中心的老年失能概率测算数据。

但是,2010 年城乡老年人口状况追踪调查只公布了分年龄段的老年失能概率,需要对年龄别失能人口概率进行填补和修正。将第六次人口普查的生活不能自理人员总量和年龄别概率以及中国老龄科学研究中心的分年龄段调查数据，分别进行曲线拟合，两者拟合的曲线类型和趋势非常接近，因此利用第六次人口普查数据中的人口总量、生活不能自理年龄别人口数量、城乡人口总量、城乡生活不能自理年龄别人口数量，估算失能年龄别人口和概率。设定年龄为自变量，年龄别失能概率 p_i 为因变量，对失能人口年龄概率的曲线进行反复拟合，概率曲线接近生长曲线 $y=e^{-2.452+0.074x}$，其中 $R^2=0.984$，$p<0.001$，从而得出 60—100 周岁之间老年失能人口的年龄概率，依据此方法，分别得出城乡分年龄老人的失能概率和完全失能的年龄概率以及部分失能的年龄概率。

表 4-3　城镇和农村老年失能人口的年龄别概率

年龄	城镇失能概率		农村失能概率		年龄	城镇失能概率		农村失能概率	
	完全失能	部分失能	完全失能	部分失能		完全失能	部分失能	完全失能	部分失能
60	0.017	0.048	0.021	0.096	81	0.123	0.249	0.172	0.315
61	0.018	0.052	0.023	0.102	82	0.135	0.269	0.190	0.331
62	0.020	0.056	0.026	0.108	83	0.149	0.291	0.209	0.348
63	0.022	0.061	0.029	0.115	84	0.164	0.314	0.231	0.365
64	0.024	0.065	0.031	0.122	85	0.180	0.339	0.256	0.383
65	0.027	0.071	0.035	0.129	86	0.198	0.367	0.282	0.401
66	0.030	0.077	0.038	0.137	87	0.218	0.396	0.312	0.419
67	0.033	0.083	0.042	0.145	88	0.240	0.428	0.345	0.438
68	0.036	0.090	0.047	0.154	89	0.264	0.462	0.381	0.457
69	0.039	0.097	0.052	0.163	90	0.290	0.499	0.421	0.476
70	0.043	0.105	0.057	0.173	91	0.319	0.539	0.465	0.494
71	0.048	0.114	0.063	0.183	92	0.350	0.582	0.514	0.486
72	0.052	0.123	0.070	0.194	93	0.385	0.615	0.568	0.432
73	0.058	0.133	0.077	0.205	94	0.424	0.576	0.627	0.373
74	0.063	0.144	0.085	0.217	95	0.466	0.534	0.693	0.307
75	0.070	0.156	0.094	0.229	96	0.513	0.487	0.766	0.234
76	0.077	0.168	0.104	0.242	97	0.564	0.436	0.846	0.154

续表

年龄	城镇失能概率		农村失能概率		年龄	城镇失能概率		农村失能概率	
	完全失能	部分失能	完全失能	部分失能		完全失能	部分失能	完全失能	部分失能
77	0.084	0.182	0.115	0.255	98	0.620	0.380	0.935	0.065
78	0.093	0.197	0.127	0.269	99	0.682	0.318	1.000	0.000
79	0.102	0.213	0.141	0.284	100	0.750	0.250	1.000	0.000
80	0.112	0.230	0.155	0.299					

资料来源：基于第六次人口普查、第六次城乡老人状况调查数据，进行概率分布拟合所得。

4.4.2 年平均收入或年平均工资水平预测

由于城乡收入水平和来源差异的客观存在，城镇和农村的缴费基数和方式也存在差别，城镇缴费以城镇就业人员年平均工资为缴费基数，农村居民以每年人均纯收入为缴费基数。这样，查阅历年《中国统计年鉴》，可以得到1978—2014年中国城镇就业人员年平均工资和农村居民家庭人均纯收入。利用ARIMA时间序列模型和Eviews软件①，预测2020—2060年城镇就业人员年平均工资和农民人均纯收入水平。

城镇就业人员年平均工资ARIMA(2,2,2)模型的回归结果为：

$$\Delta^2 wage_t = -0.885186\Delta^2 wage_{t-1} - 0.808363\Delta^2 wage_{t-2} + \varepsilon_t + 0.065568\varepsilon_{t-1} + 0.050113\varepsilon_{t-2} \tag{4.9}$$

(AR(1)、AR(2)、MA(1)、MA(2)　$p=0.0000$)

($R^2=0.429944$　DW2.034407　AIC14.76597　SC14.94737)

农村人均年纯收入ARIMA(2,2,2)模型的回归结果为：

$$\Delta^2 netinc_t = 24.31458 - 0.991383\Delta^2 netinc_{t-1} - 0.985083\Delta^2 netinc_{t-2} + \varepsilon_t + 1.304200\varepsilon_{t-1} + 0.896545\varepsilon_{t-2} \tag{4.10}$$

(AR(1)、AR(2)、MA(1)、MA(2)　$p=0.0000$)

① 具体建模和回归分析过程，可以参考刘家国等人所著的《Eviews统计分析在计量经济学中的应用》中的时间序列模型分析章节。

($R^2=0.365025$ DW1.832823 AIC12.18450 SC12.41125)

利用城镇就业人员年平均工资和农村人均年纯收入的 ARIMA(2,2,2)模型做外推预测,得出 2020—2060 年城镇就业人员年平均工资和农村人均年纯收入。

4.4.3 长期护理成本估算

进行长期护理支出估算首要在于,根据人群和护理需求的不同测算人均长期护理成本。由于目前我国没有建立长期护理保险制度,缺乏长期护理分级和受益人口统计数据,不能直接获取人均长期护理成本。但是可以利用项目成本法,将护理项目逐一分解,以其中某护理项目为参照对象,从而进行护理成本的归集与分配,以确定家庭护理和机构护理的人均护理成本。家庭护理成本主要由人力成本、医药材料成本、仪器设备成本、管理成本和教育成本构成;机构护理成本主要由人力成本、医药耗材成本、仪器设备成本、设施费用和管理成本构成。项目成本法的相关研究以上海、广州、哈尔滨、深圳、北京、湖北、新疆等省市区的医院和卫生统计数据为主,除了人力成本,其他护理项目的设立存在统计出入,因此以人力成本为参照对象,用人力成本价格和人力成本占护理成本的比例,去估算人均护理成本。计算公式为:

城市家庭/机构月护理成本=就业者人均小时工资×每天护理时长×每月天数÷人力成本比例

农村家庭/机构月护理成本=农村家庭/机构人力护理成本+城市家庭/机构非人力护理成本

其中,机构护理的人力成本比例在 38.18%—48.8%之间,卫生部规定普通病房的床位与护理人员比例为 0.4,则人均每天护理时长为 3.2 小时,按照 2020 年城镇就业人员人均预测工资水平和人均每天护理时长,机构护理的初始成本在每月 8297—10496 元之间,取中间值 9397 元作为 2020 年城市机构护理的初始护理成本。同样的,家庭护理的人力成本比例在 55.49%—60.48%之间,家庭护理的初始成本在每月 4620—5033 元之间,取中间值 4827 元作为 2020 年城市家庭护理的初始护理成本。和收入一样,城乡之间的人工护理成本存在差异,而医药材料、仪器设备、设施费用等非人工护理成本基于医疗机构的平均开支,城乡之间应该是一致的。这样,农村护理成本由农村人力护理成本和城市非人力护理成本两部分组成。将目前通用的农村人均居民纯收入和城镇人均居民可支配收入来衡量城乡之间的收入差距,适用于衡量城乡之间的人力护理成本差距。设定城乡之间的收入差距在未来五年不发生大幅变动,稳定在 3∶1 左右,这样,农村人均每月家庭人力护理成本为 932 元,机构人力护理成本为 1336 元。根据计算公式得出,农村人均每月家庭护理成本为 3195 元,人均每月机构护理成本为 6597 元。

表 4–4 项目成本法中的人力护理成本比例统计表

年份	项目成本法护理项目分类	人力护理成本比例	调研地区及医院	文献出处
2014	人力、材料、设备作业费、管理、教研	45.20%	重庆市第五人民医院	《临床路径下单病种护理成本的核算研究》
2013	人力、材料、作业费管理、教研	48.27%	湖北省二级医院	《二级医院等级护理服务成本核算的价值规律研究》
2012	人力、设备、材料费作业费、管理、教研	47.32%	中山市二级医院	《中山市二级医院项目护理成本与护理价格的调查》
2011	人力、消耗材料管理	41.42%	新疆某三甲医院	《新疆某三甲医院护理服务项目成本测量与价格比较》
2011	人力、直接护理项目间接护理项目	40.89%	山东某三甲医院	《山东省某三级甲等医院优质护理服务示范病区工作量与服务成本测算研究》
2009	人力、设备、材料作业费、管理、教研	43.21%	深圳某医院	《三级甲等医院分级护理成本核算与分析》
2008	人力、材料、设备作业费、管理、教研	47.00%	上海金山医院	《上海市某二级医院等级护理项目实际成本核算研究》

续表

年份	项目成本法护理项目分类	人力护理成本比例	调研地区及医院	文献出处
2007	人力、材料、设备作业费、管理、教研	48.82%	广东汕头大峰医院	《婴幼儿与成人护理单项成本的核算与比较》
2006	人力、材料、设备作业费、管理、教研	41.85%	深圳第二人民医院	《急诊 ICU 一级护理服务项目单项成本研究》
2006	人力、耗材	52.12%	深圳第二人民医院	《20 项护理技术服务成本核算对护理价值的体现》
2005	人力、耗材、作业费管理、教研	38.18%	上海市三甲医院	《上海市三级甲等医院外科等级护理项目成本研究》
2004	人力、设备、材料作业费、管理、教研	44.81%	北京市军队三甲医院	《军队三级甲等医院护理服务单项成本核算研究》
2010	人力、材料、设备管理、教育	55.51%	上海市社区卫生服务	《社区卫生服务中心家庭护理项目的成本核算》
2010	人力、材料、设备管理、教育	55.49%	上海市家庭护理服务	《上海市区家庭护理成本核算的研究》
2007	人力、材料、设备作业费、管理、教研	60.48%	上海市家庭护理服务	《家庭护理成本核算的方法及其意义》

资料来源：根据中国知网关于护理成本估计的项目成本法相关文献整理所得。

由于老龄化带来人口结构的迅速转变，长期护理的潜在支出风险巨大，基金的主要作用在于分散长期护理风险，实现长期护理风险承担的社会化，尽可能减轻个人和家庭的承担压力。但是，并不意味着，社会保险能够覆盖个人长期护理的全部成本。基于风险共担的原则，个人长期护理支出成本应由个人、家庭、政府和社会之间分担，这样可以消减滥用卫生、护理服务等长期护理资源行为，抑制长期护理支出的过快增长。因此，需要进一步确定人均长期护理成本在个人和基金给付之间的分配比例。我们可以借助 OECD 国家在实施长期护理制度方面的实践经验，来确定长期护理成本在个人和基金之间的分担比例。可以看到，按照个人负担水平高低可以分为三类，普惠型国家的个人负担比例为5%，社会保险型国家为10%—25%，救助型、商业保险型和混合型国家为30%—35%。瑞典和日本的长期护理给付多采用服务给付的方式，保障水平过高，与我国现有社会保障水平差异过大，不宜选用其成本分担方式。个人支付比例宜在25%、30%和35%之间确定。参照我国医疗保险的住院报销水平，城镇职工住院报销比例不低于80%，城镇居民和新型农村合作医疗保险不低于70%的现行政策，将长期护理的个人负担成本确定为30%。

表4-5　OECD代表国家的长期护理成本分担

国家	LTC福利模式	给付方式	LTC成本分担		LTC人数比例	
			个人	社会保障	机构护理	家庭护理
英国	救助型	现金为主	35.0%	65.0%	27.5%	72.6%
瑞典	普惠型	服务为主	5.0%	95.0%	50.0%	50.0%
美国	商业保险型	现金为主	34.4%	63.6%	31.1%	68.9%
法国	混合型	现金	31.4%	68.6%	38.6%	61.4%
德国	社会保险型	现金、服务	25.0%	75.0%	31.0%	69.0%
日本	社会保险型	服务为主	10.0%	90.0%	21.8%	79.2%

资料来源：European Network of Economic Policy Research Institutes, *The Long Term Care System in England, France, Germany, Sweden and France*, 2010; Health and Welfare Bureau for the Elderly, *Status Report on the Long-Term Care Insurance Projects*, 2010; Anne, B., Martin et al., "National Health Spending in 2012: Rate of Health Spending Growth Remained Low for the Fourth Consecutive Year", *Health Affairs*, 2014, 33, pp.67-77.

按照失能程度的不同，失能程度高者有资格享受机构护理服务，失能程度较低者接受家庭护理服务，这样将护理方式分为机构护理和家庭护理。按照基金平衡公式，完成家庭护理、机构护理的人均成本测算后，需要进一步确定这两种护理方式的受益人群比例，即确定长期护理成本在机构护理和家庭护理中的分担。一般来说，机构护理的人均成本为家庭护理的两到三倍，家庭护理的受益者比例越高，基金赔付压力越小，机构护理和家庭护理的受益者人数比例变动影响到基金给付规模。从长期护理成本分担表中可以看出，OECD 国家的家庭护理受益人数比例分为四个等级，即 80%、70%、60%和 50%。相比之下，日本家庭护理发展非常成熟，瑞典过分依赖公共财政负担的机构护理，其统计数据不具有参考意义。法国的机构护理比例较高的主要原因在于法国失能老人的高龄化程度高于其他国家，高龄老人更依赖机构护理服务。考虑到预期寿命延长带来失能群体高龄化对机构护理的依赖风险，按照赔付风险不同，将机构护理的受益人数比例设定为两个等级：高赔付风险下为 40%，低赔付风险下为 30%。

在确定长期护理的人均初始成本基础上，长期护理支出随着工资、物价和经济发展水平等因素发生变动，需要适时调整长期护理的赔付标准，以保证现金给付的购买力。这样，长期护理成本的指数化水平可以参照基本养老保险的精算模型设定。基本养老金给付的调整幅度为城镇就业人员平均工资年增长率的一定比例，考虑到未来建立长期稳定调整机制的可能性，林宝(2010)等学者将养老金给付的年增长率设定为工资增速的 60%。依据后文长期护理保险基金平衡模型中对农村收入和城镇工资水平的年度测算，得出预测期内的收入和工资年增长率，以此确定长期护理成本的年度指数化水平 g。

表 4-6　2020—2060 年农村和城镇人均护理成本预测

单位：元

年份	农村人均护理成本		城镇人均护理成本		年份	农村人均护理成本		城镇人均护理成本	
	机构	家庭	机构	家庭		机构	家庭	机构	家庭
2020	79164	38340	112764	57924	2041	145745	70586	179098	91998
2021	82058	39742	116428	59806	2042	148759	72046	181834	93404
2022	85255	41290	120004	61643	2043	151949	73591	184540	94794
2023	88731	42973	123641	63511	2044	155316	75221	187231	96176
2024	91631	44378	127105	65291	2045	158352	76692	189889	97541
2025	94807	45916	130495	67032	2046	161554	78243	192519	98892
2026	98242	47580	133919	68791	2047	164923	79874	195134	100236

续表

年份	农村人均护理成本		城镇人均护理成本		年份	农村人均护理成本		城镇人均护理成本	
	机构	家庭	机构	家庭		机构	家庭	机构	家庭
2027	101154	48990	137215	70484	2048	167982	81356	197721	101564
2028	104321	50524	140449	72145	2049	171198	82913	200284	102881
2029	107728	52174	143697	73814	2050	174571	84547	202831	104189
2030	110656	53592	146850	75433	2051	177653	86039	205353	105484
2031	113820	55124	149950	77026	2052	180882	87603	207853	106769
2032	117208	56765	153053	78619	2053	184261	89239	210337	108045
2033	120156	58193	156081	80175	2054	187366	90743	212799	109310
2034	123322	59726	159064	81707	2055	190609	92314	215242	110564
2035	126698	61361	162042	83237	2056	193995	93954	217668	111811
2036	129667	62799	164962	84737	2057	197122	95468	220076	113047
2037	132839	64335	167842	86216	2058	200380	97046	222465	114275
2038	136208	65967	170712	87690	2059	203774	98690	224839	115494
2039	139199	67416	173535	89141	2060	206923	100215	227196	116705
2040	142379	68956	176323	90573					

资料来源：根据城镇、农村人均长期护理成本的参数设定计算所得。

4.4.4　基金收益率设定

由保险公司进行适度投资或政府管理下保险基金用于购买国债，投资基础设施建设等方式，保证一定的投资收益率，从而实现测算期内基金收支的动态均衡。模型假定保险基金投资收益率有高中低三个水平：低水平下，保险公司采取谨慎投资方式或政府将保险基金全部购买国债，保证每年3%的投资收益率；中水平下，保险公司进行适度风险投资或政府管理下将保险基金可部分投资购买基金股票等方式，保证每年4%的投资收益率；高水平下，保险公司进行风险投资或政府将基金用于投资基础设施，购买基金股票等渠道，保证每年5%的投资收益率。不同投资收益率水平的设置，可以通过基金敏感性检验，测算不同基金收益回报率对基金平衡和缴费率的影响。

4.5 模型结果分析

假定年收益增长率三个水平 3%、4%、5%,分别测算不同年收益增长率下的长期护理社会保险基金的缴费水平。由于完全失能概率和部分失能概率的赔付差别,把只覆盖完全失能概率的基金赔付称为低保障水平;相应的,保险赔付范围包括完全失能概率和部分失能概率的基金赔付成为适度保障水平。在这里,低保障水平和适度保障水平不代表政策价值判断倾向,只代表赔付水平的高低。按照机构护理和家庭护理的不同比例设置,把基金赔付分为低风险赔付和高风险赔付两种水平。在费用分担上,分为三种假定情况,个人自行承担所有的保险缴费、个人承担 70%的保险缴费。这样,根据以上保障水平和收益率设定,模型分为四种情景假定:

第一,在 3%、4%、5%的年利率下,低保障水平、两种赔付风险下个人承担全部保险费;

第二,在 3%、4%、5%的年利率下,适度保障水平、两种赔付风险下个人承担全部保费;

第三,在 3%、4%、5%的年利率下,低保障水平、两种赔付风险下个人承担部分保险费;

第四,在 3%、4%、5%的年利率下,适度保障水平、两种赔付风险下个人承担部分保费。

4.5.1 参保者的缴费负担测算

一、政府不补贴情况下的参保者缴费负担水平

(一)参保者在商业保险模式中的缴费负担测算

3%的年收益率水平时,城镇就业者的平均缴费负担较低。在低保障

低负担水平下,20—24 周岁就业者的月固定缴费额为 80 元,随着年龄的提高,缴费水平也在不断提高,到了 40—44 周岁,缴费水平提升到每月 197 元,而 50—59 周岁的参保人员的月缴费额迅速提高,分为 281 元、456 元和 1119 元三等。这是一个赔付负担最轻的理想状态,在低保障水平下,即使政府不对商业保险进行补贴,40 周岁以前参加长期护理商业保险,缴费负担都是较低的。

表 4-7 3%收益率下城镇就业者的缴费额

单位:元

保障水平		3%收益率下城镇就业者承担全部保费							
		20—24 岁	25—29 岁	30—34 岁	35—39 岁	40—44 岁	45—49 岁	50—54 岁	55—59 岁
低保障低负担	年缴费	959	1150	1403	1787	2363	3375	5474	13432
	月缴费	80	96	117	149	197	281	456	1119
低保障高负担	年缴费	1029	1235	1506	1919	2537	3624	5877	14423
	月缴费	86	103	126	160	211	302	490	1202
适度保障低负担	年缴费	2810	3370	4472	5226	6901	9841	15932	39010
	月缴费	234	281	373	436	575	820	1328	3251
适度保障高负担	年缴费	3018	3619	4801	5612	7410	10567	17107	41887
	月缴费	251	302	400	468	617	881	1426	3491

资料来源:根据政府补贴下的长期护理商业保险精算模型测算结果所得。

由于基金精算基于完全积累模式,如果年龄段群体内人员的一生赔付风险不发生变动,就不需要调整年缴费额。相比之下,适度保障水平的年缴费额则相对较高,即使在适度保障低负担的情况下,最低的缴费人群 20—24 周岁就业者每月要支付 234 元的长期护理费用。同样的,45—59 周岁之间开始参保人员的缴费较高,分别为 820 元、1328 元和 3251 元。在长期护理商业保险模式中,由于适度保障水平下,扩大了长期护理保险的给付对象,导致人均保费直接上涨了将近三倍。

即使农村的机构护理和家庭护理成本较低,但是农村老龄化的速度和程度远远超过城市,加之老年失能概率较高,农村就业者需要个人承担的全部保费并不比城市低很多,在低保障低负担的理想情况下,农村20—24周岁年轻人的月保费为65元,而城市为80元。同城市一样,低保障水平下个人承担全部保费时,年缴费水平相对较低,但将部分失能人员纳入赔付范围中,农村参保者的最低保费为每月200元,最高达到2617元。低保障水平下,45周岁以后参保人员面临较高的保费负担,在适度保障水平下,40周岁以后参保人员的缴费水平已经超过了每月400元。

表 4-8　3%收益率下农村就业者的缴费额

单位:元

保障水平		3%收益率下农村就业者承担全部保费							
		20—24岁	25—29岁	30—34岁	35—39岁	40—44岁	45—49岁	50—54岁	55—59岁
低保障低负担	年缴费	785	927	1114	1383	1794	2517	4040	9768
	月缴费	65	77	93	115	150	210	337	814
低保障高负担	年缴费	848	1001	1204	1494	1939	2720	4366	10557
	月缴费	71	83	100	125	162	227	364	880
适度保障低负担	年缴费	2395	2821	3384	4187	5415	7565	12087	29062
	月缴费	200	235	282	349	451	630	1007	2422
适度保障高负担	年缴费	2589	3049	3657	4525	5852	8175	13063	31408
	月缴费	216	254	305	377	488	681	1089	2617

资料来源:根据政府补贴下的长期护理商业保险精算模型测算结果所得。

由于采取了完全积累的精算模型,基金对利率变动的敏感程度较高。我们以城镇就业者承担的保险缴费为例,当收益率从3%提高到5%时,低保障水平下,在50周岁以前参保的个人负担水平都较低,最低为每月23元,而同等赔付水平下,3%收益率下的最低缴费水平为80元,缴费水平急剧降低。即使利率从3%上升到4%,增加一个百分点,最低缴费水平也能够从80元直接下降到43元,个人负担水平下降一半。年利率从

3%提高到4%，相当于政府补贴15%的保险缴费。当年利率提高两个百分点，适度保障水平高负担下，个人的月缴费从3%利率水平下的251元下降到74元，45周岁以前参保人员的月缴费都低于240元。由此可见，利率的提高对于基金积累的影响非常大，在商业保险模式中，如果采取政策鼓励商业保险公司的投资收益，将会有效降低个人的缴费负担。

表4-9　5%收益率下城镇就业者的缴费额

单位：元

保障水平		5%收益率下城镇就业者承担全部保费							
		20—24岁	25—29岁	30—34岁	35—39岁	40—44岁	45—49岁	50—54岁	55—59岁
低保障低负担	年缴费	280	359	466	634	891	1348	2304	5931
	月缴费	23	30	39	53	74	112	192	494
低保障高负担	年缴费	301	386	501	681	957	1448	2473	6368
	月缴费	25	32	42	57	80	121	206	531
适度保障低负担	年缴费	822	1052	1487	1855	2602	3931	6705	17225
	月缴费	68	88	124	155	217	328	559	1435
适度保障高负担	年缴费	882	1130	1596	1991	2793	4221	7199	18495
	月缴费	74	94	133	166	233	352	600	1541

资料来源：根据政府补贴下的长期护理商业保险精算模型测算结果所得。

同样的，收益率从3%提高到5%，农村就业者的缴费负担也大大减轻，20周岁开始参保的最低缴费为每月19元，对于年轻人来说，由于缴费年限较长，在基金积累的过程中收益率高，个人缴费的负担较轻。只要年龄别失能概率不发生巨大改变，年固定缴费水平也不会提高，随着时间的推移，其缴费负担逐年降低。如果商业保险公司通过适度投资，能保证基金有5%的收益率，即使在适度保障的高负担赔付水平下，45周岁前参保者的缴费也不超过每月200元。由于制度设计中的完全积累模式，长期护理风险的共担只存在于年龄段内5周岁的被保人之间，比如说，20周岁参保人的月缴费标准按照20—24周岁参保人的生命周期内赔付风险确定。因此,商业保险的风险分担能力较弱,对于 45 周岁以后的参保者,保险缴费的年限和积累额度都很低,但很快面临赔付的风险,因此缴费水平较高,显然已经超过个人和国家能够负担的范围之内。

表 4-10　5%收益率下农村就业者的缴费额

单位:元

保障水平		5%收益率下农村就业者承担全部保费							
		20—24 岁	25—29 岁	30—34 岁	35—39 岁	40—44 岁	45—49 岁	50—54 岁	55—59 岁
低保障低负担	年缴费	228	288	370	490	676	1006	1703	4316
	月缴费	19	24	31	41	56	84	142	360
低保障高负担	年缴费	246	311	400	529	731	1087	1840	4665
	月缴费	21	26	33	44	61	91	153	389
适度保障低负担	年缴费	695	877	1123	1483	2040	3024	5095	12841
	月缴费	58	73	94	124	170	252	425	1070
适度保障高负担	年缴费	751	947	1214	1602	2205	3268	5506	13878
	月缴费	63	79	101	134	184	272	459	1156

资料来源:根据政府补贴下的长期护理商业保险精算模型测算结果所得。

因此,在商业保险模式运行下,鼓励就业者在 35 周岁以前参保,政府和个人的负担都较低。在低保障低负担水平运行下,利率水平为 3%时,农村 20—24 周岁、25—29 周岁、30—34 周岁的个人月缴费为 65 元、77 元和 93 元,城镇为 80 元、96 元和 117 元。这是一个只覆盖完全失能人群,也就是最需要长期护理人群的商业保险模式。如果政府将长期护理的制度目标覆盖人群扩大到部分失能人群,在 3%的利率下,适度保障低负担水平时,必须鼓励就业者在 30 周岁前参保,农村 20—24 周岁的个人月缴费为 200 元,25—29 周岁的个人月缴费为 235 元,城镇为 234 元和 281 元。目前社会保障缴费已经达到城镇个人月均工资的近 40%,如果放宽长期护理保险的受益对象,每人月缴费超过 200 元,显然是不现实的,除非政府负担一半的保险缴费。但是在提高基金收益率时,鼓励个人在

30周岁以前参保，政府放宽长期护理保险的赔付标准，其个人缴费水平也相对较低，在5%的年收益率下，适度保障高负担水平下，农村20—24周岁、25—29周岁人群的月缴费分别下降到63元和79元，相比之下，城镇的月缴费水平下降到74元和94元，长期护理保险缴费变得可负担起来。

但是目前我国经济发展速度已经逐步放缓，进入经济发展的新常态阶段，加之长期护理保险基金的运行应该以安全性和稳定性为第一准则，即使采用商业保险的投资管理渠道和方法，并不能保证5%的年收益率。因此，对于政府补贴的商业保险模式只有两种选择：第一，明确制定长期护理等级，只赔付长期护理重度需求者，即主要满足身体残障不能独立完成六项基本日常生活活动，需要每天看护者的长期护理需求，鼓励就业者在35周岁以前参保，把长期护理月缴费额控制在政府和个人可负担范围以内。第二，提高长期护理保险投资收益，将投资收益至少提高到4%的年收益率以上，赔付长期护理的潜在需求者，即赔付每天需要协助完成工具性生活基本活动的轻度护理需求者，鼓励就业者在30周岁以前参保，同时，政府加大对长期护理保险制度的补贴力度。基于基金的未来赔付风险和政府财政负担能力，实际上，根据政府对商业保险公司保本微利的要求，政府补贴下的商业保险模式只能选择赔付长期护理重度需求者。

（二）参保者在社会保险模式中的缴费负担测算

由于基金动态平衡模型中，城镇和农村之间可以实现长期护理的风险共担，基金采取现收现付制，具有明显的再分配效应，低水平低负担的制度运行状态下，个人的缴费率在个人收入或工资水平的1%—1.5%左右，随着基金收益率的升高，缴费水平进一步降低，4%收益率下的缴费率为个人收入或工资的1.32%，5%收益率下的缴费率为个人收入或工资的1.047%。因此，在低水平低负担的状况下，即使财政不对长期护理保险基金进行补贴，城镇就业者和农村就业者也有支付长期护理保险缴费的能力，1%—1.5%的工资或收入水平对个人支付的压力较小。

表 4-11 社会保险模式下的个人缴费率

基金负担水平	基金缴费率		
	3%收益率	4%收益率	5%收益率
低保障水平低负担	1.64%	1.32%	1.05%
低保障水平高负担	1.77%	1.42%	1.13%
适度保障水平低负担	5.00%	4.02%	3.19%
适度保障水平高负担	5.38%	4.32%	3.44%

资料来源:根据长期护理社会保险基金动态均衡模型的测算数据所得。

适度保障水平的失能概率急剧增高,导致长期护理支出的水平为低保障水平的 3 倍,相应地,适度保障水平状况的个人缴费率也为低保障水平的 3 倍,在适度保障水平低负担和 3%的年利率水平下,个人的缴费率为个人工资或收入的 5%。同样地,提高基金收益率能够明显降低个人缴费比例,当收益率提高到 4%时,个人缴费比例下降到 4.02%,收益率进一步提高到 5%时,个人缴费率下降到 3.19%。面对赔付对象的扩大和机构护理的高比重,基金缴费率接近个人收入或工资的 5.4%,而基金收益率能够明显降低缴费率,在 5%的年收益水平下,即使适度保障水平和高负担水平,基金缴费率也可以下降到个人收入或工资的 3.4%左右。

保险基金的缴费率不能直观反映出社会保险基金对农村和城市长期护理风险的分散,在这里按照 2020 年的城镇就业人员平均工资和农村居民人均纯收入水平,把基金缴费率转换成为 2020 年城镇就业人员和农村居民的月平均缴费额。可以看出,长期护理社会保险模式通过代际之间、城乡之间的风险分担,大大降低了缴费水平。在低保障水平低负担水平下,3%的年收益率时,城镇人均缴费额为每月 114.65 元,农村人均缴费额为 21.53 元。相比同保障水平的商业保险,农村人均缴费水平大大低于城镇人均缴费水平,相当于城镇人均缴费水平的 20%左右。在低保障水平下,城镇人均最高缴费为每月 123.36 元,农村人均最高缴费为 23.16 元。在适度保障低负担水平下,城镇人均最高缴费为 349.61 元,最低缴费为 223.08 元;农村人均最高缴费为 65.64 元,最低缴费为 41.88 元。

表 4-12 2020 年社会保险模式下城市和农村人均月缴费水平

单位:元

基金负担水平	城镇人均缴费水平			农村人均缴费水平		
	3%收益率	4%收益率	5%收益率	3%收益率	4%收益率	5%收益率
低保障水平低负担	114.65	92.01	73.16	21.53	17.27	13.73
低保障水平高负担	123.36	98.99	78.71	23.16	18.59	14.78
适度保障水平低负担	349.61	280.55	223.08	65.64	52.67	41.88
适度保障水平高负担	376.14	301.85	240.01	70.62	56.67	45.06

资料来源:根据长期护理社会保险基金动态均衡模型的测算数据所得。

这样,在低保障水平下,即使政府财政不补贴,农村居民和城镇就业者的缴费水平相对较低,分别相当于新型农村合作医疗的个人缴费水平和城镇居民养老保险的月缴费水平,个人能够承担长期护理社会保险缴费。但是,当受益水平提高,赔付对象包括部分失能老人时,基金的缴费率和缴费水平上升,此时农村居民和城镇就业者的缴费压力不同,在适度保障水平下,农村居民的绝对缴费额相对较低,保持在每月 65 元左右,而城镇居民的月均缴费已经超过 350 元。目前,在社会保障费率整体偏高的情况下,城镇居民不具有个人承担全部缴费的能力,因此,适度保障水平下,需要政府财政的补贴支持。

(三)两种模式下个人缴费负担的对比分析

和长期护理社会保险模式相比,完全积累的商业保险运行模式不具备代际之间的收入再分配功能,只是分散某一年龄段内人群的长期护理风险。由于商业保险公司以营利为目的,制度运行时,农村保险基金和城市保险基金需要分开定价和确定风险,并且管理分开,两个基金之间不可能存在风险共担的机制,通过保险大数法则,减弱农村老龄化速度和水平远远高于城市的负面效应。这样,商业保险运行模式本身具有明显的局限性。从保险费率的厘定来看,2020 年,同样的低保障低负担水平下,年收益率同样为3%时，商业保险模式下农村人均月缴费达到266元，城镇人均月缴费达到359元，而社会保险模式的农村人均月缴费为22元，城镇人均月缴费为115元，大保障模式下，农村人均月缴费为30元，城镇人均月缴费为162元。由于风险分担能力的差别以及完全积累的精算方式，商业保险模式的筹资压力远远高于现收现付的筹资压力。

从长期护理基金平衡的测算结果来看，商业保险模式运营下，年轻人因为缴费年限和基金投资收益累积的影响，缴费压力相对较小，如果采用这种模式，政府应该鼓励参与者在35周岁或30周岁之前缴费，并通过商业化投资管理，减轻个人和政府的筹资压力。此种模式可能会激励年轻人参与保险缴费。然而，在北京海淀区的商业保险试点中，政府对年轻人的补贴力度最小，主要针对40周岁以上的参保者给与20%—30%的缴费财政补贴。这种缴费方式容易导致个人参保的逆向选择行为，由于没有采取强制缴费的方式，个人会选择自身利益最大化的方案，年轻时不参保，40周岁以后再参保，以获得政府更高的财政补贴，原本可以通过提高个人初次缴费年龄而减轻基金支付压力的措施不再发挥功效，政府的财政压力和基金支付压力进一步提高。如果不能保证基金高收益率，保险公司只能通过提高保费来保持基金收支平衡，直到个人无法承担保费，退出商业保险。

在财政不补贴，个人收入有限时，商业保险基金在低保障低负担的水平下，能够实现35周岁前参保者的基金收支平衡。当赔付对象扩大到潜在的失能者时，在3%的年收益水平下，政府和个人都没有承担长期护理保险支出的能力。如果贸然将北京海淀区的长期护理商业保险模式改革推向全国，制度推行和发展在未来会出现严重的筹资问题，因此，从长期护理基金平衡的角度来看，完全积累制度下，政府补贴的商业保险制度模式在短期之内，并不适合在中国推广实行。

二、政府补贴情况下的个人缴费负担测算

商业保险模式中，按照设定参数，政府承担定价保费的30%时，在3%收益率低保障水平下，无论城镇还是农村，40—44岁、45—49岁就业者的个人缴费相对合理，每月定价保费不超过200元，当收益率提高到

5%时,50—54 岁就业者的个人缴费不超过 150 元。即使将受益对象进一步扩大,适度保障水平的个人缴费负担也大大降低。如果这种模式中,政府按统一比例补贴个人缴费金额,越接近退休年龄,政府对个人缴费的实际减免金额越高,有利于鼓励 30 周岁以上人群参保。相比之下,年轻参保者获得的政府补贴金额相对较低,个人的参保意愿可能进一步降低,在试点过程中,当制度运行采取个人缴费自愿原则时,个人逆向选择行为明显,商业保险模式表现出明显的局限性。为了有效降低基金集中赔付的风险,可以采取两种措施来降低个人逆向选择行为:一种是设定强制参保年龄,比如政策规定就业者在 30 周岁左右参保;另外一种是对个人缴费实行固定减免金额的政策,无论参保者的年固定缴费金额高低,每年政府给予限定金额的缴费补贴。

表 4-13　商业保险模式下城镇就业者的月缴费额

单位:元

保障水平	3%收益率下城镇就业者承担部分保费(月缴费)							
	20—24 岁	25—29 岁	30—34 岁	35—39 岁	40—44 岁	45—49 岁	50—54 岁	55—59 岁
低保障低负担	56	67	82	104	138	197	319	783
低保障高负担	60	72	88	112	148	211	343	841
适度保障低负担	164	197	261	305	403	574	930	2276
适度保障高负担	176	211	280	328	432	617	998	2444
保障水平	5%收益率下城镇就业者承担部分保费(月缴费)							
	20—24 岁	25—29 岁	30—34 岁	35—39 岁	40—44 岁	45—49 岁	50—54 岁	55—59 岁
低保障低负担	16	21	27	37	52	79	134	346
低保障高负担	18	22	29	40	56	84	144	371

续表

保障水平	5%收益率下城镇就业者承担部分保费(月缴费)							
	20—24岁	25—29岁	30—34岁	35—39岁	40—44岁	45—49岁	50—54岁	55—59岁
适度保障低负担	48	61	87	108	152	229	391	1005
适度保障高负担	51	66	93	116	163	246	420	1079

资料来源:根据政府补贴下的长期护理商业保险精算模型测算结果所得。

值得注意的是,当政府承担定价保费的30%时,虽然适度保障水平下的个人缴费负担大大减轻,在正常的基金年收益水平下,商业保险模式下的个人负担压力依然较重。长期护理保险缴费水平已经远远超过目前医疗保险的平均缴费水平,鉴于未来长期护理赔付的不确定性和拖尾特征,城镇和农村就业者缺乏投保的动力。对于农村就业者来说,缴费压力更为明显,个人收入为城镇就业者的三分之一,但是所在群体的失能概率较高,医疗护理成本和城镇就业者基本相当,在商业保险的定价模式下,政府若采取一刀切的缴费补贴方式,在赔付风险较高、个人赔付能力不足时,长期护理保险的推行必然十分困难。若政府沿用新型农村养老保险和新型农村合作医疗的补贴政策,由中央政府和地方政府承担大部分缴费,并承担最后赔付责任,以此减轻个人缴费压力,以推行长期护理保险。但是由于长期护理不同于养老和医疗风险,依照经验概率来厘定风险并不可靠,会给政府财政带来未知的、沉重的支出负担。

表4-14　商业保险模式下农村就业者的月缴费额

单位:元

保障水平	3%收益率下城镇就业者承担部分保费(月缴费)							
	20—24岁	25—29岁	30—34岁	35—39岁	40—44岁	45—49岁	50—54岁	55—59岁
低保障低负担	46	54	65	81	105	147	236	570

续表

保障水平	3%收益率下城镇就业者承担部分保费(月缴费)							
	20—24 岁	25—29 岁	30—34 岁	35—39 岁	40—44 岁	45—49 岁	50—54 岁	55—59 岁
低保障高负担	49	58	70	87	113	159	255	616
适度保障低负担	140	165	197	244	316	441	705	1695
适度保障高负担	151	178	213	264	341	477	762	1832
保障水平	**5%收益率城镇就业者承担部分保费(月缴费)**							
	20—24 岁	25—29 岁	30—34 岁	35—39 岁	40—44 岁	45—49 岁	50—54 岁	55—59 岁
低保障低负担	13	17	22	29	39	59	99	252
低保障高负担	14	18	23	31	43	63	107	272
适度保障低负担	41	51	66	86	119	176	297	749
适度保障高负担	44	55	71	93	129	191	321	810

资料来源:根据政府补贴下的长期护理商业保险精算模型测算结果所得。

相比商业保险模式的进退两难,当社会保险模式按照个人收入百分比统一城乡缴费、统一城乡保险基金管理时,在低保障水平下,个人缴费率低于个人平均工资或收入的1%。即使将受益对象进一步扩大,在适度保障水平下,个人缴费率在个人平均工资的2.23%到3.77%之间,其中适度保障水平低负担时,3%、4%、5%的基金收益率下的个人缴费率分别为平均工资或收入的3.51%、2.81%和2.33%。适度保障水平高负担时,3%、4%、5%的基金收益率下的个人缴费率分别为平均工资或收入的3.77%、3.02%和2.41%。鉴于缴费率不能直观反映缴费水平,在这里,我们将2020年的个人缴费率转化成为人均缴费金额,转换结果直接显示了统一的社会保险模式的优越性,即使在适度保障水平高负担、低收益率水平下，个人的最高缴费为 263.298 元，远远低于商业保险模式的定价保费。当采取统一补贴费率政策时，农村居民依然是统一制度模式的明显受益者，通过保险大数法则，城镇和农村有效分担了长期护理风险，在适度保障水平高负担、低收益率水平下，农村就业者的最高缴费为 49.434 元。从个人缴费的可负担角度，社会保险模式下，政府补贴个人缴费的 30%时，可以考虑将受益者的范围进一步扩大。

表 4-15　2020 年社会保险模式下城市和农村人均月缴费水平（政府补贴个人缴费的 30%）

单位:元

基金负担水平	城镇人均缴费水平			农村人均缴费水平		
	3%收益率	4%收益率	5%收益率	3%收益率	4%收益率	5%收益率
低保障低负担	80.255	64.407	51.212	15.071	12.089	9.611
低保障高负担	86.352	69.293	55.097	16.212	13.013	10.346
适度保障低负担	244.727	196.385	156.156	45.948	36.869	29.316
适度保障高负担	263.298	211.295	168.007	49.434	39.669	31.542

4.5.2　政府财政补贴负担测算

一、商业保险模式的政府财政补贴负担

在商业保险模式的精算模型中，我们测算起始缴费年度为 2020 年，政府对城镇和农村在不同利率水平和两种保障水平下的财政补贴，分析长期护理商业保险基金中的财政补贴负担。从政府对不同年龄缴费者的补贴支出来看，受 50—59 周岁参保人群整体缴费额较高的影响，政府补贴额在 50—59 周岁之间的支出巨大。以年利率 3%水平为例，即使在低保障低负担水平下，政府对各年龄别的补贴支出超过了 100 亿元，城镇和农村中以 57 周岁的财政补贴最高，城镇补贴在低保障低负担下达到 247 亿元，农村补贴在低保障低负担下达到 233 亿元。从整体上来看，由于城

镇长期护理支出成本较高，同样的补贴水平下，城镇支出对政府的财政压力更大一些，低保障水平的财政负担约为适度保障水平财政负担的三分之一。

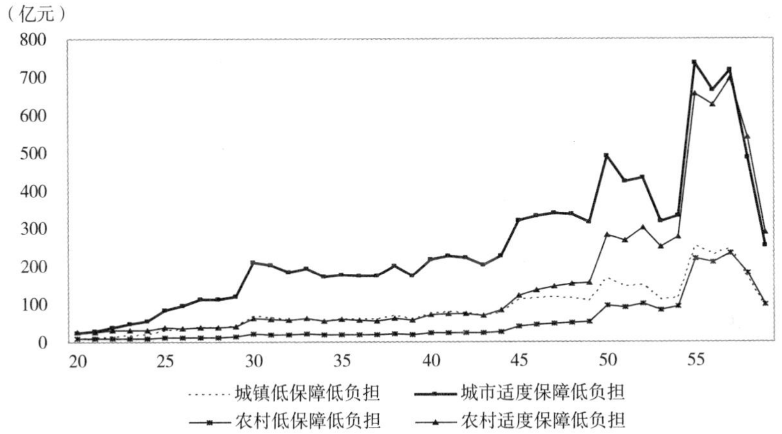

图 4-1　2020 年商业保险模式下政府对不同年龄缴费者的补贴额（r=3%）

资料来源：根据政府补贴下的长期护理商业保险精算模型测算结果所得。

同年龄别的补贴力度一样，政府需要对城镇支出更多的补贴费用，城镇财政补贴的总支出约为农村的 1.6 倍。从 2020 年不同保障水平的补贴总额来看，在年收益率为 3%时，低保障低负担水平下，政府的年度总支出额已经达到 5528.86 亿元，而根据预测 2020 年我国的财政收入预计达到 181437.26 亿元①，年度总支出额占财政收入的 1.2%。按照此保障方式，2020 年长期护理政府补贴已经达到与新农保基本相当的支出水平，目前新农保支出占财政收入的 1.3%左右。相比之下，在适度保障低负担水平下，政府的年度总支出额达到 16358.07 亿元，占年度财政预测总收入的 9%。目前，我国的医疗卫生与计划生育支出才占财政总支出的 6%，在稳健的财政政策下，如果财政年度收支基本平衡，可以看出，适度保障水平下，政府财政压力是非常巨大的，按照目前的财政收入和支出

① 王翠琴、薛惠元：《新农保个人账户养老金计发系数评估》，《华中农业大学学报（社会科学版）》2011 年第 3 期，第 47—51 页。

水平,没有能力承担适度保障赔付水平下的长期护理财政补贴。随着人口高龄化造成失能人口的逐年增多,2020 年之后财政负担的压力会逐年提高,在利率 3%的水平下,即使是只对商业保险模式缴费提供 30%的财政补贴,政府实际上也没有支付能力。

在年收益率提高的情况下,财政补贴的压力会大大减少,利率提高 1 个百分点,长期护理支出的财政补贴支出减少 35%左右,在年利率水平提高到 5%的时候,低保障低负担水平的财政补贴减少到 2225.12 亿元,但是预计年度总支出仍然会维持在财政总支出 1.2%的水平,这个补贴水平在将来还会快速增长超过新农保的补贴力度,对于公共财政来说,支出风险并不可控,如果建立商业保险制度,政府依然会面临支付困难的难题。

表 4-16　2020 年政府对商业保险模式的财政补贴支出(补贴 30%的保费)

单位:亿元

	城镇补贴额	农村补贴额	总补贴额
	$r=3\%$		
低保障低负担	3460.92	2067.94	5528.86
低保障高负担	3716.11	2234.82	5950.93
适度保障低负担	10166.40	6191.68	16358.07
适度保障高负担	10916.00	6691.35	17607.35
	$r=4\%$		
低保障低负担	2174.34	1323.32	3497.66
低保障高负担	2334.66	1430.11	3764.77
适度保障低负担	6382.00	3960.70	10342.70
适度保障高负担	6852.57	4280.33	11132.90
	$r=5\%$		
低保障低负担	1373.57	851.56	2225.12
低保障高负担	1474.84	920.28	2395.12
适度保障低负担	4028.47	2547.80	6576.27
适度保障高负担	4325.50	2753.31	7078.91

资料来源:根据政府补贴下的长期护理商业保险精算模型测算结果所得。

二、社会保险模式的政府财政补贴负担

在社会保险模式中，由于适度保障水平下的现行社会保障缴费率偏高，个人不具备承担全部长期护理缴费的能力，需要政府财政的支持。模型假定了财政对个人缴费补贴30%的缴费额，这样，在适度保障低负担水平下，由于收益率的高低不同，政府需要承担个人工资或收入的1.2%、1.6%、2.0%三种补贴标准，因此，政府的负担水平也相应有三种变化，如图4-2和图4-3所示，在政府承担个人工资或收入的1.2%补贴时，政府的财政补贴额在2020年为4221亿元，占当年财政收入的2.3%；政府承担个人工资或收入的1.6%补贴时，政府的财政补贴额在2020年为5629亿元，占当年财政收入的3.1%；政府承担个人工资或收入的2%补贴时，政府的财政补贴额在2020年为7036亿元，占当年财政收入的3.9%。之后，在老龄化和护理成本增长的影响下，政府的财政补贴总额迅速上升，在2035年前后增速放缓，2045年达到峰值，之后开始小幅回落，基本保持稳定水平。但是财政补贴占当年财政收入的比重逐年下降，财政补贴的增长速度明显小于财政收入的增长速度，到2060年，政府承担个人工资或收入的1.2%补贴时，政府的财政补贴占当年财政收入的比重下降到0.7%；政府承担个人工资或收入的1.2%补贴时，政府的财政补贴占当年财政收入的比重下降到1.0%；政府承担个人工资或收入的2.0%补贴时，政府的财政补贴占当年财政收入的比重下降到1.3%。

可以看出，在长期护理社会保险模式运行下，即使将长期护理的受益对象扩大到部分失能者，需要政府对长期护理保险补贴，在适度保障低负担水平下，政府补贴的标准占财政收入的比重与新型农村养老保险的补贴占财政收入的比重相当，甚至随着时间的推移，其补贴比重要小于新型农村养老保险的补贴比重，但是相比新型农村养老保险，长期护理保险可以为全国失能半失能的老人提供长期护理资金支持，其财政负担较轻。从长远来看，长期护理社会保险模式下，个人和政府能够承受长期护理保险缴费，保险模式具有较强的可负担性和可持续性。

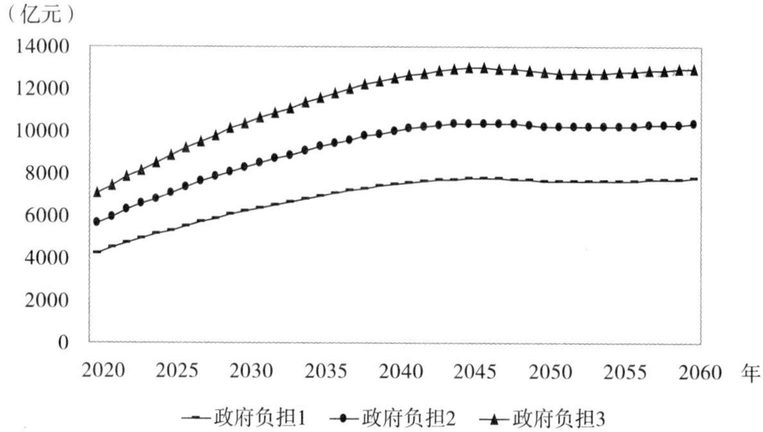

图 4-2　社会保险模式下政府财政补贴负担水平（适度保障低负担）

资料来源：根据长期护理社会保险基金动态均衡模型的测算数据所得。

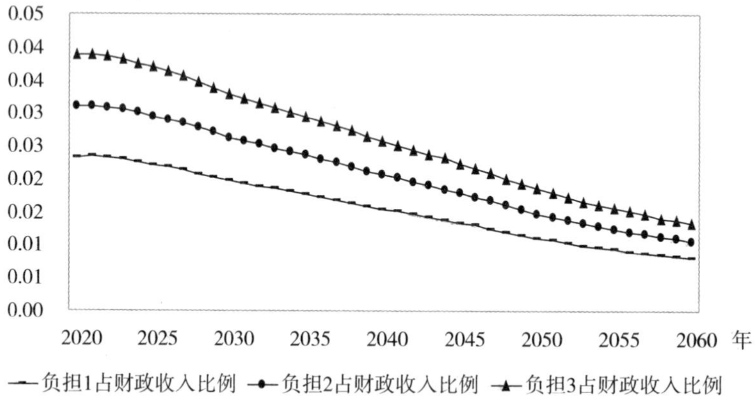

图 4-3　社会保险模式下政府补贴占财政收入比例（适度保障低负担）

资料来源：根据长期护理社会保险基金动态均衡模型的测算数据所得。

4.6　结论与政策建议

在可负担、可持续的基金平衡测算下，政府补贴的商业保险模式只有在参与者35周岁或30周岁之前缴费，并通过商业化投资管理保证较高收益率的情况下，个人缴费负担较小，能够实现基金的长期收支平衡。尽管政府补贴的商业保险模式可能会激励年轻人参与长期护理保险缴费，但是，商业保险的完全积累模式在长期护理风险分散方面，存在着严重的局限性，保险费率的确定基于参保人缴费所处的年龄段，不能实现代际之间、城乡之间的基金风险共担，并不适合在全国推广使用。

在长期护理社会保险动态基金平衡模型的测算下，和政府补贴的商业保险相比，统一的社会保险模式不仅能分散代际间的长期护理风险，而且能够分散城镇和农村之间的长期护理风险，从而使得个人和政府能够负担长期护理保险的缴费率。我们可以看到，当基金的受益对象为完全失能者时，长期护理保险的缴费率维持在个人工资或收入的1%—1.5%左右，政府不需要对保险基金承担更多的财政补贴责任。这样，严格设定受益对象为完全失能者的长期护理社会保险实践中，缴费负担水平较低，可以采取从养老保险个人账户或医疗保险个人账户划转资金的方式，促进个人缴费。也可以采用把长期护理保险作为一种医疗保险附加险的方式，相当于现行医疗保险制度中的重大疾病险，采取强制方式让个人参保，也可以在社会保险总体缴费的基础上，单设长期护理保险，增加缴费工资的1.5%，此种保障模式下，个人和政府的负担较小，制度推行难度较小，能够通过扩面快速为老年失能者提供最基础的长期护理保障。

对于经济发达、劳动力充裕的东部沿海发达地区，劳动力供给和参与率成为衡量经济发展程度的一个重要标志。由于市场竞争机制相对完善，市场化程度较高，以上海、南京、广州为代表的一线城市，老龄化的速度超过其他城市和地区，同时由于劳动力竞争和生活成本的压力，家庭长期护理的负担较重。这些城市和地区中，居家护理和机构护理在市场机制的推动下，得到了一定程度的发展，私人养老院和居家服务中心在城市居住区分散分布，但是没有形成完善的、竞争的供给制度。这部分地区已经具备长期护理保险制度的发展基础：第一，人均收入较高，居民的保险意识较强；第二，长期护理服务供给机构的雏形已经形成；第三，市场对长期护理需求的敏感性较高；第四，政府的财政支出承受能力较强，能够承担长期护理保险的最终赔付风险。

在这些地区，通过多方筹资建立长期护理社会保险，政府对低收入者进行缴费补贴，以满足中低收入者的基本长期护理需求为制度建设目标，设定基于日常基本行为活动的失能评定标准，设定长期护理保险的给付上限，根据基金动态平衡的原则建立长期护理保险基金。在保险基金建立初期形成的基金盈余资金，可进行适度投资。制度实行有限赔付，长期护理保险的主要赔付对象是因为身体障碍和精神障碍不能独立完成六项日常基本活动中的两项或两项以上的失能者，保险基金赔付个人长期护理支出的70%。保险给付采取现金给付的方式，允许个人根据需求评估在不同性质的服务提供机构中做出选择，但是服务机构的提供类型和护理等级的评定过程，由政府委派的专业人员或资格认定医院的医护人员按照操作规范完成。这样，严格限定给付的赔付条件下，长期护理社会保险通过现收现付制度实现收入再分配，主要保障中低收入者的严重护理需求，在扩大制度覆盖面的同时，对长期护理保险基金的使用和支出进行控制。

这种制度目标取向，肯定了底线公平的原则——为多数人提供有限福利的制度设计，要优于为少数人提供充分保障的制度设计。制度设计的理念在我国现在的社会保障制度建设中颇有渊源，比如新型农村养老保险、城镇居民养老保险、新型农村合作医疗和城镇居民医疗保险，在这些制度实施的初期，其给付标准设置都是相对较低的，制度在建立初期的主要目标在于扩大养老保险和医疗保险的覆盖面，将中低收入的大部分群体纳入社会保险的覆盖范围之内，通过保险大数法则分散养老和医疗风险，减轻个人的养老和医疗负担。从目前的发展状况来看，这些制度运行状态良好，实现了中国农村地区社会保障制度从无到有的转变，并且在发展中逐步完善，提高待遇给付标准。

从国际长期护理保险制度的发展趋势来看，德国的长期护理保险的资格标准、受益群体、筹资机制以及给付标准和日本相比，是较低的，德国长期护理保险的机构护理赔付只能覆盖个人长期护理支出的50%，但是德国通过长期护理保险制度的建立，改变了残补式长期护理制度供给中的效率低下现象，分散了社会救助的支出压力，建立了世界上第一个相对完善的长期护理保险制度，将长期护理制度的覆盖对象从贫困者转变为全体劳动者，长期护理支出控制在GDP的1.3%左右。相比其他发达国家，其制度显然是成功的。

根据长期护理社会保险基金平衡模型的结果分析，在严格给付条件下，基金的筹资压力较小，在实际操作中可以将长期护理保险作为医疗保险的附加险，或者补充医疗保险的方式处理，在已经参加医疗保险的民众中推行，强制工作者购买长期护理保险，允许个人使用医疗保险和养老保险个人账户资金申请购买长期护理保险，由于筹资标准较低，筹资机制灵活，保险制度能够较为快速顺利地建立起来。

基于以上几点阐述和设想，中国长期护理社会保险的建立，选择严格给付和适度监管的方式，较为符合我国经济和社会发展的要求，能够实现扩大受益面和成本控制的双重目标。在长期护理社会保险建立之后，可以在社会保险发展基础上，根据地区的经济发展状况，逐步扩大社会保险的赔付范围，将赔付范围扩大到个人部分失能状态下的长期护理支出。这样，个人可以根据收入水平和未来护理风险，自由选择缴费水平，增强社会保险模式的可调节性，尽快将长期护理社会保险的覆盖范围惠及大部分就业者或全民，为防范老龄化风险早做准备。

对于经济发展水平较低的中西部地区，受市场发展程度的约束，尚未培育起能够支持长期护理保险发展的长期护理服务系统。在城市中，老年人的长期护理服务供给主要依靠农村劳动力提供的长短期家政服务以及敬老院；在农村中，主要依靠传统的五保制度。中西部地区的市场改革推行过程较为缓慢，对自然资源的依赖性较高，在城镇化推进的过程中，农村老龄化带来的失能人口程度和速度远远快于城市。对于这部分城镇化程度较低，却又面临社会老龄化问题的地区，应该逐步提升长期护理服务提供水平，为长期护理保险的推行奠定基础。

应该看到，长期护理服务提供是长期护理制度发展和完善的前提。在中西部地区，建立长期护理保险制度最大的障碍在于，受经济发展水平、护理观念以及社会运行制度的制约，长期护理服务市场的供给不足，长期护理资源提供以医院护理和政府、非营利组织提供的救助型的机构护理为主，家庭护理发展缓慢，在老年人失能人口急剧增多并且高龄化的发展趋势下，长期护理服务供给严重不足。由于长期护理服务的刚性需求，长期护理服务的供给具有准公共物品的性质，在社会转型和市场机制完善的过程中，单靠本身就不完善的市场机制和服务机构管理制度内生性地增加供给，提高长期护理资源的承载能力，是不现实的。需要政府通过社会政策的倾斜，推动市场机制的变革，从而拉动整个长期护理服务产业的发展。在产业发展和市场化建设的基础上，建立长期护理保险制度，为大部分的失能老人提供基础保障才有可能成为现实。

5

经济新常态下中国社会福利发展

李滨生　常品超　池振合　王　祎*

* 李滨生，中华全国总工会；常品超，中华全国总工会；池振合，中国劳动关系学院；王祎，中国劳动关系学院。中国劳动关系学院魏蓉蓉、兰嘉琦、张琼、陈诗涵、姚欣乐、陈明霞，吴雯颖同学承担了本篇资料收集以及部分写作工作。

5.1 经济新常态与社会福利

5.1.1 经济新常态的提出

“十三五”时期我国经济发展进入新常态是对未来我国经济发展特征的基本判断。经济新常态最为突出的表现是经济增长由之前的高速增长转为中、低速发展(见图 5-1)。从图 5-1 中可以看出,2011 年第四季度我国的国内生产总值同比指数为 108.7,当季我国国内生产总值增长率为 8.7%。随后,我国国内生产总值增长速度不断下降,截至 2016 年第一季度,国内生产总值同比增长率只有 6.7%。尽管相对于发达国家而言,6.7%的增长率已经是非常高的增长率,但是相对于加入 WTO 以后多年 8%以上的经济增长率,我国经济增长率增长速度放缓明显。经济增长率下降到 8%以下宣告过去高速经济增长的时代已经结束,我国经济发展进入中、低速增长的经济新常态阶段。

图 5-1 2011 年 4 季度到 2016 年 2 季度中国 GDP 指数

资料来源:国家统计局国家数据库,http://data.stats.gov.cn/easyquery.htm? cn=B01。

经济新常态下，我国产业结构也发生了重大变化，突出表现为第三产业产值占国内生产总值的比重超过第二产业并继续上升。图 5-2 显示了 2005—2014 年我国国民经济三次产业结构变化情况。从图 5-2 中可以看出，我国第二产业产值占国内生产总值的比重不断缩小，由 2005 年的 46.9%下降到 2014 年的 42.7%，下降了 4.2 个百分点；第三产业产值占国内生产总值的比重逐渐上升，由 41.4%上升到 48.1%，上升了 6.7 个百分点。特别是 2012 年，第三产业产值占国内生产总值的比重为 45.5%，而第二产业的比重为 45%，第三产业的比重首次超过第二产业。第三产业生产总值占国内生产总值的比重超过第二产业，说明我国经济增长方式已经发生了改变，经济增长的支柱产业由制造业转变为服务业，经济增长动力由投资、出口为主转变为以内需性消费为主。

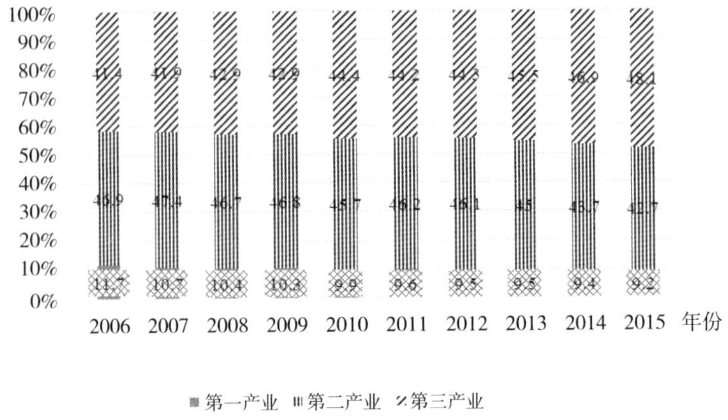

图 5-2　2005—2014 年中国三次产业结构变动情况

资料来源：国家统计局国家数据库，http://data.stats.gov.cn/easyquery.htm? cn=C01。

5.1.2　经济新常态对社会福利的总体影响

一、社会福利发展挑战

（一）可持续性

新常态下经济增长速度下降意味着政府、企业和居民收入增长速度下降，显著降低居民收入增长速度。2015 年城镇居民人均可支配收入实际增长率为 6.6%，比 2011 年下降了 1.8 个百分点；农村居民人均纯收入实际增长率为 7.5%，比 2011 年下降了 3.9 个百分点①。收入水平和价格是决定居民消费的两个决定因素，所以城乡居民收入增长速度下降会直接引起消费增长下降，导致居民福利水平降低。2015 年城镇居民人均消费支出实际增长 6.9%，农村居民人均消费支出实际增长 8.6%。消费是推动经济增长的重要动力，增长速度下降将严重制约经济可持续发展。与此同时，经济增长速度放缓引起企业开工不足，劳动力需求减少，引起劳动力供大于求。与此同时，产业结构调整使得劳动力不得不从第二产业向第三产业转移，此过程会导致结构性失业。由此可以看出，无论是经济增长速度下降还是产业结构调整都会导致部分劳动者失业，引起贫困人口增加。由此可以看出，无论是扩大消费拉动经济增长，还是救助社会弱势群体，保障其基本生活都要求社会福利制度发挥应有作用。然而，当前我国社会福利制度发展远远滞后于经济和社会发展，制约其作用发挥。

经济新常态要求社会福利制度发挥作用，为居民生活提供基本保障，扩大总需求，推动经济可持续发展。经济新常态下经济增长速度下降、产业结构调整以及由此引起的失业，引起部分社会福利制度收入下降，但是支出却不断增加，资金收入缺口扩大，严重威胁制度自身运转的可持续性。2015 年在全国 31 个省、自治区、直辖市中辽宁、吉林和黑龙江三省 GDP 增速较低，分别为 3%、6.5% 和 5.7%，较低的经济增长速度以及较高的老年抚养比导致 2015 年东北三省城镇企业职工养老保险基金收不抵支，对老年人养老保险金发放形成巨大威胁。除此之外，经济新常态下失业人口规模会显著扩大，同样会对失业保险基金平稳运行形成冲击。无论是养老保险还是失业保险都要求政府在财务上承担兜底责任，所以经济新常态下已有福利制度的可持续运行需要公共财政加大支出。除了维持运行之外，社会福利制度还需增强，这又会增加公共财政开支。因此，经济新常态下社会福利功能维持及提升会增加公共财政支出。经济增长

① 历年《国民经济和社会发展统计公报》，http://www.stats.gov.cn/tjsj/tjgb/ndtjgb/。

速度下降意味着财政收入增长速度下降,而财政增长速度下降决定财政支出也会随之下降。图 5-3 显示了近十年我国财政收入和支出增长的基本情况。2011 年我国财政收入和支出增长速度分别为 25%和 21.6%,到 2014 年财政收入和支出增长速度分别下降到 8.6%和 8.3%。对于以国家财政支出作为主要资金来源的社会福利而言,财政支出增长速度大幅度下降意味着社会福利制度资金增长速度也会下降,一定程度上会制约社会福利发展和作用发挥。经济新常态的经济增长速度放缓会显著降低居民福利水平,特别是失业和贫困人口的福利水平,要求社会福利制度发挥相应作用,保障弱势群体基本生活,推动国民经济可持续发展。然而,经济增长放缓引起的公共财政支出增长放缓对社会福利资金来源形成制约。

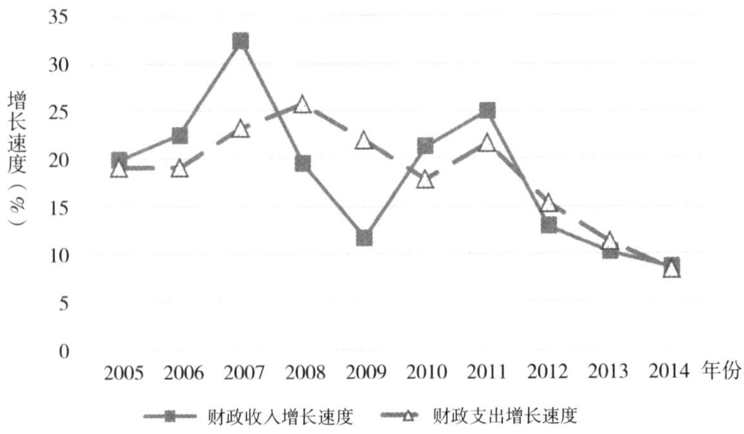

图 5-3　2005—2014 年中国财政收入和支出增长速度

资料来源:国家统计局国家数据库,http://data.stats.gov.cn/easyquery.htm? cn=C01。

(二)制度转型

经济新常态对我国社会福利制度转型形成巨大冲击。经过不断完善,我国逐渐形成了"以劳动保障为实质、以收入维持为内容、以社会保险为主体"的制度设计,在劳动关系以外辅之以社会救助和补缺型的社会福利。[①] 在经

① 万国威:《我国社会福利制度的理论反思与战略转型》,《中国行政管理》2016 年第 1 期,第 16 页。

济发展水平较低的条件下，补缺型社会福利制度在保护老年人、残疾人等弱势群体基本生活方面发挥了积极作用，为他们提供了基本生存、生活条件。随着我国经济发展水平的提高，特别是经济高速发展为社会福利制度由补缺型向普惠型过渡提供了必需的经济基础。与此同时，人民群众日益增长的需要使得原有补缺型社会福利体系已经无法适应当前经济和社会发展需要，为社会福利制度转型提供了改革推力。然而，经济新常态使得经济增长速度骤然下降，使得由补缺型向普惠型过渡的社会福利制度改革失去了物质基础。

二、社会福利发展机遇

（一）政策支持

经济新常态为社会福利事业发展提供了重大机遇。我国社会福利事业起步较晚，发展较为缓慢，国民享受的只是一些最基本的社会福利服务，社会福利体系缺乏完整性。经济新常态下经济增长动力的转变使我们更加注重消费在经济发展中的作用，逐步提高国民消费在推动国民经济发展中的重要作用。老人、儿童和残疾人等弱势群体的消费是总消费的重要组成部分，而社会福利则是影响他们消费的重要因素之一。只有完善的社会福利制度才能够为他们提供良好的保障，促进他们消费增加，推动经济发展。鉴于对经济和社会发展的重大意义，国家制定和出台了一系列有利政策，推动社会福利制度发展。“十三五”规划提出未来我国社会发展以“健全以扶老、助残、爱幼、济困为重点的社会福利制度”为目标。[①] 民政“十三五”规划则具体提出了未来五年我国社会福利事业的发展目标以及保障措施。民政“十三五”规划提出“十三五”时期实现70%以上的县（市、区）开展精神障碍社区康复工作；50%以上的居家患者接受社区康复服务。[②]

① 《中华人民共和国国民经济和社会发展第十三个五年规划纲要》，http://www.gov.cn/xinwen/2016-03/17/content_5054992.htm。

② 民政部：《图解民政“十三五”规划要点》，http://www.mca.gov.cn/article/zwgk/jd/201607/20160700001099.shtml。

（二）劳动力基础

经济新常态，为社会福利事业发展提供了劳动力支持。经济增长速度下降主要是由于第二产业增长速度下降所引起的，如2015年第二产业产出增长率仅有6%[①]。第二产业产出增长率的大幅度下降导致就业出现负增长，就业人数减少，大量劳动力从第二产业向第三产业转移，特别是大量农民工。大量农民工的流入为第三产业发展提供了充足的劳动力。例如，养老服务不足是当前面临的重大问题之一，大量农村劳动力的流入为养老服务产业发展提供了劳动力，为其发展准备了必需条件。

5.2 老年人福利

5.2.1 我国老龄化现状

在经济和社会因素的共同作用下，我国人口老龄化不断加重，突出表现之一是老年人口数量不断增加（见图5-4）。我国65岁及以上老年人口由2005年的10055万人增加到2014年的13755万人，增加了3700万人，相当于加拿大全国总人口。据《2015年国民经济发展和社会发展统计公报》资料显示，2015年的65岁及以上老年人口达到了14386万人[②]，占总人口的10.5%。老年人口数量不断增加的同时，老年人抚养比也不断上升（见图5-4）。从图5-4中可以看出，2005年65岁及以上老年人占当年总人口的比重为7.69%，超过65岁及以上老年人口占总人口比重7%的老龄化社会标准，说明我国从2005年开始就已经进入老龄化社会。

① 国家统计局：《2015年国民经济和社会发展统计公报》，http://www.stats.gov.cn/tjsj/zxfb/201602/t20160229_1323991.html。

② 国家统计局：《2015年国民经济和社会发展统计公报》，http://www.stats.gov.cn/tjsj/zxfb/201602/t20160229_1323991.html。

随着时间演进，老年抚养比不断上升，2014 年老年抚养比已经达到 10.47%，表明我国人口的老龄化程度正在逐步加深。

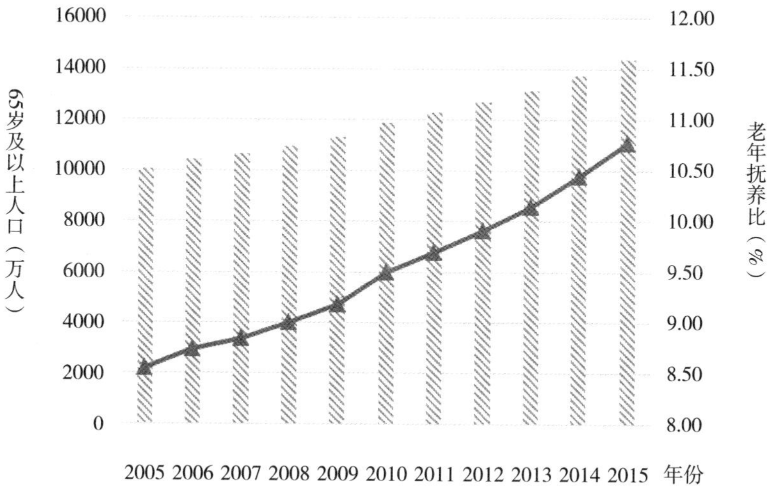

图 5-4 2005—2015 年中国 65 岁及以上老年人口数量和老年抚养比

资料来源：国家统计局年度数据库，http://data.stats.gov.cn/easyquery.htm? cn=C01；国家统计局《2015 年国民经济和社会发展统计公报》，http://www.stats.gov.cn/tjsj/zxfb/201602/t20160229_1323991.html。

今后我国人口老龄化程度仍将继续加重，老年人口规模仍将会不断扩大。2016 年全国老龄办发布的《中国人口老龄化发展趋势预测研究报告》指出，21 世纪中国人口老龄化分为快速老龄化、加速老龄化和重度老龄化三个阶段（见表 5-1）。从老年人口规模、80 岁及以上老年人占老年人比例、老龄化水平三个指标看，上述三个指标在未来仍将会继续增加。例如，到 2050 年老年化水平将会达到 30%，意味着每 3 个人中就有 1 个是老年人。通过以上的分析可以看出，我国人口老龄化速度快，老年人口规模大，老年抚养比高，这对未来老年人养老形成巨大压力。因此，如何完善老年人福利制度，为老年人提供产品和服务，缓解未来养老压力具有重要意义。

表5-1　2001—2100年中国人口老龄化状况

阶段	时间段	老年人口规模（亿人）	80岁及以上老年人占老年人比例（%）	老龄化水平（%）
快速老龄化	2001—2020年	2.48（2020年）	12.37	17.17
加速老龄化	2021—2050年	4（2050年）	21.78	30
重度老龄化	2051—2100年	维持在3—4	25—30	31

资料来源：全国老龄办：《中国人口老龄化发展趋势预测研究报告-2016》，http://www.joy-owo.com/zixun/618632.html。

5.2.2　老年人福利发展现状

一、社会养老服务体系建设

与其他国家相比，我国人口老龄化具有人口数量大、发展速度快、未富先老和人口老龄化发展速度不平衡等特点。与此同时，我国工业化和城镇化进程迅速推进。从产业结构看，以农业为主的第一产业产值占国内生产总值的比重不断缩小，第二、三产业产值占国内生产总值的比重不断上升。2015年，第一产业生产总值占国内生产总值的比重已经下降到9%①。从就业看，我国劳动力就业逐渐由第一产业转向第二、三产业。2014年，三次产业劳动力就业比例分别为29.5%、29.9%和40.6%②。工业化和城镇化改变了人们的生产和生活方式，瓦解了农业社会中形成的传统家庭养老模式，而迅速发展的人口老龄化迫切需要建立社会化养老模式，满足老年人养老需要。

虽然改革开放之后我国在社会化养老模式改革方面进行了诸多尝试，特别是1997年进行了养老保险制度改革，极大地推动了社会化养老模式发展。尽管如此，社会化养老模式发展仍然滞后于老龄化需要，无法满足日益增长的老年人的需要，特别是养老服务体系建设。为此，国务院办公厅于2011年发布了《社会养老服务体系建设规划（2011—2015

① 国家统计局：《2015年国民经济和社会发展统计公报》，http://www.stats.gov.cn/tjsj/zxfb/201602/t20160229_1323991.html。

② 由国家统计局三次产业就业数据计算获得。

年)》,推动社会养老服务体系发展。经过多年努力,目前我国已经基本实现了《社会养老服务体系建设规划(2011—2015 年)》所提出的目标,建立起了由居家养老、社区养老和机构养老三个部分组成的多层次养老服务体系(见图 5-5)。在社会化养老服务体系中,居家养老是基础,它以上门服务的形式向老年人提供生活照料等相关服务;社区养老服务是居家养老服务的支撑,它主要为家庭日间暂时无人或者无力照料的社区老年人提供日间照料和居家养老支持两类服务;机构养老主要通过设施建设实现基本养老服务功能,其建设重点包括养老养护机构和其他类型的养老机构,其中养老养护机构主要为失能和半失能老年人提供服务。

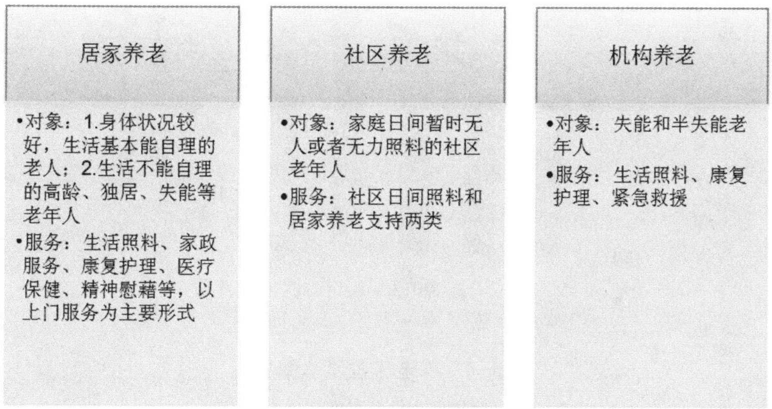

图 5-5　多层次社会养老服务体系

多层次社会养老服务体系的建立,极大地提高了面向老年人的服务能力,突出表现是老年人服务硬件设施数量获得大幅度提高。2015 年我国各类养老服务机构和设施有 11.6 万个,比上年增长 23.4%①。图 5-6 展示了 2011—2015 年我国养老床位数基本变化。从图 5-6 中可以看出,无论是养老床位总数还是每千人床位数都获得了较大增长。2011 年我国拥有养老床位总数为 353.2 万张,截至 2015 年总床位数已经达到

① 民政部:《2015 年社会服务发展统计公报》,http://www.mca.gov.cn/article/sj/tjgb/201607/20160700001136.shtml。

672.7万张,增加了319.5万张,年均增长17.48%。养老床位总数的增加带动每千人养老床位相应增加。2011年每千人养老床位为19.1张,截至2015年每千人养老床位已经增加到30.3张。由此可以看出,通过推动社会养老服务体系建设,养老服务硬件设施数量迅速增加,极大地提高了面向老年人提供养老服务的能力,缓解了社会养老服务不能满足老年人需要的矛盾。

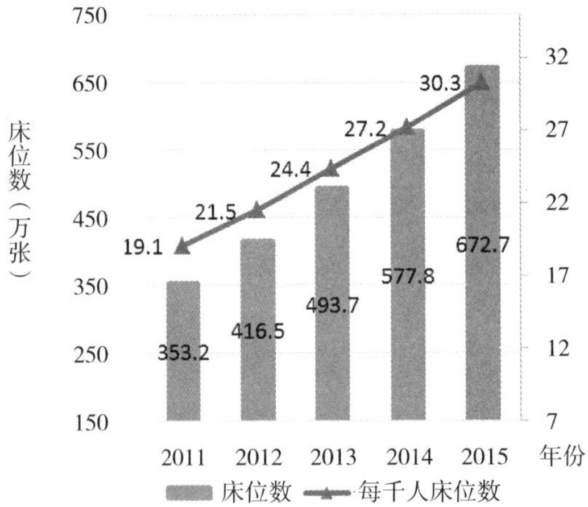

图5-6 养老床位基本情况

资料来源:由历年《社会服务发展统计公报》数据整理获得。

二、长期护理保险制度

在我国庞大的老年人群体中,有一部分老人属于失能老人。由于失能老人自理能力减弱,需要长期照护,既分散家人的工作精力,又给家庭造成巨大的经济负担。截至2014年,我国半失能、失能老人数量接近4000万人①。由于自身以及家庭多方面的因素,目前我国失能老人的生活质量较差。70%左右的失能老人认为自身身体状况很差或比较差;

① 《我国失能半失能老人数量已接近4000万》,新华网,http://news.xinhuanet.com/mrdx/2015-12/07/c_134891511.htm。

41.1%的失能老人感觉非常孤独;50.9%的失能老人常常感觉孤独[①]。因此,为失能老人提供照料服务已经成为社会的迫切需要。尽管如此,失能老人照料服务的供给却十分有限,其主要原因是失能老人照料服务的成本远远高于普通老年人。借鉴国外经验,长期护理保险是为失能老年人长期照护提供资金支持的有效制度之一。

长期护理保险是为个体由于年老、疾病或伤残导致生活不能自理,需要在家中或疗养院治病医疗由专人陪护所产生的费用进行支付的保险制度。长期护理保险制度借助保险机制,将失能老年人长期护理成本在社会成员间分担,降低了长期护理的费用支出。2016 年,人力资源和社会保障部出台了《人力资源和社会保障部办公厅关于开展长期护理保险制度试点的指导意见》,标志着我国长期护理保险制度建设的开端。目前我国实施的长期护理保险制度的主要内容如表 5-2 所示。从表 5-2 所示内容看,长期护理保险制度的保险比例在 70%左右,此举必将会大幅度降低长期护理费用,提高失能老年人的生活质量。

表 5-2　长期护理保险制度(试点)

保障对象	长期处于失能状态的参保人群,重点解决重度失能人员基本生活照料和与基本生活密切相关的医疗护理等所需费用。各地区可根据基金承受能力,确定重点保障人群和具体保障内容
参保范围	原则上主要覆盖职工基本医疗保险参保人群
资金筹集	试点阶段,可通过优化职工医保统账结构、划转职工医保统筹基金结余、调剂职工医保费率等途径筹集资金,并逐步探索建立互助共济、责任共担的长期护理保险多渠道筹资机制
待遇支付	对符合规定的长期护理费用,基金支付水平总体上控制在 70%左右。具体待遇享受条件和支付比例,由试点地区确定

三、老年人医疗福利

(一)老年人医疗福利政策变化

由于老年人身体功能衰退,疾病发病率增加,所以老年人的医疗保障

① 景跃军、李元:《中国失能老人构成及长期护理需求分析》,《人口学刊》2014 年第 2 期,第 56 页。

是老年人福利的重要内容。我国的医疗保险制度范围不断扩展,已经初步形成了涵盖城乡居民的医疗保险体系,主要包括:城镇职工基本医疗保险、新型农村合作医疗、城镇居民基本医疗保险。有些地方根据本地的实际情况,推出了特别面向老年人和儿童的医疗保险制度,如北京市推行的“一老一小”保险制度,将城镇未纳入城镇职工医疗保险制度、享受最低生活保障制度、享受困难生活补贴的城市老年人均纳入到医疗保险制度之中,为他们提供医疗保障。我国政府直接或者间接出台了一系列政策,逐步完善与老年人相关的医疗保险或者医疗服务政策,推动老年人医疗保障水平的提高(见表5-3)。

表5-3　2012年以来关于老年人医疗福利相应的政策法规

年份	相关条例	主要内容
2012	《中华人民共和国老年人权益保障法》(修订)	第二十九条　国家通过基本医疗保险制度,保障老年人的基本医疗需要。享受最低生活保障的老年人和符合条件的低收入家庭中的老年人参加新型农村合作医疗和城镇居民基本医疗保险所需个人缴费部分,由政府给予补贴。有关部门制定医疗保险办法,应当对老年人给予照顾
2013	《国务院关于加快发展养老服务业的若干意见》	1.推动医养融合发展。各地要促进医疗卫生资源进入养老机构、社区和居民家庭 2.健全医疗保险机制。符合规定条件的享受相应待遇,完善医保报销制度
2013	《国务院关于促进健康服务业发展的若干意见》	加快发展健康养老服务:建立健全医疗机构与养老机构之间的业务协调机制。发展社区养老服务:提供日常护理、慢性病管理、康复、健康教育和咨询、中医保健等服务能力。鼓励医疗机构将护理服务延伸至居民家庭
2015	《关于推进医疗卫生与养老服务相结合指导意见的通知》	1.建立健全医疗卫生机构与养老机构合作机制 2.支持养老机构开展医疗服务 3.鼓励社会力量兴办医养结合机构 4.鼓励医疗卫生机构与养老服务融合发展
2016	《国务院关于整合城乡居民基本医疗保险制度的意见》	统一筹资政策、保障待遇、医保目录、定点管理、基金管理等

资料来源:中华人民共和国中央人民政府网站,http://www.gov.cn/zhengce/content/2016-01/12/content_10582.htm。

（二）老年人医疗设施供给变化

为了更好地为老年人就医、看病、疾病康复、防范风险等提供方便，很多医疗结构建立了很多医疗设施。例如，很多医院为老年人提供“绿色通道”，让老年人优先挂号、就诊、看病等。部分社区内的卫生所设置专业的护理照看人员，对老年人健康实时关注。与此同时，我国不断进行医疗设施建设，增加医疗服务供给。图 5-7 显示了我国不同机构床位数的变化情况。从图 5-7 中可以看出，我国卫生机构床位数大幅度增长，由 2005 年的 336.75 万张增加到 2014 年的 660.12 万张，增加了 323.37 万张。社区卫生服务中心（站）和乡镇卫生院床位数也都获得大幅度增长，特别是乡镇卫生院。2005 年乡镇卫生院的床位数为 67.82 万张，到 2014 年已经上升到 116.72 万张。住院床位数等医疗设施的增长为老年人医疗服务供给提供了硬件保障，提高了医疗保障水平。

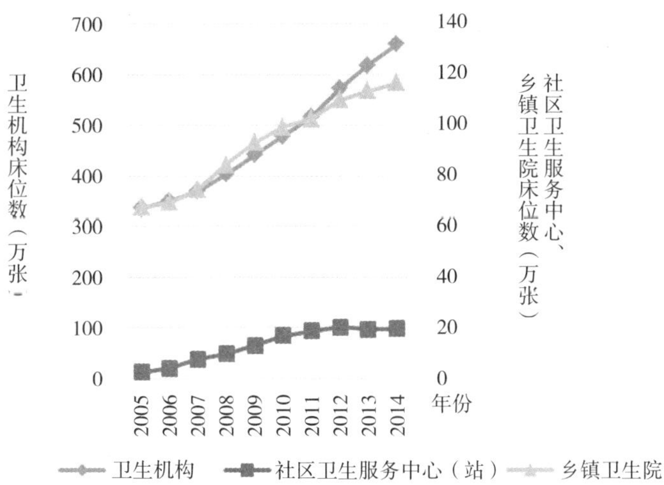

图 5-7　2010—2014 年各卫生机构床位数

资料来源：国家统计局年度数据，http://data.stats.gov.cn/easyquery.htm? cn=C01。

5.3 残疾人福利

第二次全国残疾人抽样调查显示,截至2006年4月1日零时,我国各类残疾人总数高达8296万人,占全国总人口的6.34%。① 根据第六次人口普查数据推算,2010年全国残疾人总数为8502万人。② 从以上数据可以看出,残疾人是一个规模庞大的群体。因此,残疾人社会福利是我国社会福利的重要组成部分,其发展好坏一方面关系着广大残疾人的切身利益,另一方面反映我国社会福利的发展状况。

5.3.1 残疾人康复

康复是帮助残疾人恢复和补偿功能,增强生活自理和社会适应能力,平等参与社会生活的基础。20世纪80年代以后,残疾人康复事业开始有所进展,国家每年拨专款开展大规模的康复工作。残疾人康复主要项目包括白内障复明手术、聋哑儿童语言听力训练、肢残矫治手术等。此后,我国残疾人康复工作又扩展到“低视力康复”“精神病防治康复”“智力残疾康复”以及社区康复工作、残疾人用品用具供应服务等。“十二五”期间,我国通过实施一批重点康复工程,每年使众多残疾人得到不同程度康复(见图5-8)。从图5-8中可以看出,从2012年起我国接受康复服务的总人数维持在750万人左右。

截至2015年年底,全国已有残疾人康复机构7111个,932个市辖区和2024个县(市)开展了社区康复工作,已建社区康复站的社区总数

① 《2006年第二次全国残疾人抽样调查主要数据公报》,中华人民共和国中央人民政府网站,http://www.gov.cn/ztzl/gacjr/content_459223.htm。

② 中国残疾人联合会:《2010年末全国残疾人总数及各类、不同残疾等级人数》,http://www.cdpf.org.cn/sjzx/cjrgk/201206/t20120626_387581.shtml。

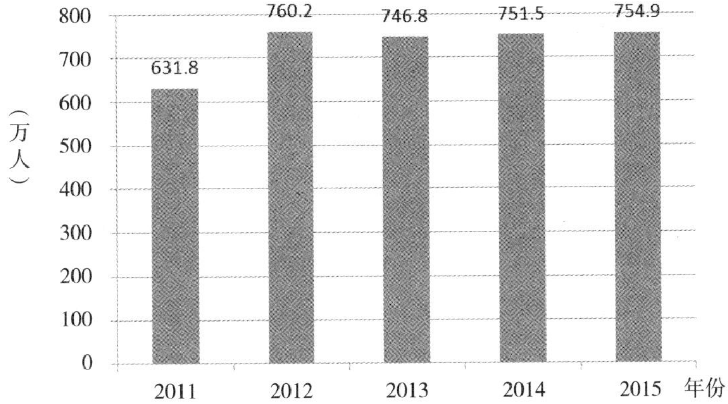

图 5-8　2011—2015 年中国接受康复服务人数

资料来源:由中国残疾人联合会历年《中国残疾人事业发展统计公报》中相关数据整理所得。

22.2 万个,配备 40.6 万名社区康复协调员,为 181.4 万人提供社区康复服务。[①]

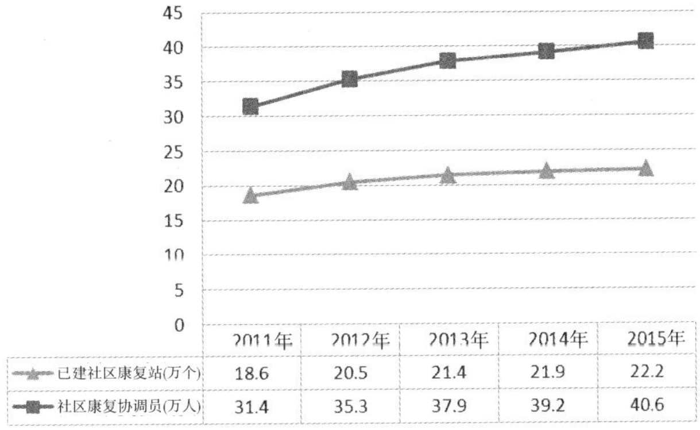

图 5-9　2011—2015 年中国社区康复服务情况

资料来源:由中国残疾人联合会历年《中国残疾人事业发展统计公报》中相关数据整理所得。

"十二五"以来,我国政府相继出台了一系列的政策和措施来满足残

① 中国残疾人联合会:《2015 年残疾人事业发展统计公报》,http://www.cdpf.org.cn/zcwj/zxwj/201604/t20160401_548009.shtml。

疾人的康复服务需求，一系列的重点康复工程也取得了一定的成果（见表5-4）。

表5-4 2011—2015年中国残疾人康复工程发展情况

工程项目	2011年	2012年	2013年	2014年	2015年
白内障复明手术（万例）	75.8	79.6	74.6	74.8	73.9
听力语言康复训练（万人）	2.7	3.2	3.2	3.2	3.1
肢残康复训练（万人）	13.7	35.7	35.4	36.7	39.8
智残康复训练（万人）	2.8	14	13.1	13.9	18.6
孤独症儿童康复训练（万人）	0.691	1.1	1.7	2	2.3
减免费用供应辅助器具（万件）	74.3	114.5	128.3	152.4	195.9

资料来源：由中国残疾人联合会历年《中国残疾人事业发展统计公报》中相关数据整理所得。

5.3.2 残疾人就业

改革开放以来，我国城镇残疾人的就业方式逐步由单一福利企业模式转向多元化模式，形成集中就业、按比例就业和个体从业三种渠道共同促进残疾人就业的格局。总体而言，我国残疾人就业规模总体稳定（见图5-10）。从图5-10中可以看出，2010—2015年农村残疾人就业基本维持在每年1700万人左右，而城镇残疾人就业维持在440万人左右。尽管如此，近年来残疾人就业数量出现小幅度下滑。从图5-10中可以看出，从2013年开始农村残疾人就业开始出现下滑，由2012年年底的1770.3万人下降到2015年年底的1678万人，下降了92.3万人。城镇残疾人就业人数则从2014年开始下降，由2013年年底的445.6万人下降到2015年年底的430.2万人，下降15.4万人。由此可以看出，经济新常态下，经济增速下降对就业市场形成了较大冲击，对残疾人就业形成了一定影响。

从城乡结构看，农村残疾人就业数量远远大于城镇。例如，2015年农村残疾人就业1678万人，而同期城镇残疾人就业人数为430.2万人。

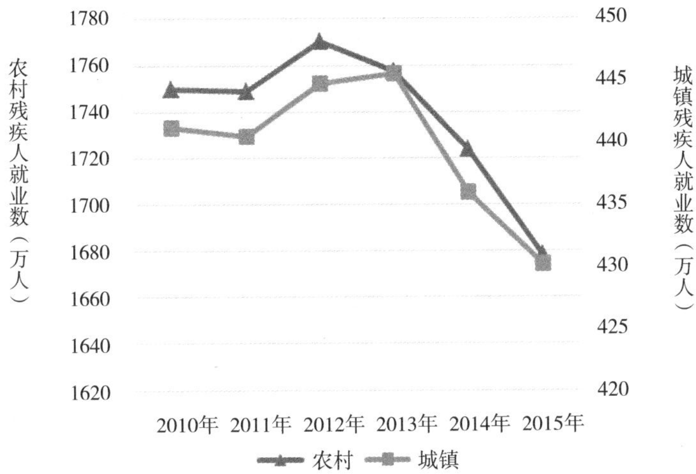

图 5-10　中国残疾人就业人数

资料来源:由历年《中国残疾人事业发展统计公报》数据整理获得。

城镇残疾人就业总量仅为农村残疾人就业量的 1/4。虽然农村残疾人就业总量远远超过同期城镇残疾人就业总量,但是农村残疾人主要就业于农业。2015 年,1678 万农村就业残疾人中有 1323.2 万人就业于农业,占农村就业残疾人的 78.86%。农村就业残疾人就业质量有待于进一步提高。

一、城镇残疾人新增就业人数变化

“十二五”期间城镇残疾人新增就业情况如图 5-11 所示。从图 5-11 中可以看出,城镇残疾人新增就业基本维持平稳,但是近年略有下降。2013 年,我国城镇残疾人就业新增就业人数达到历史最高值 36.8 万人。由于受到经济增速下降的影响,城镇残疾人新增就业人数在 2014 年和 2015 年出现下降。2015 年,城镇残疾人新增就业人数下降到 26.3 万人,比 2013 年下降了 28.5%。我国城镇残疾人就业人数从 2011 年至 2013 年逐步提高,在 2013 年达到历史最大值 445.6 万人后,在 2014 年至 2015 年开始大幅下降,2015 年下降到 430.2 万人。经比对发现,尽管在 2014 年和 2015 年我国残疾人就业年度新增人数均超过了 26 万人,但年度就业人数合计却出现下降，说明每年残疾人失业人数高于新增就业人数。我国城镇残疾人就业稳定性较差，比较容易失业。

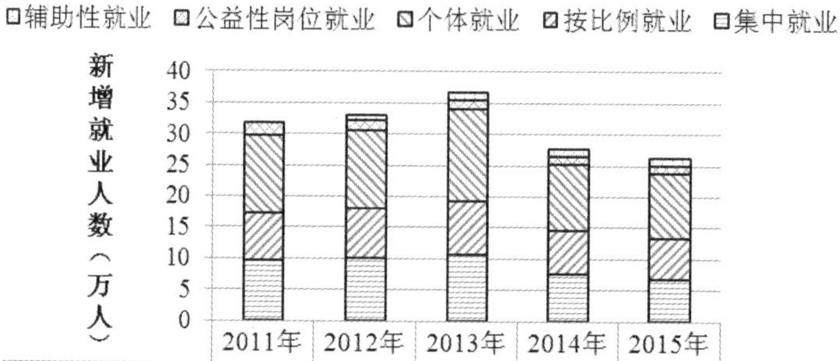

	2011年	2012年	2013年	2014年	2015年
辅助性就业	0	0.7	1.3	1.3	1.3
公益性岗位就业	2.1	1.8	1.5	1.2	1.2
个体就业	12.5	12.3	14.6	10.7	10.4
按比例就业	7.5	8	8.7	7	6.6
集中就业	9.7	10.2	10.7	7.6	6.8

图 5-11 “十二五”期间中国城镇残疾人新增就业情况

资料来源：由中国残疾人联合会历年《中国残疾人事业发展统计公报》中相关数据整理所得。

二、城镇残疾人新增就业的渠道构成

目前我国已经形成了多元化残疾人就业途径，2015 年城镇残疾人新增就业渠道构成情况如图 5-12 所示。从图 5-12 中可以看出，个体及其他形式灵活就业和集中就业是目前我国残疾人就业的主要渠道。2015 年通过个体及其他形式灵活就业和集中就业的比例分别为 39. 54%和 25. 86%，两者合计为 65. 4%。个体就业具有形式灵活，限制少，门槛较低的特点，但经营不稳定从而收入也不稳定，所以失业风险比较大。按比例就业是市场经济下促进残疾人就业的重要渠道。2015 年新增按比例就业残疾人占当年残疾人新增就业的 25. 1%。公益性岗位就业和辅助性就业是近年来出现的一种帮助残疾人实现就业的新途径。2015 年通过公益性岗位和辅助性就业渠道新增残疾人就业占当年残疾人新增就业的比例分别为 4. 56%和 4. 94%。

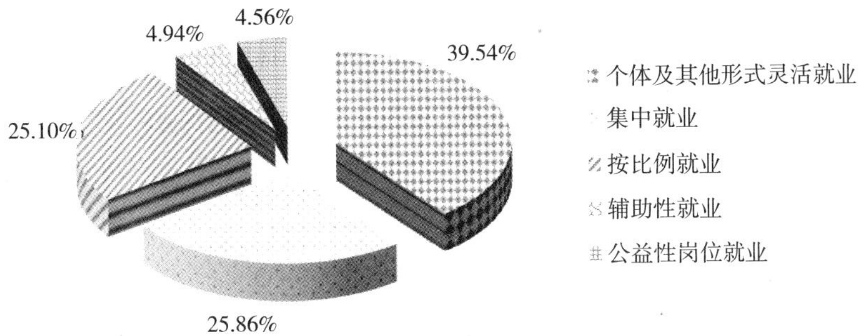

图 5-12 2015 年城镇残疾人新增就业构成比例

资料来源:由中国残疾人联合会历年《中国残疾人事业发展统计公报》中相关数据整理所得。

5.3.3 残疾人教育

一、特殊教育政策逐渐完善

受教育权是每个公民享有的基本权利,但是广大残疾适龄儿童的身体残疾使他们无法和正常适龄儿童一样受到教育。根据第二次全国残疾人抽样调查数据显示,15 岁及以上残疾人文盲人口(不识字或识字很少的人)为 3591 万人,文盲率为 43. 29%。① 为此,社会各界以及各级残联组织共同努力,使残疾人教育工作不断取得新进展。随着《教育规划纲要》和"十三五"规划实施,我国特殊教育相继出台各项政策,推动特殊教育事业发展(见表 5-5)。从 2014 年起,中国残疾人联合会推出《特殊教育提升计划(2014—2016)》,力争使每一个残疾孩子都能够接受合适的教育。2016 年,我国将继续实施《特殊教育提升计划(2014—2016 年)》。此外,教育部、国家语委、国家新闻出版广电总局联合实施《国家手语和盲文规范化行动计划(2015—2020 年)》。以上政策的推出和实施使得残

① 中国残疾人联合会:《2006 年第二次全国残疾人抽样调查主要数据公报(第二号)》,http://www.cdpf.org.cn/sjzx/cjrgk/200711/t20071121_387540_2.shtml。

疾人受教育权得到更好的保障，有利于他们更好更平等地融入到社会中去。与中央政策相配套，全国各省、自治区、直辖市都将发展特殊教育列入任务要求，纷纷出台相关配套政策，推动残疾人教育事业发展。

表 5-5　2010—2015 年中国特殊教育政策发展列表

年份	发文机关	政　　策
2010	国务院办公厅	《国家中长期教育改革和发展规划纲要（2010—2020年）》
2011	国务院办公厅	《中国残疾人事业“十二五”发展计划纲要（2011—2015年）》
2012	教育部等	《关于加强特殊教育教师队伍建设的意见》
2013	中共中央	《关于全面深化改革若干重大问题的决定（特殊教育部分）》
2014	国务院办公厅	《特殊教育提升计划（2014—2016 年）》
2015	国务院办公厅 教育部等	《特殊教育提升计划（2014—2016 年）》 《残疾人参加普通高等学校招生全国统一考试管理规定（暂行）》 《国家手语和盲文规范化行动计划（2015—2020 年）》

资料来源：由中华人民共和国教育部颁布的历年《全国教育事业发展统计公报》中相关数据整理所得。

二、教育办学质量不断提高

特殊学校得到各级政府大量资金支持。2011 年中央政府发放的特教专项补助经费为 2500 万元，2014 年上述资金已经上升到 4.1 亿元。资金的增加为特殊教育事业发展提供了充足的经济支持，推动硬件设施数量逐年增加，为特殊教育事业的发展提供了硬件保障（见图 5-13）。从图 5-13 中可以看出，2004 年我国义务教育阶段特殊学校数量为 1560 所，2014 已经达到 2000 所，增加了 440 所。与此同时，大量教育专项资金的补充使得学校内简陋的基础设施开始不断翻新，特殊教育学校稀缺、破旧的局面得到显著改善。

2012 年，教育部等颁发了《关于进一步加强特殊教育教师队伍建设的意见》，特殊教育师资力量队伍不断得到扩充。各大高校开展的特殊

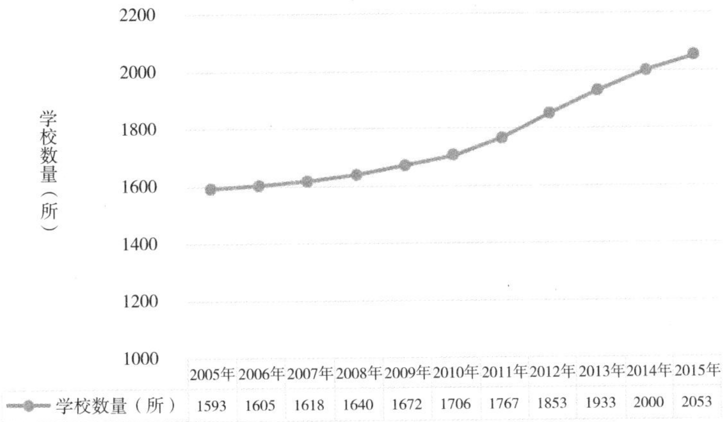

图 5-13　2005—2015 年全国特殊教育学校数量

资料来源：由 2004 年至 2015 年《中国残疾人事业发展统计公报》数据整理获得。

教育师范专业数量也在不断增加，未来将有大批新兴血液注入特殊教育人才队伍。截至 2014 年年底，我国目前共有特殊教育学校专业老师 48125 人，比 2010 年增加 8475 人（见图 5-14），特教师资队伍初见成效，特殊教育学校的办学质量有了本质的提高。

三、特殊教育体系发展完善

目前，我国特殊教育制度安排呈现阶段式发展，残疾人特殊教育福利从选择型到普惠型发展，造福越来越多的残疾群体。特殊教育政策也开始从单一化、碎片化向整合化、体系化转变，特殊教育体系更加优质化，即从义务教育向大学教育、职业教育等多个方面拓展。我国特殊教育体系也在稳步前进不断发展中。① 截至 2015 年，全国共有特殊教育普通高中班（部）109 个，在校生 7488 人，其中聋生 6191 人，盲生 1297 人。残疾人中等职业学校（班）100 个，在校生 8134 人，毕业生 5123 人，其中 3761 人获得职业资格证书。全国有 8508 名残疾人被普通高等院校录取，1678

① 彭华民、冯元：《中国残疾人特殊教育制度转型——福利政策体系化与福利提供优质化》，《南开学报》2015 年第 4 期，第 139—148 页。

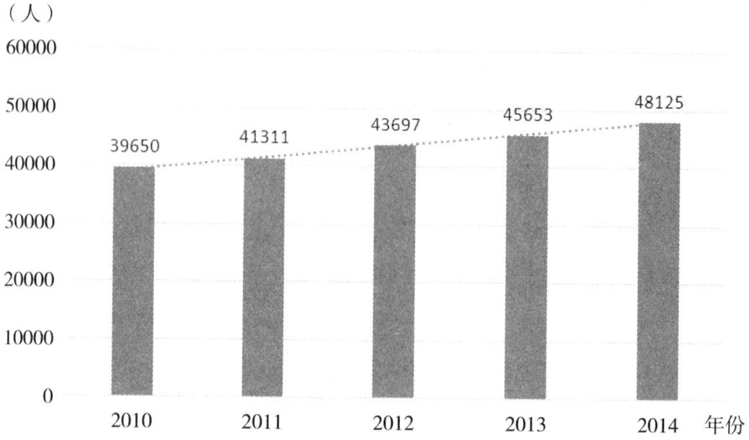

图 5-14　2010—2014 年中国特殊教育学校专业老师数量

资料来源：由 2004 年至 2014 年教育统计数据整理获得。

名残疾人进入特殊教育学院学习。

5.3.4　无障碍设施建设

一、无障碍建设政策体系

我国的无障碍建设起步于 20 世纪 80 年代。1989 年 4 月我国颁布了《方便残疾人使用的城市道路和建筑物设计规范（试行）》，标志着我国无障碍建设和改造工作走上正轨。1990 年颁布《中华人民共和国残疾人保障法》，将残疾人的权利用法律形式予以确定。2001 年建设部正式颁布《城市道路和建筑物无障碍设计规范》，2012 年又将其进一步修订为《无障碍设计规范》。2002 年，建设部、民政部、残疾人联合会和老龄委联合开展创建"全国无障碍设施建设示范城市"工作，全国各地各级政府开始重视残疾人对无障碍建设的需求。到 2007 年，四部委组织全国 100 个城市开展创建全国无障碍建设城市活动时，才将其纳入考核内容。2008 年 3 月 28 日，国务院颁发《中共中央国务院关于促进残疾人事业发展的意见》，指出"有条件的地方要对贫困残疾人住宅改造提供资助"。在政策支持下，残疾人家庭无障碍改造工作从此拉开序幕。2013 年 8 月，由住房和城乡建设部标准定额司组织编写的《家庭无障碍建设指南》出版，为广大从事无障碍相关工作的人员提供了极具价值的参考。

表 5-6　中国无障碍建设重要政策一览表

<table>
<tr><th>发展阶段</th><th>年份</th><th>发文机关</th><th>政　策</th></tr>
<tr><td>无障碍环境建设萌芽阶段（1985—1989）</td><td>1989</td><td>建设部、民政部、中国残疾人福利基金会</td><td>《方便残疾人使用的城市道路和建筑物设计规范（试行）》</td></tr>
<tr><td rowspan="2"></td><td>1990</td><td>中央国务院</td><td>《中华人民共和国残疾人保障法》</td></tr>
<tr><td>1996</td><td>中央国务院</td><td>《中华人民共和国老年人权益保护法》</td></tr>
<tr><td rowspan="3">无障碍环境建设发展阶段（1989—2012）</td><td>1998</td><td>建设部、民政部和中国残疾人联合会</td><td>《建标〔1998〕177 号文件》明确了无障碍设计和建设的范围</td></tr>
<tr><td>2000</td><td>住房和城乡建设部以及各行业有关部门</td><td>《方便残疾人使用的城市道路和建筑物设计规范》、《民用机场旅客航站区无障碍设施设备配置标准》、《铁路旅客车站无障碍设计规范》、《特殊教育学校无障碍设计规范》</td></tr>
<tr><td>2011</td><td>国务院办公厅</td><td>《中国残疾人事业“十二五”发展计划纲要（2011—2015 年）》</td></tr>
<tr><td rowspan="2">无障碍环境建设成熟阶段（2012—至今）</td><td>2012</td><td>国务院办公厅、住房和城乡建设部</td><td>《无障碍环境建设条例》《无障碍设计规范》</td></tr>
<tr><td>2013</td><td>住房和城乡建设部</td><td>《家庭无障碍建设指南》</td></tr>
</table>

资料来源：由中华人民共和国中央人民政府及中华人民共和国住房和城乡建设部网站公告整理获得。

二、无障碍基础设施现状

目前，残疾人无障碍服务设施建设得到全面发展。截至 2015 年年底，全国已竣工并投入使用的各级残疾人综合服务设施 2281 个，总建设规模 491.37 万平方米，总投资 138.36 亿元；已竣工并投入使用的各级残疾人康复设施 682 个，总建设规模 165.65 万平方米，总投资 51.27 亿元；已竣工并投入使用的各级残疾人托养服务设施 500 个，总建设规模 115.37 万平方米，总投资 29.92 亿元。无障碍建设法规、标准进一步完善。全国共出台了 451 个省、地市、县级无障碍建设与管理法规、规章和规范性文件，1618 个市、县、区系统开展无障碍建设；与 2010 年相比，多了 66 个省市以及 892 个市县区（见表 5-7）；全国开展无障碍建设检查 6445 次，无障碍培训近 3.6 万人次；为 14.7 万户贫困残疾人家庭实施了无障碍改造；为 71.3 万残疾人发放了残疾人机动轮椅车燃油补贴①。我国无障碍设施数量明显增多，整体建设的系统性和规范性得到了进一步的加强。

表 5-7　2010—2015 年出台无障碍建设与管理法规、规章的省、地市、县（市、区）以及开展无障碍建设的市、县、区

	2010 年	2011 年	2012 年	2013 年	2014 年	2015 年
出台地方无障碍建设与管理法规的省、地市、县（市、区）（个）	385	426	438	444	451	451
开展无障碍建设的市、县、区	726	845	1084	1419	1506	1618

资料来源：由 2010—2015 年《中国残疾人事业发展统计公报》数据整理获得。

经过多年的新建和改建工作，目前我国的无障碍基础设施建设取得显著发展，城市主干道、道路、公交车站、广场、旅游景点、政府办公地点及人员密集的商业建筑、服务性建筑、文教建筑、纪念性建筑等都不同程度地设置了无障碍设施，为残疾人出行提供了极大的便利条件。政府每年会定期对这些无障碍设施进行检查和记录，并定期维修（见表 5-8）。

① 中国残疾人联合会：《2015 年中国残疾人事业发展统计公报》，http://www.cdpf.org.cn/zcwj/zxwj/201604/t20160401_548009.shtml。

表 5-8 2010—2015 年全国范围内进行的无障碍建设检查次数

	2010 年	2011 年	2012 年	2013 年	2014 年	2015 年
无障碍环境建设检查次数	3219	28000	3354	3492	4906	6445

资料来源:由 2010—2015 年《中国残疾人事业发展统计公报》数据整理获得。

在一些无障碍环境建设的薄弱环节上,政府会加大研究力度,推广服务,为残疾人提供便利,包括在一些视频节目上设置手语提示和字幕解说。此外一些高端的信息通信产品例如声控电话、盲文计算机系统以及残疾人专用特殊软件等不断投入应用,残疾人的生活越来越便利化。自 2013 年起,网站无障碍的信息服务也开始纳入我国政府的绩效考核范围。

5.4 儿童福利

5.4.1 儿童教育福利

一、学前教育阶段

学前教育是基础教育的基础,是终身教育的起点,在我国国民的素质教育中起着十分重要的作用。各级政府高度重视学前教育,采取相应措施推动学前教育发展。例如,2011 年国务院下发了《关于当前发展学前教育的若干意见》,提出了加快学前教育发展相关措施。与上述意见相配套,教育主管部门推出了促进学前教育发展的“三年行动计划”。我国学前教育获得较大发展,缓解了学前教育入学难的问题(见图 5-15)。从图 5-15 中可以看出,学前教育毛入园率较大幅度提高,由 2010 年的 56. 6%上升到 75%,上升了 18. 4 个百分点。毛入园率的上升得益于幼儿园的新建和改扩建。2010 年我国共有幼儿园 15. 04 万所,到 2015 年已经增长到 22. 37 万所,增长 48. 74%。除了硬件设施的增加之外,学前教育专任教师数量也大幅增加，由 2010 年的 114. 42 万人增加到 2015 年的 230. 31 万人，翻了一番。学前教育教师增加对学前教育的促进的另一表现是导致生师比下降（见图 5-15）。2010 年学前教育生师比为 26. 02，2015 年已经下降到 18. 52。

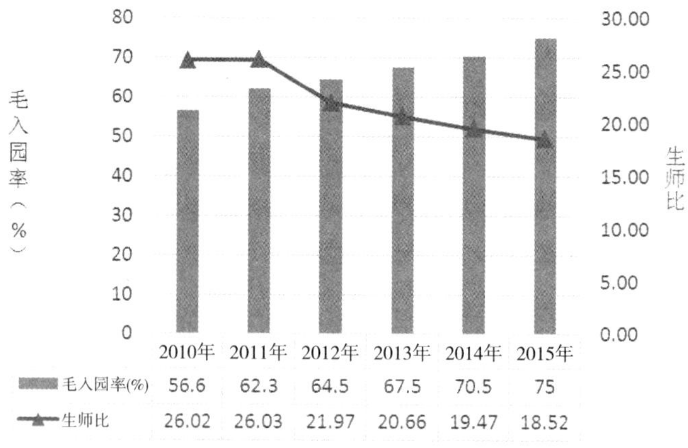

图 5-15　2010—2015 年中国学前教育发展情况

资料来源：由历年《全国教育事业发展统计公报》《"十一五"经济社会发展成就系列报告之十三：教育事业发展成就显著》《教育部：2011 年全国学前三年毛入园率达到 62. 3%》整理获得。

二、义务教育阶段

（一）经费支出

近年来各级财政对城乡义务教育的支持力度不断增大，为适龄儿童能够接受义务教育提供了资金保障。从 2006 年起，农村义务教育纳入公共财政保障范围，中央和地方分项目、按比例分担农村义务教育经费，这为义务教育特别是农村义务教育发展提供了制度保障。图 5-16 显示了 2005—2014 年我国小学生均教育事业费和公用经费变化情况。从图 5-16 中可以看出，无论是生均教育事业费还是公用经费支出都获得显著增长。2005 年年末生均教育事业费支出为 1327. 24 元，到 2014 年年末增长到 7681. 02 元，年均增长 21. 54%；生均公用经费支出则由 2005 年年末的 166. 52 元增长到 2014 年年底的 2241. 83 元，年均增长 33. 49%。

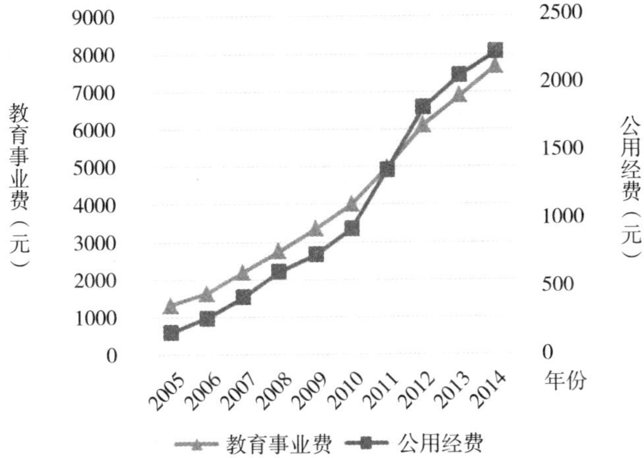

图 5-16　2005—2014 年普通小学生均经费支出情况

资料来源：由历年《全国教育经费执行情况统计公告》数据整理获得。

虽然，各级政府用于义务教育的财政支出不断增加，但是现有制度仍然存在许多不足之处，突出表现之一是现行经费保障机制已经不能适应城镇化背景下学生流动性加快的需要。由于当前城乡义务教育经费保障机制相关政策不统一，引起经费携带性不强、资源配置不够均衡等问题。鉴于以上问题，国务院 2015 年发布了《国务院关于进一步完善城乡义务教育经费保障机制的通知》，整合农村义务教育经费保障机制和城市义务教育奖补政策，建立统一的中央和地方分项目、按比例分担的城乡义务教育经费保障机制。通知明确从 2016 年春季学期开始，统一城乡义务教育学校生均公用经费基准定额。从 2017 年春季学期开始，统一城乡义务教育学生"两免一补"政策。①

为了均衡城乡九年义务教育发展，提高农村教育质量，缩小城乡教育差距，实现城乡义务教育公平，从 2010 年开始实施农村义务教育薄弱学校改造计划（薄改计划），包括教学装备类项目和校舍改造类项目（见图 5-17）。教学装备类项目改造主要是通过增加图书等改善薄弱学校的教

① 国务院：《国务院关于进一步完善城乡义务教育经费保障机制的通知》，http://www.gov.cn/zhengce/content/2015-11/28/content_10357.htm。

学硬件设施，提高教学质量；校舍改造类项目主要是通过对学生住宿和餐饮进行改革，改善农村学生的生活条件，特别是农村广大留守儿童的生活条件。2013 年中央财政对中西部 22 个省（区、市）和新疆建设兵团农村薄弱学校投入资金 219.27 亿元，地方配套 145.23 亿元。[①] 2014 年中央财政用于农村义务教育薄弱学校改造计划的专项资金增加到 310 亿元。[②] 通过"薄改计划"的实施，农村新建或改造完成小学科学实验室约 11.00 万间、中学理化生地实验室约 10.94 万间，新添置音体美设备 432.35 万套，新添置图书 20.88 亿册，新添置多媒体远程教学设备 63.19 万套，有效改善了农村学校的办学条件，提高了办学质量。[③]

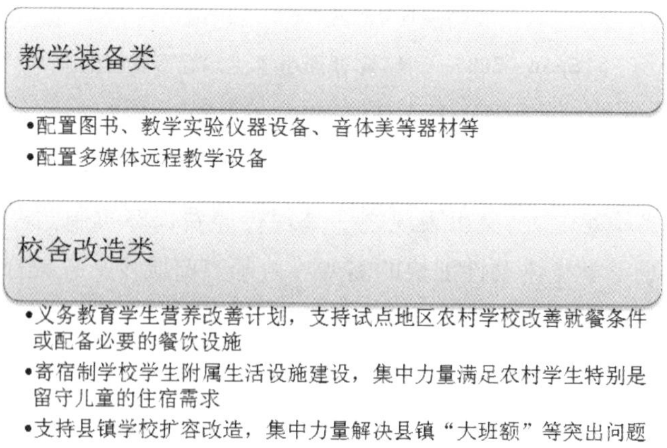

图 5-17 "薄改计划"主要项目

（二）随迁和留守儿童

改革开放之后，我国工业化进程不断推进，引导大量农村剩余劳动力由第一产业向第二、三产业流动。农村劳动力的跨地区、跨行业流动产生

① 《教育部"薄改计划"投入 355 亿惠及 16.5 万所中西部学校》，人民网，http://edu.people.com.cn/n/2014/0320/c1053-24693550.html。

② 《按照四类因素公平公正分配"薄改计划"专项资金》，http://www.mof.gov.cn/zhengwuxinxi/caijingshidian/zgcjb/201408/t20140814_1126622.html。

③ 《教育部"薄改计划"投入 355 亿惠及 16.5 万所中西部学校》，人民网，http://edu.people.com.cn/n/2014/0320/c1053-24693550.html。

大量随迁儿童和农村留守儿童(见图5-18)。2010年全国就读于小学的随迁儿童为864.3万人,到2015年上升到1013.56万人,上升了149.26万人,增长了17.27%。2010年就读于小学的农村留守儿童为1461.79万人,到2015年下降到1383.66万人,下降了78.13万人,下降了5.34%。由此可以看出,就读于小学的随迁儿童数量正逐年上升,而农村留守儿童则出现缓慢下降趋势。尽管农村留守儿童数量有所减少,但是数量仍然巨大,如何保障随迁儿童和留守儿童教育权利是当前需要解决的、关系民生的重大问题。

2016年2月4日,国务院印发《关于加强农村留守儿童关爱保护工作的意见》(国发〔2016〕13号),作为农村留守儿童关爱保护工作的顶层设计文件,从国家治理层面对农村留守儿童问题做出了系统考虑和制度安排。为贯彻落实《国务院关于加强农村留守儿童关爱保护工作的意见》(国发〔2016〕13号)精神,切实加强农村留守儿童关爱保护工作,民政部、教育部、公安部日前印发《关于开展农村留守儿童摸底排查工作的通知》(民发〔2016〕42号,以下简称《通知》),决定从2016年3月底至7月底,在全国范围内开展一次农村留守儿童摸底排查工作。《通知》指出,开展农村留守儿童摸底排查工作的总体目标是全面、清晰地掌握农村留守儿童数量规模、分布区域、结构状况,及时掌握农村留守儿童的家庭组成、生活照料、教育就学等基本信息,建立农村留守儿童信息库,并健全信息报送机制,为细化完善关爱保护政策措施,加强关爱服务力量调配和资源整合提供基础数据支持,提高农村留守儿童关爱保护工作实效。从全国性的农村留守儿童摸底排查工作和农村留守儿童信息库的建立来看,政府对于留守儿童的关爱和保护工作转向了以基础数据为支持的精准化方向。

(1)随迁儿童教育

针对随迁儿童的教育问题,政府出台了"两为主"政策,即农民工随迁子女义务教育问题采取以流入地为主,以公办学校为主的政策(见表5-9)。随着"两为主"政策的实行,随迁儿童的就学问题得到初步解决,但是随迁儿童升学问题又浮出水面。对于以上问题,2010年颁布的《国家中长期教育改革和发展规划纲要(2010—2020年)》明确提出研究制定

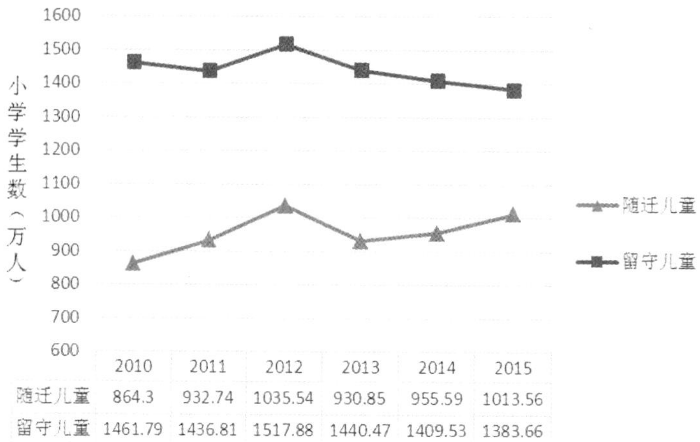

图 5-18　2010—2015 年我国小学随迁儿童和留守儿童

资料来源：由历年《全国教育事业发展统计公报》数据整理获得。

进城务工人员随迁子女接受义务教育后在当地参加升学考试的办法。[①] 2012 年，国务院办公厅转发教育部、国家发展和改革委员会、公安部、人力资源和社会保障部四部委联合发布的《关于做好进城务工人员随迁子女接受义务教育后在当地参加升学考试工作意见的通知》，要求地方在制定相关政策时要根据城市自身发展和进城务工人员的基本情况制定相应政策。[②] 在这一背景下，全国各地陆续出台了允许随迁子女在流入地升学考试的政策方案（见表 5-10）。

表 5-9　部分地区流动人口子女在流入地接受义务教育政策

地区	文件名称	发布时间	政策亮点
山东	《山东义务教育条例》	2010 年 1 月 1 日	流动人口子女入学可“向居住地所在学区的学校提出就读申请并入学就读”

① 《国家中长期教育改革和发展规划纲要（2010—2020 年）》，http://www.gov.cn/jrzg/2010-07/29/content_1667143.htm。

② 《国务院办公厅转发教育部等部门关于做好进城务工人员随迁子女接受义务教育后在当地参加升学考试工作意见的通知》，http://www.gov.cn/zwgk/2012-08/31/content_2214566.htm。

续表

地区	文件名称	发布时间	政策亮点
浙江舟山	《舟山市人民政府办公室关于做好流动人口子女教育工作的意见》	2013 年 2 月 5 日	符合在本市就读的流动人口子女,在评优评先、入队入团、奖学助学及课外活动等方面享受与当地学生同等待遇。在义务教育阶段民办学校就读的,按生均公用经费标准给与定额补助;在其他学校、幼儿园就读的,也按当地学生标准收费。家庭经济困难的,将同步纳入当地助学体系
安徽	《安徽省人民政府办公厅关于推进实施流动人口居住证制度的意见》	2013 年 3 月 7 日	对于流动人口子女符合接受义务教育条件的,可以持居住证与子女身份证明,按照就近入学的原则,向居住地学校申请入学,学校不得拒收。如果学校因超过半额标准接收确有困难的,应当提请所在地县级人民政府教育部门统筹就近安排入学
宁夏	《宁夏回族自治区流动人口子女报考普通高等学校规定(试行)》	2013 年 12 月 1 日	非宁夏籍流动人口子女,在宁夏参加2014 年普通高考的,须在宁夏连续完成规定的受教育年限,其父母在当地具有合法稳定职业、合法规定住所、缴纳社会保险且达到规定年限。考生需提供的材料包括自己的就读证明,父母的职业证明、住所证明、社保缴纳证明等
浙江慈溪	《流动人口子女义务教育阶段入学资格联合审定办法》	2013 年 12 月 17 日	入学条件:在我市创业、务工流动人口的子女,同时其父母具备子女在户籍所在地无监护条件;在慈溪取得《浙江省临时居住证》一年及以上;无违反计划生育政策;在慈溪依法缴纳基本养老保险或外来务工人员社会保险(连续缴纳一年及以上,且延续到查验日仍然在参保,补缴无效);在慈溪具有相对固定住所(有房产证、有效的租房证明或居住证明);在慈溪有稳定职业(与慈溪用工单位签订了劳动合同,或取得工商营业执照)
青海	《关于进一步加强义务教育阶段流动人口子女、农村留守儿童教育工作的通知》	2014 年 4 月 4 日	流动人口子女接受义务教育坚持“以流入地为主,以公办学校接纳为主,属地管理”的原则,根据流动人口子女入学的条件及其居住时机,统筹管理,原则上实行就近入学,简化入学手续,确保流动人口子女与当地学生同报名、同上课

续表

地区	文件名称	发布时间	政策亮点
江苏苏州	《苏州市义务教育阶段流动人口随迁子女积分入学实施细则(试行)》	2015 年 12 月 22 日	在苏州市区范围内,参加社会保险、已办理居住证且连续合法居住 1 年以上(含 1 年)的流动人口,经本人申请,纳入本市流动人口积分管理,可以为其子女申请积分入学。申请仅限 1 所学校,且只能申请公办小学、初中的起始年级,即小学一年级和初中一年级。申请结果要视当年申请学校所能提供的学位数和申请者的积分排名而定
重庆	重庆市教育委员会关于做好 2016 年义务教育招生入学工作的意见	2016 年 4 月 8 日	流动人口随迁子女入学坚持“两为主”“两纳入”,即以流入地政府为主、以公办学校为主,同时将常住人口纳入区域教育发展规划、将随迁子女教育纳入财政保障范围,保障流动人口随迁子女接受义务教育

资料来源:王振耀:《重建现代儿童福利制度——中国儿童福利政策报告 2014》,社会科学文献出版社 2014 年版,第 31—32 页。

表 5-10　各省份随迁子女在流入地升学考试政策出台情况

地区	文件名称	制定部门	发布日期	实施日期
北京	《进城务工人员随迁子女接受义务教育后在京参加升学考试工作方案》	教委、发展改革委、人力社保局、公安局	2012 年 12 月 29 日	2013 年开始分步实施
上海	《进城务工人员随迁子女接受义务教育后在沪参加升学考试工作方案》	教委、发展改革委、人力社保局、公安局	2012 年 12 月 27 日	2013 年开始分步实施
广东	《关于做好进城务工人员随迁子女接受义务教育后在广东省参加升学考试工作的意见》	教育厅、发展改革委、公安厅、人保厅	2012 年 12 月 29 日	2013 年开始分步实施
重庆	《重庆市外来务工人员随迁子女在重庆参加普通高考方案》	市政府办公厅	2012 年 12 月 26 日	2013 年

续表

地区	文件名称	制定部门	发布日期	实施日期
河北	《关于做好进城务工人员随迁子女接受义务教育后在当地参加升学考试工作的实施方案》	教育厅、发展改革委、公安厅、人保厅	2012年12月17日	2013年1月
黑龙江	《关于进城务工人员随迁子女在我省参加升学考试工作的实施意见》	教育厅、发展改革委、公安厅、人保厅	2013年1月22日	2013年
湖南	《关于做好进城务工人员随迁子女接受义务教育后在当地参加升学考试工作实施办法》	教育厅、发展改革委、公安厅、人保厅	2012年12月27日	2013年
安徽	《关于进城务工人员随迁子女接受义务教育后参加升学考试工作的暂行意见》	教育厅、发展改革委、公安厅、人保厅	2012年12月31日	2013年
山东	《关于做好进城务工人员随迁子女接受义务教育后在当地参加升学考试工作的实施意见》	教育厅、发展改革委、公安厅、人保厅	2012年12月5日	2015年
浙江	《关于做好外省籍进城务工人员随迁子女接受义务教育后在我省参加升学考试工作的实施意见》	教育厅、发展改革委、公安厅、人保厅	2012年12月28日	2013年
江西	《关于做好外省籍务工人员随迁子女就地参加高考工作的实施意见》	教育厅、发展改革委、公安厅、人保厅	2012年11月28日	2014年
江苏	《关于做好来苏务工就业人员随迁子女参加升学考试工作意见的通知》	教育厅、发展改革委、公安厅、人保厅	2012年12月28日	2013年

续表

地区	文件名称	制定部门	发布日期	实施日期
河南	《关于进城务工人员随迁子女接受义务教育后在当地参加升学考试工作的实施意见》	教育厅、发展改革委、公安厅、人保厅	2012年12月31日	2013年
湖北	《关于进城务工人员随迁子女接受义务教育后在湖北省参加升学考试实施办法(试行)》	教育厅、发展改革委、公安厅、人保厅	2012年12月31日	2013年
陕西	《进城务工人员随迁子女义务教育后参加升学考试方案》	教育厅、发展改革委、公安厅、人保厅	2012年12月31日	2014年可参加初中毕业升学考试;2016年起,可参加普通高校招生考试及录取
甘肃	《关于做好进城务工人员随迁子女接受义务教育后参加升学考试工作的实施方案(试行)》	教育厅、发展改革委、公安厅、人保厅	2012年12月31日	2013年
贵州	《贵州省外来人员随迁子女报考普通高等学校暂行规定》	教育厅、发展改革委、公安厅、人保厅、监察厅	2012年12月27日	自2014年高考报名时开始执行
四川	《四川省进城务工人员随迁子女在当地参加升学考试实施方案》	教育厅、发展改革委、公安厅、人保厅	2012年12月31日	2014年
广西	《关于外来务工人员随迁子女和外省户籍、学籍迁入人员在我区参加升学考试的意见》	教育厅、发展改革委、公安厅、人保厅	2012年12月30日	2013年10月1日
山西	《进城务工人员随迁子女接受义务教育后参加升学考试工作的实施方案》	教育厅、发展改革委、公安厅、人保厅	2013年1月1日	2013年起,可在就读地参加中考;2014年起,可就地参加高考

续表

地区	文件名称	制定部门	发布日期	实施日期
内蒙古	《关于区外务工人员随迁子女在我区参加中考和高考工作的意见》	教育厅	2013 年 3 月 15 日	2013 年起,可以参加当年中考。2014 年,可参加普通高考
宁夏	《关于进城务工人员随迁子女考生在我区参加普通高考报考条件的规定》	教育厅、发展改革委、公安厅、民政厅、人保厅、国土资源厅、住建厅、农牧厅、工商行政管理局、林业局	2013 年 1 月 3 日	2014 年
海南	《关于做好外省籍务工人员随迁子女在海南省接受义务教育后参加海南省普通高考工作的实施方案(试行)》	教育厅、发展改革委、公安厅、人保厅	2013 年 1 月 9 日	2014 年 1 月 1 日
吉林	《进城务工人员随迁子女在吉林省参加升学考试(高考)工作实施方案》	教育厅、发展改革委、公安厅、人保厅	2012 年 12 月 25 日	2013 年 1 月 1 日
辽宁	《关于进城务工人员随迁子女在辽宁省参加中考和高考实施方案(试行)》	教育厅、发展改革委、公安厅、人保厅	2012 年 12 月 27 日	2013 年 3 月
福建	《关于随迁子女接受义务教育后在当地参加升学考试工作的实施意见》	教育厅、发展改革委、公安厅、人保厅	2013 年 1 月 15 日	2014 年
云南	《关于做好随迁子女接受义务教育后在云南参加升学考试工作的实施意见》	教育厅、发展改革委、公安厅、人保厅	2012 年 12 月 31 日	2013 年
新疆	《来疆务工人员随迁子女在新疆参加普通高考工作实施方案(试行)》	教育厅、发展改革委、公安厅、人保厅、监察厅	2013 年 3 月 13 日	2014 年

续表

地区	文件名称	制定部门	发布日期	实施日期
天津	天津市在"中考中招""春季高考""高职招生"等招生办法中规定:符合条件的随迁子女可以参加中等职业学校招生考试、春季高考和高职院校自主招生。	教委	2013 年初	2013 年
青海	《〈青海省普通高考报名条件补充规定(暂行)〉补充条款》	省高等学校招生委员会	2013 年初	2013 年
西藏	未出台			

资料来源:吴霓和朱富言:《流动人口随迁子女在流入地升学考试政策分析》,《教育研究》2014 年第 4 期,第 45 页。

(2)留守儿童教育

当前我国农村地区存在数量庞大的留守儿童。《我国农村留守儿童、城乡流动儿童状况研究报告》根据 2010 年中国第六次人口普查数据推算出全国农村留守儿童有 6102.55 万,占农村儿童总数的 37.7%,占全国儿童总数的 21.88%。① 实行强制性义务教育,农村留守儿童保持较高的入学率,但是仍有部分农村留守儿童不能很好地享受义务教育(见表 5-11)。从表 5-11 可以看出,6—11 岁留守儿童在校比例为 96.49%;12—14 岁留守儿童在校比例为 96.07%。尽管如此,仍然有 2.44%的 6—11 岁农村留守儿童未上过学。由此可以看出,农村留守儿童教育仍然是一个不容忽视的问题。与此同时,我国教育城乡供给不均衡,农村教育无论是在硬件还是软件方面都存在欠缺,致使农村学校教学质量较差。针对上述问题,一方面政府通过实施"薄改计划",提高农村学校的办学条件;另一方面逐步完善随迁子女入学、升学等政策,使广大农村留守儿童能够跟随父母生活、学习。

① 全国妇联课题组:《我国农村留守儿童、城乡流动儿童状况研究报告》,http://acwf.people.com.cn/n/2013/0510/c99013-21437965.html。

表 5-11 6—17 岁农村留守儿童接受义务教育情况

单位:%

	未上过学	在校	毕业	肄业	辍学	其他	合计
6—11 岁	2.44	96.49	0.86	0.13	0.04	0.03	100
12—14 岁	0.37	96.07	2.89	0.26	0.36	0.05	100
15—17 岁	0.47	81	16.7	0.65	1.08	0.11	100
6—17 岁	1.46	93.03	4.82	0.28	0.35	0.05	100

资料来源:段成荣等:《我国农村年留守儿童生存和发展基本状况——基于第六次人口普查数据的分析》,《人口学刊》2013 年第 3 期,第 37—49 页。

目前,为更好地督促地方政府履行教育职责,使贫困地区义务教育"薄改计划"顺利推进,国务院教育督导委员会办公室《关于印发〈全面改善贫困地区义务教育薄弱学校基本办学条件工作专项督导办法〉的通知》(国教督办〔2015〕6 号)指出,专项督导工作由国务院教育督导委员会办公室组织实施,这项督导将涉及全国 77%的县、21.8 万所学校,自 2016 年开始,至 2019 年结束,每年组织一次。督导的主要内容包括:第一,督导学校布局是否合理。农村偏远地区是否保留了必要的教学点,方便孩子就近上学;城镇化进程中新形成的小区是否同步建设学校;学校选址是否在安全的地方。第二,督导是否达到底线要求。改善贫困地区薄弱学校办学条件,国家明确了 20 项底线要求,如一人一桌椅、一人一床位等。第三,督导年度计划是否完成。目前,各省级单位已完成今后几年的总体规划,要求在此基础上制订详细年度计划,明确项目、进度、投入等,逐校逐县落实,实施精准管理。第四,督导质量管理。重点是规范管理和工程质量,确保程序合规、施工安全、质量可靠。第五,督导条件保障。重点是经费安排是否及时到位、合理使用。第六,督导公开公示。要求项目计划、资金投入、进度安排等,逐校逐县公开,接受学生、教师、家长及全社会的监督。[①] "薄改计划"是义务教育学校建设史上中央财政投资最大的

① 《我国启动贫困地区义务教育"全面改薄"督导》,http://edu.qq.com/a/20151218/044893.htm

单项工程,也是2020年基本实现教育现代化的兜底工程。

5.4.2 儿童医疗福利

我国少年儿童规模庞大(见图5-19)。2005—2010年起我国0—14岁人口数量逐年下降,由26504万人下降到22259万人。从2010年开始,0—14岁人口数量下降趋势得以遏制,转为缓慢上升。截至2014年,0—14岁人口总数达到22558万人。改革开放前,我国儿童医疗福利从属于职工参加的社会医疗保险而获得了免费的医疗保障待遇,这种模式称之为"家属劳保"。家属劳保制度降低了疾病和死亡所带来的风险,减轻了家庭因儿童疾病所面临的费用支出。改革开放之后,随着经济和社会体制转轨,家属劳保在经济体制的转型中逐渐淡出。

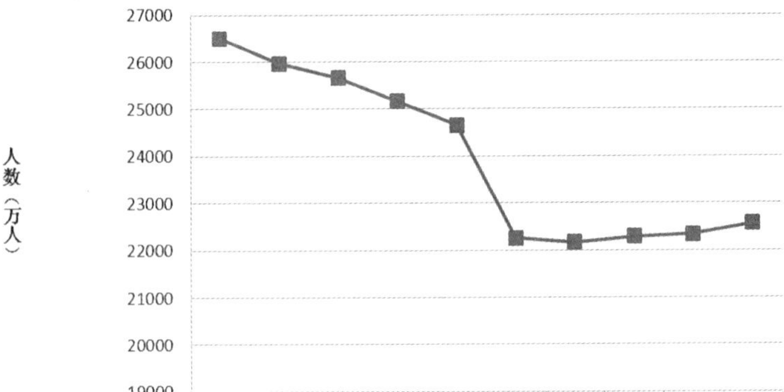

	2005年	2006年	2007年	2008年	2009年	2010年	2011年	2012年	2013年	2014年
0—14岁人口（万人）	26504	25961	25660	25166	24659	22259	22164	22287	22329	22558

图5-19　2005—2014年中国0—14岁人口数量

资料来源:国家统计局网站,http://www.stats.gov.cn/tjsj/。

为了给少年儿童提供健康保障,国家大力推动针对少年儿童的医疗设施建设(见图5-20)。图5-20展示了2010—2014我国儿童床位数变动情况。从图5-20中可以看出,我国儿童床位数呈现逐年递增趋势。2010年我国儿童床位数为5.5万张,到2014年已经增长到10.8万张,年均增长18.38%。与此同时,不同地区根据自身情况出台了面向少年、儿童的医疗保险制度,如北京市出台的"一老一小"大病医疗保险制度。

“一老一小”大病医疗保险制度将各类在校学生和 16 周岁以下非在校儿童全部囊括其中，提供了良好的医疗保障。

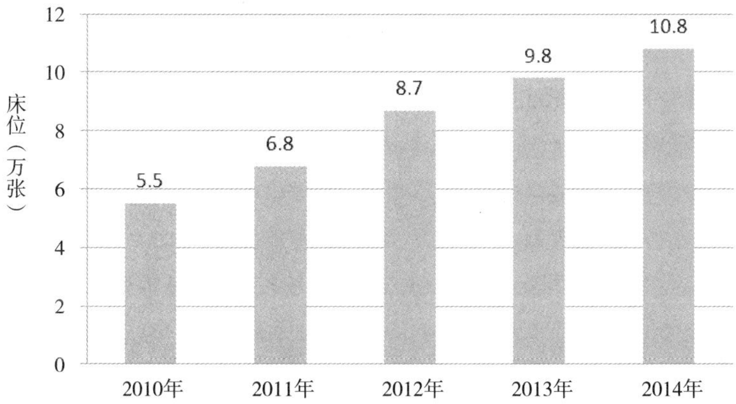

图 5-20　2010—2014 年中国儿童床位变化

资料来源：国家统计局网站，http://data.stats.gov.cn/easyquery.htm? cn=C01&zb=A0P03&sj=2010。

5.4.3　儿童福利机构及服务

在儿童中，有一部分是弱势人群，包括残疾儿童、孤儿和流浪儿童等。我国政府大力兴建儿童福利机构、未成年救助保护中心，为弱势儿童生存提供基本保障。图 5-21 展示了 2010—2015 年我国儿童社会福利机构和未成年救助保护中心数量变化趋势，其总体呈现上升趋势。2010 年我国有儿童福利机构 335 个，到 2014 年已经上升到 545 个，上升了 210 个，增长率高达 62.69%；2010 年未成年救护中心的数量为 145 个，2014 年则上升到 345 个，增加了 200 个，增长率为 137.9%。2015 年儿童福利设施数量有所减少，儿童福利机构数量下降到 478 个，未成年救护中心数量则下降到 275 个。与此同时，儿童福利机构和未成年救助保护中心床位数也获得大幅增加，分别由 2010 年的 5 万张和 0.5 万张，增加到 2015 年的 8.9 万张和 1.1 万张。[①] 儿童福利机构、未成年救助保护及其床位的增

① 由历年《社会服务发展统计公报》数据整理获得。

加,使得每个儿童福利机构容纳孤儿数量大幅下降(见图 5-22)。从图 5-22 中可以看出,2011 年每个儿童福利机构容纳孤儿为 272.04 个,而到 2014 年已经下降到 172.48 个,减少了 99.56 个。儿童福利机构容纳儿童数量的下降,大大改善了儿童福利机构生活条件。

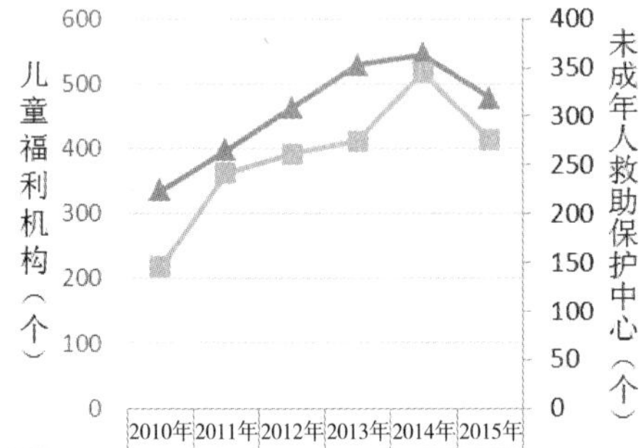

	2010年	2011年	2012年	2013年	2014年	2015年
儿童福利机构(个)	335	397	463	529	545	478
未成年人救助保护中心(个)	145	241	261	274	345	275

图 5-21　2010—2015 年中国儿童福利机构情况

资料来源:由历年《社会服务发展统计公报》数据整理获得。

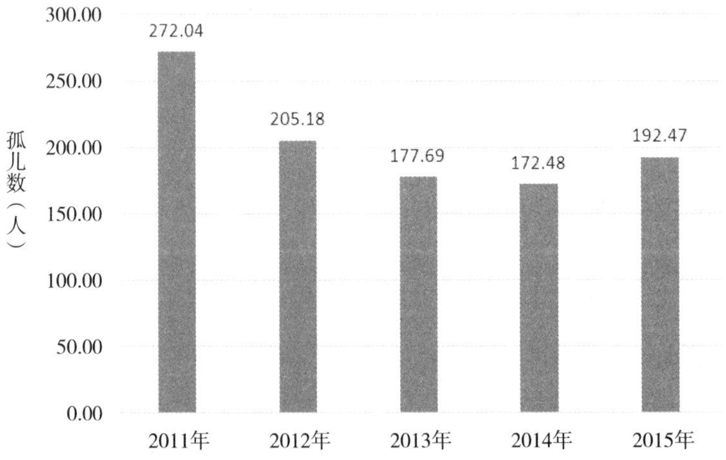

图 5-22　2011—2015 年每个儿童福利机构容纳孤儿数量

注:每个儿童福利机构容纳数等于集中供养孤儿数除以儿童福利机构数量。

残疾儿童少年康复是儿童福利的重要组成部分。在残联系统的努力下，我国残疾儿童少年康复训练取得显著成效（见表5-12）。从表5-12中可以看出，接受康复训练的儿童数量逐年增加。2006年接受肢体残疾康复训练的残疾儿童为13674人，到2013年上升到35000人，年均增长14.37%；2005年接受智残康复训练的智残儿童为24141人，2014年增加到104275人，年均增长17.65%；2006年接受训练的孤独症儿童为750人，2014年上升到19727人，年均增长50.49%。由此可以看出，残联系统为越来越多的残障儿童提供了急需的康复训练，提高了残障儿童的生活质量。

表5-12 2005—2014年残障儿童康复训练状况

年份	肢体残疾儿童康复训练	智残儿童康复训练	孤独症儿童机构训练
2005	—	24141	—
2006	13674	25657	750
2007	12239	26084	1056
2008	15690	26887	1027
2009	15058	26748	5290
2010	21375	26731	5620
2011	17558	28037	6910
2012	29522	115218	11119
2013	35000	100663	16656
2014	—	104275	19727

资料来源：国家统计局网站，http://data.stats.gov.cn/easyquery.htm? cn=C01。

5.5 经济新常态下我国社会福利发展展望

经济新常态下，我国经济增长速度下降，但是社会福利发展仍然取得了较大成就。社会化养老服务体系不断探索完善，为老年人提供了形式多样、种类丰富的养老服务。残疾人康复服务不断发展，为越来越多的残疾人提供康复服务。针对残疾人的特殊教育政策逐渐完善，特殊教育取得明显成效。针对随迁儿童和农村留守儿童的教育政策不断完善，他们的受教育权得到了有效保护。越来越多的智障儿童获得了康复服务，生活质量大幅度提高。然而，社会福利发展仍然存在不足之处，不利于大众社会福利提高和社会弱势群体利益保障，主要表现在以下方面。

首先，养老服务体系仍然不能满足日益增长的老年人的需要。随着人口老龄化现象的加剧，家庭小型化和农村城市化进程的加快，老年人在家庭养老、社会化养老、心理健康等方面存在的福利需求呈多样化趋势。虽然目前我国正探索建立以居家养老为基础、以社区养老为依托、以结构养老为支撑的社会养老服务体系，但是养老服务机构数量少，增速慢，供给严重不足。目前国家举办的老年人福利事业起步晚、水平低、资金缺乏、供需矛盾冲突以及布局和结构不合理，既不能应对人口高速老龄化的这一趋势，也不能满足老年人日益增长的养老服务需求，出现了“一床难求”局面。社会化养老服务体系目标人群模糊。在建立养老服务体系的实践过程中，很多地方采取“9073”或者“9064”的养老服务格局：90%的老人在家自主养老；7%或 6%由社区提供养；剩余的 3%或者 4%到机构养老。上述养老服务模式中，实际上 90%的老年人仍然依靠家庭养老，反映了政府没有能力为大多数老年人提供养老服务。

其次，基层康复机构专业技术人员数量严重不足。各类康复机构中，基层康复机构承担了大部分的任务，他们是实际工作的执行者。从 2012—2014 年，基层听力语言、智力康复机构大约是省级康复机构的 33 倍[①]。然而，各类基层康复机构专业技术人员数量严重不足的。根据《2015 年残疾人事业发展统计公报》显示，2015 年已建社区康复站社区

① 王丹：《我国残疾人社会保障的现状、问题及对策探析》，《管理视窗》2015 年第 9 期，第 74 页。

总数达22.2万个,仅配备了40.6万名社区康复协调员为181.4万人提供社区康复服务[①]。

最后,残疾人就业率仍然偏低并且就业不稳定。随着经济增长率下降,就业市场受到冲击,对残疾人就业产生不利影响。近年来,残疾人就业数量有所下降(见图5-10)。同时,残疾人就业质量不高。残疾人就业层次低,就业的稳定与安全、个人尊重、健康与福利、社会保障、职业发展等与健全人存在很大的差距。大多数残疾人选择个体就业等灵活非正规就业形式。

目前我国社会福利制度仍然存在不足之处,一定程度上制约了人民群众特别是弱势群体生活水平提高。尽管如此,"十三五"规划的制定为社会福利制度发展提供了重大政策机遇。在总体发展目标中,"十三五"规划提出要通过健全社保、医疗等公共服务体系,稳步提高基本公共服务均等化水平,普遍提高人民生活水平和质量。因此,"十三五"时期为作为我国公共服务重要组成部分的社会福利制度的发展提供了重大机遇。与此同时,"十三五"规划指明了未来社会福利制度的发展路径。未来我国社会福利制度发展的重点是"扶老、助残、爱幼、济困"。"十三五"规划提出通过以下建设,完善社会福利制度。建立家庭养老支持政策,提增家庭养老扶幼功能;做好困境儿童福利保障工作,完善儿童收养制度;加快公办福利机构改革,加强福利设施建设,优化布局和资源共享。由此可以看出,"十三五"规划为未来社会福利制度发展规划出了清晰的发展路径,必将推动我国社会福利制度发展取得巨大成就。社会福利制度发展必然会促进公共服务体系建设,提高基本公共服务均等化水平,推动人民生活水平和质量提高,推动"十三五"总体发展目标实现。

"十三五"规划提出了完善社会福利制度的大体方向,但是在实际工作之中应该具体以下从多方面着手,推动社会福利制度发展。

第一,加快推进养老服务体系建设。当前我国社会化养老服务体系

① 中国残疾人联合会:《2015年残疾人事业发展统计公报》,http://www.cdpf.org.cn/zcwj/zxwj/201604/t20160401_548009.shtml。

之所以发展缓慢主要是由于政府对自身职能定位不准造成的。从性质上看，养老服务既具有竞争性也具有排他性，属于私人产品范畴，那么就应该通过市场来提供养老服务。市场提供养老服务一方面能够满足老年人对服务多层次需要，另一方面能够实现资源有效配置。政府的主要职能是对低收入以及无收入贫困老年人提供收入保障，其目的是保障社会弱势群体，维护社会公平。在养老服务体系的建设中，各级政府职能错乱，实际成为了服务的供给者。由于老年人数量众多，政府有限的财力既无法满足巨大的老年服务数量需求，也无法满足老年人对服务种类要求，所以才会出现 90%的老年人在家养老的现象。因此，当前政府要迅速转变职能，政府负责对低收入和无收入贫困老年人的救助工作，而老年人服务则要通过市场进行提供。经济新常态下，经济增长动力由投资、出口向消费的转变为老年服务市场发展提供了良好机遇。老年服务市场的发展一方面提高了老年人生活质量，另一方面成为我国经济新的增长点。

第二，从立法方面给予社会福利制度相应的保障。任何一个制度的实施都离不开法律的保障，无论什么制度，都需要“立法先行”，才能更好地保障社会福利制度的实施。我国社会福利制度起步较晚，在立法方面也缺乏相应的法律条款对其进行约束。因此，经济新常态之后，我们应当将社会福利体系的建设写进法律并出台相关的法律法规，保证社会福利制度的良好运行，让经济新常态与社会福利体系形成一个相辅相成、相互作用的关系，以便促进新常态下经济和社会福利体系两方面的共同发展。

第三，消除城乡福利差别，统筹地区间社会福利发展。一直以来我国的社会福利体系存在着极大的不公平，地区间福利发展差异巨大，城乡福利存在“二次元差别”。在城市中，几乎所有城市居民都享有良好社会福利，而农村居民长期都是“无保”（没有社会保险以及社会福利的状态）。因此，将大量被排斥在外的非正式部门就业人口和乡村人口纳入社会保障体系会成为接下来社会福利发展的首要任务。大量农业人口和非城镇居民被排斥在社会福利之外，导致收入差距扩大，严重违背社会公平。因此，必须扩大社会福利的覆盖面，让城乡社会福利统一，让每一个中国公民享受到政府带来的福利，这也是新常态经济下的新要求。

6

军人社会保障发展报告

郑传锋　余　锋　刘　婷

军人社会保障作为国家社会保障体系的一个重要组成部分，在维护军人社会保障权益、减轻军人后顾之忧、增强军事职业的吸引力和军人使命感与荣誉感、提升部队战斗力方面具有重要作用。特别是在中国深化国防和军队改革的新形势下，军人社会保障制度的建设与发展，对实现强军目标为引领，全面实施改革强军战略，着力解决制约国防和军队发展的体制性障碍、结构性矛盾、政策性问题将提供相应政策保障。军人保险制度的建设与发展，为军人职业风险分担提供保障；裁减军队现役员额30万，军队规模由230万逐步减至200万，相应的退役安置政策改革与调整也面临挑战。建立较完善的军人困难家庭救助制度，使救助困难军人家庭工作常态化、规范化，真正成为救急、解困、暖心工程，确保有效解决军人后顾之忧。

6.1 军人保险发展概况

军人保险作为军人社会保障制度的一个重要组成部分，其建设发展直接关系到广大官兵老有所养、病有所医、伤亡有补偿等与军人及其家庭紧密相关的切身利益，对保障广大官兵及时分享经济社会发展成果，保障我军有效履行使命任务，具有重要的现实意义。

6.1.1 军人保险发展现状

2015年中国军人保险制度改革与发展的基本思路是：以规范化建设为牵引、以解决问题为导向、以创新进取为动力、以业务建设为保证，全面推进军人保险制度建设。

一、建立了军人退役基本养老保险制度

为了贯彻实施《中华人民共和国社会保险法》《中华人民共和国军人保险法》和《国务院关于机关事业单位工作人员养老保险制度改革的决

定》(国发〔2015〕2 号),维护军人养老保险权益,实现军地政策顺畅衔接。经国务院、中央军委批准,军人退役基本养老保险制度正式建立。原总后勤部财务部 2015 年 9 月 30 日出台《关于军人退役基本养老保险关系转移接续有关问题的通知》(后财〔2015〕1726 号)文件以及 2015 年 10 月 15 日出台的《关于军人退役基本养老保险和军人职业年金转移接续有关具体问题的通知》(后财保〔2015〕575 号)文件,对建立军人退役基本养老保险制度做了具体规定。主要内容涉及补助对象范围、补助标准、补助计算、审核、划转等方面。

第一,军人退出现役参加基本养老保险的,国家给予军人退役基本养老保险补助。军人服现役期间单位和个人应当缴纳的基本养老保险费由中央财政承担,所需经费由总后勤部列年度军费预算安排。军队各级后勤(联勤、保障)机关财务部门(以下简称财务部门),负责军人退役基本养老保险关系的建立、转移和军人退役基本养老保险补助的计算、审核、划转工作。各级人民政府人力资源社会保障部门负责军人退役基本养老保险关系接续和补助资金接收,以及基本养老保险待遇落实等工作。各级人民政府财政部门按职责做好军人退役基本养老保险关系转移接续的相关工作。军人退役基本养老保险补助由军人所在单位财务部门在军人退出现役时一次算清记实。计划分配到企业工作的军队转业干部和军队复员干部,以及由人民政府安排到企业工作和自主就业的退役士兵,退出现役后参加企业职工或者城乡居民基本养老保险。

第二,军人退役基本养老保险补助的计算办法为:军官、文职干部和士官,按本通知施行后服现役期间各年度月缴费工资 20%的总和计算;义务兵和供给制学员,按本人退出现役时当年下士月缴费工资起点标准的 20%乘以本通知施行后服现役月数计算。其中,12%作为单位缴费,8%作为个人缴费。军人退役基本养老保险补助的月缴费工资,本通知施行前,军官、文职干部和士官为本人月工资数额,义务兵和供给制学员为本人退出现役时当年下士月工资起点标准;本通知施行后,军官、文职干部和士官为本人月工资数额乘以养老保险缴费工资调整系数,义务兵和供给制学员为本人退出现役时当年下士月工资起点标准乘以养老保险缴费工资调整系数。养老保险缴费工资调整系数确定为1.136。计算军人退役基本养老保险补助的月工资项目,本通知施行前包括基本工资、军人职业津贴、工作性津贴、生活性补贴和奖励工资;本通知施行后包括基本工资、军人职业津贴、工作性津贴、生活性补贴、艰苦边远地区津贴、驻西藏部队特殊津贴、高山海岛津贴、地区附加津贴和奖励工资。军人退役基本养老保险个人缴费部分按规定计息,在军人退出现役时一次算清记实。本通知施行前的利率,按照中国人民银行公布的同期存款利率执行;本通知施行后的利率,按照国家规定的利率执行。

第三,计划分配到企业工作的军队转业干部和军队复员干部,以及由人民政府安排到企业工作和自主就业的退役士兵,其军人退役基本养老保险关系转移至安置地负责企业职工基本养老保险的县级以上社会保险经办机构。计划分配到机关事业单位工作的军队转业干部和退役士兵,其军人退役基本养老保险关系转移至安置地负责机关事业单位基本养老保险的县级以上社会保险经办机构。军人退出现役时,由军人所在单位财务部门依据军人退役命令、安置地军队转业干部安置工作部门或者退役士兵安置工作主管部门的报到通知,以及军队团级以上单位司令机关军务部门或者政治机关干部部门的审核认定意见,开具《军人退役基本养老保险参保缴费凭证》《军人退役基本养老保险关系转移接续信息表》(以下简称《缴费凭证》《信息表》),将军人退役基本养老保险补助资金通过银行汇至退役军人安置地县级以上社会保险经办机构,《缴费凭证》《信息表》和银行受理回执一并交给本人。军人所在单位财务部门同时向退役军人安置地县级以上社会保险经办机构邮寄《缴费凭证》和《信息表》。社会保险经办机构收到军队财务部门邮寄的《缴费凭证》和《信息表》,核实到账资金无误后,为退役军人建立基本养老保险个人账户。退役军人应及时到安置地县级以上社会保险经办机构办理养老保险关系接续手续。

第四,军人退出现役后参加城乡居民基本养老保险的,由安置地社会保险经办机构保存其军人退役基本养老保险关系并按规定计息。待达到企业职工基本养老保险法定退休年龄后,按照国家规定办理城乡养老保险制度衔接手续。军人入伍前已经参加基本养老保险的,其基本养老保险关系和相应资金不转移到军队,由原参保地社会保险经办机构开具参保缴费凭证交给本人,并保存其全部参保缴费记录。军人本人应当将原参保地社会保险经办机构开具的参保缴费凭证,交给军人所在单位财务部门存档,在军人退出现役时,随军人退役基本养老保险关系一并交还给本人。军人退出现役后继续参加基本养老保险的,按照国家规定接续基本养老保险关系。

第五,自主择业的军队转业干部退出现役,由安置地人民政府逐月发给退役金,退出现役时不给予军人退役基本养老保险补助。军人所在单位财务部门,按照参加机关事业单位基本养老保险的办法,开具《军队自主择业转业干部缴费工资基数表》交给本人,由本人随供给关系交给安置地军队转业干部安置工作部门。自主择业的军队转业干部被党和国家机关、人民团体或者财政拨款的事业单位选用为正式工作人员的,从下月起停发退役金,按照国家规定参加机关事业单位基本养老保险。本通知施行前的个人服现役年限视同缴费年限;本通知施行后在军队服现役期间的基本养老保险补助,由军队转业干部安置工作部门根据《军队自主择业转业干部缴费工资基数表》,以其在军队服现役期间各年度月缴费工资之和为基数,通过退役金拨付渠道申请 20% 的养老保险补助,拨付至其单位所在地社会保险经办机构,其中 8% 记入个人账户。所需经费由中央财政解决。自主择业的军队转业干部按照国家规定依法参加当地企业职工基本养老保险的,其养老保险缴费年限从在当地缴纳养老保险费之日算起。

第六,军人退出现役采取退休方式安置的,实行退休金保障制度,退出现役时不给予军人退役基本养老保险补助。一至四级残疾军人退出现役采取国家供养方式安置的,其生活保障按照国家规定执行,退出现役时不给予军人退役基本养老保险补助。军人入伍前已经参加基本养老保险,退出现役采取退休、供养方式安置的,经本人申请,由原参保地社会保险经办机构依据军人所在团级以上单位出具的《军人退休(供养)证明》和参保缴费凭证等,退还原基本养老保险个人账户储存额,终止基本养老保险关系。军人服现役期间死亡的，由所在单位财务部门按照退出现役后参加企业职工基本养老保险的军人退役基本养老保险补助计算办法，将其服现役期间应当计算的退役养老保险个人缴费及利息一次算清，发给其合法继承人。军人退出现役后按规定办理基本养老保险关系转移接续手续的，军人退役基本养老保险补助年限与入伍前和退出现役后参加企业职工或者机关事业单位基本养老保险的缴费年限合并计算。军人退出现役后参加机关事业单位基本养老保险的，本通知施行前的军人服现役年限视同机关事业单位基本养老保险缴费年限。军人退役基本养老保险补助年限（含视同缴费年限）计算为军人退役时首次安置地企业职工或者机关事业单位基本养老保险参保缴费年限。

第七，军人退出现役后参加基本养老保险，达到法定退休年龄和国家规定的基本养老保险待遇领取条件的，按照待遇领取地有关规定享受相应的基本养老保险待遇。军人退役基本养老保险制度自2014年10月1日起施行。人力资源和社会保障部、财政部、总参谋部、总政治部、总后勤部《关于军人退役养老保险关系转移接续有关问题的通知》（后财〔2012〕547号），劳动社会保障部、财政部、人事部、总政治部、总后勤部《关于转业到企业工作的军官、文职干部养老保险有关问题处理意见的通知》（〔2002〕后联字第3号）同时废止。

二、建立了军人职业年金制度

为了贯彻实施《中华人民共和国军人保险法》《国务院关于机关事业单位工作人员养老保险制度改革的决定》（国发〔2015〕2号）和《国务院办公厅关于印发机关事业单位职业年金办法的通知》（国办发〔2015〕18号），建立多层次养老保险体系，维护军人养老保险权益，建立军人职业年金制度已非常必要。具体制度内容在原总后勤部财务部2015年9月30日出台的《2015关于军人职业年金转移接续有关问题的通知》（后财〔2015〕1727号）中进行了规定，自2014年10月1日起施行。

第一，军人退出现役参加基本养老保险的，国家给予军人职业年金补助。军人服现役期间单位和个人应当缴纳的职业年金费用由中央财政承担，所需经费由总后勤部列年度军费预算安排。军队各级后勤（联勤、保障）机关财务部门（以下简称财务部门），负责军人职业年金补助的计算、审核、划转工作。各级人民政府人力资源社会保障部门负责军人职业年金补助的接收工作。各级人民政府财政部门按职责做好军人职业年金转移接续的相关工作。

第二，军人职业年金补助由军人所在单位财务部门在军人退出现役时一次算清记实。军人职业年金补助的计算办法为：军官、文职干部和士官，按本通知施行后服现役期间各年度月缴费工资12%的总和计算；义务兵和供给制学员，按本人退出现役时当年下士月缴费工资起点标准的12%乘以本通知施行后服现役月数计算。其中，8%作为单位缴费，4%作为个人缴费。根据国家相关政策，军队适时调整军人职业年金单位和个人缴费的比例。军人职业年金补助的月缴费工资，军官、文职干部和士官为本人月工资数额乘以养老保险缴费工资调整系数；义务兵和供给制学员为本人退出现役时当年下士月工资起点标准乘以养老保险缴费工资调整系数。养老保险缴费工资调整系数确定为1.136。计算军人职业年金补助的月工资项目包括：基本工资、军人职业津贴、工作性津贴、生活性补贴、艰苦边远地区津贴、驻西藏部队特殊津贴、高山海岛津贴、地区附加津贴和奖励工资。军人职业年金补助资金按照国家规定的利率计息，在军人退出现役时一次算清记实。

第三，计划分配到机关事业单位工作的军队转业干部和退役士兵，由军人所在单位财务部门依据军人退役命令、安置地军队转业干部安置工作部门或者退役士兵安置工作主管部门的报到通知，以及军队团级以上单位司令机关军务部门或者政治机关干部部门的审核认定意见，开具《军人职业年金缴费凭证》，将军人职业年金补助资金通过银行汇至退役军人安置地负责机关事业单位养老保险的县级以上社会保险经办机构职业年金银行账户，并将《军人职业年金缴费凭证》和银行受理回执一并交给本人。军人所在单位财务部门同时向退役军人安置地负责机关事业单位养老保险的县级以上社会保险经办机构邮寄《军人职业年金缴费凭证》。军人退出现役到接收安置单位报到后，将《军人职业年金缴费凭证》和银行受理回执交给接收安置单位，由接收安置单位负责办理军人职业年金转移接续手续。县级以上社会保险经办机构应将经办机关事业单位养老保险的社会保险经办机构的通信地址、职业年金银行账户信息等,上报人力资源和社会保障部,并及时报告信息变更情况。人力资源和社会保障部社会保险事业管理中心与总后勤部军人保险基金管理中心建立社会保险经办机构信息交换机制;总后勤部军人保险基金管理中心负责将相关信息分发军队各级财务部门。

第四,计划分配到企业工作的军队转业干部和军队复员干部,以及由人民政府安排到企业工作和自主就业的退役士兵,由军人所在单位财务部门依据军人退役命令、安置地军队转业干部安置工作部门的报到通知,开具《军人职业年金缴费凭证》,将军人职业年金补助资金交给本人。军人退出现役后,用人单位建立企业年金的,本人应将《军人职业年金缴费凭证》和军人职业年金补助资金交给用人单位,由用人单位负责办理相关转移接续手续。

第五,军人入伍前已经参加机关事业单位职业年金或者企业年金的,其个人账户资金不转移到军队,由原年金管理机构继续管理运营。军人退出现役后参加机关事业单位职业年金或者企业年金的,按照国家规定办理原职业年金或者企业年金个人账户的转移接续手续。

第六,军官、文职干部退出现役自主择业,由安置地政府逐月发给退役金,退出现役时不给予军人职业年金补助。自主择业的军队转业干部被党和国家机关、人民团体或者财政拨款的事业单位选用为正式工作人员的,从下月起停发退役金,按照国家规定参加机关事业单位养老保险。本通知施行后在军队服现役期间的职业年金补助,由军队转业干部安置工作部门根据《军队自主择业转业干部缴费工资基数表》,以其在军队服现役期间各年度月缴费工资之和为基数,通过退役金拨付渠道申请12%的职业年金补助,拨付至其单位所在地社会保险经办机构。所需经费由中央财政解决。

第七,军人退出现役采取退休方式安置的,实行退休金保障制度,退出现役时不给予军人职业年金补助。一至四级残疾军人退出现役采取国家供养方式安置的,其生活保障按照国家规定执行,退出现役时不给予军人职业年金补助。军人退出现役采取退休、供养方式安置，入伍前已参加机关事业单位职业年金或者企业年金的，达到法定退休年龄时，经本人申请，由原参保地社会保险经办机构依据军人所在团级以上单位出具的《军人退休（供养）证明》，按照有关规定支付年金待遇。

第八，军人服现役期间死亡的，由所在单位财务部门将其本通知施行后服现役期间应当计算的军人职业年金补助及利息一次算清，发给其合法继承人。军人退出现役后达到国家规定的退休条件并依法办理退休手续后，按照国家规定参加职业年金或者企业年金的可享受相应的待遇。

三、加强了随军未就业军人配偶保险管理

随军未就业军人配偶保险自2004年建立以来，对解决随军未就业军人配偶社会保险关系建立与接续，保障其基本社会保险权益发挥了重要作用。但在随军未就业军人配偶保险管理中也存在享受保险对象审查不严格，造成部分不符合享受条件的随军配偶"搭便车"，没有建立正常的退出机制等。

为落实中央军委关于依法治军、从严治军的一系列指示要求，促进各级部队严格执行未就业随军配偶保险制度，2015年5月至11月，原总后财务部会同原总政干部部在全军开展了未就业随军配偶养老保险个人账户军地参保信息联审工作。联审从5月份到9月份，分个人说明、内部公示、军地核查、上级复查、总部抽查5个阶段，主要以随军配偶在地方以单位名义参加基本养老保险情况为线索，按照统一领导、军地协作、逐级复查、逐个核实的原则，采取由人社部提供随军配偶军地重复参加基本养老保险相关信息，总部统一下发部队，各级干部和财务部门核实确认，对不符合享受条件的人员及时停止待遇，对违规行为视情况分别采取停发、追缴、处罚等措施。联审中发现的问题和查处结果，纳入全军干部工作大检查和财务工作大清查的成果。

（一）联审取得的效果

通过全军各级财务和干部部门密切配合，共同努力，联审取得了明显成效。一是搞清了不符合享受条件各种情形的具体人数。通过个人提供

资料、军人所在单位核实、上级单位复查和总部抽查等方法步骤,查清核准了违规申请保险待遇、实现就业、离婚、达到退休年龄、出国、领取失业保险待遇等各种不符合享受未就业随军配偶保险待遇条件未停保的具体人数。二是停止了部分随军配偶的保险待遇。对违规申请、实现就业等不符合未就业随军配偶保险制度规定,以及拒绝提供未就业证明材料的人员,及时停止了保险待遇。同时,还对多名挂靠地方单位缴费、自费参保的随军配偶,自行选择的参保方式可能造成经济损失,进行了风险提示。三是处理了违规行为。依法对不符合未就业随军配偶保险待遇享受条件的各种违规或骗保行为进行了相应处理,追回了大批不符合享受条件以来违规领取的保险金,注销了多名既在军队享受未就业随军配偶保险待遇,又在地方以单位名义参加职工基本养老保险的随军配偶军地重叠缴费记录。

通过联审,进一步规范了各级财务和干部部门在未就业随军配偶保险待遇工作中的管理行为,进一步浓厚了各级党委、职能部门和军人所在基层单位齐抓共管的良好氛围。

(二)联审发现的问题

主要表现在以下几方面:一是资格认证落实不好。总部验收中发现,90%以上的单位没有认真组织年度资格认证工作,导致 2014 年度相当一部分享受条件发生变化的随军配偶,2015 年度还在享受保险待遇。二是重视程度差距较大。不少单位把保险待遇与福利待遇等同起来,通过各种方式拖延或变相抵触联审工作。从验收情况看,军以下作战部队联审工作比较扎实有效,但相当一部分机关、院校和代供单位联审标准不够高。三是审核追缴力度不一。部分单位对个人提供资料的真伪没有进行认真验证核实,个人提供假挂靠证明、假缴费收据等问题不同程度地存在。在追缴违规领取保险金方面,也存在着只停不追和追缴不彻底的问题。四是申请审批还有漏洞。一些随军配偶未按要求提供相应申请材料,一些单位也未经基层单位主官把关,个别单位也没有实行财务与干部部门共同审核。五是冻结账户积压过多。随军配偶保险个人账户长期冻结,增加了各级保险业务经办人员不必要的管理成本和工作难度。

按照总政干部部和总后财务部《关于全军开展随军未就业的军人配偶养老保险个人账户军地参保信息联审工作的通知》要求，从 2016 年起联审工作进入常态化运行，军队和地方之间将建立随军配偶在地方参保信息的定期交换机制，各级部队应当严格执行未就业随军配偶保险待遇审批的程序规定和年度资格认证制度，依法处理各种违规行为，坚决维护未就业随军配偶保险制度的权威性和严肃性。

四、出台了商业保险服务军队建设的指导意见

军人保险引入商业保险工作从 2010 年就已经开始实施，首先在军人伤亡保险上进行，推出了军人人身意外伤害保险。2012 年此险种变更为军人伤亡附加险。2013 年又推出了军人交通意外保险和远离军队医疗机构部队商业医疗保险。为了进一步推进商业保险服务军队建设工作，加快军民融合深度发展，拓宽保险服务领域，完善具有中国特色的军人保险制度体系。2015 年 7 月 30 日，国务院办公厅、中央军委办公厅转发了保监会、发展改革委、财政部、总参谋部、总政治部、总后勤部、总装备部《关于推进商业保险服务军队建设指导意见的通知》（国办发〔2015〕60 号）。

（一）商业保险服务军队建设的基本原则

商业保险服务军队建设的基本原则：（1）政府支持、市场主导。坚持政策扶持与市场运作相结合，以市场化为导向，加强对军人商业保险发展的政策引导支持，积极发挥商业保险作用，不断创新军人保险保障方式，拓宽军人保险保障渠道，增强军人保险保障能力。（2）军民融合、互利共赢。注重发挥资源整合优势，综合考虑军事保密、监督管理能力、商业保险机构服务水平等因素，合理确定军地各方职责，密切分工协作，坚持走军民融合式发展路子，实现军民合作共赢。（3）专业运作、持续发展。遵循商业保险规律，利用保险机构专业优势，合理测算、规范运作，开发军人商业保险产品，鼓励军队单位和军队人员及其家庭成员自愿投保，提高保险运行效率和保障水平，推动军人商业保险可持续发展。

（二）鼓励提供优质保险服务

（1）开发丰富多样的保险产品。支持保险机构在国家和军队政策制度框架内，开发针对性强的军队单位团体保险产品并提供一揽子保险解决方案。根据军队特殊需求，研究开发适用于军队房产、车辆等资产的财产保险品种，探索建立军队重大自然灾害风险分散机制。研究开发团体人身保险产品，化解军队人员职业风险。支持保险机构为军队人员及其家庭成员开发多样化的养老险、健康险、意外险、家庭财产险、机动车辆险、信用保证险、责任险等专属保险产品，为军队人员及其家庭成员提供多层次、多类别和长期均衡的保险保障。

（2）给予适度优惠。保险机构应当有效分散风险，建立专门的军人商业保险风险数据库，坚持收益覆盖风险和保本微利的定价原则，合理确定保险费率，开发军人商业保险专属产品，营造公平竞争市场环境。鼓励保险机构对军队单位和军队人员及其家庭成员购买非专属保险产品给予适度优惠。

（3）提供高效优质承保理赔服务。保险机构要加强经营管理，提高军人商业保险的工作效率和服务质量。鼓励保险机构为军队购买商业保险制订一揽子保险计划，探索创新承保、理赔、风险管理等服务，建立快速受理、快速理赔、快速结案机制，提供更加优质、高效、便捷的军人商业保险服务，支持保险机构设立专门服务网点，满足军人商业保险业务需要。

（三）加强政策引导支持

（1）落实税收优惠政策。对保险机构开展军队单位和军队人员及其家庭成员的保险业务，按照税收法律法规及相关规定减免税收。

（2）优化保险服务外部条件。军队探索通过商业保险手段，建立市场化的风险管理和损失补偿机制。在符合保密规定前提下，军队单位为保险机构的项目风险评估、承保方案设计和精算定价提供必要基础数据。参保军队单位和军队人员及其家庭成员要在记名投保、理赔账户确认、理赔凭证提交等方面，为保险机构承保、查勘定损、理赔和风险管理等提供便利，在符合保密规定前提下，允许保险机构开展现场查勘定损等服务；对于特别重大的财产保险损失，如因保密原因保险机构无法开展现场查勘定损等服务的，参保军队单位的上级军人保险主管部门应出具证明。

（四）健全工作保障机制

（1）加强组织领导。发挥军队军人保险委员会在商业保险服务军队建设中的统筹作用，逐步建立健全军地商业保险工作机制，加强组织协调，定期交流情况，共同研究制定相关制度和支持政策。保险机构要与参保军队单位建立对接机制，了解军队单位和军队人员及其家庭成员的保险需求，沟通解决理赔等保险服务中可能出现的问题。充分发挥现有保险纠纷调解组织功能作用，高效、妥善化解保险纠纷。

（2）做好保密工作。建立保险机构开展军人商业保险保密审查制度，加强保密管理。开展军人商业保险的保险机构要站在维护国家利益和军事利益的高度，增强保密意识，建立完善保密制度，明确保密工作要求；对军人商业保险业务实行单独代码、单独核算、分账管理，在统计、财务、查询等功能上进行特殊处理；将经办军人商业保险的员工纳入保密工作范围，开展有针对性的保密法纪教育。军队单位要与承保保险机构签订保密协议，对投保标的及其相关信息实行分类管理，严格做好涉密信息的保密工作。

（3）加大宣传力度。开展军人商业保险的保险机构要做好军人商业保险的咨询、宣传工作，帮助部队官兵了解政策，用足、用好政策，维护好自身保险权益。军队单位要为保险机构的保险宣传提供便利条件。

（五）明确服务对象范围

主要包括军队单位、军队人员和家庭成员，其中军队单位是指军队团级以上建制单位；军队人员是指现役军官、文职干部，士兵和供给制学员以及军队文职人员和军队正式职工；家庭成员是指军队人员的配偶、子女和父母。

6.1.2 军人保险发展中存在的主要问题

2015年中国军人保险制度的改革与发展取得的成绩有目共睹，但是，面对国家社会保障制度改革的深入发展，军队建设发展的任务不断变化与加重，特别是军队体制改革的深入，现行军人保险制度还存在一定问题，主要表现在以下几方面：

一、军人退役养老保险制度设计存在缺陷

2015 年 9 月底出台的军人退役基本养老保险与职业年金制度，从整体上分析，主要是适应国家养老保险制度改革的客观需要，以解决广大官兵的养老后顾之忧。这既是对军人职业的价值肯定和贡献认定，也是发挥军人保险制度的调节激励作用，为实现新形势下的强军目标提供服务保障。

但是，现行军人退役养老保险制度由于缺乏充分的论证，在制度设计上还存在一定缺陷。

首先，在对象范围上没有实现全覆盖。参加军人退役养老保险对象主要包括 2014 年 10 月 1 日以后下达退役命令的计划分配军队转业干部、军队复员干部，以及由人民政府安排工作和自主就业的退役士兵 4 类人员。即只有退役人员参加军人退役养老保险，军人退出现役采取退休、供养方式安置的，则不参加。实行的是军人退役给养老保险补助，军人退休、供养的给退休金。尽管在军队服役能工作到退休、供养的军人毕竟是少数人，但国家机关与地方政府公职人员从 2014 年 10 月起从制度设计上讲已经彻底告别了退休金制而转向养老金制，而军队还保留退休金制，这本身就与国家机关事业单位工作人员养老保险制度改革的基本原则与主要政策存在差异。

其次，没有建立养老保险个人账户。按照现行政策规定，军人退役养老保险制度采取军人服役期间不建立养老保险个人账户，军人服役期间个人不缴纳养老保险费，单位和个人应当缴纳的基本养老保险费由中央财政承担。退役时一次算清，给予养老保险补助。而国家机关事业单位工作人员养老保险制度改革的基本思路中最重要的“一个统一”就是即“改革现行的机关事业单位退休养老制度，建立与企业职工等城镇从业人员统一的社会统筹和个人账户相结合的基本养老保险制度”。即机关事业单位人员实行个人缴费的养老保险制度后，公务员个人需要按工资收入的一定比例缴费，个人缴费为实账管理。显然，现行军人退役养老保

险制度“个人不缴费、平时不记账、走时一次补”的制度模式，与国家统一的养老保险制度改革方向相违背。

最后，缺乏军人养老保险基金投资基础。军人服役期间不建立养老保险个人账户带来的后续问题是没有军人养老保险基金积累，没有军人养老保险基金积累，军人养老保险基金投资就缺乏经济基础，而军人养老保险基金最重要最根本的职能是保值增值。没有了养老保险个人账户，就没有了账户资金积累，也就缺少了养老保险基金投资运营所带来的基金增值效益，这本身就是参保军人的一种机会损失。

二、军地保险关系衔接机制还不顺畅

目前，我国现行社会保险体制实行属地化管理，各地区在险种设置、缴费标准、待遇水平和运行模式等方面差异较大。而军人及未就业随军配偶社会保险实行全军统一的政策。“统一性”与“属地性”的矛盾，不同程度影响了军地保险政策的顺畅衔接。

地方人员实行的是省级统筹下的统账结合的个人账户管理模式，由于军人保险账户目前没有专门建立统筹基金这一部分，只是在军人及其随军配偶退出军队时再统一划转，从而导致地方社会保险经办机构在接转军队人员保险关系时出现政策上的冲突。

一些地方建立养老、医疗、失业、工伤和生育五个基本险种，保险关系转移必须做到“五险合一”。而未就业随军配偶只有养老和医疗保险关系，险种的短缺直接影响随军配偶保险关系的转移，甚至影响他们社会保险待遇的落实。对此，有的退役军人多次找部队、找政府、找总部，要求解决随军配偶保险关系转移问题。

三、军人保险基金的投资运营低效

由于国家相关政策的限制，军人保险基金投资渠道有限，只能存入国有商业银行或购买国债，不得进行其他直接或间接的投资。这主要是基于安全性来设计和安排的。但这种仅依赖国有银行生息的模式，不但不会使基金增值，甚至无法保证基金的安全性。

特别是军人保险基金当年缴存与历年结存的计息方式统一按中国人民银行公布的同期存款利率执行，即按固定官方存款利率计算，而事实上商业银行执行的基本上都是浮动利率计息规定,甚至是浮动到最高限度计息。这无形中会影响军人保险基金的存款利息收入。同时,军人退役养老保险平时不建立个人账户,也影响了军人保险基金的积累规模,进而影响军人保险基金的投资收益。

6.1.3 军人保险制度的改革发展政策建议

军人保险制度的改革发展,必须站在国家社会保障制度发展趋势与军队建设发展的方向来定位。首先,国家社会保障制度改革深化,为调整改革军人保险制度指明了方向。其次,军队政策制度调整改革,为研究制定与军官职业化制度、兵役制度和士官制度,以及退役安置制度等相适应的军人保险制度,提出了客观要求。最后,适应军民融合深度发展,为军人保险有效利用社会保障资源满足官兵多样化保险需求,提供了方法路径。具体的政策建议如下:

一、完善军人退役养老保险制度

军人养老保险制度改革应该真正体现出多层次性,主要由基本养老保险和军人职业年金组成,在适当的时候还可以加入个人储蓄积累的层次。在改革过程中,应该同时设计出军人职业年金的方案,既是作为整个养老保险制度的组成部分,又可以缓解改革所带来的待遇落差和心理落差。

(一)军人退役基本养老保险制度完善

(1)增加军人基本养老保险金附加系数。军人基本养老保险制度的改革,可以依照国家公职人员养老保障制度改革进程和改革要求,结合军队特点,在参加基本养老保险制度的基础上,根据军人的服役年数、服役期间的表现,给军人的基本养老金一个附加系数(见表6-1)。这样照顾到为军队服役年限较长和做出过特殊贡献的那部分人,使军人基本养老保险的收入替代率比之前的退休军人略低,比地方的略高,以实现平稳过渡。

表 6-1　军人基本养老保险金附加系数 R

服役年数	附加系数标准(%)	在职表现	附加系数标准(%)	
15—20 年	5	荣立一等功或者被大军区以上单位授予荣誉称号的	15	符合其中两项的,可以累加
20—25 年	10			
25—30 年	15	荣立二等功的	10	
30 年以上	20	荣立三等功的	5	

注:此标准是比照军队转业干部自主择业退役金标准来制定的。

(2)保障对象分类设计。根据保险对象进行分类设计,即分别建立军官、文职干部、士官的基本养老保险制度和义务兵的基本养老保险制度,原因如下:

第一,从我国的现实情况来看,基本养老保险制度的建立主要考虑的是有固定工资收入的那部分群体。军官、文职干部和士官都是有固定工资收入的群体,军官、文职干部与公务员相联系或相比较,士官与职工相联系或相比较,从我国的现实来看,尽管国家公务员的养老保险制度还未统一规范,然而与地方城镇职工养老保险接轨是其必然趋势,因而,为了使制度具有一定的前瞻性,可以将其一同考虑。此外,由于他们都有工资收入,对未来养老保险待遇期望值相对较高,客观上需要这些参保人员自己承担一部分养老责任,支付一定的养老保险费。而义务兵没有工资收入,所以不具备自己负担一部分养老保险责任的能力。

第二,从操作上来看,军官、文职干部和士官在部队服役的时间相对较长,为部队做出的贡献较大,加之市场经济条件下,退役安置方式也相对灵活,因而需要全盘考虑,为这部分人设计好养老保险制度,以便他们退出现役后能够享受一定的养老待遇。而义务兵在部队服役时间短,养老保险的积累主要依靠在地方工作的时间,军队只需要考虑与地方衔接问题,因而设计相对简单。

(3)为干部和士官建立一个空的军人退役养老保险个人账户。为了详细记录军人服役期间养老保险个人权益的积累,实现与国家基本养老保险的顺利衔接，应当为干部和士官建立一个空的退役养老保险个人账户，用于记录个人缴费和国家补助情况。义务兵和供给制学员可不建立个人账户，而是在退役、选取士官和提干时一次性算清。

第一，建立个人账户的意义。由于绝大部分退役军人都要参加基本养老保险，为干部和士官建立个人账户可以逐月记录资金来源情况，并按国家公布的记账利率计算应得的利息，让官兵对服役期间养老保险个人权益的积累有所了解，也便于与地方同类人员进行比较。个人账户随退役军人参加地方基本养老保险而转移，即使自主择业干部在退役时不需要转移养老保险关系和资金，也可作为服役期间个人权益的记录，以备日后需要时有据可查，使养老保险个人账户起到“记录一生、保障一生”的作用。

第二，建立空的个人账户的原因。个人账户资金来源于个人缴费和国家补助，但是资金并不实际到账。军人退役参加地方基本养老保险的，由个人补足应缴金额及应计利息，将两者之和一起转入地方社保经办机构。

第三，义务兵不建立个人账户。义务兵服役期间短，服役年限相同，个人不需要缴费，其退役养老保险补助是标准化的数额，在其退役、转为士官或提干时也是容易算得清的，平时不建个人账户，可以减少财务人员每月记录应缴费用、每年记息的工作量。

第四，转移基本养老保险关系及个人账户记录的资金。军人退出现役时，不参加基本养老保险的军队退休干部、士官和自主择业干部，不需要转移基本养老保险关系及个人账户记录的资金，但自主择业干部应保留个人账户记录，以备日后需要时有据可查。干部和士官退出现役时，参加基本养老保险的，转移基本养老保险关系到地方，同时转移个人账户记录的资金。实际操作中，个人缴费部分可以直接从转业费中扣除，不足部分由个人补齐；国家补助部分由中央财政拨款，在当年的军费预算中予以补足。义务兵退役时，将退役养老保险补助转移到地方；转为士官或提干时将退役养老金保险补助记录在新建的养老保险个人账户中。

（二）完善军人职业年金制度

军人职业年金制度的构建，需要在对象范围、年金账户、经费来源、年金支付等方面给予明确。

一是对象范围。按照《事业单位工作人员养老保险制度改革试点方案》中提出的改革思路，军人养老保险制度改革的过渡方式与机关事业单位改革相似，即："老人"的养老金不变，"中人"用"过渡性养老金"来对改革前后待遇落差进行补偿，因此，职业年金制度的覆盖范围主要是改革后参加工作的"新人"。这里的"新人"，按照"应保尽保"的原则，将符合条件的对象全部纳入进来，目前而言，包括制度实施后的现役军官、文职干部、士官、义务兵和供给制学员。

二是年金账户。从国外职业年金制度的建立方式看，有自愿型和强制型两种基本模式。考虑到军队性质特点，采取强制性实施办法比较合适，一步到位，否则军人作为政治强制群体，如果不对其利益进行补偿必然对改革造成较大阻力。在筹资模式选择上应该采用完全积累制，这同企业年金制度的设计思路一致，同时也符合长远利益。采取个人账户方式管理，为现役军官、文职干部和士官建立职业年金账户。

三是经费来源。军人职业年金所需费用由国家和个人共同负担。制度实施前，现役军官、文职干部和士官服役期间应当缴纳的职业年金，参照现行军人退役养老保险补助的计算方法、按照本人工资收入 12% 比例一次性计算并做实，记入军人职业年金账户。从制度实施时起，现役军官、文职干部和士官，每人每月按照本人工资收入 4% 的比例缴纳职业年金，国家按个人工资收入 8% 的比例按月给予职业年金补助，全部计入职业年金账户；义务兵和供给制学员服役期间不缴纳职业年金，不建立职业年金账户，个人缴费和国家补助由中央财政负担。

四是年金管理。按照国家规定，军人职业年金可以由军队采取信托办法，委托国家制定的年金管理机构进行管理和投资运营，年金投资运营收益按年结算，分配记入年金账户。不过，由于我国金融市场还不够发达，在投资对象选择上应该谨慎选择。可以学习借鉴养老金"投资股票、股票基金、混合基金、股票型养老产品的比例合计不得高于基金净值的

30%”的比例限制要求，进行多元化投资运营，保证资金的安全性。此外，从长期看，军人职业年金还可增加股权投资的部分，尤其可以集中于国有资源类、能源类和垄断性的国有企业，除了利润稳定，职业年金持有的股权类国有资产的经营收益也应由全体军人所分享，实现“取之于民，用之于民”。

五是年金支付。军官、文职干部和士官退役到地方，将军人职业年金账户资金转入退役安置单位职业年金或企业年金账户；义务兵和供给制学员退役时，由军人所在单位财务部门按本人退役时当年下士月平均工资起点标准的12%乘以服役月数一次性计算，将资金转入退役安置单位职业年金或者企业年金账户。退役安置单位没有建立职业年金或企业年金制度的，按照自愿原则，可以将职业年金账户余额一次性发给本人，也可以转入地方职业年金或企业年金经办机构，由个人继续参保缴费。军官、文职干部和士官在军队退休的，按照总部与年金管理公司约定的办法，按月领取职业年金，在约定的领取时间死亡的，职业年金账户余额一次性支付给法定受益人。

二、构建高效的军地保险关系转移衔接机制

军地保险的衔接牵涉到军地双方职能部门的协调配合，完善的军地保险关系协调机制是实现军地保险顺畅衔接的桥梁和纽带。主要思路：

一是成立协调小组，搭设活动平台。军地保险机制的协调是一项长期性工作，应调整现有的总部和大军区级（军兵种）单位军人保险委员会的职责范围，增设“军地保险衔接工作协调小组”，并由军地双方职能部门的领导参加，为军地衔接工作的顺利开展提供活动平台和组织保障。

二是规范军地协调方式，通过定期组织座谈、开展课题调研、完善相关政策、联合出台文件等方式，提高军地协调的针对性和实效性。

三是构建军地社会保险协调信息网络体系。保险军地衔接中，有关信息的准确、高效和及时的传递直接关系到军地协调时效和军人保险待遇的落实。军地保险衔接机制必须采取横向联系、纵向沟通、内外结合、军地互动的方式，构建军地社会保险协调信息网络体系，以确保军地保险衔接机制的顺利运转。

三、完善军人保险基金投资运营管理

军人基本养老保险采取部分积累制，现役军人个人账户资金会形成一定的积累。这部分沉淀资金如果不加以有效管理，便会受到通货膨胀的影响而发生贬值，不仅会减少军人的实际养老保险权益，而且影响制度运行的安全性和稳定性。所以，进行基金运营是未来军人基本养老保险基金管理的核心内容，必须制定科学的运营管理制度，遵循安全性、收益性和流动性的原则，科学确定投向和投量，分散风险，由军人保险基金管理中心专门负责实施，或者委托全国社会保障基金投资运营。

按照国家规定，军人职业年金可以由军队采取信托办法，委托国家指定的年金管理机构进行管理和投资运营，年金投资运营收益按年结算，分配记入年金账户。不过，由于我国金融市场还不够发达，在投资对象选择上应该谨慎选择。可以学习借鉴养老金"投资股票、股票基金、混合基金、股票型养老产品的比例合计不得高于基金净值的 30%"的比例限制要求，进行多元化投资运营，保证资金的安全性。此外，从长期看，军人职业年金还可增加股权投资的部分，尤其可以集中于国有资源类、能源类和垄断性的国有企业，除了利润稳定，职业年金持有的股权类国有资产的经营收益也应由全体军人所分享，实现"取之于民，用之于民"。

6.2 裁军背景下军人退役安置研究

习近平主席在纪念中国人民抗日战争和世界反法西斯战争胜利 70 周年大会上向世界郑重宣布，中国裁减军队员额 30 万，这预示着前所未有的大规模改革即将拉开帷幕。对于广大官兵来讲，退役大潮即将来临。裁军期间，退役安置数量大幅增加，地方安置压力明显增大，各方面矛盾十分突出，必须完善政策措施，创新安置办法，确保裁军和改革顺利进行。

6.2.1 “十二五”期间军人退役安置的基本情况

“十二五”期间，各地严格执行中央关于军人退役安置的各项方针政策，探索创新军人退役安置办法，广大退役官兵得到妥善的安置，确保了军队的稳定和社会的安定。梳理总结“十二五”期间军人退役安置的经验，对做好裁军期间军人退役安置工作具有重要的意义。

一、建立了军民融合的军人退役安置机制

2011 年，《中华人民共和国国民经济和社会发展第十二个五年规划纲要》发布，提出“加强国防和军队现代化建设、推进军民融合式发展”，针对退役军人安置工作，要求“完善退役军人安置政策，加强退役军人培训和就业安置工作”。就此，按照中央的部署和要求，军地相关部门开始着力推进军人退役安置的顶层设计，在国家层面加强对退役军人保障管理工作的组织领导，健全服务保障体系和相关政策制度，推动军人退役安置军民融合式发展。

围绕建设中国特色军人退役安置制度这一中心，军地有关科研院所深入开展军人退役管理保障改革的相关研究，为军人退役安置制度创新发展提供政策理论支持。为帮助退役军人更好地适应社会工作，尽快融入社会，建立了军民融合式的退役军人教育培训体系。

为抓好军人退役安置工作落实，国家和军队自上而下都成立了领导小组，设有专门工作机构，为做好军人退役安置工作提供了坚强的组织保证。在军民融合的探索实践中，军地业务部门紧密联系，逐步形成了联席会议、合署办公、协商安置、联合督导、情况通报、矛盾调解等机制，为加强退役安置军民融合式发展、促进安置任务完成发挥了重要作用。

二、健全完善了公平公正公开的计划分配军转干部安置机制

2012 年中央下发了《关于改进计划分配军队转业干部安置办法若干问题的意见》，对新形势下改进计划分配军转干部安置工作提出了总体要求、基本原则和具体实施办法。该《意见》的颁布实施，开启了计划分配军转安置的新举措，公平公开公正的安置机制得以健全完善。

一是师团职干部和功臣模范得到优待照顾。各地积极采取有效措施,充分挖掘潜力,拓展安置渠道,切实安排好师团职转业干部的工作和职务,照顾安排好功臣模范、长期在艰苦边远地区和特殊岗位的军队转业干部。2017 年,按照中央关于军队规模结构和力量编成改革的总体部署要求,全军和武警部队共有 8 万多名军队干部转业到地方,比 2016 年多出 2.2 万多人。特别是出台了《关于做好深化国防和军队改革期间的军转安置工作的通知》,对深化国防和军队改革期间的军转安置条件做出了"国个放宽"的规定,对重点安排好师团职干部也提出了具体要求。通过考试考核优待加分、双向选择优先推荐、指令岗位优先选择等措施,2017 年全军共安排 9000 多名师团职干部。二是考试考核办法不断规范。各级各地规范军转干部考试考核安置办法,研究探索分类安置办法。在一些安置大省和安置人数较多的地市,有的统一考试考核标准,有的开展分类安置,有的设置特岗选拔,在公平公正的前提下,有效地确保了军转干部人岗相适、合理配置。2011 年至 2015 年,计划分配到企业工作的占 2%,到事业单位工作的占 15%,到党政机关和参公单位工作的占 83%。三是积极采取措施引导军转干部到基层工作。针对计划分配军转干部安置向大城市集中、向党政机关集中的问题,各地制定相应的优惠政策,鼓励军转干部到中小城市、乡镇等基层单位工作,到艰苦边远地区和边疆民族地区工作。如对到中小城市和县乡基层安置的军转干部,在职务安排、待遇保障、家属子女照顾等方面实行优惠政策,从而使军转干部安置岗位与专业特长得到合理匹配。

三、推进了自主择业安置方式的科学发展

军人自主择业安置方式不断发展完善,其吸引力和制度活力不断增强,自主择业军转干部人数稳步增长。2017 年全军自主择业转业干部达 3.5 万多人,比 2016 年自主择业转业干部人数增长 6000 多人。到 2017 年年底,全国累计接收自主择业军转干部 21 万多人。

一是自主择业政策不断完善。"十二五"期间,国家相继完善各项自主择业政策,健全了退役金制度。在 2012 年、2015 年,相关部门两次调整退役金,提高了自主择业军转干部的生活水平。2016 年年底国家出台了《关于加强自主择业军队转业干部管理服务工作的通知》,完善了医疗

保险、养老保障等待遇保障政策，确保自主择业军转干部病有所医、老年更有保障，为自主择业干部解除了后顾之忧。二是建立完善了自主择业军转干部的就业创业扶持机制。“十二五”期间，各级部门建立健全完善自主择业军转干部就业创业扶持机制，促进自主择业军转干部在多领域多渠道多层次实现就业创业。通过开办全国自主择业军转干部就业培训实验班，在国家层面开展自主择业军转干部就业创业培训的探索，提高自主择业军转干部培训的针对性和有效性；通过出台优惠政策、搭建就业创业平台、加大就业推介力度等措施，有力促进了自主择业军转干部就业创业，使自主择业军转干部就业创业率持续保持在80%左右。三是建立了全国自主择业军转干部信息平台，稳步推进了信息平台建设，利用互联网+自主择业的方式，建立了线上与线下服务相结合的方式，提供就业咨询、年度登记等网上服务，提高了服务效率。

四、确立了多种形式相结合的新型退役士兵安置制度

2011年，全国人大常委会公布修订了《兵役法》，国务院、中央军委公布修订了《退役士兵安置条例》，确立了城乡统一，以扶持创业就业为主，自主就业、安排工作、退休、供养、复学等多种方式相结合的新型退役士兵安置制度。结合《退役士兵安置条例》，国家和军队有关部门不断推出士兵退役安置的新举措，拓展退役士兵安置渠道，有效提高退役士兵安置质量。

一是安排工作有了新规定。为了促进符合政府安排工作条件的退役士兵得到妥善安置，增强军队的吸引力，提高战斗力，国家相继出台了一系列有关退役士兵安排工作的政策规定。2015年10月，民政部、原总参谋部联合印发《符合政府安排工作条件退役士兵服役表现量化评分办法（试行）》，对退役士兵服役年限、服役表现及相关身份等情形进行确认，并按照统一标准予以赋分，从而为政府安排工作排序选岗提供重要的依据。2015年12月，民政部、国资委印发的《关于进一步做好国有企业接收安置符合政府安排工作条件退役士兵工作的意见》，使国有企业接收安置退役士兵有了硬杠杠。

二是自主就业有了新活力。首先，“大众创新、万众创新”的时代背

景，为退役士兵自主就业提供了良好的创业就业环境。其次，国家提供的职业教育和技能培训，为退役士兵的就业创业提供了保障。2010 年至 2013 年，中央财政共安排退役士兵补助资金 24.64 亿元，年均增长 13.06%，有力地支持了各地开展退役士兵职业教育和技能培训工作。其中，2011 年全国参训退役士兵有 29 万多人，参训后就业率在 70%以上；2012 年全国参训退役士兵超过 32 万人，参训后就业率达 85%以上。通过教育培训，极大地提高了退役士兵自主就业能力。最后，信息化的发展，为退役士兵就业创业提供了有利的平台。退役士兵就业创业的平台——凯旋网的开通，为退役士兵提供全方位系统性的就业创业服务，为退役士兵更好地融入社会、建功立业、再创辉煌提供了有利的平台。

三是复学有了新举措。为了贯彻国家、军队有关政策法规，提高退役士兵学历水平，增强其就业竞争力，国家有关部门和地方政府纷纷出台有关措施，单独针对退役士兵招生。2015 年 9 月，教育部印发的《2016 年全国硕士研究生招生工作管理规定》，要求从 2016 年起，国家设立"退役大学生士兵专项硕士研究生招生计划"，专门面向退役大学生士兵招生，该计划在全国研究生招生总规模内单列下达，专项专用，不得挪用。2016 年，江苏省出台新政策力助退役士兵上大学，通过"单列计划、单独考试、单独录取"的方式，在省属 12 所高校单独招收了 1000 名退役士兵学生。

五、建立了科学化、制度化和规范化的退役军人教育培训体系

"十二五"期间，各地结合实际相继出台了 100 多个细则、办法、制度，对退役军人教育培训工作的多个方面做出规定，确保了退役军人教育培训在规范中向前发展。

一是加强了计划分配军转干部培训工作，使计划分配军转干部适应性培训实现全覆盖，上岗前专业培训参训率持续保持在 98%以上，并引进 211 工程高校、党校、行政学院、军队院校等优质教育资源，为计划分配军转干部提供更多样和优质的培训服务，使其尽快实现身份的转换，融入社会。

二是加强了自主择业军转干部培训工作，形成了多元化的、多渠道的、多种形式的、内容覆盖多个领域专业的自主择业个性化培训模式，使依托社会资源开展的个性化培训覆盖4.3万名自主择业军转干部，特别是网络培训的蓬勃发展，为自主择业军转干部就业培训提供了便利，五年来，网络课程共计开设140多门课程、700多学时，学期期限由3年拓展为无期限，报名人数达2.6万人。

三是加强了对教育培训工作的规范。各地广泛开展了军转教育培训基地的认定工作。目前全国共有各类军转培训基地800余家，涵盖军转培训中心、高等院校、党校、行政学院、部队院校、社会教育培训机构多个领域，其中就业创业实训实习类占四分之一。

四是加强了对军转教育培训工作的创新，使教育培训工作前移，在军转干部离队报道前就开始教育培训，使整个军转教育培训工作更加完善。五年来，前移教育培训网络课程不断丰富调整，报名人数不断增加，已经有近10万人次报名参加了前移网络课堂学习，而且各地积极开展"进军营送政策"活动，仅2014年就宣讲政策400多场，发放政策资料4万余份。

六、建立完善了军人退役安置的相关政策制度

党和国家一直对军人退役安置高度重视，出台了一系列政策措施，保证退役军人得到妥善安置、合理配置。2012年1月，中央下发了《关于改进计划分配军队转业干部安置办法若干问题的意见》，提出改进分配办法、保障重点安置对象、打开安置渠道特别是事业单位安置渠道、建立安置工作机制等具体举措，为建立公平公正的退役安置机制，有效防止和纠正军转安置工作中的不正之风提供了制度保障；2015年10月，国务院、中央军委批准改革完善军人退役养老保险制度，明确从2014年10月1日起，军人退役参加基本养老保险的，在军人退役时，由军人所在单位财务部门一次性计算给予军人退役基本养老保险和军人职业年金补助，从而有利于减轻安置地政府的负担，保证了退役军人得到顺利安置。

2015年10月，民政部、总参谋部联合印发《符合政府安排工作条件退役士兵服役表现量化评分办法》，为退役士兵得分和作为政府安排工作排序选岗提供了重要依据，保障了服役时间长、贡献大的退役士兵得到优先安置；2015年12月，民政部、国资委印发了《关于进一步做好国有企

业接收安置符合政府安排工作条件退役士兵工作的意见》，明确提出："国有、国有控股和国有资本占主导地位企业在新招录职工时应拿出5%的工作岗位，在符合政府安排工作条件的退役士兵之间公开竞争，用人单位择优招录""地方退役士兵安置工作主管部门要会同同级国资委建立健全当地国有企业职工总数、每年招录新员工数量、接收退役士兵数量等有关基本情况数据库""任何企业不得下发针对退役士兵的歧视性文件，不得拒绝接收退役士兵或者限制、禁止下属公司接收退役士兵，不得以劳务派遣、有偿转移等形式代替接收安置"等要求，从而有力促进符合政府安排工作条件的退役士兵得到妥善安置。

七、推进了军人退役安置工作的信息化发展

"十二五"期间，军人退役安置工作信息化发展进入了快车道，推动了军人退役安置的科学发展。2013 年，"全军干部转业工作信息网"正式上线运行，它是一个面向全军的干部转业和移交安置工作的专业网站。该网站以政策宣传、学习培训、工作交流为重点，为部队和广大干部了解转业政策、做好转业工作提供了便捷有效的信息平台。由国务院军转办转业军官培训中心负责开发维护的、服务于军转工作的信息化平台"中国转业军官网"，承担了军转安置的前移培训网络课程、专业培训网络课程等任务；正在建设的"自主择业管理服务平台"是由国务院军转办统一组织，各级军转部门根据权限管理，全国联网、信息互通、安全可靠、使用便捷的自主择业军转干部管理服务平台。

为适应"大众创业、万众创业"的时代趋势，更好地服务广大退役士兵就业创业，中国退役士兵就业创业服务促进会开通建立了退役士兵就业创业的平台——凯旋网。这些网站的开通，借助"互联网+"，将直接推动军人退役安置工作的信息化建设，为广大退役军人就业培训、就业创业提供全方位、系统性的服务，有力促进了国防和军队建设。

6.2.2 历次裁军安置的历史经验

改革开放以来，我国经历了三次裁军：20 世纪 80 年代中期的百万大裁军、1998—2000 年的裁军 50 万和 2004—2006 年体制编制调整改革的裁军20万。尽管三次裁军安置的时代背景、安置数量、安置办法各不相同,但也有一些经验值得我们借鉴。

一、三次裁军安置的具体情况

(一)三次裁军军转干部安置数量

改革开放以来的三次裁军,裁军总数不同,军转干部的安置数量也不相同。20世纪80年代中期百万大裁军中安置军转干部45万余名,1998—2000年裁军安置军转干部20万余名,2004—2006年裁军安置军转干部25万余名,均是三年时间完成(见表6-2)。因此,这三次裁军安置的特点是安置任务重、时间紧、困难大。

表6-2　三次裁军期间安置的军转干部数量

	时间	数量(万)	合计(万人)
百万大裁军期间	1985年	13.9	45
	1986年	18.4	
	1987年	12.89	
裁军50万期间	1998年	4.97	20
	1999年	8.17	
	2000年	7.2	
编制体制调整改革裁减军队员额20万期间	2004年	8.8	25
	2005年	7.83	
	2006年	8.96	

资料来源:根据相关年份《中国的国防》白皮书、《世界军事年鉴》整理。

(二)三次裁军军转干部安置办法

新中国成立后,我军先后进行了十次裁军,前面七次裁军主要采用集体转业或复员的方式进行安置。1985年6月,中国政府宣布裁军100万,随后3年内就将转业军官在地方各条战线做了妥善安置。1997年宣布裁军50万时,我国转业军官安置工作已经走上正轨,每年有计划地安置一批退役军官,有转业和复员两种安置方式可供选择,不再进行集体安置。随着我国安置制度的逐步完善,2004 年编制体制调整改革裁减军队员额 20 万期间,退役军官可选择三种安置方式:转业、复员、自主择业。这是十次裁军退役军官选择安置方式最多的一次。这三种安置方式,适应了市场经济和退役军队干部多种选择的需要,也为国家减轻了安置负担,为人才资源的合理配置创造了有利条件,使转业干部能人尽其才,各得其所。

（三）三次裁军中央颁布的安置文件

为了确保裁军期间军人退役安置的顺利实施,维护退役军人的权益,历次裁军期间中共中央、国务院、中央军委均颁布了相关的退役安置文件。1985 年 6 月 8 日,党中央、国务院和中央军委发出《关于支持军队体制改革、精简整编的通知》,要求各级党委和政府要主动帮助解决部队干部职工安置和精简整编中出现的其他问题。1998 年 4 月 10 日,中央政治局会议讨论并批准了《中共中央、国务院、中央军委关于做好 1998 年和军队裁减员额期间转业干部安置工作的通知》,对做好军队裁减员额期间的军转安置工作做出部署。2004 年 3 月 2 日,中共中央、国务院、中央军委发出《关于做好 2004—2006 年军队体制编制调整改革期间转业干部安置工作的通知》,对体制编制调整期间的安置工作进行了部署。

二、三次裁军安置的经验启示

（一）中央重视是确保军转干部妥善安置的根本保证

在三次裁军中,军转干部都能够得到妥善顺利安置,得益于中央的高度重视。首先是历任党和国家领导人高度重视军转安置工作。在 1985 年的百万裁军中,邓小平反复强调,体制改革、精简整编中的干部问题有两个:“一是内部的处理问题,一是地方安置问题”。他还说,“消肿”比较难的是安置退下来的十几万干部……同时,万里、杨尚昆、杨得志、田纪云等中央领导人亲自参加全国军队转业干部安置工作会议并分别讲话。在 1998 年裁军 50 万期间,江泽民同志两次接见全国军转安置工作会议代表,并做了重要指示。在 2004 年军队体制编制调整改革裁军 20 万期间,胡锦涛同志对军转安置工作同样做出重要指示。其次是中央召开全国军转安置工作大会对军转安置工作进行部署。全国军转安置工作大会由各省区市主要领导带队参加，中央领导接见参会代表并讲话。最后是每一次裁军安置的开局之年中央都会针对裁军期间的军转安置工作颁布相应文件，对军转干部的安置原则、安置去向、工作和职务安排、工资和生活待遇、各级党委和政府在军转安置中的责任义务等都做出明确规定。

（二）地方支持是完成军转干部安置任务的有力保障

在裁军安置年份，安置转业干部的数量比平常年份往往要翻番，甚至更多，同时政府机构改革也正在进行精简人员及企业正在进行减员增效。一边是减员，另一边又要安排大批转业干部，地方政府安置压力之大可想而知。但是各地党委和政府坚持把做好军转安置工作作为重要的政治任务，列入重要议事日程，采取了一系列行之有效的安置措施，顺利完成裁军安置任务。一是地方政府安置态度坚决。尽管面临地方人事制度改革、安置渠道越来越窄的现实困难，但是作为地方各级党委和政府来说，只要是中央做出的决定，无论有多大的困难，从来都是无条件地执行，坚决按中央的意图把事情办好。因此，裁军安置期间，几乎每个省份的主要领导人都对军转安置工作做出过重要指示，许多省份都明确表态：接收转业干部数量多，是我们的光荣；不管有多大困难，也不能为难转业干部，把接收安置好转业干部，当作是对军队改革和建设的最大支持。二是地方政府安置措施有力。地方各级党委和政府把支持深化国防和军队改革当作分内的事，拿出一些特殊措施和倾斜政策，主动帮助解决好退役军人安置问题。如在2004年裁军20万期间，河南省委、省政府专门印发了《关于做好军队体制编制调整改革期间全省转业干部安置工作的通知》，确保河南省安置任务的完成；北京市放宽进京条件，使北京市安置数量较以前翻了几番。很多省份更是把军转安置工作纳入衡量领导干部讲政治的重要方面，纳入省、地、县三级政府的目标管理，并作为考核各级领导班子和领导干部政绩，单位评选先进和地区创建“双拥模范城（县）”的重要条件等。

（三）改革创新是推动军转干部安置工作的持续动力

三次裁军当时国家面临的困难不言而喻，军队臃肿，地方同样超编；军队要“消肿”，地方也是。军队退出的部分哪里去？必然要补充到地方，困难可想而知。军人在部队长期服役，由于不懂地方岗位技术技能，不适应环境，如何转型，退役军人及家属的出路、生活等问题摆在了面前。面对困难，党和国家、军队努力探索安置办法，使军转干部安置工作获得历史性的突破。为了帮助军转干部更好地适应地方工作，1985 年，中央明确提出对军转干部进行培训，各地积极筹建军转培训中心，开展军转干部教育培训，部队也加紧开展军地两用人才培训，组织官兵学知识学技术学技能，为以后安置创造条件；为了鼓励军队干部在服役期间建功立业，对长期驻守在边防、海岛和从事飞行、舰艇工作以及荣立军功的，在地区分配上给予照顾；通过表彰在军转安置中的先进个人和先进单位，推动全社会进一步认识军转工作的重要意义，积极支持军转安置工作。此后，各级军转部门持续开展军转安置的改革创新，如在国家层面，放宽安置去向条件、拓宽安置渠道、增加行政编制、突出师团职干部安置重点、鼓励军转干部到基层建功立业、鼓励各地探索公开公正公平的安置办法。各地结合实际，探索实践先进后出、带编分配、双向选择、考试考核等多种形式的安置办法，逐步完善公开、公平、公正的安置机制、创造了具有地区特色的安置办法等。在安置方式上，在计划分配、复员的基础上，创新出自主择业的安置方式，为国家减轻了安置负担，为人才资源的合理配置创造了有利条件。通过在安置实践中，不断地积累新经验、寻找新方法、研究新成果，推动军转安置工作不断前进。

今天的裁军，其战略意义、力度、强度、难度都不亚于前几次的裁军，而且整个社会经济又面临下行的压力。对此，习近平主席在中央军委改革工作会议上强调，中央国家机关、地方各级党委和政府要强化大局观念，把支持深化国防和军队改革当作分内的事，拿出一些特殊措施和倾斜政策，主动帮助解决好退役军人、职工安置工作。地方各级政府贯彻落实习近平主席重要指示精神，就要自觉站在政治和全局的高度深刻认识裁军期间军人退役安置的重大意义，主动地将退役军人纳入地方干部队伍建设和人才队伍建设统筹规划，在退役军人安置上，全心全意为他们排忧解难。继续弘扬改革创新的优良传统，开展退役军人安置政策研究和顶层设计，深化退役军人安置制度改革，努力开创退役军人安置新局面，确保改革强军各项任务的完成。

6.2.3 加强裁军期间军人退役安置的对策建议

改革完善军人退役安置是国防和军队全面深化改革的重要组成部分,也是全面深化改革的重要标志。而裁军30万也就决定了目前退役军人安置工作面临着更大的矛盾和困难,需要主动作为,适应改革,做好退役军人安置工作,确保深化国防和军队改革的稳步推进。

一、加快军人退役安置体制改革

当前深化国防和军队改革大幕已经拉开,裁军30万的号角已经吹响。与此同时随着国家行政事业单位人事制度改革的不断深入,公开招聘、考核培训、社会保险已经全面实行,社会形态已经发生巨大变化,可以预见退役军人安置的矛盾困难将更加突出。因此,要以国家和军队深化改革为契机,改革完善退役军人安置体制。

一是完善退役军人管理保障体制。军人退役后的管理保障是对退役人员的"暖心工程",更是对现役人员和后备动员力量的预期激励。当前全面深化改革调整期内,退役军人就业面临的挑战和困难更加突出,加强退役后的管理保障更显迫切。要按照中央关于全面深化改革的总体要求,认真总结分析军人退役安置工作经验,积极吸收借鉴国外退役军人安置管理保障的有效做法,立足我国基本国情军情,以建立和实施军官职业化制度为统领,从国家层面加强对退役军人管理保障工作的组织领导,健全服务保障体系和相关政策制度,促进军人退役安置工作可持续发展。

二是调整退役军人的结构。当前的军人退役工作正处于深化国防和军队改革期间,必须要按照服务军队建设需要、优化军事人才资源结构的原则组织实施,按照岗位性质的不同服役周期和人员流动速率规律,按照退役军人服役年限和岗位贡献的实际要求,确定安置退役军人人员及数量。适当降低自主择业年限要求以及退休年龄要求,减轻退役安置的压力。

三是完善退役军官安置制度。建立军官职业化制度,是党的十八届三中全会部署的军队干部制度的一项重大改革,是实现新形势下强军目标的重要举措。军官职业化确定了军队干部制度改革的方向,也对退役军官安置制度改革提出了要求。军转安置工作必须与军队的改革相适应,抓住军官职业化给军转改革带来的机遇,按照军官职业化的内在要求,完善相应政策制度,做好新形势下退役军官的安置、待遇保障、服务和管理工作。

四是完善退役士兵安置制度。士兵退役已经形成了自主就业、安排工作、退休、供养、复学等多种退役安置方式。在坚持现有安置方式的基础上,应进一步优化退役安置方式,增加经费投入,形成以货币补偿为主、岗位安置为辅的退役士兵安置制度。将退役士兵的工作安排同人才资源市场化配置相结合,研究规范量化考核安置办法。将自主就业作为退役军人重要安置方式,不断完善管理服务机制,畅通推荐就业渠道,健全创业扶持办法,帮助退役士兵实现多领域、多渠道的充分就业和自主创业。完善国有企业接收安置退役士兵的政策制度,确保符合政府安排工作条件的退役士兵得到妥善安置,从而吸引更多高素质兵员入伍,有效促进部队战斗力提升。建立从士官到村官的政策通道,把军队优秀退役士官吸收到农村"两委"班子,既能解决农村党的基层组织干部队伍年龄老化、能力素质弱化等问题,又能拓宽退役士官的安置渠道,激发青年参军入伍的热情。

二、采取超常规的军人退役安置措施

到2017年年底军队要完成30万员额的裁军任务,时间紧任务重,要采取超常规的措施,确保退役安置质量不下降,确保国防和军队改革的顺利进行。

一是制定出台一些在军队调整改革期间特殊性和暂时性的军人退役安置政策。对军队调整改革期间军人退役安置工作的基本原则、指导思想、组织领导和标准要求等方面进行具体明确,提出刚性要求,为军队调整改革时期军人退役安置提供政策依据和法规保障。

二是不断完善军人退役安置途径。要继续坚持长期以来形成的科学合理的安置办法,同时着眼公开、公平、公正,不断对计划分配中的安置地点、工作分配与就业、相关待遇、培训及其他保障进行调整完善;调整完善自主择业政策以及提前退休政策，为转业干部提供较好的生活基础和稳定的收入来源，同时也能缓解地方政府的安置压力，形成多样化的退役安置途径。

三是合理增加军转干部编制。由于裁军30万，转业人员基数较大，地方政府的转业军人安置压力更大。因此，国家和地方政府应当按照军队转业干部安置计划具体情况适当增加行政编制，下达的机关、团体、事业单位年度人员增加计划应当首先用于安置军队转业干部，对于编制满员的事业单位接收安置军队转业干部应给予政策关照，按照实际接收人数相应增加其编制和人员工资总额。

四是出台一些优惠政策。可以通过在中小城市、大城市非主城区、乡镇街道以及企事业单位等拿出实职领导岗位，对德才优秀和因工作需要的可以提职使用，通过制定优惠措施，吸引和鼓励转业干部到基层一线和企事业单位工作。引导鼓励干部选择自主择业，可参照2004—2006年军队体制编制调整改革期间的做法，降低选择自主择业安置条件门槛，把选择自主择业安置方式的军龄条件降为18年，可以使更多有创业意愿的转业干部选择自主择业，减轻计划分配安置压力。以军队文职人员改革为突破口，拓展文职人员的服务领域，探索现役军人和军队文职人员的相互任职交流渠道，以优惠的政策引导现役干部本人自愿申请改选军队文职人员。

三、加强军人退役安置的"供给侧改革"

习近平总书记2015年11月10日在中央财经领导小组会议上强调，在适度扩大总需求的同时，着力加强供给侧结构性改革。"供给侧改革"成为当前的高频词汇。就军人退役安置而言，在退役军人计划安置普遍面临安置难，转业数量的供给大于愿意接收单位需求，以及退役军人自主就业创业难，就业市场受经济下行影响呈现人力资源供大于求的情况下，加强军人退役安置的"供给侧改革"，以退役军人的有效供给为突破口，通过改善退役军人人力资源供给体系，来满足用人单位和市场主体对退役军人人力资源的现实需求，推动军人退役安置工作的可持续发展。

加强军人退役安置的"供给侧改革"，主要以教育培训作为实现军人退役安置“供需平衡”的突破口，通过教育培训对退役军人人力资源进行结构性调整。

一是完善退役军人教育培训体系。将退役军人职业教育培训纳入国家职业教育发展规划的大局中，建立中央政府主导、地方政府配合、社会力量监督和支持的退役军人职业教育培训体系。适当延伸退役军人职业培训时间跨度，将退役军人教育培训适当“前移”和“后移”。“前移”就是在军队各单位中召集拟退役军人在正式退役前开展再就业培训，打造军地职业培训无缝衔接；“后移”就是单位先接收安置，定岗定位并工作磨合一段时间后，根据人员适岗情况和培训需求，开展教育培训，从而提高培训的针对性和有效性。聚焦经济结构调整转型，聚焦“大众创新、万众创新”的时代背景，引入社会教育培训资源，满足退役军人个性化培训需求，帮助退役军人积累适应市场经济的能力素质，促使其更好地融入社会。

二是强化退役军人职业教育培训质量监督。尽管退役军人职业教育培训开展多年，取得了较好的培训效果和较大的培训成就，但是还存在培训种类单一、培训质量不高、市场和退役军人认可度低的不利情况，存在培训需求调查不到位、后期跟踪服务不足、培训与安置分离以及重安置、轻培训等问题。因此，军队和地方政府要强化退役军人职业教育培训质量监督，开展退役军人职业培训质量监控评估和考核，提高退役军人职业培训质量效益，以打通退役军人教育培训供需壁垒，促进军人退役安置教育培训的供需平衡。

三是加大教育培训经费的投入。军人退役安置是国防和军队建设的重要组成部分，教育培训是军人退役安置服务保障的重要内容。因此，中央财政应进一步加大经费投入，提高培训费标准，同时，要确定军队和各级地方政府在退役军人职业培训经费投入中的比例与责任。国家要对教育培训经费的使用与管理制定相关法律法规，将教育培训经费的拨付与教育培训工作挂钩，以充分提高教育培训经费使用效率。

四、尽快完善相关的法律法规体系

军人退役安置面临着全面深化改革的新形势，要按照强军目标的新要求，推进相关政策法规的创新，为促进军队和国防建设、为安置和使用好退役军人提供更可靠更有效的法律保障。

一是修改完善《中华人民共和国现役军官法》。十二届全国人大四次会议上，张德江委员长向大会所作报告中明确提出要修改《现役军官法》。修改《现役军官法》，既是推进军官职业化改革的根本要求，也是保障军官权利的迫切需要。现行的《现役军官法》对军官的权利和义务没有做出明确规定，军官在服役、培训、考评、任用、交流、退役等整个服役过程中，自身权益得不到保障的现象时有发生。如在军官退役安置过程中，军官转业"降职"安置，没能享有应有的"优先""优惠""优待"等。因此，修改完善《现役军官法》，确保军官在服役、培训、晋升、待遇、安置等方面所享有的各种权利，同时也要明确军官管理部门（或负责人）无视军官权益、违反法律规范应承担的责任，确保退役军官得到妥善安置。

二是制定《中华人民共和国退役军人安置法》。制定《中华人民共和国退役军人安置法》，推进退役军人安置工作科学化、规范化、法制化，保证退役军人得到合理安置，最大限度保障军人正当权益，是党、国家和军队的一项重要任务，事关"四个全面"战略布局稳步实现，事关国防和军队改革顺利推进，事关军心士气和部队战斗力建设。制定《中华人民共和国退役军人安置法》应以《中华人民共和国宪法》所规定的军人权利、义务和责任为依据，从以下三个方面对退役军人安置做出规定：首先要明确退役军人安置的基本原则；其次要明确退役军人安置的办法，对安置方式、安置渠道、接收单位的义务责任做出明确规定，对教育培训、住房保障、医疗保障等安置权利的保护列出清单；最后要明确退役军人安置的责任主体，规定各级政府是退役军人安置的责任主体，由国务院设立退役军人管理保障部门，对退役军人管理保障工作进行组织领导，或国防部设立专门机构负责军人退役前的指导、咨询和军地有关方面的协调工作等。

三是修改完善军人社会保障的相关法律法规。2012 年 7 月 1 日施行的《中华人民共和国军人保险法》，以法律形式明确和规范军人保险，对于减轻军人后顾之忧，激励官兵履职尽责，具有十分重要的意义。然而面对日益严峻的退役军人安置形势，基于当前国家社会保障制度的深化改革的实际，应当以市场化为方向，进一步拓展军人社会保障的范围、领域、时效，建立起与国家社会保障体系相适应、与退役军人安置政策衔接的军人社会保障法律体系。第一，完善军人保险制度。现行军队保险制度主要由军人伤亡保险、军人退役养老保险、军人退役医疗保险、随军未就业的军人配偶保险等制度组成，基本覆盖现役军人保险权益的各主要方面。但由于军人职业的特殊性，现行保险制度并不能全面保障军人的保险权益，尤其是缺乏对退役军人的保障。可以依据国务院、中央军委印发的《关于推进商业保险服务军队建设的指导意见》，研究探索让商业保险有计划地参与退役军人有关保险保障的途径，有效解决退役军人退役后有关养老、医疗、失业等问题。第二，健全退役军人社会救助制度。退役军人社会救助制度主要针对家庭临时出现重大困难以及住房困难的退役军人，特别是一些退役士兵。政府部门应当将退役士兵纳入社会救助体系中，为他们发放困难救济金，提供医疗保健、住房贷款、子女教育等方面的救助，以体现党和政府对退役士兵的关爱和重视。对于住房困难的退役士兵可以统筹考虑纳入廉租房或者经济适用房的范畴。第三，完善退役军人住房保障制度。尽管军队也出台了住房补贴制度和住房公积金制度，但其保障对象只包括军官、文职干部和士官，不包括义务兵和供给制学员，因此，国家还可以出台进一步的优惠政策，如对退役军人购买住房提供优惠低息贷款，并减免部分购房税收和费用，对退役军人自建住房提供减免土地使用税等各种税收和费用，建造一些退役军人能够承受的经济适用房等。

6.3 军人家庭困难救助制度的构建与完善

社会救助是国家和其他社会主体对遭受自然灾害、失去劳动能力或者其他低收入公民给予物质帮助或精神救助，以维持其基本生活需要，保障其最低生活水平的各种措施。党的十八大报告明确要求“完善社会救助体系”。军人职业具有高风险、高付出等劳动特点，军人家庭尤其是困难军人家庭需要得到更多的保护，但现行救助制度仍存在一定的矛盾和问题，亟须建立一套完善的救助机制，使救助困难军人家庭工作常态化、规范化，真正成为救急、解困、暖心工程，确保有效解决军人的后顾之忧。

6.3.1 国家社会救助制度的发展与完善

社会救助从计划经济时期面向特殊群体的“剩余模式”发展到覆盖全体社会成员的权利保障制度，救助理念发生了转变，制度体系不断发展完善，有效保障了部分公民的基本生活。

一、社会救助理念不断转变

经过多年的改革与发展，中国社会救助制度在不断完善的同时，救助理念和价值观念发生了重大变化，从面对特殊群体的恩赐性、强调生存救助的效率观逐渐向面向全体居民的以人为本、强调权利的公平观转变。

长期以来，在我国社会救助制度设计和实施过程中，“恩赐”观念影响深远。随着民主法制的发展，贫困人口的社会救助权利日益引起社会的关注，而社会救助对象的民主和法治意识普遍加强，其维护自身合法权益的意识也在增强。中国的社会救助逐渐由“恩赐”理念转向对贫困人口的权利保障，这不仅体现在《中华人民共和国宪法》（第45条）、《城市居民最低生活保障条例》等法律法规中，还体现在具体制度中。最低生活保障制度的建立，从基本生存权出发给予了贫困人口基本的权利保障，获得社会救助已经成为每个公民应得的权利，政府有责任更有义务为贫困人群设立制度保障。

二、社会救助制度体系不断完善

目前，我国的社会救助制度以最低生活保障、农村五保供养为主，辅之以医疗、教育、住房等专项救助制度。这些制度都强调以户籍、收入和财产作为资格条件。收入超出低保标准，但因疾病、年老、残疾、教育等刚性支出较大造成实际生活非常困难的低收入家庭，户籍不在本地导致无法申请低保等社会救助的家庭，当遭遇急难事件，生活陷入困境时，缺乏相应的救助制度。2015 年国务院发布了《关于全面建立临时救助制度的通知》，就是为了填补这一空白，补“短板”、扫“盲区”，进一步健全社会救助体系，使这些困难群众能够得到及时救助。

三、社会救助法治建设不断加强

社会救助关乎城乡居民特别是低收入群体的基本生活保障，提供的是能够免除生存危机的安全预期，体现的是政府责任，维护的是社会公正，具有很强的政策性，迫切需要运行在法制化的轨道上。

在各项社会救助制度还需要进一步深化改革才能逐渐走向成熟、定型，而国家立法机关又无法在短期内制定一部专门的社会救助法律的背景下，2014 年 2 月，国务院颁布《社会救助暂行办法》，并于 5 月 1 日起施行。该《办法》第一次以行政法规的形式综合构建了社会救助体系，明确社会救助主要包括最低生活保障、特困人员供养、受灾人员救助、医疗救助、教育救助、住房救助、就业救助、临时救助八项制度以及社会力量参与，成为社会救助事业发展的重要里程碑，表明了我国社会救助制度体系基本建立，社会救助制度法制化在探索中前行。

四、社会救助托底作用成效显著

随着社会救助体系不断完善，社会救助托底保障功能发挥显著成效。城乡低保“底线保障”作用显著。一是城乡低保对象从制度建立之初的 256.9 万人增加到最高 2346 万人，目前稳定在 1800 多万人。农村低保救助对象从 3556 万人增加到 5209 万人。各级财政支出的城乡低保资金从 15.4 亿元增加到 2014 年的 1538.6 亿元。二是灾害应急救助高效有序。不断出台灾害救助规范性文件，推动灾害救助工作向精细化、规范化迈进。三是专项救助保障有力。医疗救助实现城乡统筹，救助水平逐步提高。教育、住房、就业等专项救助得到快速发展。全面建立实施临时救助制度，对遭遇突发事件、意外伤害、重大疾病等造成生活困难的人员给予应急性、过渡性救助。

五、社会救助事业发展不断向前

党的十八大以来，党中央提出了“守住底线、突出重点、完善制度、引导舆论”的民生保障工作思路，为我国经济社会发展指明了新方向，也对我国社会救助事业发展提出了新要求。基于此，2015 年政府工作报告对社会救助提出了四方面要求：一是加大重特大疾病医疗救助；二是全面实施临时救助制度；三是继续提高城乡低保水平；四是对居住特别困难的家庭给予住房救助。社会救助必须主动适应经济社会发展的新常态，不断提高政策的针对性、精准性和时效性，发挥社会救助制度效益，切实保障困难群众的基本生活，维护社会和谐稳定。

6.3.2 当前军人家庭困难救助的主要做法及不足

着眼于解决军人家庭困难问题，党中央、中央军委、各级部队和地方政府作为责任主体，均采取了一系列的措施，效果比较明显，但也存在一些亟待解决的问题。

一、当前导致军人困难家庭救助增多的因素

导致军人家庭困难增多的原因很多，突出表现为以下几个方面：

一是自然灾害频发，家庭受灾比例不断增大。近年来，我国自然灾害频发，从汶川地震到玉树地震，很多官兵幸福美满的家园骤然满目疮痍；从雨雪冰冻到干旱洪涝，使很多官兵家庭遭受了严重损失，导致生活艰难。据调查统计，某军分区在汶川地震有 12 名官兵家庭受灾，直接经济损失达 41 万元；雨雪冰冻自然灾害使 7 名官兵家庭受灾，直接经济损失达 5 万元；近期洪涝使 6 名官兵家庭受灾，直接经济损失达 3 万元。联系全军实际看，家庭受灾官兵的数量和经济损失数目不可小视。“旧伤未愈，又见新伤。”对于这部分受灾官兵家庭，国家和地方虽然都给予了一定的补偿，但生活困难的问题短时期内无法得到很好解决。

二是家庭突发变故，官兵生活压力骤然增大。家庭突发变故的特困官兵家庭主要表现为：官兵亲属突发急、重病等需要救治，被动欠债数目较大；官兵亲属突发伤亡事故，救治费用或伤亡前家庭欠债数额较大；官兵亲属患疑难病，常年四处求医、医疗体检、打针吃药，日积月累欠债数额增大；等等。对家庭突发变故的官兵来说，他们不仅承受着失去亲人的痛苦、救治无望的困扰、入不敷出的忧虑，还承受着偿还数额较大欠债举目无助的心理压力和维持后续生活举步维艰的生活压力。

三是突发重病救治,单位承受能力相对受限。受客观因素制约和医疗条件限制,有时官兵突发急重病在军队医疗机构无法保障的情况下需要到地方医院救治。如某边防团最远的执勤点距团卫生队为 301.5 公里,路况好的情况下大约需要 5 个小时才能到达。还有某团一名干部患颈内动脉后段动脉瘤及脑积水在工作时突然晕倒,急送驻地医疗条件最好的县医院紧急抢救后,经了解东北仅一家省会医院能做此手术,便于当日火速送往救治。此后两个月一直在重症监护室救治,仅医疗费就近 40 万元,官兵捐款 60438 元,其余由师团两级承担。时间就是生命,为了使官兵得到及时救治,各级都会不遗余力就近选择条件最好的医院救治,但还有很多官兵需要给予救助,单位的承受能力毕竟有限。

四是独生子女增多,承担义务责任随之增多。据我们对边防某团调查统计,独生子女已占到官兵总人数的 30%。随着计划生育政策的实施,独生子女逐步成为官兵的主体。特殊的身份使他们承接着特殊的义务、承担着特殊的责任、承受着特殊的压力。他们有的家庭遭受自然灾害,有的子女常年患病,有的亲属不幸伤亡,有的是单收入家庭生活拮据,有的靠一个人的工资赡养着“四个老人”、养活着“三个家庭”。特别是基层独生子女官兵,他们多数正处于事业和家庭的双重“爬坡期”,工作任务重,身心压力大,生活困难多,需要持续给予关心和帮助。

二、当前对军人困难家庭救助的主要做法

当前对军人困难家庭救助的主要做法有以下几种:

一是建立了“失独”家庭帮扶救助机制。2008 年四川汶川特大地震灾害后,国家建立了计划生育家庭特别扶助制度,军队也向汶川地震中遇难军队独生子女家庭发放了特别救助金。2009 年,军队先后颁布下发了《关于对四川汶川特大地震灾害中遇难和伤残的军队独生子女家庭实施特别救助的通知》《军队独生子女家庭特别扶助办法》等文件,这充分体现了军委和总部对军队“失独”家庭的关怀和慰问。

二是设立了“特殊困难”专项救助金制度。为切实帮助因患危重病、子女教育负担过重、自然灾害或其他突发性、不可抗拒因素造成的生活暂

时困难的家庭渡过难关，一些单位建立了特殊困难专项救助金制度。特殊困难专项救助资金由总部统筹安排，参照人员编制情况，于每年年初划拨给各团以上单位，并由团以上单位专户专账，实行集中统一管理。为减轻该经费来源的压力，必要时各单位也预留了一定额度的经费，与上级所划拨的专项困难救助经费一并管理使用，以便集聚财力，增强救助实力。凡本单位当年救助金有剩余的，并入下年度使用。各单位将按照困难等级，发放救助金，标准在5000元以上，5万元以下，由领导小组研究后视情况发放。

三是采取了"军地联合"扶贫济困制度。随着经济建设的飞速发展，国家在保障军队复退人员、伤病残人员安置、就业和基本生活保障等方面逐步建立了相对完善、健全的政策、制度和规定，特别是对老红军、老战士、战斗英雄、典型模范给予了重点关注，解决了不少现实问题。但一些战斗英雄、典型模范因病致贫等问题也仍然存在。一些部门通过采取军地联合，以地方为主的方式，对虽已按政策享受国家、军队安置和相关补助、补偿，但后因伤病、自然灾害、各类事故等丧失基本生活能力，失去基本生活条件的老红军、老战士、战斗英雄、典型模范应给予伤病救助，进行适当经济帮扶，对因各种原因流离失所的，尽可能集中供养，以体现党和政府、人民对英雄、对历史的尊重与负责。

三、当前军队困难家庭救助制度存在的不足

一是全军统一制定了家庭困难干部救济制度，但执行落实不够到位。现行的救济费制度框架是1986年调整形成的，具体标准2008年7月有所调整提高。根据现行办法，救济费主要用于对军人家庭生活困难补助、遗属临时困难补助及伤病人员的保健补助，强调以困难多的多补助、困难少的少补助、无困难的不补助的原则实施。总的来说，该项经费对于缓解军人家庭困难起到了一定的积极作用，但仍然存在经费标准偏低、使用效果有待提高的问题。有的单位在开展救助工作中，缺乏调查了解，没有考虑到官兵家庭的经济基础状况或遭遇突发事件、遭受灾害等实际情况，救助帮扶工作的针对性不强。此外，在实际工作中，有的单位"老好人"思想作怪，救助帮扶没有明确的标准，导致有限的救助经费平均分配到"众

人”手里,对那些家庭真正困难的官兵而言如同杯水车薪,效果不明显。

二是一些部队开展了自筹资金补助困难家庭,但单位之间不够统一。近年来,各级党委对救助帮扶家庭困难官兵主动作为、舍得投入,官兵本人及家庭都深切感受到了组织的温暖。有的单位党委动用家底经费,用于提高救济费补助,解决困难家庭的一些特殊问题。有的单位针对一些患重大疾病家庭等,采取特事特办的方式,以专项经费解决军人家庭困难。但是,总的来说,师以下部队尤其是作战部队,由于家底经费有限,在自筹资金补助困难家庭方面往往力不从心,很多单位还是以争取上级解决为主要路子,一定程度上制约了救助功能的有效发挥,出现救助不及时、救济标准低等问题。

第一,救助时间比较固定,“远水救不了近渴”。各单位对遭受严重自然灾害、家庭重要成员患危重疾病军人家庭的救助,一般安排在春节前进行,而官兵家庭面对忽发性、急迫性自然灾害、疾病时,需要的是“雪中送炭”般的救助。

第二,救助重点不突出,“好钢没用在刀刃上”。救助可一定程度缓解特困官兵的燃眉之急,但在特殊之年,涉灾面大、救助面宽的情况下,如果采取普施恩惠,“天女散花”的方式,把有限的经费分摊给救助对象,很难达到救助效果。

第三,救助经费有限,“心有余而力不足”。经了解,军队单位用于特困军人家庭救助的经费主要来源于福利费。师团单位经费相对紧张,有限的福利费尚需用于其他方面的福利事业开支,自身的“造血功能”不强,因此用于救助的经费极其有限,对遭受大病大灾官兵家庭而言,无异于杯水车薪,救助经费不足与特困官兵家庭对组织期望值增高的矛盾比较突出。

三是部分省市建立了困难军人家庭救助机制,但地区之间不够平衡。近年来,为解除困难军人后顾之忧,更好地支持国防建设,地方各级政府相继探索了困难军人家庭救助办法,依托逐步建立健全的社会保障机制,按照军人军属优先、分类救助的原则,建立起综合配套的困难军人家庭救助工作机制。比如,山东省出台了《关于建立困难军人家庭救助机制的意见》，要求各地以解决军人最关心、最直接、最现实的家庭困难为重点，建立健全生活困难、医疗、就业、教育、司法、社会救助6种形式的困难军人家庭救助机制。但是，必须看到，地方政府和社会对困难军人家庭实施救助，尚不够普遍，且做法不一，受到思想观念、财政支撑能力等因素影响，有的省市在这方面还没有配套的政策措施，尤其是困难军人家庭参加社会保障体系中的救济机制还缺乏制度保障。2012年，某部队组织360名官兵进行了问卷调查，83%的家庭困难官兵反映除收到部队一定金额的经济救助外，家庭没有收到来自地方政府或其他福利机构的任何救助。

6.3.3 完善军人家庭困难救助制度的对策建议

作为整个社会救助体系的一部分，军人家庭困难救助制度建设，必须以党中央、国家政策为依据，充分考虑军人职业特点，着力在功能定位、主体划分、项目构成、经费管理等方面下工夫、用实劲。

一、科学定位功能，由救济型向救助型转变

有学者指出，救助的最高境界是保证被救济者的尊严。部队长期沿用“救济”两字，并且为了提高救济工作的公开透明性，要求对救济费的分配对象进行公示。这种做法，虽有其合理性，但由于基本的定位在于救济，本身救济资金不多，却将军人家庭困难公之于众，在一定程度上使得受救济对象虽得到经济支持，却有了更大的精神压力。此外，按照国家社会保障体系中对救济的定位，实际是维持最低生活水平的一种保障，这种定位对提高困难军人家庭的救助水平显然不利。因此，应在功能定位、名称使用上采用“救助”而不是“救济”。

二、合理划分责任，由单主体向多主体转变

新的历史时期，我国军人社会保障已逐步由“国家—军队”保障体制向“国家—军队—社会保障”体制转变，参考这种做法，考虑到救助家庭困难官兵是一项温暖人心、促进部队凝聚力、战斗力提高的基础工程，为提升救助体系的保障能力和水平，有必要将当前主要由全军统一的救济费保障模式调整为军队、单位、地方政府、社会团体、个人等多主体的保障模式，并以法规制度的形式，明确各主体的保障责任。一方面，从总部到师团各级对救助帮扶经费的筹集都有责任和义务，应该根据各级的党委机动经费、救济费等实际状况合理分摊。比如，总部 50%，军区军兵种 20%，军级 15%，师级 10%，团级 5%。基本原则是：在不影响本单位建设的情况下，争取多筹集，筹集方式主要包括上级下拨、单位内部筹集、官兵捐赠、社会捐赠等形式。另一方面，要充分挖掘地方福利资源，主动加强与地方相关部门的沟通协调，既要对部队遗留的伤病残人员及时交由地方管理，减轻部队经济负担；又要积极指导困难官兵家庭做好对社会福利基金、慈善事业经费等地方福利经费的申领工作，充分利用、挖掘社会福利资源，对生活困难的官兵家庭进行及时救助。

三、拓宽救助项目，由单一型向综合型转变

参考山东省构建的困难军人家庭救助机制，应在生活困难救助之外，适当拓宽救助项目，对医疗、就业、教育、司法等方方面面实施救助。一是子女教育救助。在国家现行政策范围内，当前总部应按照《中华人民共和国现役军官法》的规定，确立“坚持与国家教育制度改革相协调，建立充分体现军事职业和军事劳动特点的干部子女教育制度”。当前，最需要解决的是要协调国家教育行政部门系统制定军队干部子女入学优待政策，让军队干部子女有权挑选教育质量较高的中小学就读，免收择校费和借读费。建议继续开办军队干部子女班，录取名额重点向作战部队和边远艰苦地区部队子女倾斜。二是家属就业救助。应进一步调整完善军队干部、士官随军家属就业和社会保障办法，以法律形式明确属于公务员和事业单位编制的随军家属，加大政府指令性安置力度；对无工作的随军家属，采取“岗位与货币”相结合的办法实施安置。同时，军队和地方政府要形成合力，每年组织随军家属再就业培训，提高安置就业的数量和质量。

四、规范经费使用，由“撒面式”向“拳头式”转变

部分单位将救助经费全额下拨所有单位，甚至轮流发给个人的“撒胡椒面”做法，存在救助面过宽、经费分配过散、救助经费得不到有效利用等弊端，应依据福利补助费使用原则，参照地方部分省市救济办法，制定有关规定，对困难军人家庭的救助范围、条件、救助标准、救助程序进行明确公示。

一是适当提高救助费管理权限。为了充分发挥救助整体效益,建议将干部福利补助费集中于军级单位,一年两次,专项用于生活困难的军人家庭和牺牲病故军人遗属的一次性救助。同时,要规范工作程序,完善因伤病、灾害和军队人员死亡申请救助的有关证明材料,使之操作性更强、透明度更大,充分体现救助的公正公平。同时,各职能部门要加强协调沟通,科学组织,确保救助款按时足额发放到位。对不属于经费发放范围的困难军队人员,由所在单位自筹经费实施救助。

二要建立救助回访机制。建立救助家庭困难官兵动态信息库,跟踪掌握救助对象的准确资料,登记救助经费发放情况;组织专人定期对救助对象进行回访,做好回访记录,摸清救助后官兵的家庭生活情况和救助经费的使用情况。

三要严格奖惩机制。对开展救助帮扶工作得力、官兵家庭受益效果显著的单位和个人及时给予相应奖励;对因监督管理不力、检查指导不到位等原因,造成官兵利益受损,引发不良后果的单位和个人按照纪律条令的相关规定从严从重给予相应处罚。

7

延迟退休年龄问题研究*

林毓铭

* 本研究获得教育部重点研究基地重大课题《社会保障基金与偿付能力管理研究》(项目批准号:16JJD840011)资助。

人人享有社会保障成为党和政府对人民庄严的政治承诺，目前城市职工养老保险制度、城乡居民基本养老保险制度均实现了制度内全覆盖，织就了全世界最大的养老保险网，许多地区在实施城镇职工养老保险制度与城乡居民养老保险制度进一步整合并轨的基础上，加快制度整合统一的改革。中央政府也正在有计划地推行行政事业单位养老保险制度改革。延迟退休年龄是养老保险改革的关键环节，也是各种社会矛盾聚合交叉的焦点，社会舆论错综复杂。

7.1 养老风险状态下延迟退休年龄改革成为重要的政策选项

7.1.1 养老保险风险正逐步显现

不可否认的是，养老保险面临着人口老龄化与高龄化、经济不景气和通货膨胀、养老基金严重缩水、个人账户巨额“空账”运行、近半数省份养老金入不敷出、企业退休职工养老金待遇连年调高仍民怨较大、农民工养老保险统筹账户产权归属争议、企业年金演化成为富人俱乐部、部分地方政府债务沉重难以承担社保之责等多项难题，尤其是养老金缺口问题引发社会普遍的担忧。问题的日积月累迫使有关部门多次试探性提出延迟退休年龄的政策构想，但遭到体制内参保人的强烈反对，国际社会普遍性的延迟退休年龄改革在中国遭遇诟病。

大多数国家延迟退休年龄的改革早已施行，中国老龄化速度大大快于世界上许多国家，实施这一改革从理论上与实践上都是大概率事件。因此，必须辅之于延迟退休年龄改革的风险管理矩阵，运用公共危机管理理论与方法，对延迟退休年龄改革进行积极的风险防范、管理与控制，做出不同阶段的应对策略，这无论是从完善养老保险公共危机管理理论还是从根本上减少或防止延迟退休年龄的实质性风险，均有重大的研究意义与实践价值。

人口老龄化会对养老保险的可持续发展产生直接影响，而养老保险制度设计又不可避免地与消费、储蓄、劳动力供求关系、工资增长等要素发生关联，加之全世界人均寿命大大延长和经济增长乏力的影响，这些错综复杂因素导致了全球延迟退休年龄成为一个常态。中国延迟退休的计划应该设计得更为缜密，才能避免欧洲国家那样大量非理性抗争引发的社会动荡。通过宣传与政策引导，有助于提高公众对国家养老保险实际情况的了解，扩大社会对延迟退休年龄改革的共识，对一旦推行这一改革所遇到的具体问题，政府也应更有能力予以化解，出台更有效的应对措施。

延迟退休年龄改革是中国当前不得不面对的重大课题，已有的研究对养老保险的系统性风险研究还不够，尤其是中国延迟退休年龄与现行养老保险制度的关联性风险研究还有待深入。建立全国统筹而且城乡平等的养老保险制度，考验着决策者的智慧和勇气。2020 年我国要实现社会保障全民覆盖，道路还十分曲折和艰辛，充满了政治风险、经济风险、社会风险和人口老龄化风险，养老保险制度全覆盖，事实上在前进道路上还存在多种挑战和意想不到的困难，政府要制定延迟退休年龄的应急预案，要对预想的应急响应情景设计做出行动安排，做好顶层设计，维系养老保险制度的可持续发展。

如果剔除财政补贴，全国近半数省份基本养老保险基金收不抵支，一些地区已要求从 16 岁开始征缴养老保险费被指变相延迟退休年龄，也有一些地区已开始从银行贷款支付城乡居民养老保险，基金支付出现了青黄不接的问题，这些都是地方政府社保债务危机的信号。中国财政部数据显示，2015 年全国社会养老保险基金“亏空”3115.33 亿元，比 2014 年 1563 亿元的“亏空”增加了近一倍，2012 年，全国养老保险基金还盈余 1079 亿元。①

① 池远行、赫海娜：《社保费率全球第一　真减一半咋办》，http://news.sina.com.cn/c/zg/2016-02-29/doc-ifxpvysx1766709.shtml。

延迟退休年龄已成为世界趋势，在不少国家曾一度引发了严重的社会骚乱。人社部早在2012年7月25日召开的新闻发布会上表示：中国延迟退休年龄将借鉴国外经验，拟对不同群体采取差别措施，并以“小步慢走”的方式实施。本文将在中国人口老龄化等复杂情景下，对延迟退休年龄的综合风险进行研判，包括制度风险分析、赡养率风险分析、经济风险分析、政治风险分析、财政风险分析、信任风险分析，进行情景模拟和数据仿真。

7.1.2　养老保险改革直接产生对延迟退休年龄的政策需求

一、养老保险广覆盖事实上潜伏着未来养老金支付风险与信任危机

模型分析表明，在2045年左右中国人口老龄化达到最高峰期之前，扩大社保覆盖面与人口预期寿命延长、慢性病患者剧增与疾病谱系的变化及2015年左右人口红利期的结束，会对中国的养老、医疗、就业带来一定的社会风险与财政风险。现在全国建立了城镇职工养老保险制度，城乡居民并轨的养老保险制度，外来务工人员更多地被纳入城镇职工养老保险制度，养老保险广覆盖作为政治任务在全国执行。但是养老保险广覆盖的动态发展指标具有较多的不确定性：一是全民养老保险制度的外延和内涵如何进一步延伸，事实上多年来高缴费率致使很多困难中小企业已难以承受缴费之重，虽然近年来养老保险缴费率有所降低，但降低幅度非常有限；二是在广覆盖的背景下，城乡养老保险待遇差别过大，企业退休人员与行政事业单位退休人员差别过大，双轨制变成多轨制，广覆盖质量不高甚至存在穷覆盖现象，农村目前主要还是靠家庭和土地养老，由于城乡居民社会保障收入差距较大，社会保障在一定程度上对城乡收入差距产生了“逆调节”作用。

人口老龄化有多个分类标准，不论采用哪一个标准，我国现时的人口老龄化还不算太严重。不久的将来，现时养老保险广覆盖的相对轻度老龄化的人口结构会过渡到更深度老龄化的人口结构，可能会引发退休金支付危机，刺激延迟退休年龄的改革。城镇居民养老保险和城镇居

民医疗保险，已出现了覆盖面越大、亏损越大的问题，加之扩大报销比例的制度刚性，加大了地方财政和中央财政的补亏压力。如果待遇公平问题不解决，通货膨胀影响养老金的支付能力，延迟退休年龄改革更难以服众。

二、养老金缺口引发中央和地方财政补贴刚性增长

理论界历来存在中外养老保险缴费年限差距之争，我国缴费 15 年以上就可以终身领取养老金，显然会造成极大的经济计算误差，执行过程中仅有新人事实上的缴费年限与工作年限保持基本一致。此外中国企业长期存在大量的“内退”现象，也导致养老保险缴费减少、养老基金发放压力加大的双重矛盾。同时外来务工人员缴费不稳定和“断保”现象突出，城镇职工也因企业经营困难无法缴费断保现象突出（以山东省济宁市为例，如表 7-1），加之中人、老人、新人缴费与待遇计发公式的不一致与公平性质疑，影响养老保险制度自身的平衡。这些因素共同导致了一些地区出现养老金支付缺口。

表 7-1　山东省济宁市企业职工基本养老保险断保状况

2014 年 8 月底按年龄分类的断保率		
年龄	**人数（人）**	**断保率（%）**
35 周岁以下	49386	48.50
35—46 周岁	28287	27.81
46 周岁以上	24127	23.69
断保持续时间		
中断时间	**中断人数（人）**	**中断百分比（%）**
中断 1—2 年	36465	35.81
2—5 年	25906	25.44
6—8 年	22195	21.80
9—10 年	11203	11.00
10 年以上	6056	5.95

资料来源：根据宋玉虎《我市企业职工基本养老保险断保问题研究》整理。

2014年中央与地方政府对全国养老金的财政补贴已达到3548亿元,中央与地方财政对养老保险的补贴不可能无限期扩大。制度规定缴费年满15年可终身享受养老金加之提前退休,在人口预期寿命延长的情况下,必然对养老保险制度形成支付压力,现今养老保险制度存在结构的脆弱性与管理的碎片化等问题,客观上要求将延迟退休年龄或是提高缴费率作为可考虑的政策选择。但是当前提高养老保险缴费率基本上不具备操作性。

表7-2　1998—2015年中央与地方政府对养老保险的财政补贴情况

单位:亿元

年份	财政补贴	年份	财政补贴
1998	30.0	2008	1437.0
1999	133.4	2009	1646.0
2000	38.5	2010	1954.0
2001	14.0	2011	2272.0
2002	408.2	2012	2648.0
2003	530.0	2013	3019.0
2004	614.0	2014	3548.0
2005	651.0	2015	4716.0
2006	971.0		
2007	1157.0		
		合计	25781.1

资料来源:根据人社部历年统计公报统计整理。

三、基础养老金全国统筹能否延缓出台延迟退休年龄政策的步伐

延迟退休年龄政策反对者很多,如何减少反对者,其前期措施是什么?基础养老金全国统筹与延迟退休年龄有什么理论关联或是经济学关联?或者简单说基础养老金全国统筹能否减少养老金短缺的压力?如果答案是肯定的话,延迟退休年龄政策可以适当推延,减少部分延迟退休年龄政策的反对者。

什么时候实现养老保险基础养老金全国统筹,决策部门历史上几次表态最后都无果而终,面临双轨制待遇调整、行政事业单位养老保险改革的体制性压力、养老金缺口与延迟退休年龄等难题,加上全国复杂的经济社会环境与经济发展差距,不同地区在经济水平、基本养老保险历史债务和现状等方面的巨大差距,严重制约着基本养老保险统筹层次的提高。现行的省级统筹并不是真正意义的省级统筹:一是存在统而不筹的问题,省级统筹仅仅停留在市级基金统收统支,省级调剂的层面,事实上属于分散管理的状态;二是缴费基数和缴费比例在省级范围内难以统一;三是基本养老金计发基数不统一。养老保险基础养老金全国统筹必然要推行,假想养老保险基础养老金全国统筹之后如何延迟退休年龄,调整的幅度多大?期待做一些前瞻性研究。

基础养老金是指职工退休时上年度省级统筹范围内在岗职工月平均工资与本人指数化月平均缴费工资之和的平均值,参保者未来的养老金收益一定程度上取决于个人账户积累额,个人账户做实,由"混账"管理变成了分账管理,基础养老金全国统筹就有了一定的经济基础。实现全国统筹后基本养老金计发标准由省级统筹在岗职工平均工资变为全国在岗职工平均工资后,基础养老金全国统筹要求加大收入再分配功能。

养老保险全国统筹的一大有利条件是我国至今城镇职工养老保险基金滚存积累了 4 万多亿元,发达地区最担心的是自身多年滚存积累的基金被收缴统筹,寄希望于改革之前的基金留存省级政府,改革后重新起步。如果这样,改革伊始要完善中国财政补贴制度,着手建立中央调剂金制度。通过全国基金预算管理明确中央与地方政府责任,对于预算内基金缺口,一是动用滚存积累基金,二是通过中央调剂金进行余缺调剂,三是中央财政直接补贴。第三种办法是现在常用的办法,包括部分地方财政补贴在内,如果养老保险全国统筹之后,取消这种办法,会有财政退位之嫌;第二种办法建立中央调剂金制度需要一个缓冲期,要在实行"六个统一"之后;第一种办法动用滚存积累基金,必然遭遇发达地区的抵制,殊不知,发达地区巨额的滚存积累基金其中很大一部分是由不发达地区大量劳动力流入该地区就业后积累的。如果发达省份强烈反对养老保险全国统筹,有悖于社会公理。[①]

哪一级统筹就由哪一级财政负责,这是一个基本原则。2013 年广东、江苏、浙江、山东四个发达省份未能通过养老保险省级统筹验收,个中缘由比较复杂,发达省份省级养老保险统筹不过关,全国统筹的步伐难免受到重大影响。养老保险全国统筹要面对许多现实的体制内和体制外复杂的社会经济问题,只要真正地实现了多个统一,养老保险基金调剂空间加大,强化再分配功能,延迟退休年龄改革的缓冲期可以扩大,养老基金的压力可以相对减小。

四、养老保险基金贬值与空账风险对延迟退休改革的隐性依赖将日渐凸现

养老保险基金俗称老百姓的活命钱,对于大多数国人而言,是一个基本的养老保障。有专家估计,近十年来中国社会保障基金贬值 6000 亿元人民币,如果真正做实个人账户基金,贬值的速度将更快,养老保险基金贬值实际上强化了对延迟退休年龄的隐性依赖。个人账户"空账"的形成是混账管理带来的体制性产物,2005 年养老保险新政提出要以消除个人账户空账为目标,"空账"规模反倒越来越大。据报道:2007 年年末个人账户"空账"规模突破万亿元规模,达到 10957 亿元,此后"空账"规模以年均 18.55%的速度增长,到 2014 年年末已达 35973 亿元。2016 年中国养老保险的"空账"规模大约达到 3.6 万亿元,2016 年的财政补贴额预测将超过 5000 亿元。24 个省级统筹单位当期收不抵支,最严重的辽宁省和黑龙江省缺口规模都超过 400 亿元。[②] 要填平"空账"谈何容易,即使做实"空账",作为最大机构投资者的养老基金,如果无法在资本市场有效增值,将对养老保险制度的可持续性形成现实的威胁,2015 年中国股票市场下半年的连续性暴跌、2016 年 1—2 月份的多次熔断,使养老金入市在资本市场增值面临高风险。中国资本市场长期低迷不振,严重影

① 林毓铭:《体制改革:从养老保险省级统筹到基础养老金全国统筹》,《经济学家》2013 年第 12 期,第 65—72 页。

② 《个人养老金账户空账规模近 3.6 万亿,养老保险基金收不抵支》,《北京商报》201 年 9 月 27 日。

响养老保险基金投资回报，甚至造成养老保险基金的严重贬值，银行存款为主的投资体制致使10年来养老金缩水6000多亿元人民币，形成了对延迟退休年龄的倒逼机制。重振资本市场，扩大投资渠道，大幅度提高养老保险基金的投资回报率迫在眉睫。养老保险基金投资回报率高，延迟退休年龄的改革环境将更为轻松，可以减少体制内参保人对延迟退休年龄的逆反心理。养老金不足加上增值渠道受限，依靠延迟退休年龄来缓解养老保险基金支付压力只能是一种无法规避的选择。

五、养老待遇不公加剧参保者对延迟退休年龄的抵触情绪

扩大养老保险覆盖面，会刺激参保者对养老保险的心理预期，而一旦遭遇基金支付风险或是养老保险待遇无法应对通胀威胁，就可能引发社会不稳定和不信任危机，不信任危机的上升会严重动摇人们对养老保险制度的期待。人社部多次试探性提出延迟退休年龄问题引起强烈的社会不满就是证明。不可否认，近年来对养老保险改革的负面评论越来越多，公众对养老保险制度改革的信任危机正在进一步发酵，社会舆情使政府的相关改革陷入纠结。推进行政事业单位养老保险改革，改革养老保险待遇双轨制，才可能获得公众对延迟退休年龄的理解与支持，否则这种不满情绪难以消解。

养老保险待遇不公并不一定是制度本身造成的，例如我们强调养老保险制度的多缴多得制，即DC(defined contribution)制，将不合理的工资制度带进养老保险制度，富人部分工资的非货币化反而造成了穷人累进税和富人的累退税问题的形成，国际社会公认的养老保险的两大功能即保证基本养老功能与缓解贫富差距中后者没能得到体现。我们寻求的是对延迟退休年龄的抵触情绪尽可能降低，社会情绪嬗变中的动态模型包括差分方程与微分方程，即

$$\min_{\mu_1\cdots\mu_M}\int_{t0}^{t}F(x_1,\cdots,x_N,\cdots,\mu_M,t)\,\mathrm{d}t$$

x表示养老保险改革的各种政策变量；μ表示参保人应对各种政策变量的情绪；t表示时间或情景因子。公众对养老保险改革的关注度越高，社会舆论也越是众说纷纭。延迟退休年龄改革阻力重重，根源在于

不同社会阶层的社会认同问题,养老保险体制内与体制外的人群对这一改革的态度截然相反,面对人口老龄化程度加深等复杂的社会经济状况,延迟退休年龄是难以避免的改革。舆情是政府了解民意的重要渠道,负面的舆情如果引导不善将对延迟退休年龄改革形成较大威胁。对社保及相关政府部门而言,如何加强对舆论的及时监测、有效引导,以及对舆论危机的积极化解,对维护社会稳定、促进国家发展具有重要的现实意义,将延迟退休年龄改革的制度背景、改革政策昭之于众不容忽视。

之前社会舆论最多抨击的是行政事业单位的离退休职工与企业离退休职工养老保险待遇不公的问题。政府努力增加企业离退休职工的养老保险待遇,已连续十几年,基数越做越大,但仍然难以抵御通货膨胀的冲击,民调显示对多次调整养老保险待遇的满意度仍旧偏低,主因还是行政事业单位离退休待遇与企业离退休待遇仍存在较大的差距。在痛斥养老保险双轨制的同时,社会又出现了多轨制的声音,行政事业单位离退休职工、城镇职工离退休职工养老保险待遇与城乡居民养老保险待遇相比较,形成了三重的社会分裂。待遇不公定会形成对不公平公共政策的抵触。

就2015年城乡居民养老保险而言,养老保险基金收入严重小于基金支出,全部收入中个人缴费与财政补贴之比为1∶4.08(集体经济分量可以忽略不计),参保和退休后的财政双重补贴,财政难以为继,参保人群与享受待遇人群1∶3.4,财政补贴压力逐年加大。城乡居民养老保险待遇严重偏低,是社会不稳定因素,最大的问题是,一些参保人选择每月缴10元,而当期领取养老保险的退休人每月领取110元,这种严重的收入与支出的不对称大多出于政府对社会稳定的考虑,而不是经济学中的投入产出法则,最终有可能出现待遇保障政治化的问题。

就延迟退休年龄而言,主要是针对城镇职工和行政事业单位职工而言的。在城乡居民养老保险人群中,农村居民不论年龄多大,一直是劳动者,他们没有退休年龄;而城镇居民大多为无业者,无延迟退休年龄之说,政府对他们的养老保险待遇之付出较多的是财政补贴,实属社会福利的范畴。

7.2 规避风险,延迟退休政策要知难而进

7.2.1 全国经济与社会差距过大,延迟退休将会是一个复杂的决策过程

中共十八大报告明确提出:“逐步做实养老保险个人账户,实现基础养老金全国统筹”。然而,人口老龄化与高龄化、经济指标下行、国际局势动荡、社会矛盾日益尖锐,加之中国严重的地区经济差别、人口结构差别与养老负担差别,致使养老保险基础养老金全国统筹的目标实施难度加大。而哪一级统筹需要哪一级财政负责,中央财政的压力凸显。城乡居民整体缴费标准较低的问题依然存在,而要提高城乡居民养老金待遇,就需要延长缴纳年限或提高城乡居民缴费率。延迟退休年龄并不是养老保险制度本身的原因单独所致。东部、中部与西部地区经济与社会发展差距带来一系列的养老保险发展不平衡的问题。

以广东省为例,因经济发展不平衡带来养老保险区域发展不平衡的问题仍然突出。表现为:基金未能实现省级的统一管理,缴费基数和缴费比例不统一,基本养老金计发基数不统一。广东是中国的一个缩影,在全国范围内要整齐划一地统一延迟退休年龄是一个困难的过程。要考察地区间人口老龄化、劳动人口与就业等经济与社会指标及各种外生变量对延迟退休年龄的综合影响。对经济增速下滑严重的地区,应该考虑延迟退休年龄政策的实施进度问题而不是大一统的政策。

预计中国 2017 年延迟退休年龄政策出台,5 年过渡期后 2022 年开始逐步实施。提高养老保险缴费率的空间不大,为了应对经济增长率下滑甚至各省市已经有了不同幅度的下调,如广东省将单位的缴费率统一降低为 14%,主要通过扩大覆盖面来延缓养老金支付的压力。而一些地区不得不通过银行贷款来应付养老保险问题,地方政府债务过重,对城乡

居民养老保险、医疗保险的补贴已使一些地方政府难负其责。考虑到地区间社会经济复杂外生变量的影响与养老保险制度内生变量的影响,人口老龄化社会老年人的支出将大量增加,这将对地方政府的财政状况产生巨大影响,延迟退休年龄必然是一个难以回避的政策选择。尽管目前最大的财政风险是地方政府债务,但从中长期来看,针对中国老龄化与高龄化、人口刚性增长的养老财政补贴可能进一步加大地方政府债务,全国社会经济不平衡的问题将更加突出,延迟退休年龄面临复杂的政策抉择。人社部提出未来针对不同群体采取差别措施,并以“小步慢走”的方式推进延迟退休年龄改革,具体的操作难度较大。

7.2.2　释散养老风险,建立弹性退休制度与阶梯退休制度

前全国社保基金理事会党组书记戴相龙接受新华社采访时曾表示,面对 30 多年后的人口老龄化高峰,国家管理的公共养老金收支会有较大缺口。他在建议继续通过划拨国有资产扩大全国社会保障储备基金的同时,还提出应该逐步延长退休年龄。国家统计局公布的数据显示,中国劳动年龄人口在 2012 年首次减少,表明中国已进入人口结构变化的分水岭。人社部称将研究弹性延迟退休年龄的时间表,从未来看,只要养老保险财政支持力度足够强大,延迟退休年龄改革的压力就会相对减小。中国的老年人口结构会呈阶梯性上升和阶递性下降的过程,在延迟退休改革进程中,弹性退休制度可以作为一个缓冲政策,先让一部分有意愿的个人先延迟退休,让延迟退休的概念在社会中推广,然后再全面推进渐进式延迟退休,这样可以减少改革的阻力,同时达到提高平均退休年龄的效果。

退休年龄是养老保险制度中最敏感的变量,既影响保费收入,又影响退休金支出,对于基金的收支平衡呈双向影响,延迟退休年龄有助于平衡养老金收支状况。弹性退休制是许多国家实行的一种退休制度,即政府规定一个退休年龄段区间(比如 58 岁到 65 岁),因为养老保险缴纳的时间越长,缴纳的资金越多,退休的时候领取的退休金就越高,员工可以根据自身情况在这个年龄段选择合适的时间点办理退休手续,领取养老金。例如,新加坡养老保险实施公积金制度,是否退休给了个人最大的决策

权，有的人觉得自己身体比较差，60岁之前就可以退休，有的人觉得自己身体好，可以工作到75岁甚至80岁。日本的出租车司机，大都以60岁的老年人群为主。据美国劳动部的数据，2010年31.5%的65—69岁美国人仍然在工作，这一数字在1990年是21%；而70—74岁的美国人2010年有18%在工作，比1990年提高了11个百分点。[①] 阶梯式、渐进式的延长退休年龄是国际上通行的做法，延长退休年龄不能一刀切，应该对不同人群进行区别对待政策。延长退休年龄不仅是为了实现养老金的收支平衡，而且也是为了让有余力的劳动者更好地服务于社会。从长远着想，中国的人口老龄化在未来40年将加速推进，并最终保持在高位稳态水平。受长期低生育率、不断增长的人口预期寿命以及人口年龄动态累积效应的影响，从2015年到2050年，中国的人口年龄结构将呈现出老年人口规模迅速扩大，老年人口比重持续提高以及老龄化速度远高于其他国家等显著特征。[②] 根据联合国发布的最新预测，到2050年时，中国60岁及以上老人将达36.5%，高于美国等大部分发达国家。2050年后，中国老龄化程度开始下降，可以考虑随着老龄化程度的加深而逐步渐进式提高退休年龄，随着老龄化程度的下降而渐退式逐步缩小退休年龄。[③]

7.3 逐步提高平均内退年龄其实就是延迟退休改革

原劳动和社会保障部1999年3月9日发布了《关于制止和纠正违反

① 晓诗：《美75岁以上老人130万人仍在工作》，http://news.cnr.cn/gjxw/list/201211/t20121123_511393530.shtml。

② 参见《2016—2022年中国养老产业市场运行态势及投资战略研究报告》。报告编号：422837，智研咨询集团，2016年6月。

③ 《远比楼市股市严重，这才是当前最可怕的风险》，http://house.ifeng.com/detail/2015_10_02/50572894_0.shtml。

国家规定办理企业职工提前退休有关问题的通知》(劳社部发〔1999〕8号),通知指出:国家法定的企业职工退休年龄是男工人年满60周岁,女工人年满50周岁,女干部年满55周岁。从事井下、高温、高空、特别繁重体力劳动或其他有害身体健康工作的,退休年龄男年满55周岁,女年满45周岁,因病或非因工致残,由医院证明并经劳动鉴定委员会确认完全丧失劳动能力的,退休年龄为男年满50周岁,女年满45周岁。

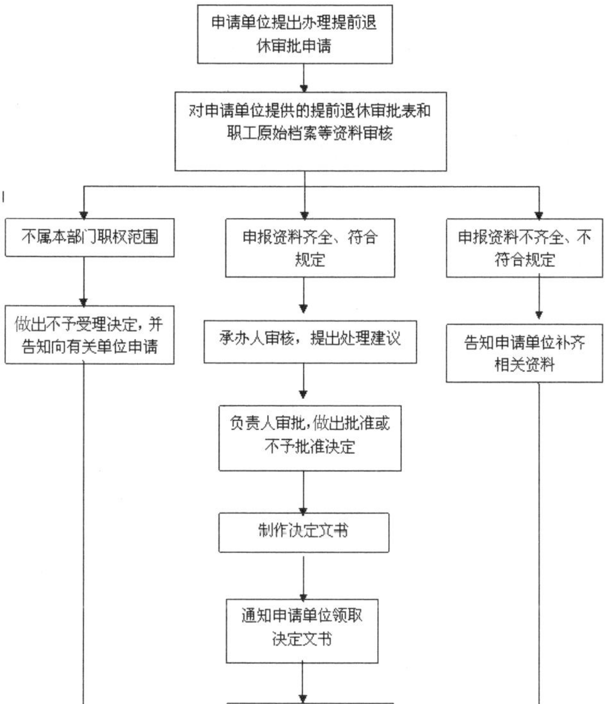

图7-1 职工提前退休审批流程图

20世纪90年代,全国平均内退年龄为54岁,这是受国有企业股份制度改革、"竞争上岗、优胜劣汰"买断工龄、停薪留职下海等改革事项引发的全国性整体性行为导致的,可能还未将"文化大革命"结束时期全国性的病退顶班引发的提前退休计算在内。在政府出台延迟退休政策已成定局的背景下，全国非正常提前退休现象增多，“人社部社会保障研究所所长金维刚近日披露，当前“未老先退”问题突出，有的地区提前退休的人员竟占到当年退休人员的 30%”①。

延迟劳动者的“法定退休年龄”是延迟退休政策的基本内容，但唯有实现劳动者“实际退休年龄”的延迟才可能真正实现退休年龄延迟政策的最终政策目标。知识青年上山下乡运动肇始于 1955 年，“文化大革命”开始 3 年后，我国启动了近十年大规模的知识青年四个面向运动，后来为了解决数千万上山下乡知识青年返城问题，我国又启动了大规模的在职职工办理病退、困退，以让其在农村、边疆下放的子女返城代替父母的工作，实际上形成了中国最大规模的内退潮。由于历史的原因，上山下乡知识青年返城导致其父母这一代人的平均提前退休年龄是多大，可能无法准确地统计。

20 世纪末国有企业开始竞争上岗、优胜劣汰的改革，直至目前，国有企业平均实际退休年龄只有 54 岁，大大低于法定退休年龄。“内部退休”是体制改革大潮的产物。国家为了照顾部分劳动者的利益，颁布了提前退休的政策，但为一己之私钻制度空子的现象屡见不鲜。很多员工早已丧失工作热情，退休金也不比工资少多少，而企业若继续雇佣高龄职工，除了要为其支付较高的社会保障费，也无法以较低的成本招募年轻有活力的员工，从而产生大量未到退休年龄就以各种理由提前退休的员工。加之相当部分企业经济效益差，无力雇佣过多职工，由此造成实际退休年龄偏低，养老金负担越来越重的问题。

国有企业股份制改革衍生了下海经商、买断工龄、下岗职工再就业服务中心、内部退养等众多的话题，限制内退政策的复杂性和模糊性很可能影响到政策的实施过程。政策之间的关联性也会使政策实施过程变得复杂。中国体制改革尤其是国有企业股份制改革、产权制度改革

① 《新京报评提前退休占 30%：部分国企退休金比收入还高》，《新京报》2017 年 5 月 30 日。

等产生了大量错综复杂的现象,制定出实施过程既清楚又明确的政策目标几乎是一件不可能的事。制定延退休政策时要考虑到微观实施过程,尽可能考虑政策实施的复杂影响。就业是民生之本也是最大的民生工程,父母哺育儿女最大的心愿就是希望子女有一份稳定的收入和工作,在全国老龄科学研究中心所做的民意调查中,老人担心子女失业问题比率之高令人惊讶,这从另一个侧面也反映了我国就业不稳定的问题。

表 7-3 老年人是否担心子女失业调查表

单位:%

		60—64 岁	65—69 岁	70—74 岁	75—79 岁	80 岁以上
合计	98.12	97.91	98.24	98.14	98.43	98.09
毫不担心	16.23	13.88	15.62	17.26	17.73	20.65
不太担心	18.40	16.70	17.37	20.66	19.74	20.05
一般	13.04	14.03	12.94	12.99	10.48	13.49
比较担心	27.98	28.32	29.50	27.66	27.99	24.53
非常担心	22.48	24.98	22.81	19.58	22.49	19.36

资料来源:全国老龄科学研究中心 2010 年中国城乡老年人口状况追踪调查数据。

1983 年,《国务院关于延长部分骨干教师、医生、科技人员退休年龄的通知》和《国务院关于高级专家离休、退休若干问题的暂行规定》、1990 年《关于高级专家退(离)休有关问题的通知》、1992 年《关于县处级女干部退(离)休年龄问题的通知》,为部分人员延迟退休提出了样板。1988 年原劳动部《关于严格掌握企业职工退休条件的通知》和 1993 年国务院颁布的《国有企业富余职工安置规定》对接近退休年龄和因年老体弱不能坚持正常生产工作的职工,企业可以实行离岗退养,离岗退养期间,按连续工龄计算,按一定比例发放工资,"提前退休"政策出台。仅 1994 年国有企业改革中实施的 3080 个政策性破产项目,就导致数千万人的下岗、失业;1997—1998 年的国企改革又造成了新一轮下岗、失业潮,就业成为了中国 21 世纪初面临的最大问题。① 1998 年《中共中央、国务院关于切实做好国有企业下岗职工基本生活保障和再就业工作的通知》(中发〔1998〕10 号)下发后,出台了确保国有企业基本生活费发放和确保离退休职工养老保险金足额定时发放的“两个确保政策”,全国实行国有企业下岗职工基本生活保障制度,国有企业普遍建立了再就业服务中心,直到 2002 年起全国相继关闭了国有企业再就业服务中心。下岗职工在国有企业再就业服务中心三年内不能正常进行失业登记,在企业内部等待再就业,国有企业虽然释放了部分就业岗位,但仍有相当部分职工不能很好地再就业,事实上属于三年内退期。

20 世纪 90 年代中后期“内部退养”政策成为经济转轨过程中,部分国有企业减员增效一个最直接的途径。“提前领取养老金”是提前退休另一主要方式。在 1998 年国有企业减员增效改革中,大批职工先“下岗”,后提前退休和领取养老金。当时,他们平均年龄只有 47 岁,这直接导致了退休年龄低龄化。据不完全统计,1998 年全国 23 个省份新增企业退休人员 13319 万人,而违反国家规定提前退休的有 2715 万人,占总人数的 18.19%。其中,以病退为由提前退休的有 1619 万人,占违规提前退休的 66.17%;以特殊工种为由提前退休的有 211 万人,占违规总数的 11.59%。②

针对体制内普通工薪阶层,近几年来官方一再宣称要延长退休年龄,反复刺激制度内参保者脆弱的神经,针对中国平均内退年龄仅有 54 岁的现实,首先必须积极采取多方面的措施切实延迟劳动者的“实际退休年龄”。延迟劳动者的“法定退休年龄”是延迟退休政策的基本内容,但唯有实现劳动者“实际退休年龄”的延迟才可能真正实现延迟退休政策的最终目标。而不是反复宣称要将中国的退休年龄延迟到 65 岁,与国际社会接轨,54 岁与 65 岁的实际差距是 11 年,阶梯性延长退休年龄就需要在 11 年上下功夫。国家应完善提前退休的具体规定,加强审批力度与监

① 胡鞍钢:《我国实际失业率应是 8%》,《中国改革》2000 年第 2 期,第 18—19 页。

② 李红岚、武玉宁:《提前退休问题研究》,《经济理论与经济管理》2000 年第 2 期,第 60—63 页。

督管理机制,对不符合条件就"内退""病退"的员工和所在企业,加强惩处力度,将提前退休与企业信用挂钩,解决实际退休年龄严重偏低的问题,而不是炒作延迟退休概念。

7.4 2012年开始劳动力逐年减少,是否就一定缺少劳动力

国家统计局公布的《2013年国民经济和社会发展统计公报》显示:2013年中国16岁到59岁劳动年龄人口9.2亿人,比2012年减少244万人;劳动年龄人口占所有人口的比重是67.6%,同比下降1.6个百分点。① 就业量有所增加,劳动力成本的上升,已经是不争的事实。国家统计局数字还显示,2014年,统计范围还是以16岁到60岁为分界线,净减371万;从2012年起,中国新增劳动力增速加速下降已不可逆转,中国劳动力总量供给和经济增长速度从双增长转向双下降,导致人力资源市场供求同时下降。2013年被称为"大学生史上最难就业年"。当年6月媒体曾报道:"由于就业压力等多重原因,人社部已经搁置延迟退休的思路,仅仅从研究着手,进行学术探讨。"2013年11月12日,中共第十八届中央委员会第三次全体会议通过《中共中央关于全面深化改革若干重大问题的决定》指出:研究制定渐进式延迟退休年龄政策。

"人口红利"是指在一个时期内生育率迅速下降,少儿与老年抚养负担均相对较轻,总人口中劳动适龄人口比重上升,从而在老年人口比例达到较高水平之前,形成一个劳动力资源相对比较丰富,对经济发展

① 参见国家统计局:《中华人民共和国2013年国民经济和社会发展统计公报》,2014年4月24日。

十分有利的黄金时期。我国整体的人口红利期结束大约在 2013 年左右,劳动力趋势性减少成为常态。人口老龄化将会造成劳动力资源严重短缺,并且加重劳动人口养老负担,通过提高退休年龄可以弥补劳动力短缺、缓解养老负担。“刘易斯拐点”的出现,往往是人口红利消失的前兆。

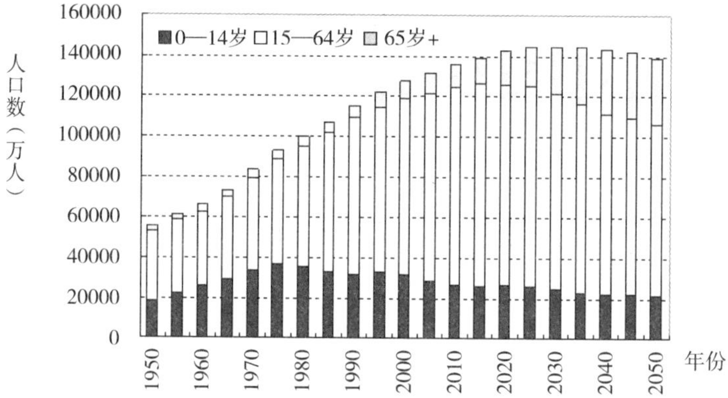

图 7-2　1950—2050 年我国人口结构变化趋势

研究发现:未来中国农村每年剩余的劳动力规模将逐年减少,到 2030 年农村总的剩余劳动力将在 1 亿—2.5 亿之间。近期农村劳动力非农化转移存量还有一定的增长空间,但在今后 10 年内增长将会趋于停止,同时农村剩余的可供转移的劳动力也将在 5—10 年内趋于零。① 据统计,我国每年农民工外出规模的增长速度从 2005—2010 年间的年均 4%下降至 2014 年的 1.3%,2015 上半年仅有 0.1%。② 城市外来劳动力增速下降与农民工权益长期受损有关,农民工权益保障问题表面上是一个制度设计和政策执行的问题,但其具体的执行过程需要嵌入经济社会环境中来考虑。经济发展水平不一样,企业性质不一样,农民工的利益诉求不一样,当前的农民工流动已经出现了代际变化,追求城市认同、向往

① 童玉芬、朱延红、郑冬冬:《未来 20 年中国农村劳动力非农化转移的潜力和趋势分析》,《人口研究》2011 年第 4 期,第 55—64 页。

② 蔡继明:《关于加快农民工市民化的建议》,《中国青年报》2016 年 3 月 8 日。

城市生活的新生代农村流动人口逐渐出现。政府介入的力量不一样,农民工权益保障的具体形式和实际水平就会存在差异。此外,宏观政策和制度也会影响企业与农民工之间权益竞争的实际运作情形,刘易斯的农村劳动力无限供给理论可能寿终正寝。

据联合国经济和社会事务部估计:中国总的劳动力抚养压力正处于低谷时期,这种状况还将持续十年左右。今后的总体人口抚养系数会上升,主要是由于老年人口增加。因为生育率下降,少儿人口比重下降,中国的少儿抚养比将在未来 20 年快速下降,从 2030 年开始趋于平稳,从 2050 年开始缓慢上升,上升幅度极小。老年抚养比将从 2010 年的 11% 上升到 2025 年的 20%,到 2050 年达到 42%,到 2080 年达到 55%(见图 7-3)。老年抚养比快速上升是因为老年人口增多,而且高龄化。由此,总抚养比将主要受老年抚养比影响。总抚养比在 2020 年超过 40%。从数值上看,2060 年的劳动适龄人口抚养比与 1960 年的值相近,但是结构不同,20 世纪的抚养压力主要来自少儿人口,21 世纪的抚养压力主要来自于老年人口。在人口学上说来,少儿人口和老年人口都是被抚养人口,然而,在实际中却有着不同的经济涵义。少年人口是潜在的劳动年龄人口,随着时间的推移将自然成长为劳动年龄人口,成为劳动力的源泉;老年人口则是退出劳动力市场的人口,随着时间的推移则越来越远离劳动,成为纯粹的被抚养人。

我国放宽了生育政策,要扭转生育率下降的趋势,后期政策效果如果能够达到理想化的状态,18 岁成为劳动力,也至少需要 20 年的时间新增更多的劳动力。如果后期政策效果不理想,总和生育率仍维持在较低水平,人口基数虽有所上升,但劳动力总量尤其是劳动力增速仍可能成为隐患。

放开二胎甚至完全取消计划生育,使中国再次出现生育高峰期的可能性不大。据官方预测,到 2035 年,有劳动能力人口数量将缩减 11%,而退休人员数量却要增加 14%。我国 2000—2015 年的总和生育率持续下降,见表 7-4。

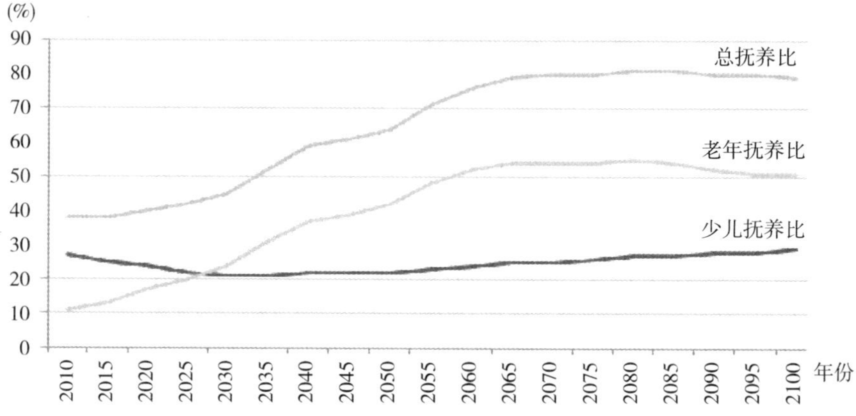

图 7-3　2010—2100 年中国抚养比预测

表 7-4　2000—2015 年中国的总和生育率

年份	2000	2001	2002	2003	2004	2005	2006	2007
总和生育率	1.221	1.386	1.389	1.416	1.451	1.338	1.385	1.453
年份	**2008**	**2009**	**2010**	**2011**	**2012**	**2013**	**2014**	**2015**
总和生育率	1.478	1.374	1.187	1.04	1.256	1.235	1.278	1.047

资料来源:国家统计局历次人口普查的数据抽样结果。

全国符合“单独两孩”政策的家庭有 1100 万,到 2014 年 8 月底,只有 70 万对申请生育二胎。2016 年全面放开两胎政策,全国有 9000 万人符合全面两胎政策。截至 2016 年 5 月底,符合条件但申请生育二孩的人数也只有 13%左右,呈现逐渐走低趋势。[①] 生育成本过高,成为国人谨慎选择是否生育二胎的一个重要考量指标。另一项调查显示,中国正快速成为单身大国。在中国 2 亿未婚男女中,有超过 5800 万人目前独居。2013 年,中国的未婚人口占总人口的比例从 1990 年的 6%激增至 14.6%。根

① 《调查称:全面放开两胎,不会新增 9000 万人口》,http://news.youth.cn/gn/201412/t20141216_6272781_1.htm。

据2016年的一项调查,36.8%的中国单身女性认为不结婚也很幸福。[①]受此严重影响,中国劳动力递减之势不可避免。2016年年底,全国妇联发布调查报告称:有生育二孩意愿的占20.5%,不想生育二孩的占53.3%,不确定是否生育二孩的占26.2%,有一半以上的一孩家庭没有生育二孩的愿望。如此看来,不加速出台有利于减轻育龄夫妇生育孩子成本和抚养孩子的鼓励补贴政策,20年后,中国较为快速增加劳动力的愿望难以实现。

我国曾出现过"双高现象",即经济高增长、失业高增长。1990—2010年,中国GDP年均增长率达到了10.5%,但年均就业增长却仅为1%。经济增长对就业增长的促进作用微乎其微,奥肯定律在中国没有明显的体现[②]。经济增长与就业增长不同步,有人认为在中国却出现了"奥肯悖论"现象:一方面经济高速增长,另一方面失业率不但没有下降,反而随之升高。中国的"双高"现象从20世纪80年代以来就已经出现,并至少持续到2010年。其中一种基本解释是因为我国在经济增长的同时,产业结构也在不断地调整和优化,劳动密集型产业所占的比例明显减少。一些资本密集型产业逐步替代了原来的劳动密集型产业,虽然投入了同样的资金,能够吸纳的劳动力却减少了,就业弹性系数自然就会下降。高新技术、自动化技术推动的经济增长使以往许多需要大量人力,且效益又不高的行业为生产效率较高的机器所取代,从而使部分隐性失业显性化,加大了就业压力。科学技术发展也使大量知识技术水平相对滞后的劳动者,难以在短期内寻求到适应科技发展的新岗位,这样就势必造成了劳动力总量的相对过剩。

即使我国未来几十年出现严重的人口老龄化危机,但在未来的几十年中,对于劳动力的需求还要取决于我国产业经济发展格局。如果劳动密集型企业继续被忽视,经济增长也可能不能带动就业增长达到理想状

① 王晓雄译:《中国正成为单身大国》,印度《德干先驱报》2016年12月13日。

② 当实际GDP增长相对于潜在GDP增长(美国一般将之定义为3%)下降2%时,失业率上升大约1%;当实际GDP增长相对于潜在GDP增长上升2%时,失业率下降大约1%。这条经验法则以其发现者命名,称之为"奥肯定律"。

态,经济增量还有很大的可能被不断增加的老年人口所消耗;经济增速持续下降时,政府进一步紧缩开支,企业经济效益下滑同样导致收支紧缩并过渡到职工家庭收支紧缩,不少企业关停沿着产业链、资金链、合同链起连锁反应,对劳动力的需求有可能也随之下降,放宽计生政策和延迟退休年龄政策的意义不大;经济增速变化不大时,会重视老龄产业的发展,对劳动力的需求会向着老龄产业的方向移动,老龄化社会对老年护理等方面的劳动力需求会增加。

7.4 政府延迟退休改革不能损害参保人利益

对于中国养老金制度的实施,向来有两种论调:一种是中国养老保险制度不缺钱的乐观主义论调,以中国强大的中央财政为说词;另一种是中国养老保险制度难以为继的悲观主义论调,其依据是“空账”率过高、人口老龄化日趋严重、基金收支不平衡等问题。《中国国家资产负债表2013》估算和预测了 2010—2050 年我国的养老保险收支情况。结果显示,如果继续执行现行养老保险制度,不对退休年龄等进行调整改革,到2023 年,全国范围内职工养老保险即将收不抵支,出现资金缺口,需要动用养老金累计结余。到 2050 年,为了维持养老保险制度运转所需财政补贴占当年 GDP 的比例将达到 8.46%,而占当年财政支出的比例达到34.85%,即约 1/3 的财政支出被用于弥补养老保险的资金缺口。[①]

人均寿命延长,工作年龄并没有相应延长,养老负担将更重。这就是老龄化的实质。延迟退休年龄的民意注解,通常是各种压力下的中国养老保险制度可持续发展尤其是基金运用可持续的问题。2015 年 1 月,

① 李扬:《中国国家资产负债表 2013》,中国社会科学出版社 2013 年版。

《中国养老金发展报告 2014——向名义账户制转型》系列报告中公布了测算结果：一是隐形债务大，以 2012 年为基准，城镇职工基本养老保险的隐形债务为 86.2 万亿元，占 2012 年 GDP 的比率为 166%。二是将出现收支缺口，并很快陷入枯竭。北京大学郑伟等人的测算结果是，养老保险基金将于 2037 年出现收支缺口，2048 年养老保险基金将耗尽枯竭。[①] 延迟退休改革的背景是中国养老保险制度面临着人口老龄化的巨大压力、面临着经济发展不平衡和经济新常态的严峻挑战、面临着越来越复杂的社会矛盾、面临着经济下行和财政供给膨胀的双重困惑，其表现为：

其一，在城镇职工基本养老保险制度中，个人账户“空账”从 2005 年的 8000 亿元左右扩大到 2015 年的 4 万多亿元，做实个人账户计划彻底落空。从 2013 年起，养老保险基金收入小于支出的势态似乎不可逆转，养老金待遇引起强烈的民怨，养老保险待遇多轨制致使养老保险制度本身的自主平衡机制无法运行，财政供给难以为继。官方最近几年反复提出延长退休年龄改革，网民反对率却高达 90%以上。如果养老保险延迟退休年龄政策动议被大多数人所反对，那就需要反思这个动议的目标和动机的可操作性与公平性是否有问题。

其二，在城乡居民养老保险制度中，参保者普遍选择低档次投保，最大的问题是，一些参保人选择每月缴 10 元，而领取养老保险的退休人每月领取 110 元，参保人群与享受待遇人群却达到 1∶3.4，财政补贴压力逐年加大；养老金待遇严重偏低，是社会不稳定因素；基金收入严重小于基金支出，全部收入中个人缴费与财政补贴之比为 1∶4.08（集体经济分量可以忽略不计），参保和退休后的财政双重补贴，财政难以为继。以 2015 年为例：年末城乡居民基本养老保险参保人数 50472 万人，比上年末增加 365 万人。其中实际领取待遇人数 14800 万人。全年城乡居民基本养老保险基金收入 2855 亿元，比上年增长 23.6%，其中个人缴费 700 亿元。财政补贴 2155 亿元（包括少量利息）；基金支出 2117 亿元，比上年

① 何清涟：《中国推迟退休年龄为何一片反对声?》，http://blog.sciencenet.cn/blog-2792-931568.html2015-10-27。

增长 34.7%;基金累计结存 4592 亿元。[1] 任何政策的实施既要考虑经济理性,也要考虑人文关怀,可以说,没有财政补贴,城乡居民养老保险制度几乎不可能建立起来并持续发展。

其三,在行政事业单位养老保险改革制度设计中,基本上是城镇职工养老保险制度的翻版,一是统账结合,二是实行单位和个人缴费,三是改革基本养老金计发办法,四是改革基本养老金待遇调整办法,五是建立职业年金。其存在的问题是:(1)强制性建立职业年金,相当部分事业单位筹资困难,发展职业年金对企业年金难以产生带动效应,甚至会产生严重的阶层对立;(2)打破双轨制,改革难度大,"大加法、小加法"无法实施,通货膨胀加剧,降低待遇调整率引发体制内人群严重不满;(3)行政单位统筹账户缴费与职业年金缴费采取记账方式,是将现行债务后移,为后续政府累积了财政负担;(4)2014—2015 年国务院先后出台的文件中未能提出事业单位的养老基金来源问题,计发公式只提出了前 10 年的中人补偿问题,十年过后如何保证待遇不下降是一个未知数;(5)职业年金投资难度大,中国资本市场与实业投资均难以承载持续增值的压力。

2015 年 12 月底的全国人力资源和社会保障工作会议中指出:2016 年将制定出台渐进式延迟退休年龄方案,预计 2017 年延迟退休方案出台,设定 5 年左右的"缓冲期",2022 年正式开始实施,直至 2045 年完成。西方福利国家很早就推行了延迟退休年龄改革,但退休时间存在着较大的个性差异,关于老人的概念与划分也发生了重大的变化。为了保证公平,延迟退休年龄者必须充分保证其养老保险待遇不受损失。以美国为例,养老保险有两大功能:一是保证基本生活;二是降低贫富差距,即通过对穷人的较高替代率和对富人较低的替代率来进行贫富调节。同时美国采用不同替代率建立退休年龄、法定领取养老金资格年龄与养老金替代率的关联机制,在确定法定领取养老金资格年龄的同时,根据实际退休年龄的早晚,确定养老金替代率的高低:提前退休者只能领取降低了替代率的养老金,按照法定领取养老金资格年龄退休者领取正常替代率的养老

① 参见 2015 年人社部《2015 年度人力资源和社会保障事业发展统计公报》。

金,延迟退休者可以领取提高了替代率的养老金。高、中、低不同等次替代率的设计,可以鼓励延迟退休年龄者多做多得,身体状况好的劳动者,可以真正做到老有所用。

由于退休工资十一年连续上调10%,第十二年上调6.5%,第十三年(2017年)上调5.5%。我国出现了相同因素条件下,后退休人员养老金少于先退休人员的"倒挂"现象。且由于每个人的退休工资基数不同,在上涨率相同的情况下,退休人员之间的养老金差距更加明显,这种现象不利于鼓励人们延迟退休。在德国,每提前一年退休,养老金减发3.6%,而每延迟一年,养老金增发6%。在美国,对于提前退休的职工,每提前一个月养老金将减少0.56%;而每延迟一年,养老金将增加3%,并计划到2022年时,将增加幅度提高到8%;职工延迟到70岁退休,可以比65岁退休多拿40%的退休金,而低于法定年龄退休者,每提早退休一年,其养老金要被扣除6.2%。[①] 对延期退休者,不能降低终生所得,甚至要增加其养老待遇,在劳动力紧缺的情况下,这是我们鼓励延迟退休的基本底线。商业人寿保险中的延期年金可以作为延期退休领取养老金的借鉴。

期首付延期年金公式:$m|\dot{\alpha}_{x:\bar{n}|}=\dfrac{N_{x+m}-N_{x+m+n}}{D_x}$

期末付延期年金公式:$m|\alpha_{x:\bar{n}|}=\dfrac{N_{x+m+1}-N_{x+m+n+1}}{D_x}$

7.5 如何减少反对者,减少反对者就是降低社会风险

新华网发展论坛一项调查显示,如果2018年起实施延迟退休,超过

① 罗彦、李浩燃、王有佳、唐露薇等:《专家称社会养老保险由政府财政兜底破产风险低》,《人民日报》2012年9月17日。

92%的人反对。这么高比例的人群反对其客观原因可能包括以下几个方面:其一,社会保险缴费过高,加之一些个人收入所得税,职工实发工资,可能不到应发工资的 60%,早退休早解脱的思想占据上风;其二,工作压力过大,压力型工作体制迫使很多人过早产生了倦怠感,尤其是一二线城市的交通拥堵压力、使人们对上班苦不堪言,加之一些单位紧张的干群关系、复杂的人际关系,更让一些工作人群产生强烈的恐惧心理,对延迟工作年限更是忌惮;其三,工资增长速度过慢,十几年来,中国的平均工资增长速度比不上 GDP 的平均增长速度,特别是近两三年以来,涨薪越来越困难甚至出现福利下降,人们继续延期工作的动力衰减;其四,更多的重体力劳动者、从事有毒有害工作的劳动者、身体状况不佳及体质弱势者,更加不愿意延期退休;其五,一些基层公务员尤其是西部地区的基层公务员,工资低下加之工作压力大,没完没了的加班加点,造成精神极度疲惫,并不希望延长退休年龄;其六,国家放开两胎政策并有可能全面放开生育限制的情况下,家庭缺少人手、请保姆过于昂贵的情况下,许多人不希望延迟退休年龄而想早日投身于家庭从事育婴等家务活动。

1980 年我国开始执行一对夫妇只能生育一胎的计划生育政策,2013 年启动实施一方是独生子女的夫妇可生育两个孩子的政策,前后 33 年的时间。在反对者人群中,可能受影响最大的是 20 世纪 50 年代中期之后至 70 年代中期出生的人群,这一代人基本没有了生两胎的机会,其独生子女们因放开两胎政策肩负生育两胎的重任,并同时要面临负担四个以上老人的沉重责任,这些独生子女未来正是延迟退休年龄政策的实施对象,面对着两个孩子和四个甚至四个以上的老人,加之延迟退休,负担之重可以想象。

对个体而言,反对延迟退休年龄均有自己的个人考虑,偏好延迟退休年龄者也有自己的人生安排。政府出于人均寿命延长、人口老龄化状态下劳动力短缺、养老保险基金不足或是其他因素的考虑,要坚定地推出延迟退休年龄政策,就必须减少反对的声音,从体制改革与机制改革上减少反对者。从国外延迟退休年龄改革的情况看,改革并不顺利。2010 年 6 月,法国政府宣布退休改革草案,拟将法定退休年龄从 60 岁提高到 62

岁,将可领取全部养老金的退休年龄从 65 岁提高至 67 岁。2010 年 6 月 24 日,法国全国发生大罢工,数百万人走上街头抗议这一“有损退休福利制度”的改革。延迟退休在不少国家都引起大动荡,导致罢工、堵路、断油、烧车等暴力事件。我国出台延迟退休年龄政策,要吸取一些国家的经验与教训,以社会稳定为目标,尽力减少延迟退休年龄政策而造成的社会阶层分裂与动荡。

如何减少反对者,降低社会风险,政府作为延迟退休年龄的政策制定者,要把这一工作当作系统工程来抓,建立公共政策矩阵。

其一,鼓励一些没有家庭拖累并富有工作经验的身体健康者延长工作年限,一定要让其所得增加而不是减少,不要造成多工作、多遭罪的工作倦怠感。

其二,对在职工作者不能削减其福利期待,工资增速太慢或是工资增长速度赶不上通货膨胀的速度、税负过高,都不利于激励人们延长工作年限,会降低他们的工作期望。政府可考虑降低税收适当增加国民所得,推行以家庭为单位的个人收入所得税制,以物价指数为参照系推动工资增速不低于通货膨胀增速的工资制度改革。在社会福利改革目标上,推进经济增长基础上的社会福利改革。

其三,建立良好的工作氛围,改革压力型工作机制。轻松的工作环境与公正的竞争机制才能留住员工,延迟退休年龄需要的是长期和谐的工作氛围的沉淀,而不是长年积累的工作压力。

其四,2014 年启动的事业单位养老保险改革未统筹考虑编内、编外人员,应解决编内、编外“同工不同酬”的遗留问题,长期以来编内与编外人员同工不同酬,编外人员劳动报酬偏低,存在着典型的劳动歧视。在加拿大等国,编外人员的薪酬高于编内人员,是充分考虑到了这些人员的失业风险高于编内人员,这种人性化的管理有其公平与公正性。我国许多企事业单位还有许多编外人员、劳务派遣人员在遭遇这样或那样的待遇歧视,他们遭遇的工作压力远大于体制内员工。国家人社部 2016 年曾经提出取消事业单位编制的改革计划,最终能否实施难以判断。延迟退休年龄改革越来越紧迫,打破身份歧视,实现待遇公平才可能让大量的编制外人员心甘情愿地延迟退休年龄。

其五，现在妇联组织倡导建立公平的退休制度，是要实施男女退休年龄的一体化，这并不一定是广大女性工作者的普遍民意，两胎政策放开后甚至全面放开生育政策后，可以预期一些大龄女职工会选择回归家庭照顾第三代而免去高额的保姆费用。政府出台延迟退休政策要充分考虑这一民意诉求，这也是鼓励生育政策出台后所必须兼顾的劳动政策改革。

建立女性工作岗位的保全机制也是一个重要的政策命题。放开两胎政策是要释放女性的生育空间，但除了沉重的经济压力之外，一个很大的社会问题在于相当多的女性因工作机会的缺失甚至丢失而不敢生育，我们要借鉴北欧国家保护女性工作岗位的劳动制度，即保障她们的工作岗位在产假到期后“失而复得”。中国缺失这样对女性生育后的工作保护机制，如果全面放开生育政策后可能造成女性就业更加困难，这事实上不利于中国的增人计划，也会促使延迟退休年龄政策的出台甚至政策实施时间更加延后。尊重女性的生育权与工作权不应只是一个口号，应该成为老龄中国政策制定和实施的重要考量因素。

7.6 企业是决定职工是否延迟退休年龄的主要决定者

7.6.1 新常态下的企业生存状况

中国经济新常态是调结构稳增长的经济状态，着眼于经济结构的优化和经济可持续发展。在经济新常态下，中国经济增长速度放缓，社会发展方式转变与经济结构转型并举，面临经济下行的压力，面临去产能、去库存的考验，相当部分中国企业并没有从后金融危机时代的阴影中走出来，在全球经济发生重大波动时，尤其是世界各国加强贸易主义保护的同时，中国以外需作为经济发展的引擎已难以为继，企业因无法承受外部冲击且内需不足而倒闭或破产不再是个案。

从占有我国绝大部分就业份额的中小企业看，目前很多中小企业出现经营困难。在新劳动合同法和节能减排等各项政策的要求下，企业的利润空间也在一步步缩小，致使中小企业作为吸收劳动者就业的主要渠道变得越来越脆弱。2016年中国经济面临“三去一降一补”的结构性改革，即经济运行去杠杆、去产能、去库存、降实体经济融资成本、补供给侧和人力资源短板。中国逐渐面临职业难求、薪酬难涨的持续压力。2014年以来，多地工资指导线连续下调甚至工资下降，反映了宏观经济下行的压力。2016年20个省份公布工资指导线，与2015年工资指导线相比全部下调（见表7-5）。

表7-6　2015年与2016年企业工资指导线对比表

单位：%

地区	2015年企业工资指导线			2016年企业工资指导线		
	基准线	上线	下线	基准线	上线	下线
海南	11.3	12.3	4.0	10.4	11.3	3.5
贵州	13.0	15.2	2.7	10.0	15.0	4.0
北京	10.5	16.0	3.5	9.0	15.0	4.0
上海	10.0	16.0	4.0	9.0	14.0	4.0
天津	10.0	18.0	3.0	9.0	16.0	3.0
内蒙古	10.1	14.5	3.0	8.5	13.5	3.0
福建	10.0	15.0	2.0	8.0	12.0	2.0
甘肃	11.0	16.0	5.0	8.0	14.0	4.0
广西	11.0	16.0	3.0	8.0	12.0	3.0
河北	11.0	16.0	4.0	8.0	13.0	3.0
江西	12.0	不设上线	5.0	8.0	不设上线	3.0
宁夏	13.0	17.0	零增长	8.0	不设上线	零增长
山东	10.0	18.0	4.0	8.0	13.0	3.0
四川	11.0	17.0	4.0	8.0	13.0	3.0

续表

地区	2015年企业工资指导线			2016年企业工资指导线		
	基准线	上线	下线	基准线	上线	下线
新疆	12.0	15.0	3.0	8.0	13.5	3.0
云南	12.0	17.0	4.0	8.0	13.0	3.0
青海	9.0	16.0	4.0	7.0	13.0	3.0
山西	10.0	18.0	4.0	7.0	11.0	4.0
陕西	10.0	15.0	5.0	7.0	11.0	3.0
吉林	8.0	13.0	3.0	6.0	11.0	3.0

注:工资增长基准线是指企业工资的平均增长幅度,适用于生产正常发展、经济效益增长的企业;工资增长上线可称为预警线,适用于经济效益增长较快的企业;工资增长下线则适用于经济效益下降或亏损的企业。

资料来源:韩秉志:《20省份公布工资指导线无一例外全部下调》,《经济日报》2016年12月21日。

当前企业的生存状况可以归结为以下几个方面:

第一,国际贸易保护主义盛行,可能导致更多的实体经济企业倒闭。美国总统特朗普上台,中美经济摩擦加剧,企业出口增速有可能持续下降。同时,企业面临原材料涨价、人民币升值、节能减排等压力,无力消化劳动力成本的上升,将会有更多的企业陷入经营困境。

第二,企业面临劳动力成本过高、税负过高、地租过高等多重压力,企业外迁甚至去国外办厂,过高的社会保险成本使企业招工意愿递减。

第三,农村劳动年龄人口增长速度减缓,农村劳动力剩余已经大幅度减少。本世纪以来外出农民工的增长速度逐年下降,从2001—2003年的35.6%,下降到2005—2007年的8.9%。2014年,农村外出务工劳动力总量增速还是1.3%,2014年农民工外出务工数量基本上处于零增长状态。

第四,企业市场竞争过于激烈,价格已经被压到最低点,利润空间极端狭小,承受不起必要的市场调整。

第五,中国进入周期性与结构性双重调整的时期,再加上受外部经济走势影响,“共振”加重了对企业的冲击力。

第六,制造业企业间存在大量三角债,比如出口企业拖欠上游供货方的货款，供货方又拖欠着材料商的费用，一些企业甚至以应收账款作抵押向银行借款，倘若某一个环节出现问题，就会引发整个产业链爆发生存危机，产生挤兑效应。

第七，处于下游的劳动密集型企业正处在前所未有的艰难之际，表现为激烈的竞争使其不能涨价，只好挤压利润，“不搞技术改造等死、搞了技术改造找死”是相当一批企业面临的困境。中国普通劳动力数量众多，产业转型升级不能不顾及这一基本事实，仍要在一定程度上重视劳动密集型企业的发展。

7.6.2 企业是决定职工是否延迟退休年龄的微观决策者

为什么说企业单位是决定职工是否延迟退休年龄的微观决策者，这是因为：

第一，当企业生产能力过剩、订单减少的时候，延长在职职工的退休年龄缺少法理基础。企业生产不景气时减少雇员是《劳动合同法》给予的权利，即使退休年龄有了明确规定，一些企业也难以执行。

第二，服务性行业、民营企业特别是个体经济组织劳动合同签订率偏低，延迟退休年龄缺乏执行手段。

第三，根据企业的人力资源状况，企业有权决定大龄职工的去留，引进新鲜血液有利于提升企业活力。

作为国家而言，制定宏观的延迟退休年龄政策，为企业谋划与决策员工退休行为提供了具体的指导，但这一政策本身应具有政策弹性，不可能完全一体化。

8

中国社会养老服务体系的发展与完善

丁建定　郭　静

养老服务是社会福利服务的核心内容,也是社会保障内容体系的重要组成部分。西方国家现代社会保障制度的内容体系经历了一个从社会保险制度到社会救助制度,进一步发展和完善社会福利制度以及社会福利服务体系的过程。社会保险制度与社会救助制度的核心功能是保障民众的基本生活,社会福利制度与社会福利服务的核心功能则是促进和实现民众的幸福,社会福利制度、社会福利服务、社会救助制度与社会保险制度共同构成社会保障制度的内容体系,它们“共同为全体国民构成一个健全的安全网,并在保障民生、改善民生的过程中充分发挥自身不可替代的作用”①。可以说,一个国家之所以被称为“福利国家”,不仅因为其具有社会保险制度与社会救助制度等基本社会保障制度,更因其具有完善的社会福利制度与社会福利服务体系。显然,由居家养老、社区养老和社会养老构成的社会养老服务体系不仅是社会福利服务体系的核心内容,也是现代社会保障制度内容体系的延伸和拓展②。在中国特色社会主义进入新时代的背景下,发展和完善社会养老服务体系具有重要意义。

8.1 发展社会养老服务的必要性与可行性

8.1.1 发展社会养老服务的必要性

一、人口老龄化使得社会养老服务体系建设具有迫切性

2001—2100 年,中国人口老龄化发展趋势将经历快速老龄化、加速老龄化和稳定的重度老龄化三个阶段,21 世纪的中国是一个不可逆转的

① 郑功成:《中国社会保障改革与发展报告》(救助与福利卷),人民出版社 2011 年版,第 53—54 页。

② 丁建定:《居家养老服务:认识误区、理性原则及完善对策》,《中国人民大学学报》2013 年第 2 期,第 20—26 页。

老龄社会。[①] 自20世纪末我国步入老龄化社会以来，人口老龄化的规模和速度逐渐达到前所未有的高度，2011年，全国60岁及以上老年人口已达1.8499亿，占总人口的13.7%；65岁及以上老年人口达1.2288亿，占总人口的9.1%。老年人口规模凸显出基数大、高龄化的趋势，随着家庭小型化、空巢化，人口老龄化、高龄化的加剧，失能老年人的数量将持续增长，照料和护理问题日益突出，老年人口养老服务需求必将增加，加快社会养老服务体系建设势在必行。

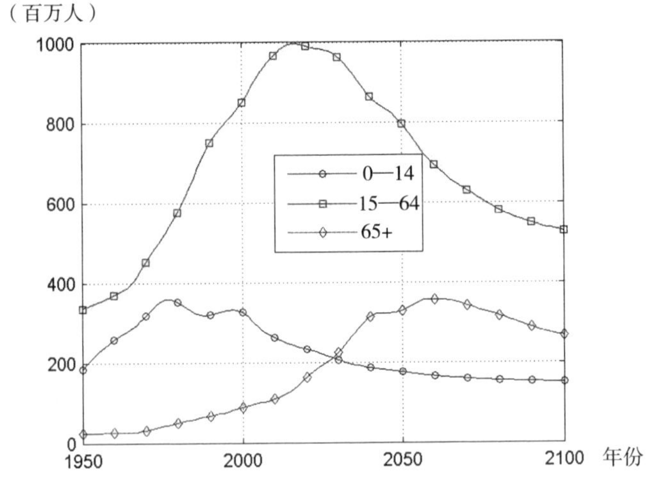

图8-1　中国人口的年龄结构分布（1950—2100年）

资料来源：Population Division of the United Nations Department of Economic and Social Affairs of the United Nations Secretariat, *The 2010 Revision of the World Population Prospects*, http://esa.un.org/unpd/wpp/country-profiles/country-profiles_1.htm。

按照中国人口的老年抚养比变化趋势，养老负担将会逐年加重，到2080年达到峰值60%，即100位20—64岁人口要照顾60位65岁以上人口。由于现代社会竞争激烈和生活节奏加快，中青年一代照护老年人力不从心，迫切需要通过发展社会养老服务来解决人口老龄化带来的养老压力。

① 根据全国老龄办发布的《中国人口老龄化发展趋势预测研究报告》整理所得。

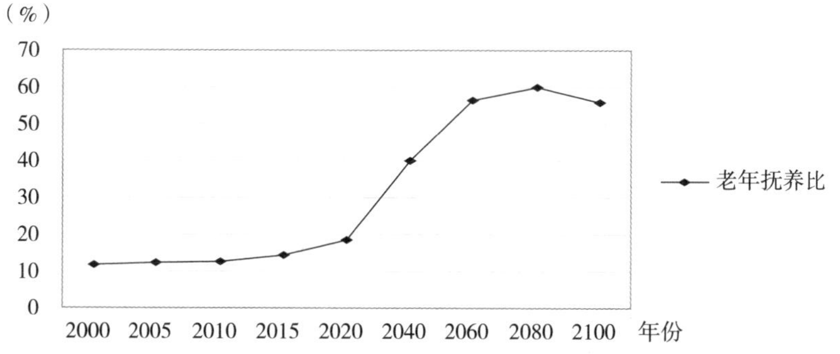

图 8-2　中国人口的老年抚养比变化(2000—2100 年)

资料来源:根据 United Nations Department of Economic and Social Affairs/Population Division 发表的 *World Population Prospects: The 2010*, Volume II: Demographic Profiles 数据制表, http://esa.un.org/unpd/wpp/country-profiles/pdf/156.pdf。

虽然中国人口老龄化规模大、速度快,但是,人口老龄化也是一个动态的、漫长的过程,这使得养老服务需要很长时间的发展,才能满足日益增长的多样化养老需求。随着生育率下降、人口预期寿命延长,人口呈现逐渐老化的过程。从 2000 年开始,中国人口年龄中位数[①]在 30 岁以上缓慢移动,年龄中位数从 2005 年的 32.2 岁将提高到 2100 年的 46.2 岁。养老服务体系建设能逐步缓解人口老龄化伴生的一系列问题,与此同时,养老服务也是一项系统而复杂的工程,不可能在短时间内完成,人口老龄化又使得养老服务发展具有长期性。

随着人口预期寿命的延长,需要照顾的高龄、失能老人等的数量将会上升。目前,中国城乡失能和半失能老年人约 3300 万人,占老年人口总数的 19%。[②] 2010—2015 年,65 岁人口预期寿命提高 15.5 岁,这表明中国将增加更多高龄老人,且这一趋势将逐年缓慢上升。由于身体机能的退化,这部分人群大多数需要生活照料、医疗康复、精神慰藉、紧急救援等方面的照顾,这使得中国养老服务需求将趋于复杂化、多样化,而中国目

① 年龄中位数指将全体老年人口按年龄大小的自然顺序排列时居于中间位置的人的年龄数值。一般认为,年龄中位数在 30 岁以上为老龄型人口。

② 国务院:《社会养老服务体系建设规划(2011—2015 年)》,2011 年 12 月 27 日。

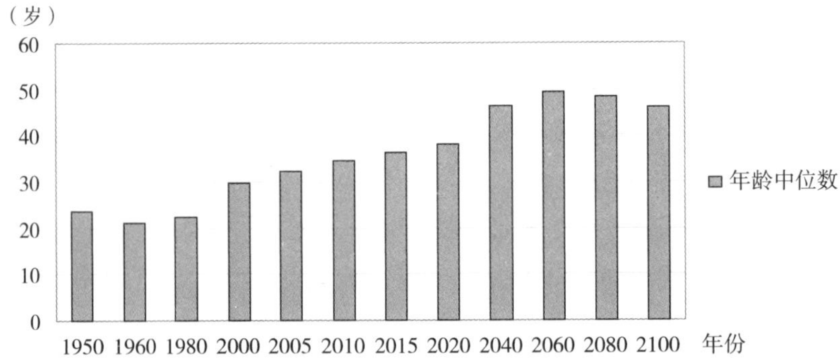

图 8-3　中国居民年龄中位数变化趋势（1950—2100 年）

资料来源：根据 United Nations Department of Economic and Social Affairs/Population Division 发表的 *World Population Prospects*：*The* 2010，*Volume II*：*Demographic Profiles* 数据制表，http：//esa.un.org/unpd/wpp/country-profiles/pdf/156.pdf。

前的养老资源供给尚显不足。截至 2011 年年底，各类养老服务机构 40868 个，拥有床位 353.2 万张，每千名老年人拥有养老床位 19.1 张。[①] 人口老龄化的动态化、漫长化，使得养老服务发展必将成为一个长期性的系统工程。

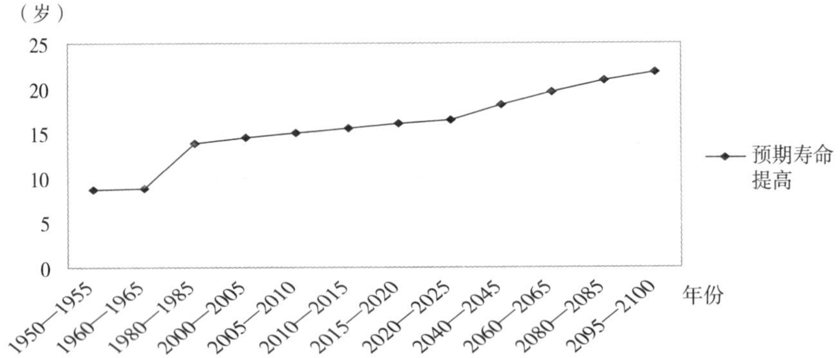

图 8-4　中国 65 岁人口的预期寿命变化趋势（1950—2100 年）

① 民政部：《2011 年社会服务发展统计报告》，2012 年 6 月 21 日。

二、养老保障内涵拓展促使养老服务的发展成为必然

中华人民共和国成立以前，养老是以家庭为核心的非正式、非制度性保障。家庭是老年人物质和精神生活的归宿，家庭在中国传统养老保障中发挥着重要的作用。中华人民共和国成立以后，养老逐步转向以经济补贴为主的正式制度性保障。1951 年的《劳动保险条例》在养老待遇方面做了具体规定。1954 年的《中华人民共和国宪法》明确规定："劳动者在年老、疾病或者丧失劳动能力的时候，有获得物质帮助的权利。"到 20 世纪 80 年代，国有企业职工及机关事业单位人员养老金由国家财政拨款，个人不需缴纳任何费用。在此期间，农民养老存在制度缺失，只有极少数老弱孤寡残疾者才获得集体的保障。1956 年的《高级农业生产合作社示范章程》规定："农业生产合作社对于缺乏劳动力或完全丧失劳动力、生活没有依靠的老弱孤寡残疾的社员，在生产和生活上给予适当的安排和照顾，保证他们的吃、穿和柴火的供给，保证年幼的受到教育和年老的死后安葬，使他们的生养死葬都有依靠。"

从 20 世纪 80 年代开始，中国逐渐开始拓展养老保障制度的内涵。1986 年，养老保险社会统筹与个人账户相结合的模式开始探索试点，养老保障从国家保障转为个人、企业、国家三方承担，即职工养老需自己缴纳部分，养老保障改变了保障资金来源，同时还增加了针对农民养老的保障项目。20 世纪 80 年代中期，中国开始探索建立实施农村社会养老保障制度。1987 年，国务院批准并实施《关于探索建立农村社会保障制度的报告》，确定"以民政部为主先行进行探索和试点"，这标志着我国养老保障的内涵进一步拓展。

20 世纪末，社会统筹与个人账户相结合的养老保险制度模式基本确立。2006 年以来，养老保障进入了制度完善时期，2009 年，《国务院关于开展新型农村社会养老保险试点的指导意见》颁布与实施，针对农村居民的养老保险制度开始建立。2011 年的《国务院关于开展城镇居民社会养老保险试点的指导意见》，针对城镇居民的养老保险制度开始建立。[①]

---

① 全国老龄办：《2011 年度中国老龄事业发展统计公报》，2012 年 9 月 25 日。

目前,中国针对老年的制度性经济保障基本建立,保障层面开始从养老保险、社会救助逐渐延伸至老年福利。2011 年,城镇居民社会养老保险与新型农村社会养老保险参保人数共计 3.32 亿人,其中领取待遇人数 9184.76 万人;城市低保对象中老年人 346.9 万人,城市低保月人均标准为 287.6 元,农村低保对象中老年人 1934 万人,农村低保月人均标准为 143.2 元,全年各级财政共发放农村五保供养资金 121.7 亿元,有 15 个省(市)建立了高龄补贴制度,惠及 900 万老年人。[①]

随着经济社会的变化,中国养老保障仍会继续发展和完善,其内涵将从单一的经济与制度保障,逐渐拓展到兼顾经济保障、服务保障和精神慰藉,从以养老保险和社会救助为主到养老服务体系的全面发展,这符合世界养老保障制度发展的基本规律,即世界各国养老保障制度的发展在加强经济保障的同时越来越注重服务保障与精神保障。[②] 中国养老保障制度内涵的拓展必然体现在养老服务的发展上。

三、提升老年生活质量与幸福感使得养老服务发展更加必要

老年人生活质量与养老服务密切相关,它是衡量养老效果的重要指标,是养老质量的具体反映和体现。[③] 在人口老龄化加剧的背景下,随着社会经济生活水平的提高、社会保障制度体系的完善,养老目标不再停留于物质生活保障层面,逐渐开始注重老年人的生活质量与幸福感受。2011 年发布的《社会养老服务体系建设规划(2011—2015)》明确指出,社会养老服务体系是以提升老年人生活质量为目标的。老年人生活质量的基本内容包括为满足老年人物质文化生活需要而为老年人提供产品和劳务的状况,为满足老年人社会和精神需求而为之创造的环境和条件的状况,以及由此而导致的老年人对生活感受的满意度和幸福感。[④] 养老服务体系建设

---

① 全国老龄办:《2011 年度中国老龄事业发展统计公报》,2012 年 9 月 25 日。

② 龙玉其:《世界养老保障制度发展的基本规律》,《前沿》2012 年第 11 期,第 128—131 页。

③ 赵喜顺:《论养老方式与老年人生活质量》,《社会科学研究》2003 年第 2 期,第 110—112 页。

④ 赵喜顺:《论养老方式与老年人生活质量》,《社会科学研究》2003 年第 2 期,第 110—112 页。

是提升老年生活质量的主要途径。养老保障制度已经基本满足了老年人养老的物质需求，养老服务体系建设可以为所有老年人提供生活照料、康复护理、精神慰藉等，能更好满足老年人养老的社会和精神需求。

养老服务的发展能保证老年人的生活质量，它已经成为提升老年人生活质量的必由之路。2013 年开始实施的新的《中华人民共和国老年人权益保障法》增设了很多与养老相关的要求，如老年人有从国家和社会享受社会服务的权利；国家建立多层次的社会保障体系，逐步提高老年人保障水平；国家建立和完善老年人福利制度，根据经济社会发展水平和老年人的实际需要，增加老年人的社会福利；国家鼓励慈善组织以及其他组织和个人对老年人提供物质帮助和服务；各级人民政府应当根据经济发展水平和老年人服务需求，逐步增加对养老服务的投入。①

养老服务体系以尊重老年人意愿为前提，这能提升老年人生活的幸福感。中国以居家为基础、社区为依托、机构为补充的社会养老服务体系正在建设之中。养老服务体系建设使得养老选择更加丰富化、自由化，老年人能按照自己的意愿选择适合自身情况的养老服务，势必能提升老年生活的满意度和幸福感。

四、传统养老方式在新形势下无法满足老年人养老需求

（一）低生育水平

实现传统家庭养老的必要条件是老人身边有子女或亲属提供日常照料，但在低生育水平的社会背景下却难以实现。一方面受计划生育政策的影响，我国人口出生率、人口自然增长率分别由 1970 年的 33.4‰和 25.8‰下降到 2016 年的 12.95‰和 5.86‰，大量独生子女户成为社会常态，而这些独生子女显然无法承担照料父母的责任。在另一方面，我国早已进入低生育国家行列，总和生育率已低于生育更替水平②并不断走低。虽然在 2015 年 10 月召开的中共十八届五中全会已决定实施全面放开二

① 《中华人民共和国老年人权益保障法》。

② 生育更替水平是指平均一个妇女一生生育的、能真正接替母亲生育职能的女婴数；在人口统计学上，与净再生产率等于 1 相对应的总和生育率，便就被定义为“更替水平”；生育率低于该水平所带来的影响便是人口规模负增长和抚养比的不断攀升。

孩的政策，但由于适龄育龄人群生育意愿普遍偏低的缘故，新出生人口数并未出现较大幅度增长，“高龄少子化”现象将更为严峻，传统家庭养老方式难以实行。

（二）家庭规模小型化

家庭规模的小型化同样影响传统家庭养老方式的实现。一方面，家庭规模小型化表现在户均人口数的不断减少。1953 年第一次人口普查数据显示我国户均人口数为 4.30 人，第二次人口普查为 4.29 人，第三次人口普查为 4.43 人，第四次人口普查为 3.97 人，第五次人口普查为 3.44 人[①]，第六次为 3.10 人[②]。如果分城乡来看，2005 年全国 1%人口抽样调查结果显示：城镇平均每个家庭户的人口为 2.97 人，农村为 3.27 人，比五普分别减少 0.13、0.38 人[③]，家庭规模不断缩小。另一方面，空巢家庭的不断增加也反映出家庭规模的小型化。2012 年，我国空巢老人达 9900 万，城市空巢家庭（包括独居）占比已达 49.7%。2014 年，城市空巢老人家庭约占 57%，农村约占 40%。未来，空巢老人家庭的比例预计将突破 70%[④]。

（三）人口流动常态化

青壮年劳动力的跨区域流动对传统家庭养老方式的实现亦存在影响。由于我国各地区经济发展差异和伴随着户籍制度改革的深入推进，大规模的人口流动已成为我国社会常态，并呈现以下三方面特点：一是数量庞大。截至 2016 年年底，我国流动人口规模已达 2.45 亿，相当于每 6 个国民当中就有一个是流动人口。[⑤] 二是增长迅速。根据城镇化、工业化进程和城乡人口变动趋势预测，到 2020 年年底，我国流动人口将达 2.91 亿，其中包括 7000 万城—城流动人口，并且年均增长约 600 万。[⑥] 三是流动人口低龄化

---

① 萧振禹：《老年人口统计资料汇编》，华龄出版社 1990 年版。

② 数据来源于《2010 年第六次全国人口普查主要数据公报（第 1 号）》。

③ 数据来源于国家统计局 2005 年全国 1%人口抽样调查主要数据公报和 2000 年第五次全国人口普查主要数据公报。

④ 吴玉韶、党俊武：《老龄蓝皮书：中国老龄产业发展报告（2014）》，社会科学文献出版社 2014 年版，第 30 页。

⑤ 数据来源于《2016 年国民经济与社会发展统计公报》。

⑥ 数据来源于《中国流动人口发展报告 2015》。

趋势越来越明显。有数据表明,1980 年以后出生的新生代流动人口占比已过半数,占全部流动人口的 51.1%,平均年龄为 29.3 岁。①

综上,正如《国务院关于加快发展养老服务业的若干意见》中所指出的:“积极应对人口老龄化,加快发展养老服务业,不断满足老年人持续增长的养老服务需求,是全面建成小康社会的一项紧迫任务,有利于保障老年人权益,共享改革发展成果,有利于拉动消费、扩大就业,有利于保障和改善民生,促进社会和谐,推进经济社会持续健康发展。”②

8.1.2 加快社会养老服务体系建设的可行性

一、国民财富的增长为社会养老服务体系建设提供了物质基础

改革开放以来,中国经济有了空前的发展,国内生产总值稳步增长,国家综合实力明显增强。2011 年,中国国内生产总值 47.2 万亿元,比上年增长 9.2%;公共财政收入 10.37 万亿元,比上年增长 24.8%;粮食产量 57121 万吨;城镇新增就业 1221 万人,城镇居民人均可支配收入和农村居民人均纯收入比上年实际增长 8.4%和 11.4%。③ 国民财富的增长为社会养老服务体系建设提供了资金支持。近年来,中国养老福利服务设施建设得到长足发展,这与国民财富的增长是密不可分的。随着国内生产总值的增长,2009—2011 年,中国社会服务事业费和养老福利服务设施都呈现上升趋势。

表 8-1 2009—2011 年中国 GDP、社会服务事业费和养老福利服务设施情况

年度	GDP(亿元)	社会服务事业费(亿元)	老年福利机构(个)
2009	340903	2181.5	38060
2010	401513	2697.5	39904
2011	471564	3229.1	40868

资料来源:根据国家统计局《中华人民共和国 2011 年国民经济和社会发展统计公报》和全国老龄办《2009—2011 年度中国老龄事业发展公报》数据制表。

① 数据来源于《中国流动人口发展报告 2016》。

② 《国务院关于加快发展养老服务业的若干意见》,2013 年 9 月 13 日。

③ 数据来源于 2012 年《国务院政府工作报告》。

随着国民财富的增长，各地都加大了对社会养老服务设施建设的支持。社会养老服务的资金来源主要有四个方面：财政拨款、彩票公益金资助、社会捐赠和市场化运作。① 2009—2011 年，天津市市级财政为困难老人社会养老购买服务投入资金 2609 万元，建成老年日间照料服务中心（站）577 个，市财政补贴资金累计支出 6911 万元，对每个老年日间照料服务中心给予 30 万—50 万元的一次性资助，福利彩票公益金对每个托老所按每张床位 1 万元给予一次性资助。②

国民财富增长为社会养老服务项目运行提供资源支持。近年来，社会养老服务项目逐渐丰富、内容逐渐增多，这与国民财富的增长密不可分。2011 年，中国开展了以为老服务、老年优待和法律援助为主要内容的养老服务，惠及 8000 多万老年人。③ 同时，全国各地逐渐形成独具特色的社会养老服务项目。

表 8-2　中国直辖市社会养老服务项目比较

直辖市	社会养老服务项目
上海市	生活护理、助餐服务、助浴服务、助洁服务、洗涤服务、助行服务、代办服务、康复辅助、相谈服务、助医服务
北京市	生活照料、家政服务、精神慰藉、医疗护理、老年教育、其他服务
天津市	政府购买服务补贴、日间照顾服务、协议服务、互助服务、养老机构延伸服务、市场有偿服务、志愿者服务
重庆市	生活照料、家政服务、医疗康复、健康护理、精神慰藉、安全援助等

资料来源：根据各市社会养老服务收费标准和相关信息制表。

国民财富增长为社会养老服务运营管理提供了技术支持。科学技术的进步是国民财富增长的表现之一，现代科技成果运用于社会养老服务供给中，能为老年人提供便捷高效的服务。通过便民信息网、热线电话、爱心门铃、健康档案、服务手册、社区呼叫系统、有线电视网络等多种形

① 平付敏、张文娴、安静：《河北省城镇居家养老支持性服务体系研究》，《河北学刊》2012 年第 4 期，第 241—243 页。

② 《3 年市财政投入 2609 万元居家养老渐显津城特色》，天津政务网，2011 年 10 月 15 日。

③ 数据来源于全国老龄办发布的《2011 年度中国老龄事业发展公报》。

式，现代化信息技术在社会养老服务中发挥着重要的作用。2009 年，由民政部社会福利和慈善事业促进司主管的光彩居家养老服务中心，采用现代化的信息技术手段，研发了全国联网居家养老呼叫服务信息平台，并确定以此为载体建设全国联网联动的居家养老呼叫服务系统。2010 年，全国 46 个城市建设了“居家养老呼叫服务中心”，安装一键通呼叫器 36 万人，已成功救助 191 人，提供各种帮助数十万次[①]。此外，国民财富的增长也能为老年康复辅具产品研发提供技术支持。

二、执政理念的变化为居家养老服务发展提供了理念基础

执政理念是政党对以执政宗旨为核心的一整套价值判断包括执掌政权的宗旨、目的和任务，以及实现这一任务所需要的执政方针、执政手段等方面的理性认识和总体把握[②]，它影响到社会各个层面。从改革开放到中共十六届四中全会，中国共产党的执政理念经历了从“社会稳定”到“和谐社会”的变化。[③] 和谐社会建设必须坚持以人为本、科学发展、改革开放、民主法治、正确处理改革发展稳定的关系、在党的领导下全社会共同建设的原则。[④] 党的十六大以来，我们党坚持解放思想、实事求是、与时俱进，深入推进马克思主义中国化，提出了科学发展观等一系列重大战略思想。[⑤] 随着执政理念的变化，中国社会养老服务确立了明确的发展方向和原则。

科学发展观的执政理念为社会养老服务体系建设提供了指导思想。科学发展观的要义之一是树立协调的发展观，要统筹城乡发展、统筹区域发展、统筹经济社会发展、统筹人与自然发展、统筹国内发展和对外开放。

① 曹江：《运用现代化信息技术　打造居家养老服务体系》，《社会福利》2010 年第 10 期，第 58 页。

② 《党的执政理念》，人民网。

③ 方涛：《从“社会稳定”到“和谐社会”——对执政党执政理念变化的解读》，《理论与改革》2005 年第 6 期，第 71—72 页。

④ 《中共中央关于构建社会主义和谐社会若干重大问题的决定》，人民网，2006 年 10 月 19 日。

⑤ 虞云耀：《党的执政理念的历史性进步——十六大以来党的执政理念与实践的创新发展》，《求是》2012 年第 13 期，第 19—22 页。

在科学发展观的执政理念下，社会养老服务发展应与人口老龄化水平、经济社会发展水平相适应，居家养老服务与社区养老服务、机构养老服务相协调，与其他养老保障内容相衔接。

以人为本的执政理念为社会养老服务体系建设提供了路径选择。以人为本将满足人的需求、改善人的生活、促进人的发展作为经济社会发展的目的，在以人为本的执政理念下，国家关注社会成员的生活，关注民生问题，特别是养老问题。中国针对老年人的社会救助和养老保险制度，保障了老年群体的基本物质生活。以人为本的执政理念要求养老服务体系建设重视老年人生活水平的提高，促进老年人的全面发展。社会养老服务通过生活照料、家政服务、康复护理、医疗保险、精神慰藉等服务，满足老年人服务需求、提升老年人生活质量。以老年人服务需求、生活水平和全面发展为基点是社会养老服务体系建设的道路选择。

三、人力资源丰富为社会养老服务体系建设提供了人力基础

人力资源丰富为社会养老服务发展提供了劳动力资源。随着人力资源的壮大，越来越多的劳动就业人员从事服务性产业，社会养老服务提供者来源于劳动力市场，而第三产业就业人员的稳定增长能满足社会养老服务体系建设对服务供给人员的巨大需求。

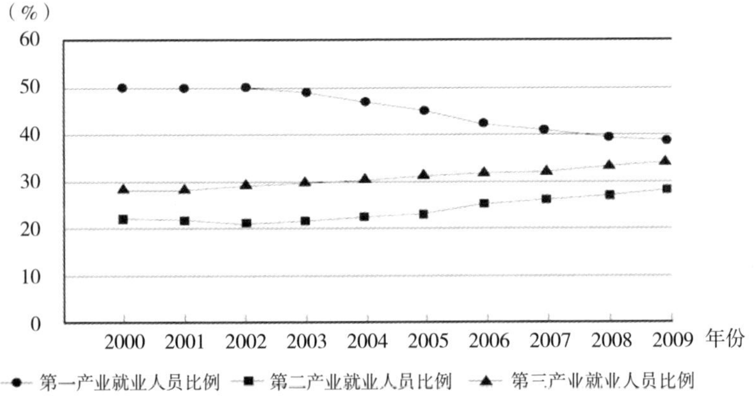

图 8-5　2000—2009 年中国就业人员从事产业的比例变化趋势

资料来源：国务院新闻办公室：《中国的人力资源状况》。

人力资源丰富为社会养老服务体系建设提供了人才资源。人才是社会养老服务体系建设的第一资源，高素质劳动者和专门人才，能保证社会养老服务的持续供给，也能保证社会养老服务供给的质量。中国人才资源总量稳步增长，2010 年年底，全国人才资源总量达到 1.2 亿人。[①] 社会养老服务体系建设依赖于各类人才，管理人员、社会工作者、护理人员、康复治疗师等构成了社会养老服务人才队伍的主体，丰富的人力资源有助于满足社会养老服务体系建设对人才的需求。2010 年，中国养老护理员达 3 万人[②]，2011 年，全国已有 54176 人取得社会工作者职业水平证书，其中社会工作师 13421 名、助理社会工作师 40755 名[③]。到 2020 年，中国民政范围社会工作专业人才将达到 150 万。[④]

人力资源丰富为社会养老服务体系建设提供了志愿者资源。志愿者服务是社会养老服务体系建设不可或缺的一部分，志愿者与专职人员一起在社会养老服务领域提供服务，共同满足中国老年人养老服务需求。为老志愿服务是养老服务的重要组成部分。2010 年起，中国全国老龄工作委员会组织开展了一项全国性爱老敬老社会活动“敬老月”，旨在大力宣传中国人口老龄化的严峻形势和应对策略，增强全社会的老龄意识和敬老意识。在 2011 年全国“敬老月”活动期间，各地共组织开展各类为老志愿服务行动 3500 万人次。[⑤] 丰富的人力资源一定能为社会养老服务发展输送足够的为老志愿服务者。

四、传统文化积淀为社会养老服务体系建设提供了文化基础

孝文化是中国传统文化的核心内容之一，它为社会养老服务体系建设提供了强有力的支撑。孝文化确立了养老的代际供养关系，树立了子女对父母孝养、孝敬、孝顺、孝思、孝丧、孝祭的行为模式，使得子女一代对父母一代的赡养成为一种责任和义务，从而为家庭在养老服务体系建设中奠定

---

① 国务院:《2011 年度人力资源和社会保障事业发展统计公报》，2012 年 6 月 5 日。

② 民政部:《全国民政人才中长期发展规划（2010—2020 年）》，2011 年 2 月 4 日。

③ 民政部:《2011 年民政工作报告》，2012 年 10 月 8 日。

④ 民政部:《全国民政人才中长期发展规划（2010—2020 年）》，2011 年 2 月 4 日。

⑤ 数据来源于全国老龄办发布的《2011 年度中国老龄事业发展公报》。

了核心地位。在人口老龄化加速、家庭养老功能弱化的形势下，仅仅依靠家庭已不能有效解决老年群体的养老问题。居家、社区与机构养老服务相结合的养老服务体系建设模式，是新形势下中国传统孝文化的持续发展。

互助文化是中国传统文化的重要组成部分，为社会养老服务体系建设提供强有力的支撑。在社会互助传统下，社会成员通过生产、生活等方面实现互助，解决生产、生活等问题。互助文化对当代社会也具有重大影响，社会对于患病社会成员的疾病照料、对于贫困人员的生活照料等均表现出互助的社会特点。传统互助文化一定能促使家庭、社区和各种社会力量相互帮扶，共同发展以居家为基础、社区为依托、机构为支撑的中国特色的新型社会养老服务模式。

五、社会管理的提出为社会养老服务体系建设提供了运行基础

社会管理主要是政府和社会组织为促进社会系统协调运转，对社会系统的组成部分、社会生活的不同领域以及社会发展的各个环节进行组织、协调、监督和控制的过程。2004 年的《政府工作报告》提出要“更加注重履行社会管理和公共服务职能”。同年的《中共中央关于加强党的执政能力建设的决定》，提出要“加强社会建设和管理，推进社会管理体制创新”。2006 年的《中共中央关于构建社会主义和谐社会若干重大问题的决定》指出，“加强社会管理，维护社会稳定，是构建社会主义和谐社会的必然要求”。2011 年的《中共中央国务院关于加强社会创新管理的意见》提出：“加强和创新社会管理，坚持以人为本、服务优先，多方参与、共同治理；要加强和完善社会管理格局，加强社会管理制度建设，加强基层社会管理和服务。”

社会管理是与公共福利和生活质量相关的社会政策的执行与实施①，社会管理创新的重点应放在解决社会公众尤其是弱势群体在养老服务等领域的切实需求上，提高政府保障能力，推进基本公共服务均等化②。

① 王川兰：《重新理解社会管理——基于社会政策与社会组织的视角》，《探索与争鸣》2011 年第 2 期，第 42—44 页。

② 杨宏山：《合作治理与社会服务管理创新：“朝阳模式”研究》，中国经济出版社 2012 年版，第 20 页。

社会养老服务体系建设正是社会管理创新的体现,而社会管理的提出确保了社会力量参与社会养老服务的运行,确保了社区参与社会养老服务的提供。社区是居家养老服务供给不可或缺的主体,社区养老服务是社会养老服务的重要支撑,具有社区日间照料和居家养老支持两类功能,主要面向家庭日间暂时无人或者无力照护的社区老年人提供服务[①],确保了社会组织参与社会养老服务的提供。社会组织是社会养老服务供给的重要主体,它主要为失能、半失能的老年人提供专门服务,社会组织养老服务是社会养老服务的有益补充,确保了公众参与社会养老服务提供。志愿者服务是社会养老服务的重要组成部分。在多方参与、共同治理社会的原则下,公众参与社会养老服务的积极性势必会得到增强。社会管理的提出使得社区、社会组织和公众参与社会养老服务具有合法性。

社会管理的提出确保了各方参与社会养老服务的地位。社会管理强调政府负责、社会协同、公众参与,家庭、社区、社会组织和公众都是有效的社会管理主体。在政府主导的养老服务提供中,家庭和社区是养老服务提供的核心主体,社会组织和公众是养老服务提供的重要主体。社会养老服务是对社会管理的创新,以居家为基础,依托社区,借助社会组织和公众的力量,共同满足老年人的养老服务需求。

8.2 中国社会养老服务体系发展现状

8.2.1 社会养老服务体系建设取得的成就

一、社会养老服务体系建设确定为国家发展战略

党和国家十分重视社会养老服务体系建设,不断出台相应政策和文件促进其发展。在 2000 年以前,党和政府主要推动发展针对孤寡老人等

① 国务院:《社会养老服务体系建设规划(2011—2015 年)》,2011 年 12 月 16 日。

特殊人群的社会养老服务；在这之后，发展多层次、多种类、多方式的社会养老服务得以明确。[①] 而《社会养老服务体系建设规划（2011—2015年）》这一我国养老服务领域的第一个国家专项规划则是明确提出“我国社会养老服务体系主要由居家养老、社区养老和机构养老等三个有机部分组成”，并确定“以居家为基础、社区为依托、机构为支撑”[②]的发展社会养老服务体系指导思想，此举意味着发展社会养老服务体系已上升到国家发展战略层面。在此之后相关政策密集出台。

二、多主体参与社会养老服务体系建设局面基本形成

构建社会养老服务体系，政府、家庭、社会等多主体的参与至关重要。首先是政府的参与。在 2000 年以前特别是从改革开放初期到 1999 年这段时期，老年人的养老责任主要由家庭负责，政府主要承担针对无劳动能力、无生活来源、无法定赡养人和抚养人的城镇“三无”老年人等特殊人群的养老服务。而伴随老龄化形势的严峻以及党和政府认识到养老服务的重要性，政府开始主导社会养老服务体系建设。其次是家庭功能的发挥。构建社会养老服务体系，并不意味着家庭无须承担针对老年人的养老责任；恰恰相反，家庭始终处于基础地位。一方面，受传统观念的影响，家庭养老始终是我国老年人的首要养老选择；另一方面，居家养老为主的养老方式选择更符合我国现阶段的实际情况。最后是社会力量的参与。社会力量对于盘活养老服务市场具有重要作用，党和政府十分重视并不断出台相关措施促进其发展。早在 2005 年，民政部便颁布《关于支持社会力量兴办社会福利机构的意见》鼓励和支持社会力量参与养老服务。

三、社会养老服务体系初步形成

经过多年的探索和实践，我国初步形成了以居家为基础、社区为依托、机构为补充、医养结合的多层次养老服务体系。[③] 如前所述，党和政府十分重视社会养老服务体系的建设，不断出台相关措施鼓励社会养老

① 张洋：《我国社会养老服务体系完善研究》，东北师范大学博士学位论文，2016 年。

② 在“十三五”规划中已改为“建立以居家为基础、社区为依托、机构为支撑的养老服务体系”。

③ 《我国初步形成多层次养老服务体系》，新华网，2016 年 5 月 3 日。

服务事业的发展。首先是着力推进居家和社区养老服务发展。为满足老年人居家养老的需求，国家不仅加大对居家和社区养老服务的投入和支持力度，也加大对社区养老服务设施的建设力度。其次是积极引导社会力量特别是社会资本投资兴办养老机构。党和政府不断通过税收优惠、政府购买养老服务等措施积极引导社会组织、事业单位乃至个人投资建设、运营养老机构。最后是提高养老服务能力。一方面，扩大养老服务范围，实现从单一发展养老服务事业到养老服务事业和养老产业同时发展；另一方面，针对老年人身体健康较差，对医疗服务需求较高的背景，党和政府亦不断出台相关政策加快发展医养结合事业。[①] 基于以上三点，可以认为我国社会养老服务体系基本形成。

8.2.2 现行社会养老服务体系存在的问题

一、多头管理，制度内容不完善

自2013年国务院出台相关文件要求各地区加快构建社会养老服务体系以来，各地区采取多种措施着力推进社会养老服务体系建设并已取得一定成就，但依旧存在较多不足之处。一是多头管理。构建社会养老服务体系牵涉到政府、家庭、社会等多主体，而目前多头管理的行政体系却阻碍社会养老服务的构建。如作为社会养老服务的主要提供主体，养老机构归属于民政部门管理，而在养老机构中兴建的医疗服务设施则归属于卫生部门管理；同时，兴建养老服务设施，还需要消防、城市规划、工商、环保等部门批准。多头管理、各部门分工不合理、管理体制混乱，导致政府部门在制定规划、出台政策、落实政策等方面的缺位与越位，阻碍社会养老服务体系的构建。[②] 二是制度内容不完善。虽然目前各地都从省级层面出台相应文件对构建社会养老服务体系做出指导性安排，但是这些文件大多仅在原则上做出安排，并未做出实质性规定，特别是针对民办

① 叶响裙：《基于城乡社会养老服务发展实践的思考》，《中国行政管理》2017年第9期，第151—154页。

② 吉鹏：《社会养老服务供给主体间关系解析——基于委托代理理论的视角》，《社会科学战线》2013年第6期，第184—189页。

养老服务设施所提出的政策优惠措施大多难以落实到位，阻碍民办社会养老服务设施的发展。同时，现已出台的相关文件并未明确社会养老服务体系所牵涉各方的责任，特别是关于入住养老机构的老年人生病、去世等原因导致的纠纷问题并未明确规定。由此导致养老机构不敢收住高危老年人，致使这部分老年人无法接受良好的临终关怀；另一方面也致使民间资本有所顾忌，无法放开手脚兴建民办社会养老事业。

二、投入不足，配套设施不完善

一是财政投入不足。受地方财力影响，一方面，市和区、县财政除保障城乡“三无”人员供养经费和资助农村敬老院建设外，对城镇公办养老服务设施以及社会办养老机构的建设和运行投入较少，相应优惠政策落实不到位，无法促进民办社会养老事业的发展。另一方面，各级政府大多只保障公办养老机构中入住老年人的基本饮食和住宿，往往忽视对医疗护理、现代化硬件设施、精神慰藉等方面的投入。二是社会力量投入不足。我国老年化社会呈现出老年人口基数大、老年人口增长速度快、高龄化趋势明显等特点，这必然需要动员社会各界力量并兴建各类民办社会养老服务事业。但受制于养老行业投入大、风险高、回报率低，加之《养老机构设立许可办法》出台以后，养老机构设置前置手续较多，尤其是消防、环保等手续，小型养老机构难以达到要求，阻碍了社会力量投资养老行业的积极性。三是配套设施不完善。一方面是养老机构内相关配套措施不足。由于入住老年人大多只能与养老机构内部人员交流，环境较为封闭，较容易导致精神健康问题，往往对相应的精神慰藉和减压服务较为期望，而养老机构大多缺乏专业社会工作者和心理咨询师，无法为入住老年人提供这类服务。另一方面是社会配套措施不足。发展社会养老服务体系往往需要相关社会服务产业的发展，而我国此类产业发展较晚，诸如老年人护理用品、老年人娱乐用品、老年人日间照料中心等相关配套设施较为缺乏。

三、产教脱离，专业服务人员缺乏

养老服务行业从业人员在社会养老服务体系中占据重要作用，然而我国长期以来只注重培养专业管理人员，忽视基层服务人员的培养。以社会工作专业为例，该专业已在大多数高校开设并大规模招生，但毕业之后真正从事基层社会工作的学子却是少之又少。深圳作为我国社会工作行业发展较好的地方，其社会工作行业从业人员仅有 7090 人，占全市常住人口的 0.054‰，远低于美国的 2‰，日本的 5‰，加拿大的 2.2‰和我国香港地区的 1.7‰，并且在这 7090 人中，从业不足一年的社工占了 44%，从业 5 年以上的社工占不到 5%。对于基层服务人员，虽然较多职业教育学校特别是卫校十分注重培养这部分人才，但是大部分毕业生却并不愿意从事养老服务行业，导致目前社会养老服务行业中基本服务人员缺乏。最终结果便是基层护理人员缺乏，一名护工往往需要照顾多名老年人，导致工作强度大、精神压力大，人员流动十分频繁。

四、服务水平低，难以满足老年人多样化需要

根据国家老龄办的调查，我国 60 岁以上老人患病率是全体人群的 3 至 5 倍；85%的高龄老人都患有慢性病、重病、多发病；60 岁以上老人慢性病发病率 53.9%，是平均水平的 4.2 倍，人均患有 2—3 种疾病；其中失智、失能老人约占 15%，为老年人提供专业医疗服务已成为共性选择[①]。为此，在构建社会养老服务体系的过程中，各地区往往把为老年人提供医疗服务放在第一位。一方面，通过在大中型养老机构内兴建专门医疗服务设施解决入住老年人的医疗服务问题；另一方面，通过在中小型养老机构和人口密集区兴建中小型医疗服务设施，通过签约定点医疗机构和家庭医生方式为这部分老年人提供医疗服务。但是在我国老龄人口中，高龄、失能、失智老年人占据相当大比例，这部分老年人除了基本医疗服务外，饮食、卫浴、理发等成为其个性需求，而各地区在构建社会养老服务体系时往往忽视这部分人的个性需求。

五、农村养老服务发展落后，城乡养老服务供给差异大

我国老龄化形势呈现城乡倒置的局面，与已经进入老龄化国家"城镇老龄化程度要高于农村"的规律存在差异。根据第六次全国人口普查

① 中国社科院：《中国老龄事业发展报告（2013）》，社会科学文献出版社 2013 年版，第 95 页。

数据显示，我国农村 60 岁以上人口占比已达 14.98%，比城镇 60 岁以上人口占比高近 3 个百分点，比全国平均水平高 1.72 个百分点；其中，农村 65 岁以上人口占比达 10.02%，比城镇 65 岁以上人口占比高 2.05%，比全国平均水平高 1.15%。[①] 然而，各地往往重视城镇社会养老服务设施建设，忽视农村社会养老服务设施的建设，如湖北省农村老年人互助照料活动中心覆盖率仅有 16.3%，远低于城镇 45.2%的覆盖水平。随着我国老龄化社会特别是农村老龄化的不断加剧，现有养老服务设施已显然无法满足农村老年人的养老需求。更为严峻的是，农村现有养老服务设施同样存在较多不足。一方面是大多数农村现有养老服务设施受制于国家政策，只面向“五保户”和“三无”人员，不向占农村老年人主体的普通老年人开放。另一方面是农村现有养老机构硬件设施落后，仅能为入住老年人提供基本住宿、饮食服务，没有空调、24 小时热水等其他硬件设施。更为重要的是，这些养老机构无法提供医疗服务设施，一旦入住老年人发生突发疾病，往往错过最佳抢救时间，造成遗憾。

8.3 发展和完善社会养老服务体系

8.3.1 社会养老服务体系建设的指导思想、理论基础和基本理念

一、发展社会养老服务体系建设的指导思想

根据《国务院关于加快发展养老服务业的若干意见》，社会养老服务体系建设的指导思想应该是：“以邓小平理论、‘三个代表’重要思想、科学发展观为指导，从国情出发，把不断满足老年人日益增长的养老服务需求作为出发点和落脚点，充分发挥政府作用，通过简政放权，创新体制机

① 数据根据国家统计局 2010 年人口普查资料整理所得。

制，激发社会活力，充分发挥社会力量的主体作用，健全养老服务体系，满足多样化养老服务需求，努力使养老服务业成为积极应对人口老龄化、保障和改善民生的重要举措，成为扩大内需、增加就业、促进服务业发展、推动经济转型升级的重要力量。”①

二、社会养老服务体系建设的基本理念

社会养老服务体系建设需要树立以下基本理念。首先，社会养老服务体系的发展必须确保老年人的生活质量。确保老年人的生活质量是社会养老服务建设的基本理念，也是社会养老服务体系建设的基本目标，居家养老服务、社区养老服务以及机构养老服务都是为了保证老年人的生活质量。老年人的生活质量不仅仅是指老年人的物质生活质量，更包括对老年人所需要的各种服务的满足程度与水平，还包括老年人在精神慰藉、自我意识与尊严、相关权益的维护与实现等方面的内容。因此，是否能够确保老年人的生活质量应该成为选择养老服务的基本前提，并在此前提下，根据老年人服务需求的相关条件和影响因素，决定养老服务方式的选择。养老服务方式应以确保老年人生活质量为目标，自力养老、居家养老、社区养老与机构养老都是保证老年人生活质量的养老服务途径，而社会养老服务体系建设更应确保老年人生活质量。

其次，社会养老服务体系建设必须尊重老年人的选择意愿。尊重老年人选择意愿是发展养老服务所必须坚持的基本理念之一，是否尊重老年人的选择意愿直接影响老年人物质生活与精神生活的质量，老年人选择的意愿包括许多方面，根据《中华人民共和国老年人权益保障法（修订草案）》，老年人养老以居家为基础，家庭成员应当关心和照料老年人。赡养人应当履行对老年人经济上供养、生活上照料和精神上慰藉的义务，照顾老年人的特殊需要。对生活不能自理的老年人，赡养人应当承担照料责任。不能亲自照料的，可以按照老年人的意愿，委托他人或者养老机构照料。赡养人应当妥善安排老年人的住房，不得强迫老年人居住或者迁居条件低劣的房屋。家庭成员应当关心老年人的精神需求，不得忽视、

① 《国务院关于加快发展养老服务业的若干意见》，2013年9月13日。

冷落老年人。与老年人分开居住的赡养人，应当经常看望或者问候老年人；赡养人之间可以就履行赡养义务签订协议，并征得老年人同意；老年人的婚姻自由受法律保护。子女或者其他亲属不得干涉老年人离婚、再婚及婚后的生活。赡养人的赡养义务不因老年人的婚姻关系变化而消除；老年人对个人的财产，依法享有占有、使用、收益和处分的权利，子女或者其他亲属不得干涉，不得以骗取、盗取、强行索取等方式侵犯老年人的财产权益。显然，尊重老年人的选择意愿不仅包括养老方式的选择，还包括住所、赡养协议、婚姻、财产处置等方面的意愿。

最后，社会养老服务体系建设要体现国家责任理念。社会养老服务体系中的国家责任理念是社会养老服务发展必须确立的新的基本理念之一。随着中国社会的变迁，家庭结构开始发生显著变化，家庭的养老服务功能逐渐退化，而人口老龄化不断加剧了家庭养老服务的重担，这使得在新的社会发展阶段家庭养老必然走向社会养老，从而使得养老服务的内涵与实质发生显著变化。家庭养老是指以家庭成员为唯一责任主体的养老服务；后者则是家庭、社会与政府责任相结合的养老服务，是家庭、社区和机构养老服务等多种方式的有机结合。显然，传统家庭养老服务与现代社会养老服务的根本区别在于养老服务责任主体的变化，现代社会养老服务的根本特征是政府责任的引入，社会养老服务中的国家责任理念是西方国家养老服务发展的实践经验，也是中国社会养老服务体系建设和发展的必然要求。

三、社会养老服务体系建设的理论基础

（一）适度普惠型福利理论

适度普惠型福利理念来源于普惠型社会福利理论。该理论主张社会福利制度不仅包括社会保险制度和社会救助制度等基本社会保障制度，而且包括比较完善的社会福利制度和社会福利服务体系，更重要的是，人人都公平享有适度的基本社会保障、社会福利与福利服务。适度普惠型福利理论对中国社会养老服务体系建设具有指导意义，它将基本养老保障制度与老年福利制度和养老服务体系结合起来，而且强调社会养老服务体系建设中的公平性和适度性。

（二）基本公共服务均等化理论

基本公共服务均等化理念主张，基本公共服务是政府确保社会成员人人都能享有的、与公民基本权利和基本需求相关的社会服务，是公民的基本权利，它体现了发展的社会属性。[①] 作为基本公共服务的核心内容之一，社会养老服务体系建设对于保障老年人生活质量具有重要的意义。应将社会养老服务体系建设作为基本公共服务的重要内容之一，政府通过建立社会养老服务的政策支持体系、对社区养老服务基础设施的投入、建立养老服务机构等，支持和促进社会养老服务体系建设。

（三）福利多元主义理论

福利多元主义理念认为，市场、国家和家庭提供的福利总和即社会总福利，国家是现今最主要但并非唯一的福利生产者，市场也是福利的来源之一。市场、国家和家庭作为单独的福利提供者都存在一定的缺陷，国家、市场和家庭之间与其说是相互竞争的关系，不如说是相互补充的关系。[②] 福利多元主义告诉我们，社会养老服务并非政府单方面的责任和义务，其建设与发展需要国家、市场与家庭三方共同做出努力。居家养老、社区养老与机构养老等三种养老服务在发展和完善过程中，都需要家庭、社会与政府共同承担责任。

8.3.2 发展社会养老服务的基本原则

一、发展社会养老服务的宏观原则

《国务院关于加快发展养老服务业的若干意见》指出，发展社会养老服务需要坚持以下原则：(1)深化体制改革。加快转变政府职能，减少行政干预，加大政策支持和引导力度，激发各类服务主体活力，创新服务供给方式，加强监督管理，提高服务质量和效率。(2)坚持保障基本。以政府为主导，发挥社会力量作用，着力保障特殊困难老年人的养老服务需求，确保人人享有基本养老服务。加大对基层和农村养老服务的投入，充

---

① 郑功成等：《中国社会保障制度改革与发展战略》（总论卷），人民出版社 2011 年版，第 130—144 页。

② 彭华民等：《西方社会福利理论前沿》，中国社会出版社 2009 年版，第 13—21 页。

分发挥社区基层组织和服务机构在居家养老服务中的重要作用。支持家庭、个人承担应尽责任。(3)注重统筹发展。统筹发展居家养老、机构养老和其他多种形式的养老,实行普遍性服务和个性化服务相结合。统筹城市和农村养老资源,促进基本养老服务均衡发展。统筹利用各种资源,促进养老服务与医疗、家政、保险、教育、健身、旅游等相关领域的互动发展。(4)完善市场机制。充分发挥市场在资源配置中的基础性作用,逐步使社会力量成为发展养老服务业的主体,营造平等参与、公平竞争的市场环境,大力发展养老服务业,提供方便可及、价格合理的各类养老服务和产品,满足养老服务多样化、多层次需求。①

二、发展社会养老服务的具体原则

(一)政府主导,多方参与

社会养老服务建设涉及多方面的利益关系,应该加强政府在社会养老服务相关支持政策、社会养老服务的规划、相关领域的筹资、社会养老服务规范化以及社会养老服务评价与监管等方面的职责。发挥市场在社会养老服务资源配置中的基础性作用,打破行业界限,开放社会养老服务市场,采取公建民营、民办公助、政府购买服务、补助贴息等多种模式,引导和支持社会力量兴办各类养老服务设施建设,为社会养老服务提供必要的依托和支撑。鼓励城乡自治组织参与社会养老服务,充分发挥专业化社会组织的力量,不断提高社会养老服务的水平和效率。

(二)因地制宜,突出重点

中国的基本国情决定了社会养老服务发展必须坚持因地制宜的原则,应根据各区域内老年人口数量及其变迁趋势、养老服务发展的基本水平及其供求趋势,充分依托现有养老服务的资源,合理安排社会养老服务所需的政策、设施、规范以及指标项目。社会养老服务的发展还必须突出重点,以居家养老服务政策支持为重点,在社区养老服务中以长期照料、护理康复和社区日间照料为重点,分类完善不同养老服务机构和设施的功能,优先解决需求最迫切的老年群体的养老问题。

① 《国务院关于加快发展养老服务业的若干意见》,2013年9月13日。

（三）居家为主，社区与机构为辅

居家养老服务应该是中国社会养老服务体系建设的基础，这是中国传统文化与现实国情的使然，也是一些国家和地区养老服务经验的启示，因此，社会养老服务体系建设必须以居家养老服务为主。但居家养老服务需要一定的社区养老服务设施作为依托，也需要规范合理的养老服务机构作为支撑，共同构建社会养老服务供给体系。

（四）立足当前与着眼长远相结合

面对我国人口老龄化及城乡养老服务发展存在差别的现实，在社会养老服务发展中，应该从我国的基本国情出发，把着力解决当前的社会养老服务政策支持，缺乏设施依托与支撑，专业化、规范化与标准化不足，城乡社会养老服务基础条件存在显著差异等，作为目前社会养老服务发展的突出矛盾加以解决；与此同时，还应该充分认识到中国人口老龄化在规模、城乡分布等方面的长期挑战，采取具有可持续性的政策措施，尤其是探索社会养老服务在应对人口老龄化的长期性方面的可行措施。

8.3.3　完善社会养老服务体系的对策

一、完善制度安排，理清养老服务主体关系

一是理清养老服务体系中各方关系。完善社会养老服务体系应理清政府、家庭、社会等主体间关系。政府部门应居于主导地位，除了承担公办养老服务提供者的角色，还需承担组织协调的责任，制定完善的规章制度，处理各类纠纷，协调各方关系①。个人与家庭作为社会养老服务体系的重要组成部分，应明确入住老年人及其家庭与养老机构的责任与义务，特别是入住老年人在养老机构内生病住院后的责任划分问题。社会作为重要参与力量，应动员社会各方力量特别是各居民社区、社会机构参与进来，兴建各类民办社会养老服务设施缓解公办养老设施不足局面。此外，还需明确各相关部门的关系，应坚持民政部门为主导，卫生、消防、工商等

① 孙宏伟、孙睿：《我国社会养老服务体系建设的政策选择》，《东北大学学报（社会科学版）》2013年第4期，第398—402页。

其他相关部门协同配合的原则，避免政府部门管理的缺位与失位，共同完善社会养老服务体系建设。

二是完善制度建设，特别是法律法规建设。通过制定统一的法律规范，对社会养老服务中各方的责任与义务做出明确规定，合理划分各方责任，才可打破养老机构与护理人员身上的枷锁，促进社会养老事业发展。如可通过对《中华人民共和国老年人权益保障法》的修订，对其中关于社会养老原则部分按照上述要求进行详细规定，或者将社会养老部分单独列为一章，对制度内容进行详细规定。

二、加大财政投入，进一步落实养老服务配套措施

一是加大政府财政投入。通过财政投入完善各公立养老机构养老硬件设施，并对现有养老机构护理人员提供专业护理培训，提高护理技能，从而为入住老年人提供更高层次服务。对部分经营不善的民办养老机构，通过政府收购、投资、委托经营、政府购买服务等形式，从民办养老机构转为公办或半公办养老机构提供养老服务。对于困难老人，可以按生活能够自理、半自理和完全不能自理的标准进行不同的定期定额补助，建立随物价或工资水平变化动态调整机制，以满足困难老人养老需求，缓解其养老压力。①

二是出台相应优惠政策，鼓励民间资本投入。作为一项公益事业，养老服务行业投资利润低、回报周期长、前期投入大，以致投资风险较大，民间资本投资意愿较低。各地方政府可通过税收优惠、水电费优惠、银行贷款优惠、土地流转优惠等措施，鼓励民间资本投资养老服务设施，降低其投资风险，提高其利润。

三是完善医疗服务设施。一方面通过完善医疗服务中心布局，在中小型养老服务中心密集区兴建中小型社区医院、社区卫生服务中心等措施，解决这部分养老机构医疗力量不足的困境。另一方面在大中型综合性或专业性医院组建专门的老年病科室，并与各养老机构签订服务协议，为签约养老机构的入住老年人提供专门医疗服务，缓解老年人看病难

① 刘欢：《甘肃省社会养老服务体系建设研究》，博士学位论文，兰州财经大学，2015 年。

局面。

四是兴建配套服务措施。居家养老作为我国老年人未来一段时间的主要养老选择，完善社会养老体系必须要坚持居家养老为主，机构养老、社区养老为辅的思路兴建社会养老服务设施。同时，各地要着力兴建老年人洗衣间、老年人食堂、老年人浴室和老年人活动中心，为居家养老老年人解决衣食卫浴和娱乐等方面问题，让老年人走出家中，共享社会发展成果。

三、注重产教融合，加强养老服务人才队伍建设

加强养老服务职业教育培训，有计划地在高等院校和中等职业学校增设养老服务相关专业和课程，开辟养老服务培训基地，加快培养老年医学、护理、营养和心理等方面的专业人才，提高养老服务从业人员的职业道德、业务技能和服务水平。通过定期组织包括家庭成员在内的农村养老服务人员培训、学习，提高农村养老服务人员的专业化水平。具有医疗资质的养老机构，可以纳入护理类专业实习基地范围，鼓励大专院校学生到各类养老机构实习。

推行养老护理员职业资格考试认证制度，并逐步实现全面持证上岗。完善培训政策和方法，加强养老护理员职业技能培训。要选派有经验的专业养老服务人员和专业社会工作者，指导和探索居家养老服务的必要方式、方法和模式。加大对居家养老服务中介组织的扶持力度，规范各类养老服务组织的服务内容、项目、收费标准等事项，引导其为老人提供质优价廉的养老服务。探索建立在养老服务中引入专业社会工作人才的机制，推动养老机构开发社工岗位。要有意识地引导、培育和壮大养老服务志愿者队伍，实行居家养老服务志愿者注册制度，加强对养老服务志愿者提供专业化的指导，使其掌握养老服务的基本理论，形成专业人员引领志愿者的联动工作机制，提升其提供养老服务的能力和水平。

四、加强科技支撑，打造智慧养老医疗服务体系

运用现代科技成果，提高服务管理水平。以养老服务需求为导向，以社区日间照料中心为依托，按照统筹规划、实用高效的原则，采取便民信息网、热线电话、爱心门铃、健康档案、服务手册、社区呼叫系统、有线电视

网络等多种形式，构建社会养老服务的信息网络和服务平台，发挥社区综合性信息网络平台的作用，为老年人提供便捷高效的服务。在养老服务机构中，建立老年人基本信息电子档案，通过网上办公实现对养老机构的日常管理，建成以网络为支撑的机构信息平台，实现居家、社区与机构养老服务的有效衔接，提高服务效率和管理水平。

构建智慧养老医疗体系。一是要在现有养老机构内及其周边兴建专门社区医疗服务中心等专门医疗服务机构，完善现有医疗机构硬件设施，通过专业化医疗机构，为入住老年人提供远程医疗支持。二是针对互联网特别是物联网技术迅速发展，构建老年人健康大数据平台，利用老年人基本档案、电子健康档案、电子病历等实时动态数据，对老年人健康状况动态监测，为老年人特别是居家养老老年人提供服务。

五、统筹城乡，缩小城乡养老服务供给差异

推进城乡社会养老服务均等化的发展。由于受到城乡二元结构等因素的影响，我国城乡社会养老服务的发展处于不均衡的状态。相对而言，城镇社会养老服务发展较快，为了统筹城乡社会养老服务的协调发展，实现城乡社会养老服务资源配置的合理公平，建立均等化的城乡社会养老服务体系应该成为我国社会养老服务体系发展的目标。需要指出的是，城乡均等化的社会养老服务体系并不意味着城乡社会服务完全相同，而是指城乡社会养老服务体系的建设和发展要遵循相同的理念与合理的标准，保证城乡社会养老服务软件和硬件的均衡投入，实现城乡居民享受社会养老服务的公平性。

目前，在推进城镇社会养老服务发展的同时，更加迫切的是要着力推进农村社会养老服务体系。强化对农村社会养老服务的政策支持，尤其是对农村特困老年人社会养老服务的补偿机制。推进农村社区养老服务设施建设，为农村老年人居家养老服务提供必要的依托，每个县（区）、乡镇和农村社区都要建立多功能的社区养老服务中心，每个自然村建设养老服务站，并建立起农村社区养老服务的其他配套设施。逐步建立农村社区养老服务的信息网络系统，开发适合农村社区养老服务需要的社区服务软件，打造农村社区养老服务信息化平台，实现县（区）、乡（镇）、村居委会和自然村社区养老服务中心、站的有效对接,初步构建起县(区)、乡(镇)、村居委会和自然村四级社区养老服务网络体系。此外,还要建立必要的农村养老服务机构,并审慎推进农村机构养老服务,县(区)应该建立综合养老服务机构,并作为示范性养老服务机构,乡镇应该结合实际情况建立养老服务机构,为那些存在居家养老服务困难、社区养老服务难以满足需要的农村老年人提供养老服务。同时,通过多种方式,培养农村社会养老服务专业人才,并提升家庭成员提供居家养老服务的专业化水平。

9

中国老年服务业供给侧改革的发展战略研究*

刘昌平　汪连杰

*　本部分系北京化工大学引进人才项目“社会养老保险关系转续机制研究——基于既得受益权理论”（buctrc201805）的研究成果。

9.1 中国老年服务业供给侧改革的研究缘起

改革开放以来，我国经济一直保持了较高水平的增长。据统计资料显示，从1978年到2013年，我国GDP年均增长率达到了9.8%，处于世界领先水平。① 然而，进入经济新常态以来，我国宏观经济发展速度放缓，传统依靠"三驾马车"来拉动经济增长的方式越来越不能适应经济发展的需求，经济增长模式逐渐由"需求决定型经济"向"供给决定型经济"转变。2015年11月10日，习近平总书记在中央财经领导小组第十一次会议上首次提到"供给侧改革"，强调要适度扩大社会的总体需求，并在此基础上，加强供给侧的结构性调整，提高整个供给体系的质量和水平，从而为经济增长提供动力。2015年11月17日，在国家"十三五"《规划纲要》编制工作会议上，国务院总理李克强指出，应当从经济的需求侧和供给侧同时发力，促进我国经济的整体转型升级。2015年11月18日，习近平主席在APEC会议上再次强调供给侧改革的重要性，并指出，要解决经济发展的深层次问题，必须推进经济结构的深层次改革，促进供给结构更加适应需求结构的变化。由此可见，供给侧改革是我国新形势下寻求经济发展的必然选择，是促进经济转型和可持续发展的关键。

所谓供给侧改革，指的是从提高产品和服务的质量入手，通过改革推进供给结构的调整，矫正要素配置的扭曲，扩大有效供给，提高供给体系与需求体系之间的匹配度和灵活性，更好地满足人民群体的需求。② 因

① 《2015年中国经济下行压力进一步加大就业仍严峻》，中国经济新闻网，2015年1月5日，http://www.cet.com.cn/cjpd/jy/1426320.shtml。

② 宜勇、邢伟：《公共服务体系的供给侧改革研究》，《人民论坛·学术前沿》2016年第5期，第71页。

此,供给侧改革的主要路径是通过优化供给结构,化解产能过剩,从而为经济增长注入活力。于是,有学者指出,我国的供给侧改革的重点有两个方面:一是大力发展第三产业,优化产业结构;二是要加大对民生保障方面的扶持力度,弥补经济发展的“短板”。[①] 因此,既属于第三产业又属于民生保障的老年服务业,在我国供给侧改革中的地位不言而喻。2016 年 5 月,民政部副部长高晓兵指出,今后将以满足老年人多元化的养老服务需求为目标,大力推进养老服务供给侧改革,全面放开养老服务市场。所以,供给侧改革对于我国老年服务业的发展有两层含义:第一,从整体上看,老年服务业是集生产、经营、服务于一体的综合性产业。[②] 发展老年服务业对于缓解我国人口老龄化压力、刺激消费、优化经济增长方式等方面都有着重要意义。第二,从产业内部看,我国老年服务业的供给侧也存在着结构性问题,制约了产业的优化升级。

事实上,在快速人口老龄化的背景下,长期以来,受到传统养老观念的影响,加上经济发展水平的限制,我国老年服务业发展较为缓慢。一方面,现阶段的老年服务总体供给不足,难以满足日益增长的养老需求;另一方面,就现有的供给侧和需求侧而言,整体结构失衡现象明显。因此,在社会转型时期,政府应该对老年服务业进行供给侧改革,抓住机遇,优化老年服务业的供给结构,提高供给和需求的匹配度,进而实现老年服务业的可持续发展。研究这些不仅仅是学理层面的问题,更是我们正确对待老年服务业发展的现实问题,对于缓解我国人口老龄化,满足日益增长的老年需求,让老年群体共享改革发展成果有着重要的现实意义。因此,本文基于供给侧改革背景,在理论阐释的基础上,通过分析老年服务业供给侧存在的具体问题,指出老年服务业供给侧改革的实践路径,希望能够为政府在老年服务业进行供给侧改革提供思路。

---

① 唐钧:《“供给侧改革”中老年服务的定位》,2016 年 6 月 17 日,http://blog.sina.com.cn/s/blog_704bf77b0102wwa0.html。

② 于戈、刘晓梅:《论我国老年服务业发展研究》,《甘肃社会科学》2011 年第 5 期,第 236 页。

9.2 中国老年服务业供给侧改革的理论依据

供给侧改革的主张最早可以追溯到西方的“萨伊定理”和供给学派。因此,首先明晰西方学者关于供给侧改革的研究背景和理论观点,加强对于供给侧改革的认识,有利于更好地理解我国老年服务业供给侧改革的内在价值。

9.2.1 供给侧结构性改革理论的发展逻辑

19 世纪初,经济学家萨依(Say)提出了著名的“萨伊定理”。萨伊认为,在产品交换的过程中,货币只在一瞬间起作用,当交易结束之后,我们发觉交易总是以一种货币交换另一种货币。[①] 根据“萨伊定理”,在一个完全自由的市场经济中,由于供给能够自行创造自己的需求,因而供给和需求不会发生严重失衡,社会总需求始终等于社会总供给。因此,“萨伊定理”提出了“供给自行创造需求”的理念。20 世纪 30 年代,资本主义国家爆发经济危机,人们发现供给不能自行创造需求,凯恩斯主义开始盛行。与强调“供给侧”的“伊萨定理”不同,凯恩斯以“需求侧”为主要视角,明确提出“需求不足才是引发经济危机的根本原因”[②]。因此,凯恩斯主张,要克服经济衰退,就应该由政府进行调控,刺激消费,并对总需求进行管理,通过扩张性的货币政策和财政政策去刺激总需求。

20 世纪 70 年代,资本主义国家经济发展陷入“滞胀”局面,为纠正凯恩斯学派过分强调刺激需求的做法,出现了以美国学者拉弗(Laffer)、万

① 萨伊:《政治经济学概论》,商务印书馆 2010 年版,第 144 页。

② 李翀:《论供给侧改革的理论依据和政策选择》,《经济社会体制比较》2016 年第 1 期,第 10 页。

尼斯基(Wanniski)、吉尔德(Gilder)为代表的供给学派。首先,拉弗提出了著名的“拉弗曲线”,系统描绘了政府税收收入与税率之间的关系,即政府税收与税率之间存在一个最优点,当税率超过这个最优点之后,政府税收反而随着税率增加而逐渐减少。万尼斯基将这种新办法称作供给侧改革,并把这套新理论叫做供给经济学。供给学派认为,经济停滞的原因并不在需求侧,而应该在供给侧。因此,应当用供给管理来代替需求管理,通过减少政府对于经济的干预,降低税收来刺激社会的总供给。供给学派的主张得到了美国里根总统的采纳,并作为以后美国各届政府调节经济的基本手段。

9.2.2 供给侧改革:老年服务业转型升级的必然选择

老年服务业是为老年群体提供服务的第三产业,是随着我国老年人口数量增加及老年群体消费能力提高而逐渐发展起来的新型行业。随着我国人口老龄化水平的提高,我国老年服务业得到了一定程度的发展,初步形成了社会化的服务体系,尤其是政府大力支持私人资本进入老年服务行业,加上社区养老服务的发展,我国老年服务供给体系也日益完善。现阶段,我国老年服务业所面临的主要矛盾是老年群体日益增长的、更加多样性和个性化的老年需求与非均衡的产业服务供给之间的矛盾。随着老年群体收入水平的提高,老年群体的需求逐渐由单一的物质需求向以生活照料、医疗护理和生活慰藉为主的多样化需求方向转变。然而,目前来看,受到产业碎片化、生产偏好的影响,企业能够提供的服务较为单一,且同质化现象严重。另外,加上对于精神慰藉这一“软性服务”的服务标准难以量化,积累了很多结构性问题。因此,在社会化老年服务发展的新时期,为有效解决我国老年服务业的发展瓶颈,应该以供给侧为主要出发点,注重解决老年服务供给和需求不匹配问题,以实现老年服务业的健康发展。

虽然,现阶段,我国老年服务业最大的问题依然是总体供给不足,无法满足日益增长的老年需求。然而,随着政府的大力支持,逐步扩宽筹资渠道,供给短缺的问题得到了一定缓解,并保持长足的发展态势。就现有的老年服务业而言,最主要的问题是供给结构不合理,供给侧与需求侧失衡。一方面,我国老年群体对于市场化的老年服务接受程度较低,限制了老年服务业的快速发展;另一方面,我国老年服务业供给与老年群体的需求严重脱轨。因此,我国老年服务业的健康发展,需要增加供给量,但现阶段最主要的是要首先解决供给侧与需求侧的错位问题,让老年服务行业发挥最大的社会价值,进而实现产业的增长与转型升级。因此,以供给侧改革的思路为指导,推进供给侧改革,构建丰富完善、结构优化、服务到位的老年服务体系是我国老年服务行业转型升级的必然选择。

9.3 中国老年服务业供给侧存在的主要问题

近年来,我国政府加大了对老年服务业的扶持力度,相关政策体系逐渐成形,养老服务水平有所提升。但从总体上看,我国老年服务业还存在着地区发展不均衡、监管体系不健全及供需结构不协调等问题,而供需结构问题逐渐成为现阶段的主要问题。我国老年服务业供给侧存在的结构性问题主要体现在三个方面:潜在需求较大,有效需求不足;高端老年服务生产过剩,供需严重失衡;老年服务供给主体单一,产品结构不合理。

9.3.1 老年服务潜在需求较大,有效需求不足

在人口老龄化的背景下,我国老年服务业的潜在需求较大。截至2015年,我国60岁以上老年人口达到2.12亿,约占总人口数量的16.5%。[①] 为2亿老年群体提供养老服务,潜在消费市场巨大。据测算,

① 《截至去年底中国60岁以上老年人口已达2.12亿》,新华网,2015年5月3日,http://news.xinhuanet.com/politics/2015-06/12/c_127906989.htm。

仅城市地区,对老年服务有需求的老年人群 2015 年为 310 万人,到 2050 年增长到 1019 万人。另外,我国 2 亿老年人群中,80 岁以上老年人口为 2400 万人,占总体老年人口数量的 11%;半失能老人和完全失能老人约为 4000 万,占全体老年人口的 16%,这部分老年人口最需要全面的生活照料。① 据中国老龄科学研究中心 2010 年的调查数据显示,我国城市老年人口对于家政服务和餐桌服务的比例达到了 58%和 49%,对于医疗卫生服务需求的比例,城市为 54. 9%,农村为 72. 6%。② 因此,从总体上看,无论是老年人口数量,或是需求护理人口数量,我国都有着巨大的老年服务业市场。然而,现阶段,受到收入水平的影响,有能力支付老年服务费用的老年群体却十分有限。据中国老龄科学研究中心 2014 年的调查数据显示,民办养老机构的收费标准平均为 2134 元。③ 然而,以天津市为例,2014 年,有 89. 6%的老年人接受 2000 元及以下的价格,只有大约 10%的老年人能够接受价格为 2000 元以上的收费。④ 这就意味着,即使在我国东部地区也有将近九成的老年群体无法接受养老机构的收费标准。另外,随着我国“4-2-1”型家庭结构日益普遍,子女的经济供养压力增加,加上通货膨胀,进一步加剧了我国老年群体的经济压力。因此,综上所述,虽然我国的老年服务市场潜力巨大,但实际有效需求却很有限。

9.3.2 高端老年服务生产过剩,供需严重失衡

近年来,我国政府大力扶持老年服务市场的发展,2012 年,民政部发布《关于鼓励和引导民间资本进入养老服务领域的实施意见》;2015 年,

① 《2015 年中国人口老龄化现状分析及发展趋势预测》,2015 年 10 月 27 日,http://www.chyxx.com/industry/201510/352441.html。

② 王莉莉、杨晓奇:《我国老龄服务业发展现状、问题及趋势分析》,《老龄科学研究》2015 年第 7 期,第 9 页。

③ 吴玉韶、王莉莉、孔伟、董彭滔、杨晓奇:《中国养老机构发展研究》,《老龄科学研究》2015 年第 8 期,第 18 页。

④ 国家统计局天津调查总队“老龄服务需求研究组”:《老年人对老龄服务业发展需求调查》,《调研世界》2014 年第 2 期,第 23 页。

民政部等十部委联合发布《鼓励民间资本参与老年服务业发展政策意见》,希望发挥市场在资源配置中的决定性作用,引导私人资本发展老年服务产业。于是,在我国老年服务业掀起了产业发展的"浮夸风"。这主要表现在两个方面:第一,一些地方政府为响应中央政府号召,不顾本地区老年群体的购买能力和养老机构的运营规律,在本地区动辄兴建几千甚至上万张床位,造成了大量床位空置。第二,一些房地产企业受到房地产市场"降温"的影响,为了追逐利润,不顾老年群体的现实需求与消费偏好,打着养老的名义兴建了一批高档养老公寓。这些高档公寓大多地处郊区,交通不便,养老服务设施富丽堂皇,价格不菲。但这些养老公寓对于大部分老年群体却并不适用,空置率较高。据资料显示,我国民办养老机构的空置率达到40%—50%,而高档养老机构额空置率甚至达到了70%—80%,较高的空置率造成企业生产成本提高,降低了盈利空间。① 据老龄科学研究中心2014年"十二城市"养老机构调查数据显示,我国盈利的养老机构仅占19.4%,基本持平的占48.1%,大约有32.5%的养老机构处于不同程度的亏损状态。因此,我国面临着老年群体无处养老和养老机构"服务过剩"的双重困境,供需结构失衡。这不仅造成了养老服务设施的浪费,而且不利于老年服务行业的可持续发展。

9.3.3 老年服务供给主体单一,产品结构不合理

一直以来,谁来提供老年服务是我国老年服务产业需要解决的重要问题。从国际经验看,西方发达国家的养老服务体系基本上坚持市场化倾向,并且形成了以市场为主的多元主体参与的老年服务供给体系。虽然,近年来我国政府大力引导私人资本进入老年服务业,充分发展老年服务行业的市场化。但是,从总体上看,我国计划经济时期建立的老年服务体系仍然属于补缺型的制度安排,并没有形成制度型的福利框架。在转

① 桑胜高:《空置率达48%,养老机构需清晰定位》,新华网,2015年7月23日,http://news.xinhuanet.com/gongyi/yanglao/201507/23/c_128050904.htm。

型时期,我国老年服务供给主体仍然较为单一,这主要表现为:以家庭和政府供给为主,民营养老服务机构偏少,社会化养老服务体系发展不足。[①] 目前,个体的生存与生活依然主要依赖家庭,称之为"家庭福利化"。[②] 另外,据统计资料显示,我国民营养老机构数量仅占全部养老服务机构数量的20%。[③] 出现这种局面的原因在于民营养老机构发展面临着土地、资本和劳动力等生产要素不足的多重困境。除此之外,随着我国经济的稳步快速增长,我国人民的可支配收入逐年增加,人民的生活水平越来越高,老年群体的消费需求也呈现出多样性和多元化。然而,现阶段,我国老年服务市场产品和服务供给较为单一,呈现出"哑铃型"的供给结构,即低端和高端老年服务供给较多,而需求量较大的中档老年服务供给不足。随着我国中产阶级所占比例的提高,大量中等收入老年群体的养老需求得不到满足。因此,应改变单一的老年服务供给主体,构建多元主体参与的老年服务供给体系,并在此基础上,优化我国老年服务的供给结构,从而促进我国老年服务业的健康发展。

9.4 中国老年服务业供给侧改革的路径选择

现阶段,我国老年服务业进入了一个快速发展的新时期,迫切需要改善现有的供给结构,促进供给侧和需求侧的有效衔接,进而促进整个老年服务产业的转型升级。因此,针对上述提到的我国老年服务业供给侧存

① 辜胜阻、方浪、曹冬梅:《发展老年服务业应对人口老龄化的战略思考》,《经济纵横》2015年第9期,第2页。

② 彭希哲、胡湛:《当代中国家庭变迁与家庭政策重构》,《中国社会科学》2015年第12期,第115页。

③ 李璐:《养老服务机构的道路选择——公办、民办养老服务机构生存状况对比分析》,《中国机构改革与管理》2014年第Z1期,第12页。

在的问题，运用供给侧思维对我国老年服务业进行改革，不仅需要坚持市场化倾向，优化供给结构，而且需要增加老年群体的可支配收入以增加有效需求。除此之外，还应该坚持以老年服务产业改革为突破口，注重培育包括政府、企业、非营利组织等多元主体参与的老年服务供给体系。

9.4.1　以市场化为导向，提高要素配置效率

长期以来，我国政府主导老年服务业的发展，干预老年服务业的基本要素的配置，不仅导致了官办老年服务机构的低效率，而且为民营老年服务机构的发展设置了诸多障碍。老年服务业的供给侧改革首先应该坚持市场化原则，减少政府对于老年服务业的行政干预，让市场在老年服务业资源配置中起决定性作用，从而优化老年服务业的要素配置。

首先，政府应该转变观念，注重参与和赋权。政府转变观念是市场发挥作用的前提。政府转变观念指的是政府应该摒弃大包大揽的传统观念，发挥市场在老年服务生产要素配置上的决定性作用，生产要素从哪些领域退出，向哪些领域流动，应该由市场决定，而不是由政府来主导，从而实现从政府管制向市场机制的转变。但这并不意味着政府对于老年服务业的发展不管不问，相反，政府在发展过程中，应当注重自身的参与和赋权。参与指的是政府要完善老年服务业中的法律政策。作为国家宏观主体，政府在政策引导、法律法规制定、中长期发挥规划等方面都具有不可替代的作用。美国学者福山提供了一种三维度的分析框架，认为政府职能、治理能力以及合法性基础是分析和评估一个国家能力的重要指标。[①]而政府在老年服务行业的主要职能就是要加强我国老年服务的法律政策建设，提高政府在老年服务政策中的治理能力。赋权指的是政府应该注重引入民间资本，引导企业、非营利组织等各方力量参与老年服务行业，充分利用社会资源为老年人提供包括家政、保健、医疗、文娱等综合性服务。

---

① 弗朗西斯·福山：《国家构建：21世纪的国家治理与世界秩序》，中国社会科学出版社2007年版，第35页。

其次,营造公平的市场竞争环境,引导生产要素向民营老年服务机构流动。我国民营养老机构面临着官办老年服务机构的不公平竞争,在获得生产要素方面处于不利局面。因此,应当营造公平合理的市场竞争环境,将土地、资本和劳动力等生产要素向民营养老机构倾斜。主要应该从三个方面入手:第一,完善相应的配套设施,增强民间资本参与老年服务业的可操作性,为民间资本参与老年服务业搭建良好的服务平台。第二,放宽对于民间资本进入老年服务行业的审核限制,对于市场主体进入老年服务业,在土地审批、人员培训等方面给予一定的优惠。政府要重视资源配置效率,建立老年服务业长期优惠贷款政策、住宅政策和税收政策,以激发民营资本参与老年服务业的活力。第三,通过政府购买服务、协调指导、评估认证等方式,鼓励民营家政服务企业、医疗护理机构及居家养老服务机构上门为居家老年人提供助餐、助浴、助洁、助急、助医等定制服务,从而达到培育民营老年服务机构发展,繁荣服务市场的目的。

9.4.2 以供给为中心,优化整体供给结构

老年服务业的供给侧改革,主要应该从供给侧入手,通过优化服务供给结构,消除养老机构"服务能力过剩"与"需求不足"的假象,实现供给和需求的有效对接,促进供需结构的平衡。

首先,促进供给结构由"哑铃型"向"椭圆型"转变。现阶段,"哑铃型"供给结构是我国老年服务业的主要特征。老年服务行业的供需结构错位现象明显,这主要源于两个方面的原因:一是行业整体缺乏"以老人需求为中心"服务理念,多数养老服务机构注重提供基本的生活照料服务,而对于文化娱乐、心理慰藉、社会参与等高层次服务提供较少;二是缺乏对于市场行情的调研与分析,从而造成了老年服务的同质化现象,加剧了产品和服务的市场竞争。"哑铃型"供给结构最大的问题在于忽视了中端老年服务的巨大市场,而随着我国人民生活水平的提高,中产阶级所占比例越来越高,而广大中等收入的老年群体无疑是老年服务业巨大的消费市场。因此,应当对现阶段的老年服务供给结构进行调整,提高底层老年服务产品的质量,降低高层老年服务产品的供给,加大对中层老年服

务产品的投入和开发,从而满足广大中等收入老年群体的养老需求,促进老年服务业整体供给结构由"哑铃型"向"椭圆型"转变。

其次,老年服务供给应着重解决"医"和"养"两个问题。从上述研究可以了解到,我国80岁以上老年人口与失能老人数量较大,"十三五"规划应当着重解决这两个群体的护理问题。因此,应该提倡"医养护"一体化的养老模式,着重解决老年群体"医"和"养"两个问题。日本作为全世界人均寿命最长的国家之一,在应对老年化的过程中,建立了基于家庭和社区的养护制度,这对日本应对人口老龄化方面起到了积极作用。[①] 因此,建立"医养护"一体化的老年服务模式不仅是政府积极应对人口老龄化的体现,而且有利于将政府的养老压力分散到社区和家庭,减轻政府的养老负担。"医养护"一体化的养老模式指的是把健康观念积极融入到老年人的日常生活照料服务中,通过适时医疗照顾和治疗,对老人进行日常护理,改善老年人的身体状况,提高老年群体的生活水平和质量。[②] 提倡"医养护"一体化的养老模式是"健康老龄化"的重要体现,以家庭和社区为基础,把日常照料体系、卫生医疗体系和社会护理体系相结合,通过整合社区养老服务资源,解决老年人的养老需求。因此,应该大力进行社区老年服务基础设施建设,建立和发展"医养护"一体化的老年服务模式。

9.4.3 以需求为方向,着重扩大有效需求

市场经济条件下,消费者有着选择产品和服务的自主权。所以,在老年服务业进行供给侧改革要坚持供给侧和需求侧相结合的原则。以需求为方向,就是要切实了解老年群体的真实需求,尊重老年群体的养老意愿和选择自主权,积极发展与老年群体需求相一致的老年服务,从而扩大有效需求。

首先,扩大有效需求的前提是提高老年群体的整体消费水平。虽然,

① 张翼:《人口转型与养老保险制度改革——中国可能从日本吸取的经验与教训》,《河北学刊》2012年第3期,第117页。

② 邵德兴:《医养护一体化健康养老模式探析:以上海市佘山镇为例》,《浙江社会科学》2014年第6期,第87页。

现阶段，我国劳动者平均工资水平增长较快，老年群体的退休收入也“水涨船高”。但是，从总体上看，我国老年群体的收入水平仍然较低，难以支付养老机构较高的服务费用。另外，老年退休待遇由于身份差异被分割成不同安排，差别较大。退休干部待遇最好，机关事业单位次之，企业退休人员和自由职业者最低。因此，应该从以下几个方面进行重点调整，以提高老年群体的支付能力：一是实行养老金水平与物价水平的联动机制，从而保障老年群体退休之后养老金的市场购买力。二是将基本医疗保险纳入老年服务提供过程中，充分发挥医疗保险政策在老年群体日常医疗护理中的作用，减少老人的资金支付。三是完善我国政府购买服务的资金补贴制度，在对老年服务企业进行补贴的同时，优化补贴项目，做到真真实实让老年群体受益。另外，针对失能和残疾的老年群体，应该分类别建立不同的档案，根据失能和残疾程度提供针对性的老年服务。

其次，满足老年群体照护需求，建立长期照护保险制度。现阶段，随着人均寿命的延长，人的生理机能在不断退化，自理能力逐渐消失，加上我国高龄老人和失能老年人群数量的增加，照护制度甚至长期照护制度成为老年群体的基本需求。为积极应对人口老龄化，中共中央《关于制定国民经济和社会发展第十三个五年规划的建议》的文件提出，要探索建立长期护理保险制度，以满足不断增长的老年需求。[①] 从国际经验看，国外发达国家基本建立了较为完善的老年人长期照护制度。我国也应当在借鉴国际经验的基础上，通过“先行试点，逐步过渡，面向全国”的发展过程，探索建立符合我国国情的长期照护保险模式。在实施过程中，应该首先强调政府的主导地位，在此基础上，搭建家庭、机构和社区“三位一体”的服务平台，从而建立融合经济供养、医疗照护、日常生活护理、精神慰藉于一体的综合老年服务体系。[②]

---

① 张奇林、韩瑞峰：《长期护理保险：化解社会老龄化危机的重要路径》，《河北学刊》2016年第4期，第172页。

② 张云英、王薇：《发达国家和地区空巢老年人长期照护的经验与启示》，《社会保障研究》2012年第6期，第22页。

9.4.4 以改革为突破口,培育多元供给主体

老年服务业的主体是老年服务的供给者。中国老年服务业供给侧存在的各种问题,也折射出老年服务业的创新能力不足,灵活性和适应性较差的特点。因此,以改革为突破口就是要在老年服务改革过程中,不仅能够培育出一批优秀的老年服务机构,而且期待在培育的过程中,在坚持市场化的基础上,构建老年服务业的多元主体供给体系。

首先,建立相应的配套制度,完善多元主体参与老年服务业的制度环境。主要体现在三个方面:第一,政府应该在建立社会老年服务体系的基础上,完善相应的配套设施,增强其他主体参与养老服务领域的可操作性,为多元主体参与老年服务供给提供良好的制度平台。第二,政府要转变职能,建立相应的监管机构,完善管理体制,强化监管职责,对于老年服务政策实施进行监督管理,以保证政策实施的有效性。第三,建立主体之间的良性互动关系,并整合国家的老年服务资源。中国未来老年服务体系的良性发展不仅需要多元主体的参与,还要求将其有效结合起来,充分整合政府、非营利组织、企业和非正式部门等多元主体的养老资源,并形成一个整体性的老年服务供给网络。

其次,构建多元主体参与的老年服务供给体系。在政府的主导下,汇集政府、企业、非营利组织等各方力量,加强各供给主体之间的沟通和协作,充分利用社会资源为老年人提供多样化的老年服务。福利多元主义理论认为,社会总福利主要来源于四个部门:国家、市场、社区和民间社会,社会总福利等于四个部门提供的福利之和。其中,国家代表正式的福利来源部门,为全体老年群体提供基本的服务供给。市场代表竞争性主体,为全体老年消费者提供自由的、可供选择的老年服务。社会作为老年社会服务的重要补充来源,体现出志愿性和社会互惠的价值。社区作为老年群体生活和交际的主要场所,是非正式老年服务的主要来源,强调的是家庭责任和社区成员之间的团结互助。[①] 因此,在发展老年服务的过

① 彭华民、黄叶青:《福利多元主义:福利提供从国家到多元部门的转型》,《南开学报》2006年第6期,第12页。

程中,应当充分认识到不同主体的性质和发挥作用的社会条件,在政府的主导下,构建我国老年服务多元主体供给体系。

9.5 我国老年服务业供给侧改革的主要方向——公私合营(PPP)模式

我国的公共服务领域,长期以来,政府都直接参与了投资、生产、经营和管理,基本上垄断了基础设施建设。然而,经济社会的发展对政府在公共服务领域的参与方式有了新的要求,即通过采用政府与社会资本合作的模式(Public Private Partnership,PPP),减少政府对公共服务领域的垄断,增加社会资本参与社会公共服务的能力和范围,从而促进公共服务供给效率的提高。因此,近年来,政府下发一系列政策文件,希望推动 PPP 模式在公共服务领域的运用。2014 年 12 月,国家发改委发布《关于开展政府和社会资本合作的指导意见》指出,为增强公共服务的供给效率,要促进政府与社会资本建立长期合作关系。2015 年 10 月,国家发改委发布《中共中央关于国民经济和社会发展十三五规划的建议》指出,要推动 PPP 模式在公共事业领域的发展,传统的政府主导模式将缩小。因此,在公共服务领域推行 PPP 模式,对于减轻政府负担、促进职能转变、提高公共服务的供给效率及繁荣资本市场都有着重要的现实意义。

人口快速老龄化的背景下,在老年服务业推行 PPP 模式是社会发展的必然趋势。虽然,政府大力推行 PPP 模式在老年服务业中的应用,然而,据《北京商报》统计,2015 年 6 月,财政部第二批 206 个 PPP 示范项目中,养老项目仅占 9 个。而据财政部公布的数据来看,截至 2016 年 3 月,全国 PPP 综合平台项目库中,养老项目为 201 个,仅占总项目数量的 3%。由此可见,PPP 模式在老年服务业的应用与发展上并不顺利。清华大学公共管理学院杨燕绥教授指出："目前来说，我国养老 PPP 模式并未找到一条清晰的发展轨迹。"因此，本文基于 PPP 模式的基本原理，通过对我国老年服务业的特点及老年服务业公私合作的难点进行分析，最后指出完善我国老年服务业 PPP 模式运营的路径选择。

9.5.1 PPP 模式的理论诠释

新公共管理运动倡导的通过引入私人资本进入公共服务领域的市场化改革促进了 PPP 模式的发展。① 20 世纪 70 年代，西方发达国家经济发展进入"滞涨"阶段。为缓解经济危机，减轻政府债务负担，英美国家开始积极引入私人资本进入公共服务领域，同时将 PPP 模式运用于公共服务基础设施建设，推动了公私合作模式的发展。随着各国开始普遍运用 PPP 模式，PPP 模式逐渐成为实施多主体合作的基本模式之一。

一、PPP 模式的内涵与特征

从总体上讲，PPP 模式指的是公共部门和社会私人资本就公共物品供给而建立起来的各种伙伴关系。具体来说，PPP 模式是公共部门根据人们对于公共服务的需求，提出项目议题，通过招标等方式确立与私人部门的合作关系，私人部门负责服务的设计与运营管理，公共部门对私人部门进行补贴。由于各个国家和政府运用 PPP 模式的实践不同，因此，对于 PPP 的内涵，并没有形成统一的、被广泛接受的定义。

加拿大 PPP 委员会、英国财政部、世界银行和中国财政部都强调了 PPP 模式是公共部门和私人部门之间相互合作而建立起来的一种长期的关系。在此基础上，加拿大 PPP 委员会强调，PPP 主要是发挥各自的优势，通过资源、风险和收益的适当分配，目的是更好地满足公众的公共需求。② 英国财政部认为，从广义上看，PPP 模式的方式有很多种，包括从公共部门独立运作到公共部门和私人部门合作，再到私营部门独立运

① 刘薇：《PPP 模式理论阐释及其现实例证》，《改革》2015 年第 1 期，第 79 页。

② Eggers, W.D., Startup T., "Closing the Infrastructure Gap: the Role of Public-Private Parterships", Deloitte, 2006, p.23.

作等各种合作政策。[①] 世界银行强调，私人部门承担一定的管理职能和市场风险，其回报主要跟业绩挂钩。[②] 中国财政部指出，私人部门承担项目的建设与运营管理等大部分工作，而政府负责价格与质量监管，保证公共利益的最大化。[③] 从上述机构和学者对于 PPP 模式的定义，我们可以看出，虽然各自的定义和强调的重点有所不同，但都有一些共同特点：第一，PPP 模式是公共部门与私人部门之间订立的合作关系。第二，合作的目的是充分发挥私人部门的专业技术和融资能力。第三，私人部门负责日常的运营管理，公共部门负责监督和引导，最终产权归公共部门所有。

PPP 模式运行必须遵循三项基本特征，即伙伴关系、利益共享和风险分担。伙伴关系指的是公共部门和私人部门之间以平等参与主体的身份订立合作协议，双方履行协议规定的义务，享有协议规定的权利，并受到法律的保护。利益共享指的是公共部门与私人部门共享 PPP 项目带来的利益。虽然 PPP 模式一般都具有一定的公益性，但公共部门与私人部门应该基于科学合理的的方式取得自身相应的利益回报。另外，PPP 模式运用不但意味着利益共享，风险也要共同分担。双方通过建立风险分担机制，通过风险评估，从而实现整个项目风险的最小化。

二、PPP 模式的运作方式

从广义上讲，PPP 模式主要指公私建立在契约精神之上的伙伴关系。虽然，PPP 模式在具体运作过程中，会牵扯到更多的市场主体，运作方式也不尽相同。但从世界银行对于 PPP 模式的分类，参考其他学者的定义，可以将 PPP 模式的运作方式主要分为三类：签约外包类、特许经营类和私有化类。三种类型性质不同，又可以细分为不同的具体模式。

---

① H.M.Treasury.,"Infrastructure Procurement:Delivering Long-Term Value",2008.

② World Bank,"Public-Private Partnerships Reference Guide:Version 2.0",2012,p.14.

③ 《关于推广运用政府和社会资本合作模式有关问题的通知》(财金〔2014〕76 号),2014 年 9 月 23 日。

表 9-1　PPP 模式细分运作模式及其公私程度

PPP 运作模式	公私程度	PPP 细分模式
外包类	公有化程度高 私有化程度低	SC(服务协议)
		OMC(承包协议)
		BTO(建造—移交—运营)
		CBO(租赁协议)
特许经营类	公有化程度较高 私有化程度较低	TOT(转让—运营—转让)
		BOT(建造—运营—移交)
		SPV(公私合营)
私有化类	公有化程度低 私有化程度高	BBO(购买—建造—运营)
		BOO(建造—拥有—运营)

如表 9-1 所示,从外包类、特许经营类到私有化类,公有化程度依次降低,私有化程度依次提高。具体来看,外包类主要分为四种模式:SC(服务协议)指的是公共部门负责项目融资,并对其进行管理运营,但将服务外包给企业负责。OMC(承包协议)是指公共部门承担资本风险,私人部门负责项目运营管理,获得利润,并承担过程责任。BTO(建造—移交—运营)指的是私人部门负责项目融资和建设,完工后移交给公共部门,公共部门再租赁给私人部门进行运营并获得利润。CBO(租赁协议)是指将已经存在的项目或者服务设施租赁给私人部门,私人部门缴纳租赁费,并负责运营获得利润。特许经营类主要可分为三种模式:TOT(转让—运营—转让)指的是公共部门授权经营,私人部门在特许经营期限内具有所有权和经营权,期满后移交公共部门。BOT(建造—运营—移交)指的是私人部门在特定时间内融资、建造和运营项目,获得利润,期满后移交公共部门。SPV(公私合营)指公私部门组成经营机构共同开发,共同承担风险,期满后移交公共部门。私有化类主要包括两种模式:(购买—建造—运营)模式指公共部门将项目出售给私人部门,由其运营并拥有永久经营权。BOO(建造—拥有—运营)指私人部门拥有项目,并负责从融资到运营的一系列过程,具有永久经营权。这九种细分模式构

成了 PPP 模式运行的基本方式，通过采用不同的模式组合，能够最大地发挥公私合作的优势，提高公共服务的配置效率。

9.5.2 PPP 模式应用于我国老年服务业中的难点分析

在人口快速老龄化的背景下，我国老年服务业迎来了较大的发展契机。目前来看，PPP 模式运用于我国老年服务业还属于发展的初期，受到经验积累不足、行业特点和市场环境的影响，我国老年服务业推行 PPP 模式具有一定的难点，从而限制了老年服务领域公私合作的发展步伐。

一、养老 PPP 模式回报周期较长，与企业追逐短期利润存在偏差

让私人资本得到合理的回报是 PPP 模式做出的"承诺"。公共部门通过外包、特许经营和私有化的方式把老年服务项目委托到私人部门，私人部门通过前期融资，然后建设、运营和管理项目，从而获得相应的利润收入。但是，应当看到，基于双方合作的养老 PPP 模式是一种长期的行为，投资规模较大，时间跨度长，参与的主体包括政府、运营企业、保险公司、老年服务机构等。因此，养老 PPP 项目主要追求的是项目的总体效益和长期效益的提高。在项目实施过程中，不仅要克服短视行为的影响，而且要从整个项目规划中去识别和评估风险，任何短视行为都有可能造成项目的失败。然而，追求利润最大化是私人部门的基本特性，最大限度地取得投资回报是私人投资的直接动力。对于私人资本来说，受到利率变动、通货膨胀、融资市场环境等风险的影响，长期投资具有较大的风险性。对于私人部门来说，需要尽快回收资金来维护日常运营成本、人力成本和其他开支。长期大规模的投资对企业的资产要求较高。因此，养老 PPP 模式对项目总体效益的要求与企业追逐利润最大化的本性之间相矛盾。要想在老年服务业推行 PPP 模式，应当对私人资本进行精打细算，在养老项目运营过程中能够取得持续性的收入和赢利。

二、老年服务形态碎片化，与 PPP 模式适度规模性要求不匹配

随着经济社会的发展，社会化的养老方式发展起来。与其他产业不同，老年服务业呈现出碎片化的发展态势。从养老方式上看，主要有机构养老、家庭养老、居家养老和社区养老等,从养老需求上看,主要包括生活照料、医疗护理、家政服务、文化娱乐、身体锻炼、自我实现等。从老年服务涉及的主体看,主要包括老年群体、养老机构、公共部门、保险机构等。因此,从总体上讲,目前来说,我国老年服务业的碎片化现状比较明显,缺乏老年服务资源的整合。而 PPP 模式最大的特点就是要求项目具有一定的规模,较为适合采用 PPP 模式进行开发的养老项目应当具有较长的开发周期,规模过小的养老项目不适合采用 PPP 模式。但是,目前来看,我国老年服务业的服务机构基本上以小型为主,服务的内容主要基于家政服务、送餐服务、日常照料服务、医疗护理等众多服务内容中的一种或者几种,缺乏具有适度规模的老年服务企业。另外,加上我国老年服务产业发展还处于初期,服务的生产和组织都偏向于小型化。因此,加强老年服务"医养结合"的整合步伐,进行"社区+机构+居家"一体化融合发展,提高产业的适度规模性,是我国老年服务业未来的发展趋势。

三、养老项目"服务性"特点,与 PPP 模式标准化运营之间不相符合

老年服务业属于第三产业,与其他公共事业领域推行 PPP 模式有所不同,在老年服务业推行 PPP 模式除了要求硬性的指标之外,还要求致力于基于软性服务指标体系的构建。目前来看,我国老年服务业的服务标准比较偏向于硬性指标,软性指标建设比较落后。这主要造成三个方面的后果:其一,老年服务的质量难以保证,由于老年服务的标准规范的欠缺,对于服务的内容、标准、形式等都缺乏较为明确的规定,从而难以保证老年服务的质量和水平。其二,不利于老年服务的监督管理。对于老年服务设施等硬性服务来说,比较容易进行管理。然而,对于软性的老年服务,由于服务的标准难以量化,因此,较难进行管理和审核。其三,难以形成统一的收费机制。与其他项目不同,老年服务业由于项目的类型与方式千差万别,加上服务标准不同,收费标准也千差万别,收费方式也不尽相同,这些都使得形成统一的、标准化的收费机制的难度增加。而不同的收费机制对于资本的周期回报率影响较大,从而增加了私人部门进入老年服务业与公共部门合作的难度,从而不利于 PPP 模式在老年服务行

业的推行。

9.5.3 PPP 模式运用于老年服务业的路径选择

目前,我国大力推行 PPP 模式在我国老年服务方面的应用,各个省市也在不断地积极探索,诞生了诸如北京承德市老年公寓、湖南省湘潭韶山示范区老年公寓建设项目等多个影响较大的老年 PPP 项目。[①] 但是,从总体上看,PPP 模式应用于我国老年服务业还存在很多不足之处。因此,针对我国老年服务业的行业特点及 PPP 模式与老年服务业融合的难点,我们认为,应该从以下几个方面入手,促进 PPP 模式在我国老年服务业中的应用和推广。

一、构建老年服务 PPP 模式的制度体系

在我国老年服务业的发展过程中,政府由最初的服务生产者和提供者的角色,开始向服务监督管理者的方向转变。但是,由于受到制度惯性的影响,政府的职能转变尚未完成,从而造成私人部门参与老年服务领域制度体系的不完善。因此,需要明确老年服务领域公私合作的管理体制,完善监管体系,从而为老年服务 PPP 项目的良性发展奠定基础。

第一,完善老年服务公私合作的管理机制。从国际经验看,大多数国家在发展 PPP 项目的过程中,都建立了专门的 PPP 管理机构负责 PPP 项目的管理。例如:英国的财政部基础设施局、澳大利亚公私合作工作组、美国的公私合作国家委员会等。[②] 然而,到目前为止,我国还没有建立统一的 PPP 项目管理机构。随着 PPP 模式的发展,建立 PPP 项目的管理机构是社会发展的必然趋势。因此,完善我国老年服务的公私合作的管理机制,首先要成立老年服务 PPP 项目的管理机构,并在考虑老年服务涉及的各类主体的基础上,明确管理机构的职能权限。从职能上讲,老年服务 PPP 项目管理机构的主要职责包括:制定老年服务 PPP 项目的法律规范,制定老年服务 PPP 项目的评估体系,对老年服

---

① 郜凯英:《我国养老机构应用 PPP 模式建设与管理研究》,《价格理论与实践》2015 年第 10 期,第 122 页。

② 桂雄:《PPP 应用于我国老年服务业的政策分析》,《中国财政》2016 年第 7 期,第 38 页。

务公私合作进行政策上的指导等。因此，建立我国公私合作的管理机构，完善我国老年服务公私合作的管理机制，有利于我国老年服务 PPP 项目的健康发展。

第二，完善老年服务公私合作的监管体系。完善监管体系是促进老年服务 PPP 项目有效实施的保障。因此，应该从以下几个方面进行重点建设：一是老年服务行业主管部门要转变职能，针对现阶段监管主体不明确产生的一些问题，制定我国老年服务行业的监管体系。二是实施科学规范的监管方法，提高监管人员素质，严格履行程序，丰富监管手段，通过对监管市场的维护，促进老年服务 PPP 项目的实施。三是号召公众参与养老 PPP 项目的监督。养老 PPP 项目与公众直接相关，澳大利亚在 PPP 项目实施过程中，专门采用了民意调查，成立专门的机构负责听取民众的意见。① PPP 项目只有得到公众的认可才能顺利地进行下去。因此，必须加强公共部门的监管力度，保证对项目监督权的实现，并在此基础上，构建基于社会和民众参与的养老 PPP 项目实施的监管体系。

二、建立合理的收费机制与补贴制度

公共事业市场改革的目标之一，就是通过市场化改革，建立合理、透明的价格与收费机制，从而实现公平和效率的双重效益。② 在养老 PPP 模式中，收费机制是最受争议的地方。与传统公共服务设施的统一定价不同，老年服务由于服务类型与服务方式较多，建立统一的收费机制较为困难。因此，制定标准化的服务标准，实行差异化的定价机制，能够缩短投资收益的周期，实现投资效益。

第一，分类别制定统一的、标准化的老年服务规范。目前来看，我国老年服务规范基本上偏重于硬性标准，在老年服务的软性标准建设上比较滞后。有别于其他基础设施，老年服务形态碎片化的特点使得难以制定统一的服务标准，而老年服务的内容宽泛且难以量化，又使得老年服务

① 于本瑞、侯景新、张道政：《PPP 模式的国内外实践及启示》，《现代管理科学》2014 年第 8 期，第 17 页。

② 查勇、梁云凤：《在公用事业领域推行 PPP 模式研究》，《中央财经大学学报》2015 年第 5 期，第 23 页。

难以制定标准化的服务规范。因此，首先，应该对老年服务机构的资质进行核查，确保提供服务的等级和层次。其次，根据老年服务的不同类别，制定统一的、分层次性的服务标准，对每项标准进行详细规定，并确定不同层次服务的费用。最后，建立老年服务的质量的反馈机制，由服务对象对每次服务的质量进行意见反馈，并记入绩效考核指标。

第二，实行老年服务的差异化定价机制。对 PPP 项目的老年服务实行差异化的定价机制主要体现在两个方面：首先，由于我国老年服务机构的能力不同，能够提供的老年服务的层次也有所不同，实行统一的定价机制对于老年服务的提供不具有灵活性。因此，允许老年服务提供者根据自身实力提供不同层次的老年服务标准，并收取与服务标准相一致的服务费用。其次，差异化定价的优势还在于能够根据市场状况调节供给结构。当供给紧缺时，通过提高价格减少消费量；当消费不足时，通过降低价格增加消费量，从而达到调节供需矛盾的目的，并有利于避免资源浪费。

第三，在完善老年服务的价格机制的基础上，完善我国的政府补贴制度。科学有效的政府补贴制度，在刺激企业投资的同时，能够降低经营成本，提高服务效率。因此，为满足社会公共利益，促进老年服务业的可持续发展，政府应该合理界定需要补贴的企业类型，并制定企业补贴严格的审核机制，对于企业的经营性亏损和政策性亏损要严格区分开来，对于由于政府的政策引起的亏损，要给予合理的政府补贴。

三、完善老年服务 PPP 模式的合作机制

从本质上讲，PPP 模式指的是公私部门之间建立的合作伙伴关系。将 PPP 模式应用于老年服务领域，涉及项目的多个环节、多个主体。因此，需要构建公私部门的良好合作机制，实现收益共担，风险分担，从而最大限度地发挥私人部门的优势，更好地为老年群体提供老年服务。

第一，坚持维护老年人权益和保护私人利益相结合的原则。老年服务业具有公益性的特点，因此在老年服务领域推行 PPP 模式要以满足老年群体的需求，维护老年群体的合法权益为前提。公共部门通过对合同内容的限制、价格机制的完善等对私人部门提供的老年服务进行监督管

理,从而强化公私合作老年服务机构的公益性特点。但是,在保障老年人权益的同时,也要保障私人部门的正当利益。私人部门在参与 PPP 项目的过程中,受到市场风险的影响,加上公共部门对私人资本的干预,都会影响私人部门的投资收益。因此,必须转变政府观念,充分利用私人部门在资源配置上的优势,促进私人部门的发展壮大,对仍处于发展阶段的中国民间资本,具有重大的现实意义。

第二,平等合作,风险共担。在公私合作过程中,政府与私人部门之间应该树立平等互惠、风险共担的基本原则。主要体现在以下几个方面:首先,建立基于合同管理的契约精神,明确双方权利和义务。双方应该以平等合作的身份参与到 PPP 项目磋商中,在充分信任及充分协商的基础上,合理订立双方在合同中的权利和义务,并按照合同的约定推动项目的实施。其次,确立双方基于法律层面的平等互利关系。通过《合同法》《物权法》和《民权法》,确立双方在合同磋商、项目管理中的平等关系。老年服务项目既要满足公共服务的社会效益,又要保护私人的回报率。最后,老年服务 PPP 项目合作周期较长,项目从融资之初,直至建成、运营、移交的过程中,可能遇到各种风险。因此,政府应该转变观念,坚持风险共担的原则。对于政治风险、法律风险、经济风险等应当主要由政府承担,而对于运营管理过程中的风险,主要由私人部门承担。

四、制定老年服务 PPP 模式的项目评估体系

哪些项目适合采用 PPP 模式,而哪些项目不适合,这是在老年服务中推行 PPP 模式最为重要的问题。采用 PPP 模式提供老年服务是否比单纯依靠公共部门提供老年服务具有更好的社会效益?因此,必须建立针对 PPP 项目的评估体系,选择合适的老年服务项目,才能更好地发挥公私合作的效益。

第一,对老年服务项目的适用性进行评估审核。适合推行 PPP 模式的项目应当具备以下几个特点。首先,应该具有较长的开发周期。因为公私合作的 PPP 项目要通过前期的融资,然后建造、运营管理,最后才能提供服务。因此,周期性较长。其次,推行 PPP 模式的养老项目应当具有较为充分的市场发展潜力。一是因为公私合作模式周期较长,要求必

须具有较好的市场发展潜力。二是老年服务行业属于新兴行业，行业的发展过程中存在的障碍较多，发展前景预测较为困难，因此，规模较小或者过于复杂的项目不适合采用PPP模式。

第二，对私人部门参与老年服务PPP项目的能力进行审核评估。私人参与公私合作的能力很大程度上决定了PPP模式推行实施的效果。因此，公共部门应该对参与养老PPP项目的私人部门进行审核，审核的内容主要包括以下几个方面：一是审核私人部门是否具有较好的项目管理能力以及老年服务供给能力。只有具有较好的管理能力和服务能力的私人部门才能满足PPP模式运营的基本要求。其次，是否具有融资和承担相应风险的能力。在养老PPP项目运营过程中，公共部门承担一定的风险，同样私人部门也需要承担相应的风险。因此，私人部门能否合理承担自身的风险对于项目的推行十分重要。风险承担能力较弱或者无法承担风险的私人部门，参与老年服务公私合作的意义不大。

9.6 供给侧改革背景下老年服务业实施"走出去"战略的路径

——基于"一带一路"倡议下的探讨

进入21世纪，人口老龄化已成为世界范围内各国政府面临的共同难题。如何寻求国际化合作，有效防范养老风险是各国政府想做而没有做到的事情。在此背景下，2015年3月28日，中国国家发展改革委、外交部、商务部联合发布了《推动共建丝绸之路经济带和21世纪海上丝绸之路的愿景与行动》（简称"一带一路"倡议），希望充分利用中国与有关国家既有的双边机制，借助有效的区域合作平台，共同打造政治互信、经济融合和利益共同体。"一带一路"倡议的提出不仅有利于加强中国与有关国家的多边合作，为新常态下寻求新的经济增长点奠定基础，同时也为中国企业“走出去”提供了发展契机。据统计资料显示,2015 年,中国企业共对“一带一路”相关的 49 个国家进行了直接投资,投资额同比增长 18.2%。[①] 而在人口老龄化的背景下,中国老年服务业实施“走出去”战略不仅能够展示中国政府应对人口老龄化的最新成果,同时有利于中国老年服务业提高国际竞争力,更好地实现优化发展。

9.6.1 人口老龄化是“一带一路”沿线国家遇到的共同难题

随着近年来剧烈的经济转型、社会转轨,人口结构变动使中国人口老龄化来势凶猛,形势严峻。而“一带一路”涉及的三大洲 60 多个国家和地区,均不同程度上受到人口老龄的影响。因此,防范老年风险,健全养老保障体系,确保老年人老有所养、老有所依是中国和“一带一路”沿线国家和地区需要共同积极应对的难题。

一、中国人口老龄化形势严峻、特点鲜明

中国人口老龄化发展态势迅猛,形势尤其严峻,并呈现出鲜明的特点。根据世界卫生组织的定义,一个国家或地区 60 岁及以上老年人所占比例超过 10%,或 65 岁以上老年人口超过 7%,该国人口类型即为老龄型。根据这一定义,中国 60 岁以上老年人口于 2000 年达到 10%,开始进入老年化社会。然而,2000 年,中国人均 GDP 仅为 856 美元,在世界范围内属于中等偏下水平。因此,中国的人口老龄化是典型的“未富先老”和“未备先老”。除此之外,中国人口老龄化还呈现出一些新特点:

一是面临着严重的“快速老龄化”压力。据表 9-2 显示,2000 年中国 60 岁以上老年人口约为 1.3 亿,占总人口的比重为 10.5%,而截至 2015 年,60 岁以上老年人口增长到 2.22 亿,年均增长 600 多万人,老年人口占总人口的比重也由 10.5%增长到 16.1%。据预测,到本世纪中叶,世界 60 岁以上老年人口占总人口的比重为 21.7%,而中国的这一比重约为 34.9%。[②] 中国老龄化

---

① 《商务部:2015 年中国企业对“一带一路”国家投资增长 18.2%》,人民网,2016 年 1 月 20 日,http://finance.people.com.cn/n1/2016/0120/c1004-28070428.html。

② 杨宜勇、关博:《老龄化背景下推进养老保障供给侧结构性改革的思路》,《经济学家》2017 年第 3 期,第 98 页。

速度远超世界平均水平,属人口老龄化速度最快的国家之一。

表 9-2　2000—2015 年中国老年人口数量及占总人口比重

年份	总人口数量(亿)	人口增长率(%)	60 岁以上人口数量(亿)	60 岁人口占总人口比重(%)	65 岁以上人口数量(亿)	65 岁以上人口占总人口比重(%)
2000	12.43	0.762	1.30	10.5	0.86	6.96
2005	13.08	0.589	1.44	11.0	1.01	7.69
2010	13.41	0.479	1.78	12.6	1.19	8.87
2015	13.74	0.496	2.22	16.1	1.43	10.5

资料来源:根据历年中国人口统计年鉴整理。

二是“高龄化”严重,失能人口数量多,并伴随着巨大的养老服务缺口。据统计资料显示,中国 2 亿多老年人口中,80 岁以上老年人口约为 2400 万人,占总体老年人口数量的 11%;半失能老人和完全失能老人约为 4000 万,约占全体老年人口的 16%,这部分老年人口需要全面的生活照料。[①] 据预测,到 2050 年,中国 80 岁以上老年人口将达到 1.2 亿人,占老年人口的 25.7%,高于世界平均水平 5 个百分点。[②] 除此之外,根据中国老龄科学研究中心预测,2015 年,中国仅城市地区对养老服务有需求的老年人群达到 310 万人,到 2050 年约增长到 1019 万人。城市老年人口对家政服务和餐桌服务需求的比例达到了 58%和 49%,对医疗卫生服务需求的比例高达 72.6%。[③] 因此,从总体上看,无论是高龄人口数量、失能人口数量,或是需求护理人口数量,均显示出对养老服务的巨大需求。

三是老年人口城乡分布失衡。一方面,长期以来,中国城镇化进程渐

---

① 邵德兴:《医养护一体化健康养老模式探析:以上海市佘山镇为例》,《浙江社会科学》2014 年第 6 期,第 87 页。

② 杨宜勇等:《及时、科学、综合应对中国人口老龄化研究》,《宏观经济研究》2016 年第 9 期,第 5 页。

③ 王莉莉、杨晓奇:《中国老龄服务业发展现状、问题及趋势分析》,《老龄科学研究》2015 年第 7 期,第 10 页。

缓,从而使得农村老年人口数量大于城市老年人口数量。另一方面,受到长期城乡二元结构的影响,中国农村年轻劳动力大量到城镇务工,从而使农村老年人口比例实际上远高于城市。据统计资料显示,2010 年,中国农村与城镇 65 岁以上老年人口占总人口的比重分别为 10.1%和 6.7%。据测算,到 2050 年农村 65 岁以上老年人占总人口比例将达到 46.4%,相当于城镇的 2.1 倍,其中农村空巢老人占比高达 26.1%,是城镇的 2.9 倍。[①] 受到经济发展水平低、养老保险制度亟待完善和社会化养老保障体系不健全等一系列因素的影响,老年人口数量多的农村地区面临着巨大的养老问题。

二、"一带一路"沿线主要国家人口老龄化现状

如表 9-3 所示,从"丝绸之路经济带"和"海上丝绸之路"的具体线路可以看出,"一带一路"沿线涉及的主要国家包括亚洲 43 国、中东欧 16 国、独联体 4 国、非洲 1 国,共 64 国。这些国家以发展中国家为主,大部分国家正处于人口结构转型的第二阶段,老龄化显示出较快的发展迹象。根据联合国官方提供的数据显示,预计到 2050 年,有将近 80%的 60 岁以上老年人口都生活在发展中国家。因此,人口老龄化问题是"一带一路"沿线国家正在或将要面临的重大人口结构变化。

表 9-3　"一带一路"沿线的主要国家

地区	主要国家
亚洲	东南亚:印度尼西亚、马来西亚、菲律宾、新加坡、泰国、文莱、越南、老挝、缅甸、柬埔寨、东帝汶
	南亚:尼泊尔、不丹、印度、巴基斯坦、孟加拉国、斯里兰卡、马尔代夫
	中亚:哈萨克斯坦、土库曼斯坦、吉尔吉斯斯坦、乌兹别克斯坦、塔吉克斯坦、阿富汗
	西亚:伊朗、伊拉克、格鲁吉亚、亚美尼亚、阿塞拜疆、土耳其、叙利亚、约旦、以色列、巴基斯坦、沙特阿拉伯、巴林、卡塔尔、也门、阿曼、阿拉伯联合酋长国、科威特、黎巴嫩

① 《民政部:中国 60 岁以上老年人口已达 2.22 亿人》,腾讯网,2016 年 7 月 12 日,http://news.qq.com/a/20160712/003442.htm。

续表

地区	主 要 国 家
中东欧	阿尔巴尼亚、波斯尼亚和黑塞哥维那、保加利亚、克罗地亚、捷克、爱沙尼亚、匈牙利、拉脱维亚、立陶宛、马其顿、黑山、罗马尼亚、波兰、塞尔维亚、斯洛伐克、斯洛文尼亚
独联体	俄罗斯、白俄罗斯、乌克兰、摩尔多瓦
非洲	埃及

从亚洲国家看，首先，20 世纪 70 年代以来，东南亚地区的人口出生率呈逐年下降趋势，人口老龄化趋势日益明显。据联合国提供的数据显示，2010 年，东南亚地区 65 岁以上老年人口约为 3479 万，预计到 2025 年，这一数字将达到 5784 万，而到 2050 年，这一数字将高达 1. 29 亿。① 具体来看，像新加坡和泰国这些经济相对发达的国家已经进入老龄化社会，人口老龄化水平还将进一步提高。其他国家虽然仍处于人口红利期，但人口老龄化水平也不断提高，预计十年之后，东南亚各国都将面临着严重的人口老龄化问题。其次，南亚国家中，以印度人口基数最大，老龄化趋势最为突出。印度人口老龄化趋势呈现出以下特点：一是老年人口中女性丧偶比例非常高。据印度 2001 年人口普查数据显示，全国 60 岁以上老年人口中，约有 18%的男性丧偶，而这一比例在女性中高达 53%。而 80 岁以上老年人口中，男性和女性的丧偶比例分别为 29%和 71%。② 女性老人丧偶之后，经济来源难以得到保障。二是老年赡养比持续提高。最后，中亚和西亚国家中，以哈萨克斯坦的人口老龄化水平最高。据资料显示，2010 年，哈萨克 60 岁以上老年人口占总人口比重为 10. 5%，开始进入老龄化社会。③ 因此，总体而言，亚洲国家中，有部分国家已经迈入老龄化社会，其他国家正在面临人口结构转变的局面，防范老龄风险在这

① 孟令国、胡广：《东南亚国家人口红利模式研究》，《东南亚研究》2013 年第 3 期，第 31—40 页。

② “Situation Analysis of the Elderly in India”, Central Statistics Office, Ministry of Statistics & Programme Implementation, Government of India, June 2011, p.27.

③ 杜鹏、杨慧：《中国和亚洲各国人口老龄化比较》，《人口与发展》2009 年第 2 期，第 75—80 页。

些国家中亟须提上日程。

表 9-4 1990—2009 年部分中东欧国家老年人口赡养比

单位:%

国家	1990 年	1995 年	2000 年	2005 年	2009 年
保加利亚	21.9	25.0	26.5	27.5	27.5
捷克共和国	21.5	22.1	22.0	21.7	22.9
匈牙利	22.5	23.8	24.4	25.0	26.1
波兰	17.3	19.0	20.2	21.1	21.0
罗马尼亚	17.9	20.1	21.8	23.8	23.3
斯洛伐克	18.3	18.8	18.8	18.3	18.5
斯洛文尼亚	17.3	19.5	22.0	23.9	25.6

资料来源:国际劳工组织(ILO)。

从中东欧国家看,20 世纪 90 年代以来,中东欧国家人口呈现出负增长的发展趋势。据世界银行统计数据显示,1990—2010 年,中东欧国家人口平均增长率为-0.14%。与此同时,65 岁以上老年人口不断增加。截至 2010 年,中东欧八国 65 岁以上老年人口占总人口的比重均高于 15%。保加利亚、克罗地亚和匈牙利等国家 65 岁以上老年人口比重长期维持在 16%以上。[①] 如表 9-4 所示,截至 2009 年,除斯洛伐克外,中东欧国家的老年人口赡养比均维持在 20%以上,预计到 2050 年,这一比例将达到 40%以上,众多数据显示,中东欧国家的人口老龄化趋势已经相当严重。

另外,独联体国家中,自 1993 年以来,俄罗斯人口一直呈现负增长的发展态势。据统计资料显示,受低出生率的影响,1991 年到 2009 年间,俄罗斯人口减少 640 万,预计到 2050 年,俄罗斯人口将从 2010 年的 1.4 亿下降到 1.16 亿。人口的负增长加上人均寿命的延长使得俄罗斯的人口老龄化形势愈发严峻。2000 年,俄罗斯 60 岁以上老年人口占总人口

① "Adequacy of Retirement Income after Pension Reforms in Central, Eastern, and Southern Europe", The World Bank, 2009, p.126.

的比重高达 18.5%，预计到 2025 年，这一比例将增长为 26.0%，届时俄罗斯将步入严重的人口老龄化阶段。①

最后，随着经济的发展和人民生活水平的提高，埃及的人均寿命不断提高，人口老龄化问题也不可避免地凸显出来。根据埃及中央统计局公布的数据显示，截至 2008 年，埃及总人口约为 7000 万。其中，60 岁以上老年人口约为 500 万人，占总人口比重的 7.1%。据预测，到 2030 年，这一数字将上升到 1300 万，届时埃及将面领严重的老龄化负担。②

9.6.2 供需双侧改革是老年服务业"走出去"的必然前提

中国老年服务业如何把握"一带一路"带来的发展契机，走向产业繁荣，既是机遇也是挑战。现阶段，中国的老年服务业发展面临诸多问题。一方面，养老服务有效供给难以满足日益增长的老年需求；另一方面，老年服务业的供给侧和需求侧失衡，制约了产业的可持续发展。因此，现阶段，中国老年服务业迫切需要改革，实现转型升级，以更好的姿态进入国际舞台。

一、供给侧：对于建立更加匹配、更为合理的服务供给体系的要求凸显

随着经济社会的发展，中国老年服务业得到一定程度的发展，但形势不容乐观。以机构养老为例，据中国老龄科学研究中心 2014 年对"十二城市"养老机构的调查数据显示，目前，中国的养老机构中盈利的比例仅为 19.4%，基本持平的比例为 48.1%，有高达 32.5% 的养老机构长期处于不同程度的亏损状态。这展现了一个中国式"养老困惑"：养老机构为什么在一个拥有 2 亿多老年人的巨大需求市场上仍然亏损？这同时也说明了现阶段中国养老服务供给侧存在的基本问题。

首先，潜在需求大、有效需求不足是中国养老服务市场存在的现实问

---

① 肖来付：《人口危机与俄罗斯的移民政策》，《俄罗斯中亚东欧市场》2007 年第 11 期，第 7 页。

② 《埃及中央统计局鼓励民众多存款支持埃及经济发展》，凤凰网，2012 年 9 月 11 日，http://finance.ifeng.com/roll/20120911/7018144.shtml。

题。无论是老年人口的数量,或是失能需要护理人口的数量,中国的养老服务市场都有着巨大的潜在消费群体。然而,受到收入水平低、养老保障体系不健全等一系列因素的影响,现阶段有能力支付老年服务费用的老年群体却十分有限。根据老龄科学研究中心的调查数据显示,目前我国民营养老机构的收费标准约为每月 2100 元左右,而仅以天津市为例,根据国家统计局的调查数据显示,2014 年,仅有 10%的老年人能够接受这一标准。[①] 这就意味着,即使是东部较为发达的天津市,也有近 90%的老年人负担不起养老机构的基本服务费用。2014 年合并之后的城乡社会养老保险的基础养老金仅为每月 70 元,基础养老金在保障老年群体基本生活方面难以发挥有效作用。再加上通货膨胀等一系列因素的影响,进一步加剧了中国老年人的经济压力,从而造成了养老服务供给市场有效需求不足的局面。

其次,高端养老服务市场供给过剩是目前“产业泡沫”的主要体现。随着人口老龄化水平的提高,中国政府连续下发一系列政策,鼓励民间资本进入养老服务供给领域,大力推动老年服务业的发展。例如:2012 年,民政部发布《关于鼓励和引导民间资本进入养老服务领域的实施意见》,期望充分发挥市场在资源配置中的决定性作用,引导私人资本发展老年服务业。基于此,社会各界对产业发展的期望过高,掀起了产业发展的“浮夸风”。第一,一些地方政府为响应中央政府号召,没有考虑到本地老年人的消费能力和市场空间,在本地区修建了一批动辄上万张床位的养老机构,从而造成了资源浪费。第二,部分房地产企业受到房地产市场“降温”的影响,为了享受国家政策和追逐利润,打着养老的名义兴建了一批高档养老公寓。这些高档养老公寓与大部分老年人的消费水平相脱节,从而造成现阶段老年人“无处养老”和“养老服务过剩”的双重困境。这种供需结构失衡的状态不仅造成了养老服务设施的严重浪费,同样不利于老年服务业的可持续发展。

---

① 国家统计局天津调查总队“老龄服务需求研究组”:《老年人对老龄服务业发展需求调查》,《调研世界》2014 年第 2 期,第 25 页。

最后，供给主体单一，产品结构不合理制约了养老服务的可持续供给。从国际经验看，西方国家养老服务体系基本上坚持了以市场为主导的多元主体供给的服务体系。然而，长期以来，中国的养老服务供给以政府为主，民营养老机构比重较小，社会化养老服务体系还没有建立。据统计数据显示，2014 年，中国民营养老机构数量占养老机构总数的 20%左右。[①] 除此之外，民营养老机构在土地、资金和劳动力等生产要素上面临着官办养老机构的激烈竞争。现阶段中国养老产品整体上呈现“哑铃型”的供给结构，即高端和低端服务供给较多，而中端供给不足。随着中国中产阶级的崛起，大量中等收入老年群体有着巨大的养老需求。因此，促进养老产品结构由“哑铃型”向“椭圆型”转变是老年服务业亟待改善的重要问题。

二、需求侧：对于建立更加公平、更加多元化的养老保障体系需求迫切

受到历史因素的影响，中国老年服务业的发展长期以来存在着“官强民弱”的格局。从养老保障体系上看，中国养老金“双轨制”存在已久，不同年龄阶段、不同单位性质的养老群体退休之后的收入差距较大，从而对于建立更加公平的养老保障体系的呼声越来越高。2015 年，国务院发布《国务院关于机关事业单位工作人员养老保险制度改革的决定》，文件指出，机关事业单位实行社会统筹和个人账户相结合的基本养老保险制度，这虽然标志着存在了近 20 年的养老金“双轨制”的终结，然而对养老保障体系公平性的改革步伐仍然没有结束。其次，如上所述，在养老市场领域，民营养老机构长期受到官办养老机构在土地、资金和政策条件上的激烈挤压，从而造成老年服务业的发展受限。尤其是现阶段，中国经济发展进入新常态，经济结构面临剧烈转型，对养老保障体系，尤其是对老年服务业的发展提出了更高的要求。新常态下，经济结构转型造成中国就业形势发生了一系列变化，落后产业职工面临大规模转移、新型就业人群

---

① 李璐：《养老服务机构的道路选择——公办、民办养老服务机构生存状况对比分析》，《中国机构改革与管理》2014 年第 Z1 期，第 87 页。

增加、城乡之间的就业界限逐渐模糊等。[①] 这些变化一方面要求在确定待遇环节中需要向中低等收入者倾斜，逐步协调不同老年群体之间的经济收入差异；另一方面，要求破除制度障碍，营造公平有序的市场环境，大力发展市场化的养老服务体系，从而发挥老年服务业保障和丰富老年人日常生活的目的。

除此之外，近年来，随着经济社会的发展，中国的人均可支配收入持续提高。据国家统计局统计数据显示，2005—2015 年，中国 GDP 总量和人均可支配收入逐年增加，GDP 总量由最初的 18.49 万亿元人民币增长到 67.67 万亿元人民币，增长约 3.66 倍。人均可支配收入也由 2005 年的 10493 元增长到 2015 年的 31195 元，增长约三倍。[②] 人均可支配收入的增长使得老年群体对于养老服务的需求由单一的物质需求转变为物质供养、医疗护理和精神慰藉等多样化的养老需求，从而对更加多元化的养老服务体系的需求越来越迫切。

三、供需两侧匹配升级是中国老年服务业“走出去”的必然选择

党的十八届五中全会指出，要完善统账结合的城镇职工养老保险制度，构建多层次养老保障体系。这一方面反映了人口结构变动背景下对更加公平的养老保障体系的要求，另一方面也表现了社会化、市场化养老服务体系建立的必要性。受宏观人口年龄变动的影响，家庭结构小型化趋势日益凸显，“4-2-1”倒金字塔家庭越来越多，养老负担日益加重，从而给养老服务的供给侧带来一系列影响。新常态下，一方面，需要进行产业结构的转型升级，从而实现经济持续平稳发展；另一方面，迫切要求发展第三产业和新兴产业，以寻求新的经济增长点。目前来看，中国养老服务供给所面临的主要问题是不断增长的、更加多样性和个性化的养老服务需求与非均衡的老年服务业服务供给之间的矛盾。新常态下，无论是需求侧还是供给侧，中国的老年服务业都需要进行改革完善。应该坚持

---

① 刘昌平、汪连杰：《供给侧结构性改革背景下中国就业形势的新变化与政策选择》，《上海经济研究》2016 年第 9 期，第 25—32 页。

② 刘昌平、汪连杰：《新常态下的新业态：旅居老年服务业及其发展路径》，《现代经济探讨》2017 年第 1 期，第 26 页。

以供给侧结构性改革的思路指导老年服务业的发展，构建更加丰富完善、结构优化、服务到位的养老服务体系，从而实现中国养老服务业的转型升级，在“一带一路”建设背景下以更加成熟的姿态登上国际舞台。

9.6.3 “一带一路”背景下中国老年服务业“走出去”的主要方向

除新加坡、俄罗斯和中东欧等部分国家外，“一带一路”沿线大多数国家属于发展中国家，均处于人口年龄结构的第二次变动，正在或者将要步入老龄化社会。中国在过去三十年来经济社会得到了快速发展，但总体上仍然属于发展中国家，在如何在“未富”的国情下应对人口老龄化的挑战方面，积累了丰富的经验。近年来，随着中国政府大力推动私人资本进入养老服务领域，中国的老年服务业发展迅速，且积累了一定的发展经验。因此，在“一带一路”背景下，中国老年服务业应该加强与沿线国家在养老领域的交流与合作，为沿线国家应对人口老龄化提供技术输出和经验借鉴。

一、养老事业和老年服务业协同发展为“一带一路”国家提供经验借鉴

养老事业和老年服务业协同发展是中国在应对人口老龄化方面积累的最重要经验之一。首先，从国际经验看，养老事业指的是政府为保障老年人的基本生活所提供的各类现金、服务和制度的总称，属于公共物品的范畴。而老年服务业指的是以老年人为对象，以满足其养老需求，提高其生活质量为目标的各类营利性活动的总称。前者具有普惠性特点，是以满足老年人基本养老需求为目标。后者是以繁荣老年人养老生活，提供多样性养老服务为发展方向。二者各有侧重，同时又相辅相成，共同组成中国的老年服务业。随着经济发展和社会变革，“突如其来”的人口老龄化使中国社会各界应接不暇。长期以来，社会各界都将养老事业和老年服务业混为一谈，并没有关注到二者的关系和区别，从而造成了老年服务业滞后于经济社会发展的局面。政府长期主导养老事业的发展，不仅提出了“六养”的美好愿景，而且在完善社会救助、社会保险、社会福利等养

老保障制度的基础上，加强长期护理保险体系建设，促进了中国养老事业的发展。然而，老年服务业长期发展缺乏政策指导，加上行业管理和服务标准不规范，社会监管机制不健全等因素，这些问题都使得中国老年服务业长期滞后于养老事业发展的社会事实。

随着政府在养老领域掌控力的增强，中国政府逐渐意识到老年服务业发展对于缓解人口老龄化的重要性。党的十八大以来，政府逐渐颁布一系列政策大力推动养老服务产业的发展。例如：2015 年国家发展改革委颁布《关于规范养老机构服务收费管理促进老年服务业健康发展的指导意见》、民政部等十部委联合发布《关于鼓励民间资本参与老年服务业发展的实施意见》和国家开发银行印发《关于开发性金融支持社会化养老服务体系建设的实施意见》等。除此之外，近年来，政府不断寻求养老事业和老年服务业的协调发展，鼓励各类民间资本参与医养结合养老服务供给，寻求老年服务业领域的 PPP 合作，为老年服务业发展提供税收优惠等，逐渐形成了以政府养老为基础、以社会化养老为依托、以市场化养老为发展方向的养老保障体系，奠定了中国养老保障的基本框架。因此，“一带一路”倡议背景下，中国探索的养老事业和老年服务业协调发展的经验可以为“一带一路”沿线国家应对人口老龄化提供参考和借鉴。

二、“互联网+智慧养老”是中国老年服务业“走出去”的主要方向

2015 年 3 月，李克强总理在政府工作报告中首次提出“互联网+”行动计划。2015 年 7 月，国务院印发《关于积极推进“互联网+”行动的指导意见》，明确提出“互联网+”创新创业等 11 个重点行动。在政府的大力支持下，中国的“互联网+”行动取得了极大进展，形成了以互联网、物联网和云计算技术为主的创新创业浪潮。在此背景下，中国老年服务业与“互联网+”深度融合，形成了一系列具有中国特色的、现代化的“互联网+智慧老年服务业”模式，在世界范围内属于领先水平。中国“互联网+智慧老年服务业”总体上包括四种模式：一是“互联网+智慧居家养老”模式。例如上海市、济南市和杭州市等地推广居家养老服务智能设备，实现高端智慧养老。二是“互联网+智慧社区养老”模式。以互联网为平台，整合社区内各种资源，为社区老人提供全天候网上预约服务，例

如上海市、青岛市等地已建成多个智慧养老服务社区。三是"互联网+智慧机构养老"模式。以互联网技术改造养老机构,提升养老机构的信息化水平,实现养老机构的转型升级,例如北京、广州已在多个养老机构推行智能化服务。四是"互联网+虚拟养老社区"模式。通过互联网养老服务平台,搭建虚拟养老社区,促进家庭、社区和居家养老的融合式发展,例如兰州市已投入并建成虚拟养老社区平台。这些智慧养老模式逐渐探索出一系列较为成熟的市场化运营模式,培养出一批具有互联网技术背景的养老管理和运营人才,不仅为提高中国老年人生活水平发挥着重要作用,同时为中国老年服务业走向世界奠定了基础。

需要指出的是,"一带一路"沿线国家与中国政治、经济、文化及投资融资环境不同,中国智慧老年服务业在"走出去"的过程中,应该重点关注两个问题:首先是建立一批具有国际输出能力的养老企业和团队。事实上,由于目前中国老年服务业发展时间较短,专业化养老服务护理人员和管理人员较为缺乏。虽然,现阶段各大学、高职高专院校已经开始注重全面性养老服务人才的培养。但是总体而言,具有国际视角的养老管理人员和技术人员较为缺乏。因此,中国老年服务业走出去的关键之一就是重点支持有实力的养老企业,培养一批具有国际化视野、高水平专业化的养老管理人才。其次,各地区应该充分利用"一带一路"带来的发展机遇在国际产业输出中抢占先机。从目前国内市场来看,中国智慧老年服务业已初步形成了以京津冀、长三角、珠三角地区为第一梯队,成渝、胶东半岛地区为第二梯队,其他中西部城市群为第三梯队的产业格局。虽然第三梯队面领着经济发展水平的限制,国际输出能力不如第一或第二梯队,然而中原群和呼包鄂榆群等"一带一路"倡议重点发展地区,可以利用"一带一路"建设的政策优势,在全国产业发展和国际输出时后发制人,抢占先机,并不断探索积累国际发展经验,以实现产业的可持续输出。

三、以旅居养老为主的前沿探索是老年服务业"走出去"的重要宣传点

随着经济社会的发展和人民生活水平的提高,中国老年群体的消费观念也逐渐发生变化,传统养老模式越来越不能满足养老需求,旅居养老

逐渐发展起来。2015 年 11 月 13 日,首个以旅游度假和老年服务业为主题的论坛在国家游泳中心水立方举办,继而拉开了旅居老年服务业发展的序幕。旅居养老能够弥补现有养老服务的不足,彰显了"以人为本"的养老理念,发展迅速并成为未来老年服务业的发展方向。由表 9-5 可以看出,目前,中国旅居养老产业开发已经形成了候鸟式旅居养老模式、疗养式旅居养老模式、文艺鉴赏式旅居养老模式、田园式旅居养老模式和社区式旅居养老模式五种类型,在满足老年群体多样性的养老需求方面发挥着重要作用。

表 9-5　旅居老年服务业开发的基本模式及其特点

旅居老年服务业开发模式	基　本　特　点
候鸟式旅居养老模式	候鸟式旅居养老模式主要分为三类:暖冬式、避暑式和景区式。候鸟式旅居养老成本较为低廉,逐渐发展成中国旅居养老的主要模式
疗养式旅居养老模式	疗养式旅居养老模式主要分为三类:中医养生式、西医护理式和美食养生式。疗养式旅居养老模式的优点是符合老年人疗养护理需求,缺点是成本较高
文艺鉴赏式旅居养老模式	文艺鉴赏式旅居养老模式主要分为三类:古城古镇式、民俗民风式和宗教禅修式。优点是符合现代社会和未来老年群体对文化鉴赏的需求;缺点是对文化理解能力要求较高
田园式旅居养老模式	田园式旅居养老是以农家乐、乡村绿色田园景观、特色乡村风情为依托,以满足老年人休闲度假要求为目标的产业模式。优点在于亲近乡村,回归自然;缺点在于服务水平和配套措施有待提高
社区式旅居养老模式	社区式旅居养老通过构建老年住宅区、老年大学、购物中心、酒店和医院等多种业态,将"养老住宅销售+养老地产经营+综合商业租赁"相结合,形成一个功能齐全的产业链。优点是综合性较强,配套设施和服务相对完善;缺点在于对开发商的资产状况、资源整合能力和持续经营能力要求较高

受到经济发展水平的限制,现阶段,中国旅居养老产业仍然处于发展初期,并没有成为老年服务业的主要发展点。但是,随着中国老年人口的增加、人均收入水平的提高和旅游产业的不断发展,旅居养老产业必然会迎来更大的发展契机。虽然,受到经济发展水平、人口老龄化水平和养老市场化水平等的限制,"一带一路"国家在发展旅居养老产业方面还没有

形成较大的市场空间。但是，中国在旅居养老产业的探索实践，必然会为“一带一路”国家现在和未来应对人口老龄化提供基本思路。

9.6.4 “一带一路”倡议下促进老年服务业“走出去”的政策建议

过去十多年，中国企业在走向国际市场上取得了辉煌的成就，积累了丰富的经验。现阶段，中国政府提出的“一带一路”构想给中国产业走出去提供了新的发展契机。“一带一路”沿线国家共有人口约 44 亿，经济总量 21 万亿美元，蕴含了巨大的经济发展潜力、广阔的市场拓展空间。因此，中国老年服务业应该抓住“一带一路”倡议带来的发展机遇，在改革完善的同时，以更好的姿态在国际舞台上展现自己，并借鉴国际养老服务的优势，实现精准式发展。

一、以市场化为导向，加快推进老年服务业供给侧结构性改革步伐

现阶段，中国老年服务业进入一个快速发展期，迫切需要改革现有的供给结构，促进供给侧和需求侧的有效衔接，以更好地走向国际舞台。基于此，针对现阶段中国老年服务业供给侧存在的具体问题，应该从以下几个方面入手。一是坚持市场化导向，提高各生产要素配置效率。首先政府应该摒弃大包大揽的传统观念，充分发挥市场在要素配置上的决定性作用。其次，应该营造公平有序的市场环境，引导各生产要素向民营养老机构流动。针对现有不公平竞争的局面，应该放宽民间资本进入老年服务业的审核限制，提高民间资本参与老年服务业的可操作性，并通过政府购买、协调指导、评估认证等方式，鼓励民营养老企业提供上门定制服务。二是以供给侧为中心，优化整体供给结构。首先坚持“以老年人为中心”的服务理念，增加文化娱乐等精神方面的服务。其次提高针对中等收入群体的养老服务供给力度，促进供给结构由“哑铃型”向“椭圆形”转变。三是以需求为方向，着重扩大有效需求。扩大有效需求的前期是提高老年群体的整体消费水平。首先应该实行养老金水平与物价水平的联动机制，从而保障老年群体退休之后养老金的市场购买力。其次，加大长期护理保险制度的顶层设计，满足老年群体“医养护”方面的需求。

二、充分发挥中央和地方政策合力，培养专业化、高素质养老人才队伍

在我国老年服务业繁荣发展的同时，队伍搭建、教育培训、职业保障和社会地位等问题一直成为困扰老年服务业发展的重要环节，也是不利于我国老年服务业走向国际舞台的短板之一。事实上，早在2006年，《中国老龄事业发展白皮书》中就提到了养老人才职业建设等问题。2014年，教育部等九部门发布《关于加快推进老年服务业人才培养的通知》，加快培养养老服务人才。2015年，教育部办公厅、民政部等部门发布了《关于公布首批全国职业院校养老服务类师范专业点名单的通知》，旨在提高养老人才素质。这些专业性政策文件有利于扩大我国养老人才队伍规模，培育多元化人才，提高服务人才的职业技能与道德素养。除此之外，应该从以下几个方面入手，为培养专业化、高素质、面向国家市场的养老人才队伍奠定基础。首先，应该健全养老人才队伍体系，重点培养养老专业化护理人才、专业技术人才和专业管理人才队伍，并打造梯级养老人才队伍结构、提升服务人才社会地位。其次，改善养老人才的薪酬水平和福利待遇。建立一线护理人才的最低薪酬制度，设立养老服务人才工作站，加强养老人才队伍的各项社会福利保障，并不断改善就业环境。最后，学习发达国家人才培养的先进经验，加强养老人才队伍培养的国际交流与合作，为老年服务业走向国际舞台做准备。例如：日本政府通过颁布《社会福利士法》对社会福利职称制度给予法律保护，德国建立分级分层的养老人才培训体系等都是我们可以学习借鉴的经验。

三、加强金融性支持，培养一批具备国际输出能力的养老企业

2016年以来，国务院、民政部先后出台《关于加快发展老年服务业的若干意见》《关于金融支持老年服务业加快发展的指导意见》等文件指出，建立人民银行、民政、金融监管等部门参加的金融支持老年服务业工作协调机制，加强产业政策与金融政策协调配合，形成推进老年服务业发展的政策合力。因此，积极创新专业金融组织形式，推动符合条件的养老企业上市融资，培养一批具有国际输出能力的养老企业不仅是缓解中国

人口老龄化压力的必然需求，同时也是“一带一路”背景下促进中国老年服务业“走出去”的必然选择。具体来说，首先，应该制定中国老年服务业“走出去”战略规划，明确中国老年服务业“走出去”的发展定位、区位抉择、合作方式等具体细则，为养老企业实施“走出去”战略奠定基础。其次，针对“一带一路”沿线国家的政治、经济、文化各异的状况，有针对性地将沿线国家分为“积极进入的”“谨慎进入的”和“暂缓进入的”三个类别，以增强老年服务业“走出去”的目标导向。最后，通过金融性支持促进养老企业发展壮大。一是整合中央和地方的优惠政策，放大财政资金支持效应。二是大力推广 PPP 模式，鼓励社会资本参与基础性养老设施建设。三是按照“政府引导、企业主导、市场运作、专业管理”的原则，鼓励建立面向老年服务业的投资基金，加快培育一批具有国际输出能力的养老服务龙头企业。

四、发挥海外华商的作用，为中国老年服务业“走出去”创造有利条件

海外华商是“一带一路”倡议实施的独特资源。目前，中国约有 6000 万海外华侨华人华商分布在世界五大洲 160 多个国家和地区，其中，有超过 4000 多万人分布在“一带一路”沿线国家。据统计，全球华商资产约有 5 万亿美元，80%集中在东南亚地区。[①] 海外华商兼通中西方文化，经济实力雄厚，随着中国在世界上影响力的提高，海外华商对中国的向心力不断提高，为养老企业“走出去”创造了有利条件。首先，应该推动与华商的政策沟通，建立沟通交流机制。建立从政府到民间、从行业到企业的交流沟通平台，达到合作共赢的合作共识，为推动老年服务业“走出去”提供便利。其次，充分发挥华商银行的作用，加强华商对养老企业的金融支持与合作。以东南亚为例，东南亚五大银行中有三家是华人银行。养老企业在东南亚发展的过程中，可加强与当地华商银行之间的合作，从而获得地区性金融支持。最后，充分利用中国华侨经济文化合作试验区，加

① 廖萌：《“一带一路”建设背景下中国企业“走出去”的机遇与挑战》，《经济纵横》2015 年第 9 期，第 33 页。

强与海外华侨在老年服务业方面的沟通与合作。2014 年 9 月,国务院在《关于支持汕头经济特区建设华侨经济文化合作试验区有关政策的批复》中同意在汕头设立华侨经济文化合作试验区,作为建设 21 世纪海上丝绸之路的重要门户。因此,应该在试验区加强同海外华侨在老年服务业领域的合作,以合作共赢的方式走向国际舞台。

10

坚持公益属性，破除逐利机制

——我国公立医院综合改革的思考

岳颂东

《中共中央关于制定国民经济和社会发展第十三个五年规划的建议》中指出:“全面推进公立医院综合改革,坚持公益属性,破除逐利机制,建立符合医疗行业特点的人事薪酬制度。”

公立医院广泛存在的逐利机制成为自身发展的最大病灶,成为广为诟病的诸恶之源。不彻底破除逐利机制,综合改革的结果适得其反,只有坚持公益属性,公立医院综合改革才能达到预期的目标。

10.1 公立医院综合改革简要回顾及2016年的改革要点

公立医院是由各级政府通过公共财政投入而兴办的医院,资产归属国家和政府所有。公立医院是在政府领导下,负责贯彻执行国家的卫生工作方针、卫生政策和医疗救治任务的卫生机构。

据国家统计局的数据,截至2015年年末,全国共有医疗卫生机构990248个,其中医院27215个,乡镇卫生院36869个,社区卫生服务中心(站)34588个,诊所(卫生所、医疗室)195866个,村卫生室644751个,疾病预防控制中心3492个,卫生监督所(中心)3097个;卫生技术人员803万人,其中执业医师和执业助理医师300万人,注册护士328万人。医疗卫生机构床位708万张,其中医院534万张,乡镇卫生院121万张。

根据国家卫计委发布的数据,截至2015年3月底,全国有公立医院13367个,比2014年同期减少21个;民营医院12870个,比2014年同期增加1356个。按医院等级划分:三级医院1933个,二级医院6908个,一级医院7129个,未定级医院10267个。我国公立医院占医院总数量的50.94%,约占总诊疗人次的90%左右。

2009年4月《中共中央国务院关于深化医药卫生体制改革的意见》(以下简称《意见》)正式颁布,表明我国新一轮医药卫生体制改革正式启动。随之国务院医改办与有关部门共同制定了一系列配套措施，确保《意见》的贯彻落实。《意见》为公立医院改革指出了明确的方向。重申了政事分开、管办分开、医药分开、营利与非营利分开的原则。

2010 年，原卫生部、中央编办、国家发改委、财政部、人力资源和社会保障部联合发布《关于公立医院改革试点的指导意见》，明确指出公立医院改革要在服务体系、管理体系、补偿机制、运行机制、监督机制和内部管理六个方面实现突破性进展。为了给全国一万多家公立医院提供改革思路和实践经验，在全国范围内选择了 17 个城市和 30 多个省级试点单位进行前期探索。试点单位紧紧围绕“四个分开”因地制宜地制定了相关的具体政策，积极推行各种便民惠民服务措施，不断优化医疗服务体系。

2013 年党的十八届三中全会审议通过了《中共中央关于全面深化改革若干重大问题的决定》，提出“统筹推进医疗保障、医疗服务、公共卫生、药品供应、监督体制综合改革”，要“加快公立医院改革，落实政府责任、建立科学的医疗绩效评价机制和适应行业特点的人才培养、人事薪酬制度”，进一步推动公立医院综合改革深入发展。

2014 年的政府工作报告指出，2014 年县级公立医院的改革要从原来试点的 311 个县扩大到 1000 个左右，同时拓展城市公立医院综合改革，从原来 17 个试点城市扩大到 34 个城市，至少每一个省都有一个城市开展公立医院综合改革。这一年，国家卫计委等五部门联合发布了《关于推进县级公立医院综合改革的意见》，即国卫体改发〔2014〕12 号文件，公立医院改革在城乡呈全面拓展之势。

为了进一步巩固公立医院改革的成果，2015 年中央财政下达了 111.2 亿元补助资金支持公立医院改革。国务院办公厅于 5 月 6 日下发了国办发〔2015〕38 号文件《关于城市公立医院改革试点的指导意见》，使公立医院综合改革持续不断地深入进行。

2015 年 10 月 29 日党的十八届五中全会通过了《中共中央关于制定国民经济和社会发展第十三个五年规划的建议》，强调要“推进健康中国建设。深化医药卫生体制改革，实行医疗、医保、医药联动，推进医药分开、实行分级诊疗，建立覆盖城乡基本医疗卫生制度和现代医院管理制度”。

2016年是公立医院改革的第七个年头。新年伊始，公立医院综合改革便紧锣密鼓地向前推进。3月5日，李克强总理在政府工作报告中进一步强调：“协调推进医疗、医保、医药联动改革。健康是幸福之基。今年要实现大病保险全覆盖，政府加大投入，让更多大病患者减轻负担，中央财政安排城乡医疗救助补助资金160亿元，增长9.6%。整合城乡居民基本医保制度，财政补助由每人每年380元提高到420元。基本公共卫生服务经费财政补助从人均40元提高到45元，促进医疗资源向基层和农村流动。”

2016年4月6日，国务院召开常务会议，会议确定了2016年深化医疗体制改革的六大要点，其中包括继续巩固公立医院综合改革所取得的初步成效。

一是将城市公立医院综合改革试点城市由100个扩大到200个。开展县级公立医院综合改革示范。二是在全国70%左右的地市开展分级诊疗试点，开展公立医院在职或退休主治以上医师到基层医疗机构执业或开设工作室试点。2016年年底前使城市家庭医生签约服务覆盖率扩大到15%以上。力争全部三级医院、80%以上二级医院开展临床路径管理工作。三是健全补偿机制，新增试点城市公立医院取消药品加成，严格控制不合理检查检验费用。2016年年内实现大病医疗保险全覆盖，让更多大病患者减轻负担。四是全面推进药品集中采购，建立药品出厂价格信息可追溯机制，推行从生产到流通和从流通到医疗机构各开一次发票的“两票制”，使中间环节加价透明化。患者可以自主选择在医院或零售药店购药。建立常态短缺药品储备制度，增加艾滋病等特殊药物免费供给，加强医疗和药品质量监督。五是完善基层医疗机构绩效工资制度，鼓励试点城市制定公立医院绩效工资总量核定办法，建立与岗位职责和业绩相联系的分配激励机制，凸现医务人员技术劳务价值。六是推进基本医疗全国联网和异地就医结算。提高基本医疗和基本公共卫生服务经费人均补助标准。新增规范化培训住院医师7万名，其中儿科医师5000名。统筹推进各级人口健康信息平台建设和互联互通。

总之,几年来公立医院综合改革已取得初步成效,具体表现为以下四个方面:一是改革的指导思想日益清晰,坚持公立医院公益性回归,摒弃和破除逐利机制。二是坚持医药分开。在改革试点医院已初步打破以药养医的内在机制,初步扼制了药费高企的发展势头。三是调整了医疗服务的收费标准,体现医护人员技术劳务价值,为建立科学的医疗绩效评价体系向前迈出探索之步。四是初步形成“三医联动”的改革架构。使广大人民群众在获得基本的医疗服务、药品得到合理使用及医保基金得到良性运作三者之间朝着相互协调克服彼此掣肘的方向发展。

10.2 公立医院改革必须要从坚持公益性、破除逐利机制方面实现突破性进展

首先要解析公立医院为什么会产生逐利机制。逐利者,追求利润也。这是市场经济中企业的追求目标。把公立医院办成纯粹的企业,把患者当作营利的对象,显然违背公立医院的办院宗旨。医院的宗旨是救死扶伤,实现人的基本权利——生存权,这是人的发展权的基础。医生的天职是减轻患者痛苦,是悬壶济世。公立医院与一般企业应当有所区别。企业追求利润最大化天经地义,公立医院追求社会公益责无旁贷。

早在20世纪80年代,为缓解国家财政对公立医院投入不足的困境,实行了药品加成,允许公立医院搞创收。但这应当是当年暂时的无奈之举。可是自从创收机制形成之后,公立医院以药养医、以检养医便成为常态化。医院收支结余成为医院发展和员工薪酬的主要来源,医院又使收支结余成为核心的考核指标,作为院科二级分配的主要抓手。

公立医院的逐利由临时性的权宜之计变成常态化的正常机制之后,整个医疗体制便形成了路径依赖。逐利的有害细胞便在整个医疗卫生体

制上疯狂繁殖和全面转移，影响了整个医疗制度，误导了药品产业和医疗器材产业，变异了药品的采购制度，恶化了医患关系，使公立医院自身变成了难以治愈的疑难杂症，成为全社会舆论关注的焦点。公立医院形成逐利机制后，产生了如下五大弊端：

第一，以药养医、以检养医是大处方、洋处方、重复检查、过度医疗的原始病灶。最直接的结果造成了广大群众“看病贵、看病难”。据国家卫计委统计，2012 年我国医院门诊病人次均医药费用为 192.5 元，住院病人次均医药费用 6980.4 元。一次住院费用接近城镇居民年人均收入的三分之一（2012 年城镇居民年人均收入为 24565 元），几乎等于农民当年人均纯收入（2012 年农民年人均纯收入为 7917 元）。高额的医疗费用使人病不起，小病忍，大病拖。结果小病拖成重病，后果十分严重。

第二，公立医院逐利机制造成国家卫生费用猛涨。由于以药养医、以检养医成为医院运转的动力，刺激了医院采购高价药品，置办先进大型医疗器械，造成国家卫生费用连年高涨。根据《中国医疗卫生事业发展报告》的数据，2008 年国家财政向卫生事业投入 2757 亿元，2013 年投入 8280 亿元，5 年增长 5523 亿元。从 2008 年至 2013 年，全国卫生总费用年均增长 13.2%，为同期 GDP 增速的 1.62 倍。2007 年全国卫生总费用 1.12 万亿元，2013 年达到 3.2 万亿元，6 年翻了 3 倍。

第三，公立医院逐利机制导致医患关系紧张，医患矛盾突出，医闹显现愈演愈烈。医药费用超出患者实际承受能力和心理预期，患者对医疗服务收取的费用产生质疑，认为是过度检查、过度医疗、虚开药物造成的。由于医患关系紧张，医生为了防止漏诊、误诊，为了对自己安全增加保险系数，因此明明可以确诊，也要过多加以检查，以免出现误诊。由此产生恶性循环，使过度检查、重复检查更加难以避免。由于医闹多发，医生自我保护意识加大，更不敢与患者沟通和过细解释病情，使天书病历的书写及“三长两短”现象十分普遍，即等待挂号时间长，等待医疗和检查时间长，等待取药时间长；而看病时间短，医患沟通时间短。

第四，由于以药养医、以检养医成为常态，刺激药品产业非正常增长，药品定价虚高，药厂林立，药品广告满天飞，药品欺诈案件层出不穷。

2007 年,全国药品制造业的产值 5800 亿元,2013 年达到 1.83 万亿元。药品利润从 556 亿元猛增到 11200 亿元。虚高药价成为医疗费用上涨的主要驱动力,并腐蚀了医务人员,损害了患者健康。有一些医药流通领域成为违法的利益链条。据 2015 年 5 月 13 日《中国经济时报》所载,福建省摸底调查,药品企业通过省外流通企业"转票"(洗钱),省级采购中心的标价是药品出厂价的 3—4 倍。如一种注射液,出厂价 4.6 元,采购中标价 21.5 元,医疗机制销售价 24.7 元。销售价和出厂价之间的差额,医疗机构获 20%左右,配送企业获 6%左右,医药代表获 20%左右推销费,医生获 30%左右处方回扣费,省外过票公司获 10%的手续费。

第五,过度医疗、过度服药、过度检查有损患者的健康。据一些公立医院院长们估计,公立医院综合改革之前,过度医疗至少占当时服务量的一半左右。滥用抗生素现象十分普遍,动辄输液。据统计,我国患者年均输液 8 瓶,世界平均是 3 瓶。这样做容易使患者产生药物依赖,有的病菌甚至成为抗药性极强的"超级细菌"。

以药养医、以检养医若不彻底改革,医院怎么可能主动控制成本?这无异于"与虎谋皮"。因此必须下最大的决心,采取周密的断然的全方位的举措,彻底破除公立医院的逐利机制,打断医院收支结余作为员工薪酬的机制链条,回归公立医院的公益性才能完全扭转上述弊端。

10.3 关于深化公立医院综合改革的五类建议

第一,回归公益性、破除逐利机制是公立医院综合改革的指导思想,必须坚定不移地牢固树立。

公立医院虽然在运行中带有一定的经济单位特征,但决不能把它办成以追求利润最大化为宗旨的一般性企业。公立医院不应以经济利益为追求的目标，要以提高医疗服务的公平性、可及性、适宜性、高质性为目标。因此公立医院对广大就医者的服务应处处体现可及性高、非营利性、价格适宜、质量优良。具体表现为保障人人都有地方看病，实现医疗资源的可及性，解决看病难的问题；保障人人都看得起病，实现医疗费用的可接受性，解决看病贵的问题；保障人人在接受医疗服务时能受到公平待遇，解决医疗服务适应性问题，使全民在2020年实现享有基本医疗卫生服务。公立医院虽然处在市场经济的大环境下，但是它决不能彰显逐利性，甚至趋利忘义。应高举社会公益性大旗，彻底纠正"市场失灵"的倾向。

第二，"三医联动"是公立医院综合改革的根本途径。

李克强总理在2016年政府工作报告中指出："协调推进医疗、医保、医药联动改革。"医疗是三医联动改革的核心，旨在解决群众看病难的问题；医保是三医联动改革的经济运行基础，应当具备基金运行的低成本高效率，基金良性运转，不出巨大资金缺口；医药是三医联动改革的主要手段，旨在有效解决看病贵问题以及药品的质量安全问题。医疗的主体是医院和医生；医保的主体是基金管理机构；医药的主体是医药生产企业。这三者各有各的利益诉求，必须将三者联动起来，形成系统和良性互动，才能相得益彰，事半功倍；否则就会相互掣肘，功能抵消，事倍功半。当然我们也并不讳言，三者之间会形成利益的博弈状态。当此之时，应当以彰显公益性为灵魂，义利相谐，以义为先。

为使三医联动改革落到实处，要做到以下两点：一是建立医疗、医保、医药统一的管理机构，不仅牢固树立"一盘棋"思想，而且从管理机构上实现统一并落实在组织上。建立三医综合协调彼此兼顾的指标考核体系。并把每一项改革任务细化、分解、落实到具体的部门和个人名下，知责、明责、守土有责，守责尽责。防止有利力争无利推诿的倾向。让改革产生乘积效应而不是除商效应。二是建立公立医院与基层医疗机构分工协作机制，探索行之有效的分级诊疗制度。使常见病多发病解决在基层医疗机构，让高级别公立医院集中力量解决重大疾病和疑难杂症。彻底改变三甲公立医院门庭若市而基层医疗机构门可罗雀的普遍现象。有的放矢地解决群众看病难看病贵问题。为了解决好这一问题,宜建立医疗集团、医疗综合体组织,开展巡诊制、签约制,通过“互联网+”实现远程会诊制。通过提高基层医疗卫生机构就诊报销比例、改善基层医疗机构服务质量等方式,引导常见病、多发病患者积极自愿地到基层医疗机构就诊。

第三,积极推进建立现代医院管理制度是公立医院改革的核心工程。

2016年公立医院综合改革的试点城市由100个拓展为200个。建立现代医院管理制度是改革中的核心工程。应本着“管办分开”的原则,逐步弱化行政级别,探索建立法人治理结构。政府以出资人的身份参加医院理事会对医院施加影响,但不再干预医院的具体经营。最终实现去行政化的目标。弱化行政部门对公立医院人事、财务、设备购置等方面的控制,取消公立医院的行政级别,建立以理事会加监事会的法人治理结构,赋予理事会全面管理职能和监事会的监督职能,实现院长负责制,使公立医院拥有自主权。

应当看到,改革试点的公立医院自从取消药品加成政策之后,由于科学的补偿制度、人事薪酬制度尚未完善,大处方现象有所减少,但过度检查、过度医疗现象有所上升。“按起葫芦起来瓢”的现象依然存在,说明公立医院的逐利机制没有彻底摒弃,群众看病难看病贵的问题依然没有得到根本性解决。

在建立现代医院的管理制度中,核心是建立符合医疗行业特点的人事薪酬制度。要更好地体现医务人员技术劳务价值,充分调动医务人员的积极性,严禁给医务人员下达创收指标,医务人员的报酬不得与药品、耗材、大型医学检查的数额挂钩。要实行医务人员结构薪酬制,这种薪酬制应当包含三个部分:一是根据医务人员的职称确定基础性薪酬;二是根据医务人员医疗和护理患者的工作数量确定劳绩性薪酬;三是根据医务人员医疗和护理患者的工作质量、医德医风、社会评价确定岗效性薪酬。薪酬水平应充分考虑医护人员的技术素质、工作条件、工作环境、工作强度、责任风险等综合因素,适当拉开档次,防止平均主义的弊端。

要科学调整医疗服务价格,按照“总量控制、结构调整、有升有降、逐步到位”的原则,探索建立以成本和收入结构变化为基础的医疗服务价格动态调整机制。适当提高医护人员医护服务价格,降低药品和检查价格。逐步理顺不同级别医疗机构和医疗服务项目的比价关系,降低基层医疗机构的服务价格。提高基层医疗机构医护人员的薪酬水平,以稳定和吸引优秀医护人员充实基层医疗机构。吸引广大患者到基层医疗机构就诊,分流患者,解决看病难的痼疾。

第四,建立科学的经济补偿机制是公立医院平稳运行的根本保障。

公立医院是我国医疗卫生机构的主体,担负着大多数门急诊和住院患者的医疗保障。从全国普遍情况来看,国家财政对公立医院的补偿大约占公立医院正常运行所需资金的10%左右,总体偏低。由于长期财政补偿偏低,从而产生了以药养医、以检养医的后果,进而带来了医保基金的运行压力,部分地区甚至入不敷出,到头来还要由财政兜底。且药品加成所产生的“杠杆放大效应”,使许多医药资源产生不必要的浪费。因此有必要提高财政对公立医院的初始补偿比例,使财政补偿与医保基金支付之和能够基本满足公立医院的正常运行。若想堵住以药养医的旁门,必须开大财政补偿的正门。

公立医院的基础设施、设备购置、医护人员基础性薪酬、医护管理人员的培养与继续教育都应由财政全额负担。同时财政对公立医院所提供的服务,应按门急诊人次、住院人次进行补贴。对公立医院的补贴要精细计算,防治小病大养滞占床位。

凡参加医保的公立医院就医者,就医的花费由部分自费和社保基金支付。公立医院与基金管理机构将形成博弈态势。二者应本着为患者提供基本医疗服务的目标,提高基金使用效率。既防止基金的过度消耗使基金运行不可持续;也要防止基金支付不足影响了医疗的质量和服务水准。因此应采取多种形式试点探索最科学合理的医疗费用结算模式。例如按病种付费、按床日付费,或实施按历年支付趋势核定付费总额,按年或季度结算等。三医联动的统一管理机构应动态观测医保基金使用情况,及时作出必要的调整。

第五,大力发展健康服务业是从源头上优化公立医院改革的宏观环境。

2013 年 9 月 28 日国务院发布了《关于促进健康服务业发展的若干意见》,提出到 2020 年基本建立覆盖生命周期、内涵丰富、结构合理的健康服务体系,打造一批知名品牌和良性循环的健康产业集群,并形成一定的国际竞争力,基本满足广大人民群众的健康需求。

健康服务业内涵十分广泛,它涉及养生保健、健康教育、健康咨询、健康检查、健康护理、健康康复等各个方面。比仅仅着眼于公立医院有更大的视野,有利于优化公立医院改革的客观环境。

由于缺乏十分必要的健康教育,不健康的生活方式带来疾病谱的变化。改革开放以后,由于贫穷所造成的营养不良疾病的发病率呈下降趋势,而慢性病、"富贵病",如高血压、高血脂、高血糖、超重、肥胖等患病率明显上升。而这些慢性疾病一旦形成很难在短期内治愈,甚至终生带病。由此给公立医院带来的医疗压力可想而知。因此加强健康教育,推行健康的生活方式,加强防疫工作,不是仅在口号上强调预防第一,而且应当采取得力措施使之落实在广大群众的日常生活之中。这才是事半功倍的治本之策。《黄帝内经》上说"圣人不治已病治未病""上工治未病,中工治欲病,下工治已病",堪称至理箴言。防病于未然,如防火于未燃。合理膳食,适量运动,戒烟限酒,心理平衡,推行健康的生活方式,大力普及卫生知识,深入开展健康教育,应当从娃娃抓起,终生践行。

要善待人类共同的家园地球,节能减排,环境友好,让全体居民拥有一个天蓝、水净、气清、土肥、花美、物种繁茂和谐共处的生态环境,降低非医保因素对医疗费用的侵袭程度,从源头上减轻对公立医院的医疗压力。应充分启动社会资金兴办各具特色的健康服务产业。让全体人民身体更健康,体格更健美,步履更矫健,头脑更睿智,寿命更绵长,以全民健康的幸福姿态迈入全面小康社会。

参考文献

中文文献

1. 刘喜堂:《建国 60 年来我国社会救助的发展历程与制度变迁》,《华中师范大学学报(人文社会科学版)》2010 年第 4 期。

2. 邓大松、刘喜堂、杨红燕主编:《当代中国社会救助制度比较与借鉴》,人民出版社 2014 年版。

3. 关信平:《完善我国综合性社会救助体系的基本原则和主要议题》,《中国人民大学学报》2010 年第 5 期。

4. 王延中、龙玉其:《统筹发展中国社会救助制度的思考和建议》,http://mzzt. mca. gov. cn/article/shjzgjhz/cgxc/201601/20160100879272.shtml。

5. 李琴、黄黎若莲:《为什么中国城市低保存在目标问题?——基于广州市的田野调查》,《中国民政》2014 年第 1 期。

6. 尼古拉斯·巴尔:《福利国家经济学》,郑秉文、穆怀中等译,中国劳动社会保障出版社 2003 年版。

7. 宫蒲光:《2016 年全国社会救助工作会议上的讲话》,http://www.mca.gov.cn/article/zwgk/mzyw/201603/20160300881536.shtml。

8.《高位推进精准发力 织密民生“安全网” 推动云南社会救助体系取得新突破》,《云南日报》2016 年 3 月 17 日。

9. 肖萌、丁华、杨慧、李莹、伍亚超:《中央与地方政府在社会救助中的责任分配研究》,转引自王治坤、林闽钢主编:《中国社会救助:制度运行与理论探索》,人民出版社 2015 年版。

10. 郑新业、张莉:《社会救助支付水平的决定因素:来自中国的证据》,《管理世界》2009 年第 2 期。

11. 慈勤英、王卓祺:《失业者的再就业选择——最低生活保障制度的微观分析》,《社会学研究》2006 年第 3 期。

12. 谢增毅:《中国社会救助制度:问题、趋势与立法完善》,《社会科学》2014 年第 12 期。

13. 唐钧:《"十一五"以来社会救助的回顾及展望》,《社会科学》2012 年第 6 期。

14. 杨立雄、刘喜堂主编:《当代中国社会救助制度回顾与展望》,人民出版社 2012 年版。

15.《社会救助暂行办法》(国务院令第 649 号),2014 年 2 月 21 日。

16. 林闽钢、刘喜堂主编:《当代中国社会救助制度完善与创新》,人民出版社 2012 年版。

17. 曹清华:《德国社会救助制度的反贫困效应研究》,《德国研究》2008 年第 3 期。

18. 夏洛特·托尔:《社会救助学》,郗喜庆华译,生活·读书·新知三联书店 1992 年版。

19. 慈勤英、兰剑:《"福利"与"反福利依赖"——基于城市低保群体的失业与再就业行为分析》,《武汉大学学报(哲学社会科学版)》2015 年第 4 期。

20. 王增文、邓大松:《倾向度匹配、救助依赖与机制——基于社会救助制度实施效应的经验分析》,《公共管理学报》2012 年第 2 期。

21. 都阳、P.ALBERT:《中国的城市贫困:社会救助及其效应》,《经济研究》2007 年第 12 期。

22. 考斯塔·艾斯平-安德森:《福利资本主义的三个世界》,郑秉文译,法律出版社 2003 年版。

23. 朱莉·费希尔:《NGO 与第三世界的政治发展》,邓国胜、赵秀梅译,社会科学文献出版社 2002 年版。

24. 多吉才让:《中国最低生活保障制度研究与实践》,人民出版社2001年版。

25. 张奇林等:《中国慈善事业发展研究》,人民出版社2014年版。

26. 王丽:《银色拐杖——中国需要护理保险》,《中国保险》2003年第12期。

27. 王岩梅、石磊:《我国实行长期护理保险的可行性分析》,《中华护理杂志》2007年第10期。

28. 王杰、戴卫东:《长期护理保险在中国的选择——基于制度经济学的分析》,《人口与发展》2007年第4期。

29. 陈许亚、宋健:《日本护理保险制度对中国城市独生子女家庭养老的启示》,《人口与社会》2008年第4期。

30. 杨红燕:《发达国家老年护理保险制度及启示》,《国外医学:卫生经济分册》2004年第1期。

31. 夏秀梅:《我国开展商业性长期护理保险研究》,郑州大学硕士学位论文,2006年。

32. 蒋虹:《我国长期护理保险的发展模式选择》,《西南金融》2007年第1期。

33. 韩振燕、梁誉:《关于构建我国老年长期护理保险制度的研究——必要性、经验、效应、设想》,《东南大学学报(哲学社会科学版)》2012年第3期。

34. 荆涛:《对我国发展老年长期护理保险的探讨》,《中国老年学杂志》2007年第3期。

35. 赵丽棉、黄基廷:《基于Leslie模型的中国人口发展预测与分析》,《数学的实践与认识》2010年第23期。

36. 林宝:《人口老龄化对企业职工基本养老保险制度的影响》,《中国人口科学》2010年第1期。

37. 薛惠元:《新型农村社会养老保险财政保障能力可持续性评估——基于政策仿真学的视角》,《中国软科学》2012年第5期。

38. 习近平:《决胜全面建成小康社会 夺取新时代中国特色社会主义

伟大胜利——在中国共产党第十九次全国代表大会上的报告》，人民出版社 2017 年版。

39.《今年养老保险亏空或超千亿元 将陷收不抵支境地》，《经济参考报》2014 年 4 月 16 日。

40. 杨明明：《养老基金投资基础设施的可行性分析和检验》，《商情》2013 年第 25 期。

41. 卢海元：《制度的并轨与定型：养老保险制度中国化进入崭新阶段》，《社会保障研究》2004 年第 3 期。

42. 卢海元：《全力推进养老保险制度中国化：全面建成中国特色新型养老保险制度的构想》，《理论探讨》2014 年第 5 期。

43. 卢海元：《和谐社会的基石：中国特色新型养老保险制度研究》，群众出版社 2009 年版。

44. 王绍光：《国家治理与基础性国家能力》，《华中科技大学学报（社科版）》2014 年第 3 期。

45. 曹坤：《经济新常态下社会福利体系研究》，《东北财经大学学报》2016 年第 2 期。

46. 成海军：《完善老年人社会福利政策是中国社会福利改革的首选目标》，《社会保障研究》2010 年第 2 期。

47. 窦蔚：《老年人福利制度存在的问题及对策》，《劳动保障世界（理论版）》2013 年第 9 期。

48. 段成荣等：《我国流动儿童生存和发展：问题与对策——基于 2010 年第六次全国人口普查数据的分析》，《南方人口》2013 年第 4 期。

49. 范先佐、郭清扬：《农村留守儿童教育问题的回顾与反思》，《中国农业大学学报》2015 年第 2 期。

50. 景跃军、李元：《中国失能老人构成及长期护理需求分析》，《人口学刊》2014 年第 2 期。

51. 刘继同：《中国特色儿童福利概念框架与儿童福利制度框架建构》，《人文杂志》2012 年第 5 期。

52. 聂淑亮：《老年人福利社会化供给的基本思路》，《内蒙古农业大学学报(社会科学版)》2011 年第 2 期。

53. 唐钧:《中国老年服务的现状、问题和发展前景》,《国家行政学院学报》2015 年第 3 期。

54. 王丹:《我国残疾人社会保障的现状、问题及对策探析》,《管理视窗》2015 年第 9 期。

55. 王振耀主编:《重建现代儿童福利制度——中国儿童福利政策报告(2014)》,社会科学文献出版社 2015 年版。

56. 吴蕴臻:《论残疾人无障碍环境建设现状与对策》,《管理论坛》2008 年第 6 期。

57. 杨舸:《从新型城镇化的视角解决流动儿童问题》,《城市观察》2014 年第 2 期。

58. 杨巧赞、郭名倞:《中国社会福利发展报告(2013)》,中国社会出版社 2015 年版。

59. 张建伟、胡隽:《中国残疾人就业的成就、问题与促进措施》,《人口学刊》2008 年第 2 期。

60. 张健、熊贵彬、彭华民:《新常态背景下的社会福利治理研究——第七届中国社会学社会福利论坛综述》,《社会工作》2016 年第 1 期。

61. 赵雨皓:《关于我国儿童福利问题的探讨》,《劳动保障世界》2014 年第 1 期。

62. 宗晓非:《流动儿童医疗保障问题的调查研究》,《农村经济与科技》2015 年第 3 期。

63. 文学国、房志武主编:《中国医药卫生体制改革报告(2014—2015)》,社会科学文献出版社 2014 年版。

64. 罗力:《中国公立医院改革》,复旦大学出版社 2010 年版。

65. 陈祥槐、夏磊、李彦俊著:《公益导向的公正医院治理机制研究》,经济科学出版社 2013 年版。

66. 国务院研究室编写组:《十二届全国人大四次会议政府工作报告(2016)辅导读本》,人民出版社、中国言实出版社 2016 年版。

67. 国务院研究室编写组:《十二届全国人大四次会议政府工作报告

(2016)学习问答》,中国言实出版社 2016 年版。

68. 蒋悟真、杨博文:《我国社会救助城乡一体化保障机制探究》,《江西财经大学学报》2016 年第 5 期。

69. 赵立波:《完善政府购买服务机制 推进民间组织发展》,《行政论坛》2009 年第 2 期。

70. 孙远太:《社会救助运行机制的功能障碍与改进路径》,《中国行政管理》2016 年第 10 期。

71. 关信平:《我国低保标准的意义及当前低保标准存在的问题分析》,《江苏社会科学》2016 年第 3 期。

72. 左停、赵梦媛、金菁:《路径、机理与创新:社会保障促进精准扶贫的政策分析》,《江苏社会科学》2018 年第 1 期。

73. 彼得・什托姆普卡:《默顿学术思想述评》,林聚任译,北京大学出版社 2009 年版。

外文文献

1. Bahl, Roy, Sally, Wallace, 1994, "Revenue Sharing in Russia", *Enviroment and Planning*, Vol.12, pp.293-307.

2. Gilbert, N., Terrell, P., 1998, *Dimensions of Social Welfare Policy* (4th ed.), Boston, Mass.: Allyn and Bacon.

3. Saraceno, C., 2002, *Social Assistance Dynamics in Europe: Nation and Local*.

4. Orr, L.L., 1976, "Income Transfer as a Public Good, An Application to AFDC", *American Economic Review*, Vol.66, pp.359-371.

5. Tresch, R.W., 2002, *Public Finance: A Normative Theory*, Academic Press.

6. World Bank, 2006, "Social Safety Nets in OECD Countries", http://siteresources. worldbank. org/safeynet - sandtransfers/Resources/281945-1124119303499/SSNPrimer-Note25.pdf.

7. Allard, Scott W., 1998, "Welfare Reform in the United States: A Race

to she Bottom?", *Pubius*, Vol.28, No.3, pp.45-65.

8. Oates, W., 1972, *Fiscal Federalism*, New York, Harcourt Brace Jovanovic.

9. Martinez, J. and Xinye Zheng, 2006, "Education Finance in Rural China", World Bank report.

10. Aronson and Hilley, J. Richard and John L. Hilley, 1986, *Financing State and Local Goverments* (4th ed.), The Brookings Institutiong, Washington, D.C.

11. Brown, Charles C. and Oates, Wallace E., 1987, "Assistance to the Poor in a Federal System", *Journal of Public Economics*, Vol.32, No.3, pp. 307-330.

12. Berry, W. D., Fording, R. C., Hanson, R. L., 2003, "Reassessing the 'Race to the Bottom' in State Welfare Policy", *Journal of Politics*, Vol.65, pp. 327-349.

13. Merton, R.K., 1968, *Social Theory and Social Structure*, New York: Free Press, pp.106-107.

14. Brown, J. R., Finkelstein, A., 2009, "The Private Market for Long-Term Care Insurance in the United States: A Review of the Evidence", *Journal of Risk & Insurance*, 76(1), pp.5-29.

15. Meier, V., 1998, "Long-Term Care Insurance and Life Insurance Demand", *Geneva Papers on Risk & Insurance Theory*, 23(1), pp.49-61.

16. Kunreuther, H., 1978, *Disaster Insurance Protection: Public Policy Lessons*, Wiley.

17. Costa-Font, J., Font-Vilalta, M., 2009, "Risk Perceptions, Myopia and the Willingness to Pay for Long Term Care Insurance in Catalonia", *Applied Economics Letters*, 16(13), pp.1301-1305.

18. Gottlieb, D., Mitchell, O.S., 2015, "Narrow Framing and Long-Term Care Insurance", *Social Science Electronic Publishing*.

19. Pauly, M.V., 1990, "The Rational Non-purchase of Long-Term Care

Insurance", *Journal of Political Economy*, 98(1), pp.153–168.

20. Brown, J. R., Finkelstein, A., 2008, "The Interaction of Public and Private Insurance: Medicaid and the Long-Term Care Insurance Market", *American Economic Review*, 98(98), pp.1083–1102.

21. Zweifel, Peter, Struwe, et al., 1998, "Long-Term Care Insurance in a Two-Generation Model", *Journal of Risk & Insurance*, 65(1), pp.13–32.

22. Sloan, F.A., Norton, E.C., 1997, "Adverse Selection, Bequests, Crowding Out, and Private Demand for Insurance: Evidence from the Long-Term Care Insurance Market", *Journal of Risk & Uncertainty*, 15(3), pp.201–119.

23. Brown, J. R., Finkelstein A., 2007, "Medicaid Crowd-out of Private Long-term Care Insurance Demand: Evidence from the Health and Retirement Survey", *Tax Policy and the Economy*, 21, pp.1–34.

24. Campbell, J.C., 2010, Ikegami, N., "Gibson M J.Lessons from Public Long-Term Care insurance in Germany and Japan", *Health Affairs*, 29(29), pp.87–95.

25. Courbage, C., 2008, "Roudaut N.Empirical Evidence on Long-term Care Insurance Purchase in France", *Geneva Papers on Risk and Insurance – Issues and Practice*, 33(4), pp.645–658.

26. Costa–Font, J., Courbage, C., 2015, "Crowding Out of Long-Term Care Insurance: Evidence from European Expectations Data", *Health Economics*, 24(S1), pp.74–88.

27. Finkelstein, A., Mcgarry, K., 2006, "Multiple Dimensions of Private Information: Evidence from the Long-Term Care Insurance Market", *American Economic Review*, volume 96(4), pp.938–958.

28. Theobald, H., 2012, "Combining welfare mix and New Public Management: The case of long-term care insurance in Germany", *International Journal of Social Welfare*, 21(s1), S61–S74.

29. Miyazawa, K., Yagi, T., 2000, "Is Public Long-Term Care Insurance Necessary", *Journal of Risk & Insurance*, 67(2), pp.249–264.

30. Sato, E., 2009, "After the Launch of Long-Term Care Insurance in Germany: Analyzing the Transition of LTCI from 1999 to 2005 by State", *Journal of Public Health*, 17(6), pp.409–415.

31. Randby, S., 2007, " Who Pays for Long-Term Care", *Westchester County Business Journal*, volume 58(2), pp.167–176.

32. Hughes, R., 2012, " Caring For Our Future: A White Paper to Reform Adult Social Care", *British Journal of Healthcare Assistants*, 6(8), pp. 410–411.

33. Meagher, G., Szebehely, M., 2013, *Maritime Piracy and the Construction of Global Governance*, Routledge.

34. Courbage, C., Plisson, M., 2012, *Financing Long-Term Care in France*, Palgrave Macmillan UK.

35. Thomsen, S.L., 2010, "The Social Long-Term Care Insurance in Germany: Origin, Situation, Threats, and Perspectives", Zew Discussion Papers.

36. Mitchell, O. S., Piggott J., 2008, " Shimizutani S. Developments in Long-Term Care Insurance in Japan", *Ssrn Electronic Journal.*

附　录

全国社会保障基金条例

中华人民共和国国务院令 第 667 号

《全国社会保障基金条例》已经 2016 年 2 月 3 日国务院第 122 次常务会议通过，现予公布，自 2016 年 5 月 1 日起施行。

总 理 李克强

2016 年 3 月 10 日

全国社会保障基金条例

第一章 总 则

第一条 为了规范全国社会保障基金的管理运营，加强对全国社会保障基金的监督，在保证安全的前提下实现保值增值，根据《中华人民共和国社会保险法》，制定本条例。

第二条 国家设立全国社会保障基金。

全国社会保障基金由中央财政预算拨款、国有资本划转、基金投资收益和以国务院批准的其他方式筹集的资金构成。

第三条 全国社会保障基金是国家社会保障储备基金，用于人口老龄化高峰时期的养老保险等社会保障支出的补充、调剂。

第四条 国家根据人口老龄化趋势和经济社会发展状况，确定和调整全国社会保障基金规模。

全国社会保障基金的筹集和使用方案，由国务院确定。

第五条 国务院财政部门、国务院社会保险行政部门负责拟订全国社会保障基金的管理运营办法，报国务院批准后施行。

全国社会保障基金理事会负责全国社会保障基金的管理运营。

第二章 全国社会保障基金的管理运营

第六条 全国社会保障基金理事会应当审慎、稳健管理运营全国社会保障基金，按照国务院批准的比例在境内外市场投资运营全国社会保障基金。

全国社会保障基金理事会投资运营全国社会保障基金，应当坚持安全性、收益性和长期性原则，在国务院批准的固定收益类、股票类和未上市股权类等资产种类及其比例幅度内合理配置资产。

第七条 全国社会保障基金理事会制订全国社会保障基金的资产配置计划、确定重大投资项目，应当进行风险评估，并集体讨论决定。

全国社会保障基金理事会应当制定风险管理和内部控制办法，在管理运营的各个环节对风险进行识别、衡量、评估、监测和应对，有效防范和控制风险。风险管理和内部控制办法应当报国务院财政部门、国务院社会保险行政部门备案。

全国社会保障基金理事会应当依法制定会计核算办法，并报国务院财政部门审核批准。

第八条 全国社会保障基金理事会应当定期向国务院财政部门、国务院社会保险行政部门报告全国社会保障基金管理运营情况，提交财务会计报告。

第九条 全国社会保障基金理事会可以将全国社会保障基金委托投资或者以国务院批准的其他方式投资。

第十条 全国社会保障基金理事会将全国社会保障基金委托投资的，应当选择符合法定条件的专业投资管理机构、专业托管机构分别担任全国社会保障基金投资管理人、托管人。

全国社会保障基金理事会应当按照公开、公平、公正的原则选聘投资管理人、托管人，发布选聘信息、组织专家评审、集体讨论决定并公布选聘结果。

全国社会保障基金理事会应当制定投资管理人、托管人选聘办法，并报国务院财政部门、国务院社会保险行政部门备案。

第十一条　全国社会保障基金理事会应当与聘任的投资管理人、托管人分别签订委托投资合同、托管合同，并报国务院财政部门、国务院社会保险行政部门、国务院外汇管理部门、国务院证券监督管理机构、国务院银行业监督管理机构备案。

第十二条　全国社会保障基金理事会应当制定投资管理人、托管人考评办法，根据考评办法对投资管理人投资、托管人保管全国社会保障基金的情况进行考评。考评结果作为是否继续聘任的依据。

第十三条　全国社会保障基金投资管理人履行下列职责：

（一）运用全国社会保障基金进行投资；

（二）按照规定提取全国社会保障基金投资管理风险准备金；

（三）向全国社会保障基金理事会报告投资情况；

（四）法律、行政法规和国务院有关部门规章规定的其他职责。

第十四条　全国社会保障基金托管人履行下列职责：

（一）安全保管全国社会保障基金财产；

（二）按照托管合同的约定，根据全国社会保障基金投资管理人的投资指令，及时办理清算、交割事宜；

（三）按照规定和托管合同的约定，监督全国社会保障基金投资管理人的投资；

（四）执行全国社会保障基金理事会的指令，并报告托管情况；

（五）法律、行政法规和国务院有关部门规章规定的其他职责。

第十五条　全国社会保障基金财产应当独立于全国社会保障基金理事会、投资管理人、托管人的固有财产，独立于投资管理人投资和托管人保管的其他财产。

第十六条 全国社会保障基金投资管理人、托管人不得有下列行为：

（一）将全国社会保障基金财产混同于其他财产投资、保管；

（二）泄露因职务便利获取的全国社会保障基金未公开的信息，利用该信息从事或者明示、暗示他人从事相关交易活动；

（三）法律、行政法规和国务院有关部门规章禁止的其他行为。

第十七条 全国社会保障基金按照国家规定享受税收优惠。

第三章 全国社会保障基金的监督

第十八条 国家建立健全全国社会保障基金监督制度。

任何单位和个人不得侵占、挪用或者违规投资运营全国社会保障基金。

第十九条 国务院财政部门、国务院社会保险行政部门按照各自职责对全国社会保障基金的收支、管理和投资运营情况实施监督；发现存在问题的，应当依法处理；不属于本部门职责范围的，应当依法移送国务院外汇管理部门、国务院证券监督管理机构、国务院银行业监督管理机构等有关部门处理。

第二十条 国务院外汇管理部门、国务院证券监督管理机构、国务院银行业监督管理机构按照各自职责对投资管理人投资、托管人保管全国社会保障基金情况实施监督；发现违法违规行为的，应当依法处理，并及时通知国务院财政部门、国务院社会保险行政部门。

第二十一条 对全国社会保障基金境外投资管理人、托管人的监督，由国务院证券监督管理机构、国务院银行业监督管理机构按照与投资管理人、托管人所在国家或者地区有关监督管理机构签署的合作文件的规定执行。

第二十二条 审计署应当对全国社会保障基金每年至少进行一次审计。审计结果应当向社会公布。

第二十三条 全国社会保障基金理事会应当通过公开招标的方式选聘会计师事务所，对全国社会保障基金进行审计。

第二十四条 全国社会保障基金理事会应当通过其官方网站、全国范围内发行的报纸每年向社会公布全国社会保障基金的收支、管理和投资运营情况，接受社会监督。

第四章 法律责任

第二十五条 全国社会保障基金境内投资管理人、托管人违反本条例第十六条、第十八条第二款规定的，由国务院证券监督管理机构、国务院银行业监督管理机构责令改正，没收违法所得，并处违法所得1倍以上5倍以下罚款；没有违法所得或者违法所得不足100万元的，并处10万元以上100万元以下罚款；对直接负责的主管人员和其他直接责任人员给予警告，暂停或者撤销有关从业资格，并处3万元以上30万元以下罚款；构成犯罪的，依法追究刑事责任。

第二十六条 全国社会保障基金理事会违反本条例规定的，由国务院财政部门、国务院社会保险行政部门责令改正；对直接负责的主管人员和其他直接责任人员依法给予处分；构成犯罪的，依法追究刑事责任。

第二十七条 国家工作人员在全国社会保障基金管理运营、监督工作中滥用职权、玩忽职守、徇私舞弊的，依法给予处分；构成犯罪的，依法追究刑事责任。

第二十八条 违反本条例规定，给全国社会保障基金造成损失的，依法承担赔偿责任。

第五章 附 则

第二十九条 经国务院批准，全国社会保障基金理事会可以接受省级人民政府的委托管理运营社会保险基金；受托管理运营社会保险基金，按照国务院有关社会保险基金投资管理的规定执行。

第三十条 本条例自2016年5月1日起施行。

人力资源社会保障部关于印发《人力资源和社会保障事业发展“十三五”规划纲要》的通知

各省、自治区、直辖市及新疆生产建设兵团人力资源社会保障厅(局)：

为贯彻落实党的十八届五中全会和十二届全国人大四次会议精神，依据《中共中央关于制定国民经济和社会发展第十三个五年规划的建议》和《中华人民共和国国民经济和社会发展第十三个五年规划纲要》，我部组织制定了《人力资源和社会保障事业发展“十三五”规划纲要》。现印发给你们，请结合实际认真贯彻执行。

附件：人力资源和社会保障事业发展“十三五”规划纲要

人力资源社会保障部

2016 年 7 月 6 日

人力资源和社会保障事业发展“十三五”规划纲要

目　录

人力资源和社会保障事业发展“十三五”规划纲要

人力资源和社会保障事业发展“十三五”规划纲要，根据《中共中央关于制定国民经济和社会发展第十三个五年规划的建议》和《中华人民共和国国民经济和社会发展第十三个五年规划纲要》编制，主要阐明“十三五”时期人力资源和社会保障事业发展的总体思路、发展目标、主要任务和重大政策措施，是“十三五”时期人力资源和社会保障事业发展的综合性、基础性、指导性文件。

第一章　指导思想和主要目标

“十三五”时期是全面建成小康社会决胜阶段。人力资源社会保障部门要认真贯彻党中央国务院的决策部署，准确把握国内外发展环境和条件的深刻变化，积极适应把握引领经济发展新常态，全面落实创新发展、协调发展、绿色发展、开放发展、共享发展，推进人力资源和社会保障事业全面发展。

第一节　发展基础

“十二五”时期是我国人力资源和社会保障事业发展很不平凡的五年。五年来，面对错综复杂的国际环境和艰巨繁重的国内改革发展稳定任务，人力资源社会保障部门坚持稳中求进、改革创新、攻坚克难，全面完成了“十二五”时期各项任务。新增就业持续增加，就业格局发生重大变化，就业局势保持稳定。社会保障制度运行平稳，覆盖城乡居民的社会保障体系基本建成，待遇水平稳步提高。重大人才工程持续推进，人才队伍建设取得新进展。公务员管理和公务员队伍建设不断加强，事业单位人事管理进一步规范，军转安置工作不断推进。工资收入分配制度进一步健全，收入分配秩序逐步规范。劳动关系总体和谐稳定，劳动者合法权益得到有效维护。基层公共服务条件明显改善，公共服务水平得到提升。“十二五”时期人力资源和社会保障事业的快速发展，对维护改革发展稳定大局做出了积极贡献，为今后事业发展奠定了坚实基础。

专栏1　“十二五”规划主要指标完成情况

指　　标	2010年基数	“十二五”规划目标	2015年完成数
1. 城镇新增就业人数（万人）	[5771]	[4500]	[6431]
2. 城镇登记失业率（%）	4.1	<5	4.05
3. 转移农业劳动力（万人）	[4500]	[4000]	—
4. 城镇基本养老保险参保人数（亿人）	2.57	3.57	3.77
5. 新型农村社会养老保险参保人数（亿人）	1	4.5	4.81
6. 城乡基本医疗保险参保人数（亿人）	12.6	13.2	6.66①
7. 失业保险参保人数（亿人）	1.34	1.6	1.73
8. 工伤保险参保人数（亿人）	1.62	2.1	2.14
9. 生育保险参保人数（亿人）	1.23	1.5	1.78
10. 社会保障卡发卡数量（亿张）	1.03	8	8.84
11. 人才资源总量（亿人）	1.22②	1.56	—
12. 专业技术人才总量（万人）	5550③	6800	—
13. 高、中、初级专业技术人才比例	—	10∶38∶52	—
14. 高技能人才总量（万人）	2863.3	3400	4501
15. 最低工资标准年均增长率（%）	12.5	>13	13.1
16. 企业劳动合同签订率（%）	65	90	90
17. 企业集体合同签订率（%）	50	80	80
18. 劳动人事争议仲裁结案率（%）	80	90	95.2

注：[ ] 内为五年累计数；①6.66亿人仅包括城镇职工基本医疗保险和城镇居民基本医疗保险参保人数（含城乡居民医保参保人数），参加新农合人数为6.7亿人；②③为2010年年末数据。

“十三五”时期，经济发展进入新常态，新型工业化、信息化、城镇化、农业现代化深入发展，人口老龄化加快，供给侧结构性改革不断推进，都对人力资源和社会保障事业发展带来了一系列新机遇、新挑战，人力资源和社会保障工作仍面临较大压力。就业总量压力依然存在，结构性矛盾更加突出，化解过剩产能过程中职工分流安置任务更加繁重；社会保障体系在增强公平性、适应流动性、保证可持续性方面有待加强，征缴扩面空间缩小，基金平衡安全矛盾突出；人才队伍建设与实施创新驱动发展战略和人才优先发展战略的要求还有一定差距，制约和影响人才发展的思想观念和体制机制障碍仍然存在；适应国家治理体系和治理能力现代化要求，人事制度改革尚需进一步深化；工资收入分配差距依然较大，工资收入分配制度改革有待继续推进；影响劳动关系稳定因素增多，构建和谐劳动关系的任务艰巨繁重；基层基础建设和公共服务能力水平仍需提高。

党中央、国务院高度重视保障和改善民生，提出大力实施就业优先战略和人才优先发展战略，将人力资源和社会保障事业摆在经济社会发展更加突出的位置。人力资源社会保障部门作为宏观调控的重要参与者、社会管理和市场监管的重要执行者、公共服务的重要提供者、社会公平正义的重要维护者，要深刻认识“十三五”时期人力资源和社会保障事业面临的新形势、新任务、新要求，准确把握战略机遇期内涵的深刻变化，更加有效地应对各种风险和挑战，振奋精神，勇于担当，积极进取，不断开创人力资源和社会保障事业发展的新局面。

第二节　指导思想

高举中国特色社会主义伟大旗帜，全面贯彻党的十八大和十八届三中、四中、五中全会精神，以邓小平理论、“三个代表”重要思想、科学发展观为指导，深入贯彻习近平总书记系列重要讲话精神，坚持“五位一体”总体布局和“四个全面”战略布局，牢固树立和贯彻落实创新、协调、绿色、开放、共享的发展理念，按照“坚守底线、突出重点、完善制度、引导预期”的思路，坚持民生为本、人才优先的工作主线，深入实施就业优先战略和人才优先发展战略，建立更加公平更可持续的社会保障制度，深化人事制度改革和工资收入分配制度改革，构建中国特色和谐劳动关系，提升基本公共服务能力和水平，推动人力资源和社会保障事业全面协调可持续发展，为实现全面建成小康社会目标提供支撑和保障。

必须遵循以下原则：

——围绕中心、服务大局。坚持党的领导，自觉服从和服务于党和国家中心工作和改革发展稳定大局，增强政治意识、大局意识、核心意识、看齐意识，紧紧围绕全面建成小康社会宏伟目标，紧密结合人力资源和社会保障工作实际，努力完成人力资源社会保障部门承担的各项任务。

——以人为本、促进共享。坚持人民主体地位，努力践行以人民为中心的发展思想，把增进人民福祉、促进人的全面发展作为发展的出发点和落脚点，从解决人民群众最关心、最直接、最现实的利益问题入手，加强和改进人力资源和社会保障领域的公共服务，通过人人参与、人人尽力实现人人共享，增加公共服务供给，使人民群众有更多获得感。

——深化改革、创新驱动。发挥改革的突破性和先导性作用，增强改革创新精神，破除不利于科学发展的体制机制障碍，健全使市场在资源配置中起决定性作用和更好发挥政府作用的制度体系。深入探索人力资源和社会保障事业发展规律，不断推动理论创新、制度创新、政策创新，让改革创新精神贯穿人力资源和社会保障工作的全过程和各方面。

——突出重点、统筹协调。坚持目标导向和问题导向，针对事业发展中的重点、难点和短板，加强顶层设计，集中攻坚克难。统筹兼顾不同群体利益关系，充分考虑地区发展差异，增强工作的系统性、整体性和协同性，促进政策之间的衔接平衡，推进城乡、区域人力资源和社会保障事业协调发展。

——践行法治、维护公平。全面推进人力资源和社会保障法治建设，坚持依法行政，运用法治思维和法治方式推进改革发展，推进决策的科学化、民主化、法治化。推进简政放权、放管结合、优化服务。以制度公平保障群众权利公平，以政策落实保证群众权利实现，努力维护和平衡好各类群体的权益。

第三节　主要目标

紧紧围绕全面建成小康社会宏伟目标，紧密结合人力资源和社会保障事业改革发展实际，统筹确定未来五年人力资源和社会保障事业发展的主要目标。

——实现比较充分和更高质量的就业。就业规模持续扩大，就业结构更加合理，就业稳定性进一步增强，就业环境更加公平，就业创业服务体系更加健全，失业率得到有效控制。“十三五”期间实现城镇新增就业5000万人以上，城镇登记失业率控制在5%以内。

——建立更加公平更可持续的社会保障制度。全面推进社会保障制度改革，覆盖城乡居民的社会保障体系全面建成，基本实现法定人员全覆盖。完善社会保险筹资机制，建立社会保险待遇正常调整机制，稳步提高统筹层次和保障水平，实现基金的安全可持续运行。到“十三五”期末，城镇职工基本养老保险参保人数达到4.25亿人，城乡居民基本养老保险参保人数达到5.2亿人，基本养老保险参保率达到90%，基本医疗保险参保率稳定在95%以上，失业保险参保人数达到1.8亿人，工伤保险参保人数达到2.2亿人，生育保险参保人数达到2亿人。

——建设高素质人才队伍。适应经济社会发展要求，坚持人才优先发展，做大做强专业技术人才队伍和高技能人才队伍。提高人才质量，优化人才结构，加快建设人才强国。到“十三五”期末，专业技术人才总量达到7500万人，高、中、初级专业技术人才比例为10∶40∶50；高技能人才总量达到5500万人。

——提高人事管理科学化水平。公务员管理制度更加完善，打造一支忠诚、干净、担当的公务员队伍。事业单位人事制度改革进一步深化，努力形成符合事业单位特点、规范有序、充满活力的人事管理制度。中国特色退役军官安置制度改革不断推进，全面落实军队转业干部安置任务。

——推动形成合理有序的工资收入分配格局。工资收入分配制度改革不断深化，企业、机关事业单位工资决定和正常增长机制进一步完善。企业工资分配宏观调控体系更加健全。机关事业单位工资结构更加优化。工资收入稳步提高，工资收入分配秩序更加规范、差距逐步缩小。

——构建中国特色和谐劳动关系。劳动关系工作体制进一步完善，劳动关系协调机制和矛盾调处机制更加健全，劳动人事争议处理效能和劳动保障监察执法能力进一步提升，劳动关系总体和谐稳定。到“十三五”期末，企业劳动合同签订率达到90%以上，劳动人事争议调解成功率达到60%以上，劳动人事争议仲裁结案率达到90%以上，劳动保障监察举报投诉案件结案率达到95%以上。

——提升公共服务能力和水平。人力资源和社会保障基本公共服务制度规范基本定型，基本公共服务清单全面建立，标准体系基本健全，基层服务条件更加完善，服务水平和群众满意度明显提升，广大群众享有基本公共服务的可及性显著提高，基本公共服务均等化基本实现。

专栏 2 “十三五”时期主要指标

指　　标	2015 年	2020 年	属性
一、就业			
1. 城镇新增就业人数（万人）	[6431]	[>5000]	预期性
2. 城镇登记失业率（%）	4.05	<5	预期性
二、社会保障			
3. 基本养老保险参保率（%）	82	90	预期性
4. 基本医疗保险参保率（%）	95	>95	预期性
5. 失业保险参保人数（亿人）	1.73	1.8	约束性
6. 工伤保险参保人数（亿人）	2.14	2.2	约束性
7. 生育保险参保人数（亿人）	1.78	2	约束性
三、人才队伍建设			
8. 专业技术人才总量（万人）	—	7500	预期性

续表

指　　标	2015 年	2020 年	属性
9. 高、中、初级专业技术人才比例	—	10∶40∶50	预期性
10. 高技能人才总量（万人）	4501	5500	预期性
四、劳动关系			
11. 企业劳动合同签订率（%）	90	>90	预期性
12. 劳动人事争议调解成功率（%）	—	>60	预期性
13. 劳动人事争议仲裁结案率（%）	95.2	>90	预期性
14. 劳动保障监察举报投诉案件结案率（%）	—	>95	预期性
五、公共服务			
15. 社会保障卡持卡人口覆盖率（%）	64.6	90	预期性

注：[ ] 内为五年累计数。

第二章　推动实现比较充分和更高质量就业

坚持劳动者自主就业、市场调节就业、政府促进就业和鼓励创业的方针，实施就业优先战略和更加积极的就业政策，深入推进体制机制创新，鼓励以创业带就业，创造更多就业岗位，着力解决结构性就业矛盾，有效应对失业风险，实现比较充分和更高质量的就业。

第一节　促进经济发展与扩大就业的良性互动

把促进充分就业作为经济社会发展的优先目标，放在更加突出的位置。坚持分类施策，提高劳动参与率，着力培养新的就业增长点，扩大城镇就业规模。推进经济发展与扩大就业良性互动，建立宏观经济政策对就业影响的评价机制。健全各级政府部门就业工作联席会议制度，完善就业考核评价指标体系，把就业成效列入评价各地经济社会发展成果的重要指标，进一步强化政府促进就业的法律责任。

第二节　实施更加积极的就业政策

加强就业政策与财税、金融、产业、贸易等政策的衔接，形成有利于促进就业的宏观经济政策体系。围绕解决结构性就业矛盾、提高就业质量，进一步完善积极的就业政策。支持劳动者自谋职业和自主创业，支持企业吸纳重点群体就业，提高政策的针对性和有效性。加强对灵活就业、新就业形态的政策支持。积极发展家庭服务业，促进专业化、规模化和网络化发展，推进规范化、职业化建设。发挥失业保险援企稳岗作用。加强全国就业信息监测平台和就业信息公共服务平台建设，为社会提供公共就业信息服务。完善就业失业统计指标体系，健全失业监测预警机制，推动适时发布城镇调查失业率，强化对部分地区、行业规模性失业的监测，建立应对预案和工作机制。

第三节　促进以创业带动就业

进一步深化改革，降低市场准入门槛，消除限制创业的制度性障碍。鼓励城乡劳动者围绕新经济、新产业、新业态开展创业活动。加大创业培训工作力度，提升劳动者创业能力。拓宽创业投融资渠道，支持创业担保贷款、创业投资以及互联网金融等规范发展。加快构建一批低成本、便利化、全要素、开放式的众创空间，建立面向人人的创业服务平台。继续推进创业型城市构建活动，积极培育创业生态系统，对政策落实好、创业环境优、工作成效显著的，按规定予以表彰。

第四节　统筹做好各类重点群体就业

继续把高校毕业生就业摆在就业工作的首位。统筹实施高校毕业生就业促进和创业引领计划，参与实施高校毕业生基层培养计划，结合产业转型升级，开发更多适合高校毕业生的就业岗位，加强职业指导、培训和就业见习，健全高校毕业生自主创业、到基层就业的激励政策，完善基层服务保障机制。配合供给侧改革，实施再就业帮扶行动，加大再就业支持力度，做好化解过剩产能中的职工安置工作。统筹城乡就业，建立健全城乡劳动者平等就业制度，拓宽农村劳动力转移就业渠道，促进农村富余劳动力转移就业和外出务工人员返乡创业。做好退役军人就业工作。促进少数民族就业。加强对就业困难人员的就业援助，规范公益性岗位开发和管理，对就业困难人员实行实名制动态管理和分类帮扶，确保零就业家庭、最低生活保障家庭等困难家庭至少有一人就业。

第五节　完善人力资源市场机制

充分发挥市场在人力资源配置中的决定性作用。健全人力资源市场法律法规体系，完善人力资源市场管理制度，规范人力资源市场秩序。建设统一规范的人力资源市场，打破城乡、地区、行业分割和身份、性别歧视，维护劳动者平等就业权利。增强劳动力市场灵活性，促进劳动力在地区、行业、企业之间自由流动。规范招人用人制度，尊重劳动者和用人单位市场主体地位，消除影响平等就业的制度障碍和就业歧视。规范就业中介服务。加快全国人力资源市场供求信息监测和发布制度建设。推进人力资源市场诚信体系和标准化建设。大力发展人力资源服务业，推进人力资源服务产业园建设。加强人力资源服务业从业人员职业培训，实施人力资源服务业领军人才培养计划。

专栏 3　促进就业行动计划

01　高校毕业生就业促进和创业引领计划

适应高校毕业生就业创业新需要，将就业创业有机融合，完善政策扶持体系，创新服务方式方法，建立涵盖毕业生校内校外各阶段、求职就业各环节、就业创业全过程的服务体系。健全未就业毕业生实名制数据库，为高校毕业生提供就业信息、职业指导和就业见习等就业服务。普及创业教育，加强创业培训。加强部门之间工作衔接、信息共享，推动毕业生就业创业。

02　建立完善失业监测预警机制

及时掌握监测企业人员变动情况及趋势，准确分析判断原因，适时发布预警信息。基本形成部、省、市三级失业监测预警制度体系和县（市）失业监测预警应急处置工作机制。

03　再就业帮扶行动

将化解过剩产能过程中的失业人员纳入就业创业政策扶持体系，加大职业培训、职业指导和职业介绍力度，增强就业创业能力和职业转换能力，妥善处理劳动关系，积极接续社会保险，促进其尽快再就业或自主创业，尽最大努力缩短其失业周期。

04　促进家庭服务业发展
广泛开展“千户百强”家庭服务企业创建活动。开展中心城市家庭服务体系建设。在地级以上城市建立家庭服务从业人员实训基地。
05　人力资源服务业发展推进计划
推进人力资源服务业集聚发展。加强人力资源服务产业园的统筹规划和政策引导，依托重大项目和龙头企业，培育创新发展、符合市场需求的人力资源服务产业园，形成人力资源公共服务枢纽型基地和产业创新发展平台。
06　全国人力资源市场供求信息监测和发布制度建设
建立与经济社会发展需求相适应的人力资源供求预测和信息发布制度，逐步建立覆盖全国大中城市各级各类人力资源服务机构的信息监测系统和信息发布制度。

第六节　强化职业培训

推行终身职业技能培训制度，构建覆盖城乡全体劳动者、贯穿劳动者学习工作终身、适应劳动者和市场需求的职业培训制度，完善市场配置资源、劳动者自主选择、政府购买服务和依法监管的职业培训工作机制，全方位提升人力资本质量和劳动者就业创业能力。加大培训资金投入，提高培训质量。及时认定发布新职业并制定职业技能标准。大力开展多种形式的就业技能培训、岗位技能提升培训和创业培训。开展劳动者素质提升行动，开展贫困家庭子女、未升学初高中毕业生、农民工、失业人员和转岗职工、退役军人和残疾人免费接受职业培训行动。发挥企业在职业培训中的主体作用，实施好农民工职业技能提升计划等专项培训行动。大力推行企业新型学徒制、国家基本职业培训包、校企合作、互联网+职业培训等培训模式。开展职业培训国际交流与合作。

专栏4　职业培训行动计划

01　劳动者素质提升行动
实施高技能人才培养工程和新成长劳动力技能提升、在岗职工技能提升、企业新型学徒制培训、战略性新兴产业紧缺劳动力技能提升等计划。
02　农民工职业技能培训
通过订单、定向和定岗式培训，对农村未升学初高中毕业生等新生代农民工开展就业技能培训，为有创业意愿的农民工提供创业培训，累计开展农民工培训4000万人次。
03　特殊就业人群职业培训
加大贫困家庭子女、失业人员和转岗职工、退役军人和残疾人等劳动者职业技能和创业培训力度，按规定给予培训补贴，对农村学员和城市低保家庭学员参加劳动预备制培训的，按规定给予生活费补贴。

04　公共实训基地建设
建立一批功能齐全、设施先进、利用率高、适应产业发展需要的多层次的职业技能公共实训基地。在产业集中度高的区域性中心城市重点建设一批大型公共实训基地，在地市级层面重点建设一批综合型公共实训基地，在县市层面重点建设一批地方特色型公共实训基地。

第三章　建立更加公平更可持续的社会保障制度

坚持全民覆盖、保障适度、权责清晰、运行高效，稳步提高社会保障统筹层次和水平。以增强公平性、适应流动性、保证可持续性为重点，建立健全更加公平、更可持续的社会保障制度。

第一节　基本实现法定人员全覆盖

实施全民参保计划，促进和引导各类单位和符合条件的人员长期持续参保，基本实现法定人员全覆盖。开展全民参保登记，对各类人员参加社会保险情况进行记录、补充完善，为全民参保提供基础支持。鼓励积极参保、持续缴费。做好中小微企业、灵活就业人员、农民工等重点群体参保工作。

专栏 5　全民参保计划

01　开展全民参保登记
依据社会保险法等法律法规规定，以社会保险全覆盖和精确管理为目标，通过信息比对、数据采集、入户调查、数据集中管理和动态更新等措施，对各类人员参加社会保险情况进行记录、补充完善，建立全面、完整、准确的社会保险基础数据库，形成每个人唯一的社保标识，并实现动态更新，为全面参保和精确管理提供支持。
02　做好重点群体参保工作
在城镇继续以中小微企业、灵活就业人员为重点扩大参保覆盖面；在农村以在城乡之间流动就业和居住农民为重点，鼓励持续参保；积极引导在城镇稳定就业的农民工参加职工社会保险；同时对高风险行业实施工伤保险扩面专项行动，并探索推进网络就业、创业等新型业态群体参保。

第二节　完善社会保障制度体系

完善统账结合的城镇职工基本养老保险制度。完善职工养老保险个人账户制度。规范职工和城乡居民基本养老保险缴费政策，健全参保缴费激励约束机制，提高收付透明度。实现职工基础养老金全国统筹。出台病残津贴、遗属抚恤政策。制定出台渐进式延迟退休年龄方案。完善失业保险制度，规范失业保险基金收支管理，充分发挥失业保险保障失业人员基本生活、预防失业、促进就业的功能。建立统一的城乡居民基本医疗保险制度和经办运行机制，整合基本制度政策，理顺管理体制，提升服务效能。积极探索推进医疗保险省级统筹。健全医疗保险稳定可持续筹资机制。完善医保缴费参保政策。全面实施城乡居民大病保险制度，进一步完善重特大疾病保障机制。深化支付方式改革，发挥医保在医改中的基础性作用。改进职工基本医疗保险个人账户，开展门诊费用统筹。将生育保险和基本医疗保险合并实施。制定公务员和参照公务员法管理事业单位、社会团体工作人员工伤保险政策。探索适应灵活就业人员的工伤保险保障方式。全面实施工伤保险省级统筹。积极推进工伤预防与工伤康复工作。完善社会保险转移接续政策，建立更加便捷的社会保险转移接续机制。实施职业年金制度，着力扩大企业年金覆盖面，鼓励发展补充医疗保险、商业健康保险、商业养老保险，推出个人税收递延型养老保险，促进商业保险与社会保险、补充保险相衔接，鼓励商业保险机构参与医保经办，探索工伤保险与商业保险的合作模式，形成多层次的保障体系。探索建立长期护理保险制度，开展长期护理保险试点。

专栏6　完善社会保险制度

01　健全城乡居民养老保险制度

完善并落实多缴多补、长缴多得、助残扶贫等政策，适时提高最低缴费档次，推进基金省级管理和投资运营，提升基层经办服务能力。

02　完善失业保险制度

积极推进《失业保险条例》修订工作，研究拟定条例相关配套政策。进一步完善失业保险援企稳岗政策。研究健全失业保险金标准与物价上涨挂钩联动机制。

03　整合城乡居民基本医保制度
整合新农合和城镇居民医保，建立城乡统一的居民医疗保险制度，实现政策和经办管理的统一。
04　推进基本医保异地就医结算
加快推进基本医保异地就医结算，实现跨省异地安置退休人员住院医疗费用直接结算，并逐步扩大到符合转诊条件的异地就医人员住院费用。建立完善国家级异地就医管理和费用结算平台，逐步扩展应用范围。同步推进医保标准化建设。
05　深化医保支付方式改革
全面实行医保付费总额控制，建立复合式医保付费方式。规范各地医保待遇调整权限，合理确定支付标准。建立完善医保经办机构与医疗机构和药品供应商的谈判机制。全面推行运用医疗服务监控系统，强化医疗服务协议管理。
06　生育保险和基本医疗保险合并实施
完善生育保险政策，实行生育保险与基本医疗保险参保人员登记、缴费、管理、经办、信息系统统一。
07　建立健全预防、补偿、康复相结合的工伤保险制度体系
制定工伤预防费使用管理办法。推进完善工伤康复体系建设。推进工伤认定依法行政工作。完善劳动能力鉴定标准及政策体系。建设国家级和区域性工伤康复示范平台。
08　探索建立长期护理保险制度
通过在部分地方开展试点，探索建立以社会互助共济方式筹集资金，为长期失能人员的基本生活照料和与基本生活密切相关的医疗护理提供基金或服务保障的社会保险制度。

第三节　建立待遇合理调整机制

逐步建立覆盖全体参保人员的基本养老保险待遇合理调整机制，适当提高退休人员基本养老金和城乡居民基础养老金标准。稳步扩大基本医疗保险保障范围，在加强医疗管理、控制医疗费用、保障患者基本医疗需求、基金结余适度的基础上，健全医疗保险报销比例调整机制，合理确定和适当调整基本医疗保险待遇标准。职工和城乡居民基本医疗保险政策范围内住院费用支付比例稳定在75%左右。进一步完善失业保险金标准调整机制，适度提高失业保险待遇水平。研究建立科学的工伤保险待遇项目、结构和标准体系，建立并完善科学、规范的工伤保险待遇正常调整机制。

第四节　确保基金安全可持续运行

完善社会保险基金预决算制度，努力实现财政对社会保障投入的规范化和制度化。坚持精算平衡，完善筹资机制，分清政府、企业、个人等的责任。适当降低社会保险费率。加快推进社会保险基金监督管理立法，建立健全基金监督行政执法规程和自由裁量基准制度，强化基金收支、管理和投资运营全过程监督检查。推进划转部分国有资本充实社会保险基金工作。拓宽社会保险基金投资渠道，加强风险管理，提高投资回报率。建立健全基金投资运营监管、报告和信息披露制度。完善企业年金、职业年金市场化运营法规政策和监管机制。完善社会保险欺诈查处和移送制度，健全基金监督行政执法与刑事司法衔接机制。完善基金监督信息系统，健全社会保险违法失信行为联合惩戒机制。

第四章　建设规模宏大的高素质人才队伍

坚持党管人才原则，充分发挥政府人才综合管理职能作用。深入实施人才优先发展战略，聚天下英才而用之，破除束缚人才发展的思想观念和体制机制障碍，以高层次专业技术人才和高技能人才为重点，突出“高精尖缺”导向，努力造就规模宏大、结构合理、素质优良、富有创新精神的高素质人才队伍，形成具有国际竞争力的人才制度优势，加快推进我国由人才大国迈进人才强国行列。

第一节　深化人才发展体制机制改革

贯彻落实深化人才体制机制改革的意见。创新人才教育培养模式，探索建立以创新创业为导向的人才培养机制，完善产学研用结合的协同育人模式，大力培养支撑中国制造、中国创造的技术技能人才队伍。创新人才评价机制，突出品德、能力和业绩评价，改进人才评价考核方式，深化职称制度改革。对现有准入类和水平评价类职业资格许可和认定事项进行全面清理，持续降低就业创业门槛，建立职业资格目录清单管理制度，依法依规加强对职业资格设置和实施的监管，构建国家职业资格框架体系，推动职业资格科学设置、规范运行、依法监管。健全完善技能人才多元评价体系。探索高素质复合型技能人才和作出重大贡献的高技能人才评价方式。完善高技能人才技术等级认定等政策，研究制定高技能人才与工程技术人才职业发展贯通办法。修订出台职业技能鉴定规定。健全人才顺畅流动机制，畅通人才流动渠道，促进各类人才在不同性质单位和不同地域间的自由流动。推广专业技术职称、技能等级等同大城市落户挂钩做法。强化人才创新创业激励机制，完善市场评价要素贡献并按贡献分配的机制，扩展知识、技术、技能和管理要素参与分配途径，完善科研人员收入分配政策，健全高技能人才薪酬体系，提高科研人员和技术工人待遇。完善中华技能大奖和全国技术能手评选表彰制度。建立人才优先发展保障机制，创新人才工作服务发展政策，鼓励和支持地方开展人才管理改革试验探索。

第二节　加强专业技术人才队伍建设

加快培养创新型领军人才，改革完善院士制度，配合有关部门以更大力度推进国家“万人计划”，更好实施国务院政府特殊津贴专家、国家百千万人才工程、万名专家服务基层行动计划等项目，引导各地各部门制订实施各具特色的高层次创新人才选拔培养计划。着力培养高层次青年人才，建立多层次、多渠道的青年拔尖人才培养体系，善于发现、重点支持、放手使用青年优秀人才。改革完善博士后制度，实施博士后创新人才支持计划，加大博士后国际交流计划实施力度，加强博士后科研流动站、工作站和创新实践基地建设。加强基层专业技术人才队伍建设。加强专业技术人才继续教育，深入实施专业技术人才知识更新工程。加强区域人才交流和对口支援，继续实施东部地区对口支援西部地区人才培训工程。开展新疆、西藏少数民族专业技术人才特殊培养工作。

第三节　加强技能人才队伍建设

深入实施国家高技能人才振兴计划，培养和造就一批高技能领军人才。制定技工教育“十三五”规划，大力推进技工院校改革创新，推动建设职业训练院，深入开展技工院校一体化课程教学改革，构建国家技能人才培养标准体系框架，开展技工院校校长和骨干教师轮训，全面深化校企合作。优化职业技能标准等级设置，拓宽技术工人晋升通道。探索开展国家技能振兴综合示范区试点。加大竞争择优选拔技能人才工作力度，广泛开展职业技能竞赛活动，健全以世界技能大赛为龙头、以中国技能大赛等国内技能竞赛为主体、以企业岗位练兵技术比武为基础的技能竞赛选拔体系。推行技师、高级技师聘任制度，探索建立企业首席技师制度，完善高技能人才带头人制度，建立岗位使用制度。完善高技能人才成长机制，统筹考虑技能培训、职业教育和高等教育，建立职业资格与相应的职称、学历可比照认定制度。完善职业资格与职业教育学历“双证书”制度。营造崇尚技能的社会氛围，大力弘扬新时期工匠精神。

第四节 实施更加开放的人才政策

制定实施更积极、更开放、更有效的人才引进政策，更大力度引进急需紧缺人才。加快制定外国人在中国工作管理条例，配合制定实施中国特色的人才签证、居留和永久居留政策，放宽技术技能型人才取得永久居留权的条件。配合中组部推进国家“千人计划”，以更大的力度实施高层次留学人才回国资助计划，组织实施留学人员回国创业启动支持计划、海外赤子为国服务行动计划和回国（来华）专家工作等高层次人才引进计划工作。进一步加强省部共建留学人员创业园工作。促进海内外人才科技项目交流。拓展国际人才市场，培育国际人才中介服务机构。参与制定发布引才指导目录。加大力度做好国际组织人才工作，明确鼓励和支持优秀人才到国际组织任职的政策导向，畅通回国任职通道。

专栏7 人才优先发展行动计划

01 专业技术人才知识更新工程
每年培训百万名高层次、急需紧缺和骨干专业技术人才，依托高等学校、科研院所、大型企业和行业专业机构现有施教机构，建设一批国家级继续教育基地。
02 国家高技能人才振兴计划
在全国建成一批技能大师工作室、1200个高技能人才培训基地，培养1000万名高技能人才。

03　万名专家服务基层行动计划
每年组织开展100期左右专家服务活动，建设一批国家级专家服务基地，引导专家深入基层服务。
04　职业培训基础能力提升工程
建立职业分类动态调整机制，完善职业技能标准开发体系，制定职业资格目录，健全职业技能鉴定题库建设体系。加强技能人才培养师资队伍建设和教材开发工作。建设职业技能鉴定服务与监管平台。加强技工院校和世界技能大赛集训基地建设。

第五章　深化人事制度改革

健全干部人事管理政策制度体系，完善公务员制度，进一步深化事业单位人事制度改革，推进中国特色退役军官安置制度建设，促进形成广纳群贤、人尽其才、能上能下、公平公正、充满活力的人事管理制度。

第一节　完善公务员制度

健全公务员管理政策法规体系，完善公务员制度，着力打造一支信念坚定、为民服务、勤政务实、敢于担当、清正廉洁的公务员队伍。深化公务员分类改革，建立健全中国特色的公务员职位分类和管理制度。完善聘任制公务员制度。逐步推进地市以上机关建立公务员职务与职级并行制度。健全公务员考试录用制度，探索构建公务员录用分类考试框架体系，完善基层和艰苦边远地区公务员录用制度。健全人民警察统一招录机制，改革人民警察招录培养制度。加强公务员考试测评基地建设，进一步提高公务员录用考试信息化水平。完善公务员调任机制，探索开展公开选调工作。推动公开遴选在全国范围内深入开展。完善公务员考核制度。全面推行平时考核，制定出台公务员平时考核办法，实现平时考核全覆盖。探索推进符合各类公务员特点和管理要求的分类考核工作。强化考核结果的使用，发挥考核的监督激励作用。健全完善公务员奖励机制。加强公务员职业道德建设，建立健全职业道德行为规范，完善职业道德建设体制机制。深化争做人民满意公务员活动，组织开展全国“人民满意公务员”和“人民满意公务员集体”评选表彰活动。加强公务员及时奖励，加大定期奖励，建立科学有效管用的激励机制。推动出台《国务院表彰奖励工作条例》，依法依规开展部级荣誉称号授予工作，健全完善先进模范服务管理有关政策，规范开展评比达标表彰工作。健全公务员培训制度，深入开展培训工作，推进公务员培训基础建设。规范公务员处分执行情况监督检查和处分决定备案工作。健全公务员权益保障制度。推进公务员管理信息系统建设和应用。

第二节　深化事业单位人事制度改革

建立健全以《事业单位人事管理条例》为核心的事业单位人事管理法规体系，制定配套政策规章，完善激励约束和监督制度。完善聘用制度，加强聘用合同管理，建立符合不同行业、专业和岗位特点的公开招聘制度，实现固定用人向合同用人转变。健全岗位管理制度，研究制定不同类型事业单位岗位结构比例和最高等级的调整办法，开展事业单位专业技术一级岗位组织实施工作，完成事业单位管理岗位职员等级晋升制度推行工作，实现身份管理向岗位管理转变。创新体制机制，深化人事制度改革，出台鼓励事业单位科研人员创新创业意见，探索高校、公立医院等不纳入编制管理后的事业单位人事管理办法，进一步释放事业单位专业技术人才活力。

专栏 8　健全事业单位人事管理政策法规体系

01　制定聘用合同规定。强化聘用合同在人事管理中的基础性地位，进一步推动事业单位由固定用人向合同用人转变。
02　制定事业单位工作人员考核规定。就考核内容、标准、程序、方法、考核结果运用等作出明确规定。
03　制定事业单位工作人员培训规定。就培训内容、方式、方法等作出明确规定。
04　制定事业单位工作人员奖励规定。就奖励的条件、种类、权限、程序等作出明确规定。
05　制定事业单位交流规定。研究事业单位与机关、企业、其他事业单位之间人员流动具体规定。
06　制定事业单位回避规定。加强对各环节工作人员的管理和监督，减少人为因素对事业单位人员招聘、人事管理等工作的干扰。
07　制定事业单位人事管理监督规定。加强对事业单位人事管理各环节的监督和管理，规范事业单位人事管理。

第三节　推进中国特色退役军官安置制度建设

全面配合国防现代化建设与军队改革，推进深化军民融合。全面落实军转安置任务，激发军转干部参与经济社会发展的积极性。把军队转业干部安置制度改革纳入退役军人管理保障改革范畴，进一步调整退役军官安置政策制度，健全退役军官保障体系，完善退役军官管理体制机制，实现退役军官安置、管理、保障工作的科学化、规范化和法制化，开辟适合党情国情军情、适应国家全面深化改革新形势的中国特色退役军官安置新途径。

第六章　深化工资收入分配制度改革

完善初次分配制度，加强和改进政府对工资收入分配的宏观调控，正确处理公平和效率的关系，坚持劳动报酬提高和劳动生产率提高同步，提高劳动报酬在初次分配中的比重，规范工资收入分配秩序，缩小工资收入分配差距。

第一节　深化企业工资收入分配制度改革

健全科学的企业工资水平决定机制、正常增长机制和支付保障机制。推行企业工资集体协商制度。完善国有企业工资决定机制。完善最低工资增长机制，建立最低工资评估机制。构建符合国情特点的国有企业负责人薪酬管理制度，建立差异化的薪酬分配办法。健全国有企业工资内外收入监督检查制度，加强对国有企业薪酬分配的分类监管。完善工资指导线制度。建立企业薪酬调查和信息发布制度，定期发布职业薪酬信息和重点行业人工成本信息。

第二节　完善适应机关事业单位特点的工资制度

落实机关事业单位工作人员基本工资标准正常调整机制，定期调整基本工资标准，逐步提高基本工资占工资收入的比重。探索建立工资调查比较制度，形成科学的公务员工资水平决定机制和正常增长机制。实行与公务员分类管理相适应的配套工资政策。完善公务员奖金制度。推进事业单位实施绩效工资。完善公立医院薪酬制度。研究建立事业单位高层次人才收入分配激励机制。进一步调控地区工资差距，完善地区津贴制度，在规范津贴补贴的基础上实施地区附加津贴制度，落实艰苦边远地区津贴增长机制，逐步将地区工资差距调控在合理范围内。分类规范改革性补贴，进一步加强工资管理，积极稳妥推进工资公开，接受社会监督。

专栏 9　建立薪酬调查和信息发布制度

01　建立企业薪酬调查和信息发布制度
建立统一规范的国家、省、市三级企业薪酬调查和信息发布体系，为加强企业工资分配宏观调控提供支撑，为企业自主分配提供信息引导。同时，对企业人工成本情况进行监测。
02　建立工资调查比较数据库
研究建立公务员和企业相当人员工资调查比较信息系统数据库，加强公务员工资和企业管理人员薪酬的相关数据分析。

第七章　构建中国特色和谐劳动关系

坚持促进企业发展、维护职工权益，创新和完善构建中国特色和谐劳动关系体制机制，坚持和完善党委领导、政府负责、社会协同、企业和职工参与、法治保障的工作格局，实现劳动关系矛盾的系统治理、依法治理、源头治理和综合治理，建立规范有序、公正合理、互利共赢、和谐稳定的劳动关系。

第一节　加强劳动关系法律制度和劳动标准体系建设

健全劳动关系法律法规体系，完善劳动合同法、劳动争议调解仲裁法配套法规和规章，加快推进工资支付、集体协商、劳动保障监察等方面的立法。完善并推动落实工作时间、节假日、带薪年休假等规定，规范企业特殊工时制度，不断改善劳动条件。加强劳动定额定员标准化工作，指导企业制定实施科学合理的劳动定额定员。

第二节　健全劳动关系协调机制

全面实行劳动合同制度，加强对企业实行劳动合同制度的分类指导和监督，完善劳动用工备案制度。妥善处理国有企业改革和结构调整过程中的劳动关系。依法加强劳务派遣用工监管，规范企业裁员行为。推行集体协商和集体合同制度。探索建立劳资协商会、劳资恳谈会等多种形式的民主协商制度。健全协调劳动关系三方机制，建立健全协调劳动关系三方委员会，完善三方机制职能，健全工作制度。建立劳动关系形势动态监测和分析研判机制。深入开展和谐劳动关系创建活动。推进构建和谐劳动关系综合试验区建设。

第三节　完善劳动人事争议处理机制

完善劳动人事争议调解制度，加强专业性劳动人事争议调解工作，加大基层调解规范化建设力度，健全人民调解、行政调解、仲裁调解、司法调解联动工作体系。完善劳动人事争议仲裁制度，创新仲裁办案方式，简化优化仲裁办案程序，逐步提高终局裁决比例，完善集体劳动人事权利争议处理机制。加大办案指导力度，健全裁审衔接和工作协调机制。推动调解仲裁法律援助工作机制建设。依托协调劳动关系三方机制完善协调处理集体协商争议的办法，有效调处因签订集体合同发生的争议和集体停工事件。

第四节　创新劳动保障监察执法体制机制

加强劳动保障监察执法能力建设。推进劳动保障监察综合执法。减少执法层级，落实属地监管责任，推进执法重心下移。进一步加强劳动保障监察网格化、网络化管理。建立劳动保障监察举报投诉案件省级联动处理机制。推行以随机抽取检查对象和执法检查人员为重点的监督检查制度。加强对突出违法问题的专项整治。规范劳动保障监察执法程序，健全执法自由裁量基准制度，全面落实执法责任制，推进执法信息公开。健全监察执法与刑事司法衔接机制。加强劳动保障守法诚信制度建设，建立重大劳动保障违法行为社会公布制度。

第五节　保障农民工合法权益

全面加强为农民工服务工作。稳定和扩大农民工就业创业，加强农民工职业技能培训。依法维护农民工劳动保障权益，全面治理拖欠农民工工资问题。推进户籍制度改革，实施居住证制度，推动农民工及其随迁家属逐步平等享受义务教育、公共卫生服务等基本公共服务，有序推进农民工市民化。推动开展新市民培训，促进农民工实现社会融合。开展农民工市民化进程动态监测。

专栏10　全面治理拖欠农民工工资行动计划

01　全面规范企业工资支付行为

全面落实企业对招用农民工的工资支付责任，督促各类企业严格依法将工资按月足额支付给农民工本人，严禁将工资发放给不具备用工主体资格的组织和个人。督促各类企业依法与招用的农民工签订劳动合同并严格履行，建立职工名册并办理劳动用工备案。推动各类企业委托银行代发农民工工资，推广实名制工资支付银行卡，开通农民工社会保障卡的银行账户工资支付功能。

02　健全工资支付监控和保障制度

完善企业工资支付监控机制，建立和完善欠薪预警系统。在工程建设领域全面实行工资保证金制度，逐步将实施范围扩大到其他容易发生拖欠工资的行业。建立健全农民工工资（劳务费）专用账户管理制度。完善应急周转金制度，研究建立欠薪保障金制度。

03　推进企业工资支付诚信体系建设

完善企业守法诚信管理制度，建立拖欠工资企业“黑名单”制度，定期向社会公开有关信息。对拖欠工资的失信企业，在政府资金支持、政府采购、招投标、生产许可、履约担保、资质审核、融资贷款、市场准入、评优评先等方面依法依规予以限制。

04　依法处置拖欠工资案件

严厉查处拖欠工资行为，加强工资支付监察执法，完善劳动保障监察行政执法与刑事司法衔接机制。加强欠薪争议调解仲裁，及时处理欠薪争议案件。

第八章　提高基本公共服务能力和水平

坚持普惠性、保基本、均等化、可持续方向，围绕标准化、法制化、信息化，建立健全基本公共服务制度，提升基本公共服务能力，为群众提供更加方便快捷、优质高效的人力资源和社会保障基本公共服务。

第一节　推进基本公共服务均等化

建立健全覆盖城乡劳动者的劳动就业公共服务体系，完善普惠性的公共就业创业服务制度，创新公共就业创业服务供给模式，完善公共就业创业服务功能。建立更加高效便捷的社会保险经办管理服务体系，整合经办管理服务资源，合理配备经办管理服务人员。健全人才公共服务体系，加强高层次、高技能人才服务平台建设，构建全国一体化的人才公共服务网络。建立健全流动人员人事档案管理服务体系。全面公开人力资源和社会保障公共服务项目清单，优化公共服务流程，简化办事环节和手续，提升公共服务可及性。

专栏 11　基本公共服务项目清单

01　劳动就业
基本公共就业服务、创业服务、就业援助、就业见习服务、大中城市联合招聘服务、流动人员人事档案管理服务、职业技能培训和技能鉴定、农民工培训、12333 电话咨询服务、劳动关系协调、劳动保障监察、劳动人事争议调解仲裁等。
02　社会保险
职工基本养老保险、城乡居民基本养老保险、职工基本医疗保险、城乡居民基本医疗保险、失业保险、工伤保险、生育保险服务等。

第二节　推进基本公共服务标准化

建立健全人力资源和社会保障公共服务标准体系，积极推动各项标准制定修订，规范公共服务范围、服务内容、服务流程，科学确定各项服务所需的设施设备、人员配备、经费保障等标准，加快推进名称统一、标识统一、机构统一、柜台统一、服装统一的窗口服务品牌建设。建立重要标准实施的监督和评估制度。大力开展劳动就业和社会保险标准化试点，在全国范围内形成一批具有辐射作用和推广应用的标准化建设试点示范平台。加强标准体系宣传贯彻实施，充分发挥标准化对事业发展的技术支撑和基础保障作用。

第三节　推进基本公共服务信息化

加快实施人力资源和社会保障信息化建设工程，建设人力资源和社会保障信息资源库，继续推进信息系统和数据省级集中。加快推进人员、单位、管理服务机构等基础信息库及异地就医联网结算、社保关系转移接续、公共就业信息服务、就业信息监测等重点建设任务。积极实施“互联网+人社”行动，促进劳动就业、社会保障、人才服务等工作与互联网深度融合。建立一体化公共服务信息平台，逐步实现线上线下服务渠道的有机衔接，形成跨领域、跨部门、跨层级的联动服务能力。加快推进社会保障卡应用，实现社会保障一卡通。加快推动信息资源开发利用，构建大数据应用体系。依托政府数据共享交换平台，实现与相关政府部门的协同共享，逐步拓展基于互联网等社会化途径的信息资源获取途径。运用云计算技术，提升信息化基础设施的支撑保障能力。逐步建成全网安全监测系统，提升信息安全保障能力。

专栏 12　信息化建设工程

01　全民社会保障信息化工程（金保工程二期）
构建统一规范的人力资源和社会保障信息资源库（人员、单位、管理服务机构），推动人力资源和社会保障相关业务系统向部、省两级集中，实现跨业务、跨地区、跨层级、跨部门的信息共享和业务协同。

02　社会保障卡工程
全面发行和应用社会保障卡，持卡人口覆盖率达到 90%，实现社会保障一卡通，支持社会保障卡跨业务、跨地区、跨部门应用。建立社会保障卡应用平台和覆盖广泛的用卡终端环境，健全社会保障卡便民服务体系，完善社会保障卡规范管理和安全保障体系。

第四节　加强基本公共服务能力建设

按照整合、补缺、标准化的原则，因地制宜，统筹规划，加强人力资源和社会保障公共服务设施建设。继续推进县及县以下劳动就业和社会保障服务设施建设，加强省、市（地）级人力资源市场、社会保障服务中心建设。依托劳动就业和社会保障服务平台等现有资源，建立农民工综合服务平台。加强人力资源社会保障系统队伍建设，统筹抓好系统干部教育培训、评比表彰和窗口单位作风建设。实施社会保障百千万人才工程，培养社会保险精算等专业人才。加强劳动关系工作队伍建设，推动调解仲裁、劳动保障监察队伍专业化建设，严格实行劳动保障监察、社会保险基金监督行政执法人员持证上岗和资格管理制度，开展基层劳动关系协调、劳动人事争议调解仲裁、劳动保障监察、社保基金监督能力提升行动。

专栏 13　公共服务能力建设工程

01　基层劳动就业和社会保障综合服务平台建设

加强县、乡两级服务设施（设备）建设，改善服务环境，配备必要设备。大力推进街道（乡镇）服务站、行政村（社区）劳动就业、社会保障和农民工服务窗口与其他公共服务设施共建共享。充分利用现有设施资源，依托云计算、大数据、移动应用等技术，大力发展网上服务。

02　省、市（地）级人力资源市场建设

建设一批省、市（地）级人力资源综合服务设施，切实改善综合就业创业和人才服务、劳动关系协调、劳动人事争议调解仲裁、劳动保障监察等服务条件。

03　省、市（地）级社会保障服务中心建设

完善省、市（地）级社会保障综合服务设施，配备必要的设备，改善社保经办等服务条件。

04　公共就业创业服务体系建设

加强公共就业创业服务设施建设，支持设立返乡创业示范基地。加快实现公共就业服务与就业管理信息化。加大公共就业服务机构业务培训力度，进一步提高服务的标准化、专业化水平。

05　流动人员人事档案公共服务体系建设

加大对流动人员人事档案库房、服务场所、信息系统等基础设施和服务平台的投入，推进标准化、数字化、信息化建设，进一步提高流动人员人事档案管理服务能力，促进流动人员合理流动和有效配置。

06　公务员考试测评基地建设

加强对福建、重庆、广东、吉林、陕西五个测评基地的指导和支持，促进基地间经验交流，初步形成覆盖全国的考录命题、科研、培训、技术交流平台网络。

07　劳动保障监察能力建设
在全国省、市逐步建设现代化的劳动保障监察指挥中心，完善劳动保障监察信息系统，逐步实现劳动保障监察纵向互联互通、横向与其他行业部门信息共享和执法协作。合理配备劳动保障监察执法装备。加大培训力度，提升劳动保障监察队伍专业化水平。严格执行劳动保障监察行政执法人员持证上岗和资格管理制度。
08　劳动人事争议调解仲裁服务能力建设
推动调解仲裁工作的规范化、标准化、专业化、信息化建设。大中型企业普遍建立劳动争议协商调解机制，全国乡镇街道普遍建立调解组织，推动在开发区、工业园区、行业商会（协会）建立调解组织。推进仲裁院标准化建设。建立仲裁办案信息系统、人员信息系统、监测管理信息系统和在线服务平台。加大调解仲裁队伍培训力度。
09　社会保障百千万人才工程
以中高级专业人才队伍建设为龙头，带动人才队伍建设工程的全面实施。力争用 5 年左右的时间，基本建设一支优秀的业务骨干队伍：深化培养 100 名左右社会保险经办领域的管理中坚力量，深化培养 1000 名左右社会保险业务档案管理、基金管理、标准化管理、稽核管理等经办专业领域的高级专家，深化培养 10000 名左右岗位能手和服务标兵。

第五节　加大脱贫攻坚工作力度

充分发挥人力资源社会保障部门职能职责作用，贯彻精准扶贫、精准脱贫基本方略，创新扶贫工作机制和模式，加大脱贫攻坚工作力度。通过落实就业扶持政策和综合运用就业服务手段，促进已转移建档立卡农村贫困劳动力稳定就业，帮助有就业愿望的未就业建档立卡贫困劳动力实现就业创业。对建档立卡贫困家庭离校未就业的高校毕业生提供就业支持。引导和支持用人企业在贫困地区建立劳务培训基地，建立和完善劳务协作对接机制。对建档立卡贫困家庭子女开展订单定向免费培训，实现“培训一人、就业一人、脱贫一户”的目标。引导建档立卡农村贫困人口积极参保续保，实现贫困人口中法定人员参保全覆盖。强化贫困地区人事人才支撑服务，为贫困地区提供智力支持。加大贫困地区基层劳动就业和社会保障公共服务平台建设力度，着力提升贫困地区公共服务能力和水平，为打赢脱贫攻坚战提供支撑和保障。

专栏 14　脱贫攻坚行动计划

01　就业脱贫
加强就业指导和服务，依托当地产业发展带动就业，采取提供用工信息、依托东西部扶贫协作机制、培育劳务经纪人、开展专场招聘活动等措施，引导农村劳动力就地就近就业和外出务工。与相关部门协调配合，实施劳务协作对接行动，促进农村贫困人口就业脱贫，实现 1000 万人转移就业脱贫。
02　技能脱贫
加大职业技能提升计划实施力度，鼓励技工院校招收贫困家庭子女，确保贫困家庭劳动力至少掌握一门致富技能。推行终身职业技能培训制度，为贫困家庭中有意愿的劳动力以及未升学初高中毕业生免费进行职业培训，实现技能就业、技能脱贫。
03　社保脱贫
以实施全民参保计划为抓手，实现贫困人口中法定人员全覆盖。完善城乡居民基本养老保险制度，适时提高基础养老金标准，逐步提高保障水平。全面实施城乡居民大病保险制度，指导地方探索大病保险对贫困人口倾斜的具体办法。
04　人才扶贫
实施边远贫困地区、边疆民族地区和革命老区人才支持计划。加大万名专家服务基层行动对贫困地区的支持力度。深入开展“三支一扶”计划，选派高校毕业生到基层从事支教、支农、支医和扶贫服务。继续开展博士后西部服务团等活动。
05　强化公共服务保障
健全贫困地区劳动就业和社会保障公共服务体系，加强基层公共服务平台建设，提升公共服务能力和水平。

第九章　强化规划实施

“十三五”时期人力资源和社会保障事业改革发展任务艰巨，必须广泛动员各方力量，完善保障措施，努力实现本规划确定的各项目标任务。

第一节　加强法治建设

贯彻落实《法治政府建设实施纲要（2015—2020 年）》，全面推进法治人社建设。配合全国人大常委会积极推进相关法律的立项、调研、起草和修订工作，研究起草和配合修订相关行政法规，制定和修改相关部门规章，健全人力资源和社会保障法律规范体系。深化行政审批制度改革，持续推进简政放权、放管结合、优化服务。加强依法行政制度建设，健全依法决策机制，建立政府法律顾问制度，完善行政复议和行政应诉工作制度，实施人力资源和社会保障“七五”普法规划。开展劳动保障法律法规进中小微企业行动。

第二节　强化财政保障

加强中期财政规划与事业发展规划实施的衔接协调，建立与人力资源和社会保障工作相匹配的政府预算安排机制。各级人力资源社会保障部门要积极争取有关部门加大对人力资源和社会保障事业的支持力度，加大就业创业和社会保障专项资金投入，支持重大项目的实施，保障公共服务机构建设和正常运转，提高人力资源和社会保障公共服务的供给水平。

第三节　推动协调发展

按照国家区域发展总体战略和主体功能区战略部署，深入实施西部开发、东北振兴、中部崛起和东部率先的区域发展总体战略，贯彻落实“一带一路”、京津冀协同发展、长江经济带三大区域发展战略，实现区域人力资源和社会保障工作集约发展、联动发展、互补发展。继续推进部省（区、市）人力资源和社会保障事业发展备忘录落实。大力推进援疆、援藏、支援四省藏区工作，加大对革命老区、民族地区、边疆地区和贫困地区政策、项目、资金的支持力度。

第四节　促进对外交流

拓展巩固双边合作机制，积极开拓人力资源和社会保障领域国际合作渠道。贯彻落实《2030 年可持续发展议程》相关目标任务。落实国际组织相关倡议与承诺，办好国际会议与国际赛事，推动批准国际公约进程。加强国际职员和国际条约工作。继续开展社保协定谈判。积极参与“一带一路”国际交流与合作的总体工作方案与行动计划的落实。促进港澳台居民在内地就业创业，积极开展社保领域合作协议的磋商工作。

第五节　加强统计监测

健全统一管理、分工负责的统计管理体制机制，建立现代统计调查制度，形成常规报表、行政记录、专项调查、快速调查、定期监测相结合的多元统计调查体系。搭建统计分析交流平台，完善统计分析和决策咨询机制，大力推进“数字人社”建设，注重运用互联网、大数据技术提高数据信息的及时性、全面性和准确性。健全规划实施统计监测评估机制，开展动态统计监测评估工作，把统计监测评估结果作为改进人力资源和社会保障工作和绩效考核的重要依据。

第六节　加强科研支撑和宣传引导

围绕中心工作加强基础理论和应用研究，完善专家决策支持系统，整合科研资源，为事业发展提供系统科学的理论指导、决策参考和技术支撑。将宣传工作与规划的实施紧密结合，同步策划，同步落实，抓好规划解读。大力宣传各地人力资源社会保障部门推动规划实施的经验、做法和成效。加强基层宣传工作，畅通基层宣传渠道。完善网评机制，及时回应社会关切，积极营造有利于规划实施的舆论氛围。

第七节　抓好规划落实

建立健全规划实施机制，加强规划实施的动员部署、统筹协调和宏观指导，制定规划目标任务分解方案和重大项目实施管理办法。明确责任主体、实施时间表和路线图，加强年度计划编制实施，健全规划实施监督，确保规划各项目标任务落地。各地区人力资源社会保障部门依据本规划，结合实际，制定实施本地区人力资源和社会保障事业发展规划。

责任编辑:陈　登

图书在版编目(CIP)数据

中国社会保障改革与发展报告.2016/邓大松等著. —北京:人民出版社,
2018.12
(教育部哲学社会科学系列发展报告)
ISBN 978-7-01-020062-0

Ⅰ.①中…　Ⅱ.①邓…　Ⅲ.①社会保障体制-体制改革-研究报告-中国-2016
Ⅳ.①D632.1

中国版本图书馆 CIP 数据核字(2018)第 270130 号

中国社会保障改革与发展报告 2016
ZHONGGUO SHEHUI BAOZHANG GAIGE YU FAZHAN BAOGAO 2016

邓大松　刘昌平 等　著

人民出版社 出版发行
(100706　北京市东城区隆福寺街 99 号)

天津市文林印务有限公司印刷　新华书店经销

2018 年 12 月第 1 版　2018 年 12 月北京第 1 次印刷
开本:710 毫米×1000 毫米 1/16　印张:30.75
字数:434 千字

ISBN 978-7-01-020062-0　定价:96.00 元

邮购地址 100706　北京市东城区隆福寺街 99 号
人民东方图书销售中心　电话 (010)65250042　65289539